文化伟人代表作图释书系

An Illustrated Series of Masterpieces of the Great Minds

非凡的阅读

从影响每一代学人的知识名著开始

　　知识分子阅读，不仅是指其特有的阅读姿态和思考方式，更重要的还包括读物的选择。在众多当代出版物中，哪些读物的知识价值最具引领性，许多人都很难确切判定。

　　"文化伟人代表作图释书系"所选择的，正是对人类知识体系的构建有着重大影响的伟大人物的代表著作，这些著述不仅从各自不同的角度深刻影响着人类文明的发展进程，而且自面世之日起，便不断改变着我们对世界和自然的认知，不仅给了我们思考的勇气和力量，更让我们实现了对自身的一次次突破。

　　这些著述大都篇幅宏大，难以适应当代阅读的特有习惯。为此，对其中的一部分著述，我们在凝练编译的基础上，以插图的方式对书中的知识精要进行了必要补述，既突出了原著的伟大之处，又消除了更多人可能存在的阅读障碍。

　　我们相信，一切尖端的知识都能轻松理解，一切深奥的思想都可以真切领悟。

■ 文化伟人代表作图释书系

The Golden Bough

A Study in Magic and Religion

金　枝
——巫术与宗教之研究

〔英〕J.G.弗雷泽 / 著　耿　丽 / 编译

重庆出版集团 重庆出版社

图书在版编目（CIP）数据

金枝/（英）J. G. 弗雷泽著；耿丽编译. —重庆：重庆出版社，2017.7（2024.1重印）
ISBN 978-7-229-10780-2

Ⅰ.①金… Ⅱ.①J… ②耿… Ⅲ.①巫术—关系—原始宗教—研究 ②民俗学—研究 Ⅳ.①B933 ②K890

中国版本图书馆CIP数据核字（2016）第306083号

金　枝
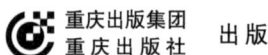
〔英〕J. G. 弗雷泽　著　耿　丽　编译

策 划 人：刘太亨
责任编辑：吴向阳　陈　冲
责任校对：郑小石
特约编辑：何　滟
封面设计：日日新
版式设计：曲　丹

重庆出版集团
重庆出版社　出版
重庆市南岸区南滨路162号1幢　邮编：400061　http://www.cqph.com
重庆博优印务有限公司印刷
重庆出版集团图书发行有限公司发行
全国新华书店经销

开本：720mm×1000mm　1/16　印张：24.5　字数：410千
2017年7月第1版　2024年1月第10次印刷
ISBN 978-7-229-10780-2
定价：58.00元

如有印装质量问题，请向本集团图书发行有限公司调换：023-61520678

版权所有，侵权必究

编译者语

J.G.弗雷泽是英国人类学家、民族学家、宗教史学家，曾任利物浦大学和剑桥大学教授。早年以研究古代文化史为主，因受文化人类学的奠基人、古典进化论的主要代表人物爱德华·伯内特·泰勒《原始文化》一书的影响而转向人类学和民俗学研究，尤其重视从民俗学角度来搜集、整理涉及各地土著民族和远古原始民族的宗教资料，以对法术、禁忌、图腾等原始宗教现象的研究而享誉宗教学术界。受英国唯理论和进化论的影响，他在学术上持宗教进化观，但认为人类在形成其宗教之前已处于一种"法术"阶段，人类的理智即经历了从法术到宗教、从宗教到科学的发展。他指出这种法术揭示了一种原始理性，是原始社会曾经流行的"准科学"，此后法术活动在其认识自然的发展过程中或因求诸超自然的神灵力量而走向宗教、或因依靠人的经验观察而走向科学。他强调从文化整合上来看待远古灵性领域、从人类思维进化上来分析宗教的诞生。其基本观点虽然受到某些批评或否定，但多数学者承认他在汇集宗教史资料上的突出贡献。他著有《金枝》《图腾崇拜与外婚制》《图腾崇拜》《对永生的信仰与对死者的崇拜》等。

弗雷泽的代表作《金枝》是关于人类早期巫术、宗教、神话、仪式和习俗的百科全书，是20世纪最具影响力的文化人类学著作，对西方的社会学、文学、宗教学、哲学、思想史等领域都产生了不可磨灭的影响。同时，它也被看作是一部对20世纪的文学研究产生了深远影响的文学批评著作。

弗雷泽作为一名出色的人类学家，其著作《金枝》不仅描写了早期人类进化过程中经常运用到的巫术文化，而且反映了巫术文化的演变过程。《金枝》中描述的人类学的相关内容虽然不一定还原的就是其描述的事件的本来面目，但在一定程度上反映了当时人类发展的文明程度，并且从文学以及人类学的发展来看，其对于人类发展的研究是有着重要作用的。

《金枝》是一部名副其实的鸿篇巨制，有多种不同版本：第一版出版于1890年，后来又出版过三种版本。于1911至1915年出的第三版最全，共12卷，近5000页。但1922年出的第四版最受大众欢迎，有800来页，该版本的中文译本有1000多页。开篇描述了罗马附近的内米湖畔阿里奇亚丛林中的一座狄安娜神庙和当地一古老习俗：神庙的祭司由一逃亡奴隶担任，其不仅前罪不究，而且享受"森林之王"的待遇。但他必须手持利刃，时刻护卫一株圣树。若有任何其他逃亡奴隶折取那树枝，即"金枝"，便可以同祭司决斗，若杀了祭司，他就成为新祭司及"森林之王"，其命运周而复始。为什么祭司在就任前要杀死前任，为什么在同祭司决斗前要首先折取金枝，为什么祭司还同时要有"森林之王"的称号？弗雷泽的《金枝》一书，从探究此古老习俗开始，以人类思维形态由类比向逻辑的发展为经，以世界各国传说和文献记载中的巫术和宗教为纬，编织出一幅巨大的人类由巫术到科学的独特发展史卷。本书不仅回答了那古老习俗引发的三大问题，而且提供了打开人类习俗、禁忌、崇拜之谜的一把钥匙。

弗雷泽还在书中对世界各地的奇风异俗作了生动形象的描绘。总体来说，弗雷泽的根本立足点是他的交感巫术，同时在阐释他人人类学观点时找到并且分析了几个重要的具有原型意义的神话或仪式或禁忌，那就是阿多尼斯神话、死而复生的仪式、替罪羊仪式中的禁忌等。

弗雷泽考察了原始祭祀仪式，并在对各种不同文化的仪典考察与对比中，发现完全隔绝的文化系统之间的仪式，显示出了一些相似的行为模式与信仰。譬如，有"死亡与再生"仪典模式，它类似于自然界春、夏、秋、冬的周而复始。弗雷泽用了大量篇幅讲述阿多尼斯神话在世界各地的广泛存在现象，从而证明了这一神话的超越民族的文化价值，即人类关于死而复生的观念的普遍性。他在此基础上对耶稣死而复生一说进行的分析也将文学中关于上帝这一原型的运用的本质展现在人们面前。

弗雷泽对古代巫术的考察中实际上本身就揭示了神话成分，他确定了仪典先于神话的命题。同时，他对仪典进行的考察又对神话学产生了巨大影响。当然，神话与仪典的关系浑然难分，其孰先孰后，很难断说。但弗雷泽的《金枝》一书，毫无疑问包含有神话成分。

除此之外弗雷泽在对"替罪羊"这一习俗进行分析的过程中也找出了文学中替罪羊这一原型，它的实际内涵是将人类的一切罪恶都负载在一个人或神的身上，通过对他的毁灭而达到带走一切罪恶的目的，迎来的自然是众生的获释和安泰。

在森林女神狄安娜神庙沿袭的习俗反映了人类在幼年时期懵懂未明的世界观和原始理念。在科技文化昌明的今天，原始习俗中所体现的观念和那些烦扰人类的问题也还是持续地存在着。习俗所涉及的权利分配、统治国家的力量、祈求风调雨顺的简单愿望、对死亡的恐惧和迷惘是人类的永恒话题。对怎样处理这些问题的思考从未停止过，同样这些常识也开始从原来的"巫术"模拟思维改变为更加科学有效的方式，我们认识世界的手段和方式空前地增加和丰富了，但是对这一系列问题的探讨却并没有实质上的进展。弗雷泽所秉持的"巫术早于宗教"的观念现今被较广的范围所接受，但是即便科技的发展达到今天的水平，它始终是看待和改造世界的一种视角和方式；包括现在在世界范围还广泛存在的原始图腾崇拜、萨满崇拜和更加发达先进的多神教、一神教也同样是信徒们看待世界的一种视角。

自 序

　　本书旨在阐释有关继承阿里奇亚狄安娜神庙祭司职位的奇特规定。三十多年前，当我初步开始研究这一问题时，本以为只需简要阐释即可，但很快发现，要想把这一问题解释得既合乎情理，又一目了然，很有必要对某些一般性、甚至迄今尚未提出过的问题进行探讨。本书之前的各个版本，对此问题及与其相关的一些问题，做了进一步扩充，所涉及的范围也越来越广，直至全书由最初的两卷本扩展到十二卷本。期间，不断有读者表示希望同时看到本书的简本。为满足广大读者的愿望，我便撰写了现在这部简本。为压缩篇幅，原著中的注释及其依据的材料都予以删除，但重要原理和能充分说明每一问题的例证都完整保留。读者若想详尽考查某一问题的论据，可参阅本书十二卷版。

　　这部简本，没有增加任何新问题，也没有改变原书中的观点。撰写该简本期间获得的新资料，也基本印证了我之前的结论，或成为某些原理的新例证。例如，在贯穿全书的一个重要问题上——为王者任期届满，或其精力出现衰退迹象后必须被处死——凡是能说明该习俗的确流行甚广的证据，该简本都尽量纳入。在俄罗斯南部喀萨尔人中世纪时建立的王国中，国王任期届满，或出现精力衰退的迹象后，都要被处死。非洲也有与此类似的习俗，其中最特别的要属尼奥罗地区曾经流行的习俗：每年从各部落选出一人扮作已故国王，并与国王的遗孀在其陵庙中同居，七日后，将其绞杀。该习俗近似于古巴比伦人的撒卡亚节。节日期间，一个人身披王袍，扮作国王，并宠幸真王的姬妾，而五日后即被剥去王袍，施加鞭刑，直至身亡。最近还发现，非洲某些地区也有类似于阿里奇亚祭司之王的习俗，那里的祭司或国王任期届满便被处死，而且在任职期间也可能被更强大的对手刺杀，由刺杀者继承他的祭司职位或王位。

　　有关这种习俗的众多事例都表明，阿里奇亚狄安娜神庙祭司职位的继承问题并不是一种奇特的规定，而只是这种流行甚广的习俗的一个绝佳例证。

我对这种习俗所做的阐释是否正确，只能留待时间去验证。若有人做出更好的解释，我随时可以放弃现在的这些观点。这部简本即将面世，望广大读者不吝指正。同时，我想借此机会澄清一个存在已久的误会，以免它持续扩散。这就是：如果我在此简本中对树木崇拜问题涉及的篇幅较多，并非是刻意夸大其在宗教史上的重要性，更非想由此创造出一套完整的神话体系；而是因为在试图解释拥有"森林之王"称号的祭司（他必须折下神树林中一棵树上的一根树枝后才能继任）的意义时，无法忽视这一现象。我只是认为，树木崇拜是宗教发展过程中非常重要的一个现象，它应该完全从属于其他因素，特别是害怕死亡这一因素，而这很可能是形成原始宗教的最有力因素。诚然，误解犹如九头蛇，很难一次性彻底消除，或不再产生，但我相信凭借读者的公正和睿智，这一误解终会得以纠正。

J.G.弗雷泽
1922年6月，伦敦

目录 CONTENTS

编译者语 / 1
自　序 / 4

第一卷　巫师与巫术

第一章　林中之王 / 2
狄安娜和维尔比厄斯 …………………………………… 2
阿尔忒弥斯和希波吕托斯 ……………………………… 5
小结 ……………………………………………………… 6

第二章　祭司兼国王 / 8

第三章　交感巫术 / 10
巫术的原理 ……………………………………………… 10
顺势或模拟巫术 ………………………………………… 11
接触巫术 ………………………………………………… 15
巫师的发展 ……………………………………………… 17

第四章　巫术与宗教 / 20

第五章　巫术控制天气 / 23
为公众服务的巫师 ……………………………………… 23
巫术控制雨水（祈雨）………………………………… 24
巫术控制太阳 …………………………………………… 28
巫术控制刮风 …………………………………………… 30

第六章　巫师与国王 / 33

第七章　化身为人的神 / 37

第八章　局部自然之王 / 43

第二卷　树神与树神崇拜

第一章　树神崇拜 / 48
树　神 ·· 48
树神具有造福于人的能力 ·············· 53

第二章　现代欧洲树神崇拜的遗迹 / 55

第三章　两性关系对于植物的影响 / 67

第四章　神的婚姻 / 72
狄安娜是繁育增产的女神 ·············· 72
诸神的婚姻 ···································· 74

第五章　罗马之王和阿尔巴之王 / 80
纽玛和伊吉利娅 ···························· 80
国王是朱庇特的化身 ······················ 81

第六章　古代拉丁姆王位的嬗替 / 84

第七章　橡树崇拜 / 90

第三卷　禁　忌

第一章　狄安纳斯和狄安娜 / 94

第二章　王位的重负 / 100
国王与祭司的禁忌 …………………………………… 100
神权与世俗政权的分离 ……………………………… 104

第三章　灵魂的危险 / 106
灵魂是人和动物体内的小我 ………………………… 106
灵魂离体与招魂 ……………………………………… 107
灵魂是人的影子和映象 ……………………………… 113

第四章　禁忌的行为 / 117
禁忌与陌生人交往 …………………………………… 117
饮食的禁忌 …………………………………………… 119
禁忌露出面孔 ………………………………………… 120
禁忌离开王宫 ………………………………………… 121
吃剩食物的禁忌 ……………………………………… 121

第五章　禁忌的人 / 123
酋长和国王的禁忌 …………………………………… 123
悼亡人的禁忌 ………………………………………… 124
妇女月经和分娩期间的禁忌 ………………………… 126
战士的禁忌 …………………………………………… 127
杀人者的禁忌 ………………………………………… 128
猎人和渔夫的禁忌 …………………………………… 129

第六章　禁忌的物 / 132
禁忌的含义 …………………………………………… 132
铁器的禁忌 …………………………………………… 132

锋利兵器的禁忌……………………… 134
　　　血的禁忌……………………………… 134
　　　头部的禁忌…………………………… 136
　　　头发的禁忌…………………………… 137
　　　理发的仪式…………………………… 137
　　　对剪下的头发和指甲的处理………… 138
　　　唾沫的禁忌…………………………… 140
　　　食物的禁忌…………………………… 140
　　　结和环的禁忌………………………… 141

第七章　禁忌的词汇 / 144
　　　个人名字的禁忌……………………… 144
　　　亲戚名字的禁忌……………………… 146
　　　死者名字的禁忌……………………… 146
　　　国王及神圣人物名字的禁忌………… 149
　　　神名的禁忌…………………………… 150

第四卷　献　祭

第一章　原始人类的遗泽 / 154

第二章　杀死神王 / 156
　　　神也死亡……………………………… 156
　　　国王体衰被处死……………………… 157
　　　国王在任期届满时被处死…………… 158

第三章　临时国王 / 161

第四章　以王子献祭 / 163

第五章　神灵转世 / 165

第六章　处死树神 / 167

降灵节的化装游乐者 …………………… 167
埋葬狂欢节 …………………… 169
送死神 …………………… 171
迎　夏 …………………… 172
夏冬之战 …………………… 174
春神的死亡与复苏 …………………… 174
植物的死亡与复活 …………………… 175
印度的类似习俗 …………………… 176
用巫术招引春天 …………………… 177

第五卷　阿多尼斯、阿提斯、奥西里斯

第一章　阿多尼斯的神话 / 180

第二章　阿多尼斯在叙利亚 / 182

第三章　阿多尼斯在塞浦路斯 / 184

第四章　阿多尼斯的祭祀仪式 / 187

第五章　阿多尼斯园圃 / 189

第六章　阿提斯的神话和祭祀仪式 / 191

第七章　阿提斯也是植物神 / 193

第八章　阿提斯的人身显现 / 194

第九章　西方的东方宗教 / 196

第十章　奥西里斯的神话 / 198

第十一章　奥西里斯的祭祀仪式 / 201
　　　　民间流行的祭祀仪式 …………………… 201
　　　　官方的祭祀仪式 …………………… 202

第十二章　奥西里斯的属性 / 205

　　奥西里斯是谷神 …………………… 205
　　奥西里斯是树神 …………………… 206
　　奥西里斯是生育繁殖之神 ………… 206
　　奥西里斯是死者之神 ……………… 207

第十三章　伊希斯 / 208

第十四章　奥西里斯和太阳 / 210

第六卷　谷精与植物之神

第一章　狄俄尼索斯 / 212

第二章　德墨忒耳与珀耳塞福涅 / 215

第三章　北欧的五谷妈妈和五谷闺女 / 217

第四章　许多地区都有五谷妈妈 / 221

　　美洲的五谷妈妈 …………………… 221
　　东印度群岛的稻谷妈妈 …………… 222
　　谷精表现为人形 …………………… 223
　　谷物的双重人格化：是妈妈，又是女儿 … 224

第五章　谷精的崇拜与祭祀 / 227

　　谷物收割者的歌 …………………… 227
　　杀死谷精 …………………………… 228
　　以活人祭祀谷物 …………………… 230
　　将活人当谷精处死 ………………… 232

第六章　谷精变化为动物 / 235

　　谷精变化为动物形象 ……………… 235

　　　　谷精变化为狼或狗 ································ 235
　　　　谷精变化为公鸡 ···································· 236
　　　　谷精变化为野兔 ···································· 237
　　　　谷精变化为猫 ······································· 238
　　　　谷精变化为山羊 ···································· 238
　　　　谷精变化为公牛、母牛或阉牛 ················ 240
　　　　谷精变化为公马或母马 ··························· 241
　　　　谷精变化为公猪或母猪 ··························· 242
　　　　简论谷精化为动物形象的概念 ················ 243

　　第七章　古代植物之神的动物形象 / 245

　　　　狄俄尼索斯、山羊和公牛 ······················· 245
　　　　德墨忒耳、猪和马 ································ 248
　　　　阿提斯、阿多尼斯和猪 ··························· 250
　　　　奥西里斯、猪和公牛 ···························· 250
　　　　维尔比厄斯和马 ···································· 253

第七卷　圣餐与替罪者

　　第一章　神体圣餐 / 256

　　　　以新谷做圣餐 ······································· 256
　　　　阿兹台克人的圣餐习俗 ··························· 258
　　　　阿里奇亚的"曼尼" ······························ 260

　　第二章　吃神肉是一种顺势巫术 / 262

　　第三章　杀死神性动物 / 264

　　　　杀死神雕 ··· 264
　　　　杀死神羊 ··· 265
　　　　杀死神蛇 ··· 266
　　　　杀死神龟 ··· 266
　　　　杀死神熊 ··· 268

目录

第四章　猎人抚慰野兽 / 273

第五章　以动物为圣餐 / 277
　　　　埃及人和阿伊努人的圣餐……………… 277
　　　　带着神兽游行…………………………… 279

第六章　转嫁灾祸 / 282
　　　　将灾祸转嫁给无生命物体……………… 282
　　　　将灾祸转嫁给动物……………………… 283
　　　　将灾祸转嫁给人………………………… 284
　　　　欧洲转嫁灾祸的习俗…………………… 285

第七章　公众驱邪 / 288
　　　　无所不在的邪魔………………………… 288
　　　　随时驱邪………………………………… 289
　　　　定期驱邪………………………………… 290

第八章　公众的替罪者 / 295
　　　　驱除有形的邪魔………………………… 295
　　　　随时以轻舟、人、畜送走邪魔………… 296
　　　　定期以轻舟、人、畜送走邪魔………… 298
　　　　替罪总论………………………………… 300

第九章　古罗马和古希腊的替罪人 / 303
　　　　古罗马的替罪人………………………… 303
　　　　古希腊的替罪人………………………… 304
　　　　古罗马的农神节………………………… 306

第十章　墨西哥的杀神风俗 / 309

第十一章　天地之间 / 312

不得触地 …………………………………… 312
不得见到太阳 ……………………………… 313
少女月经初潮时必须隔离 ………………… 314
月经初潮必须隔离的原因 ………………… 316

第八卷　篝火节及相关神话

第一章　巴尔德尔的神话 / 320

第二章　欧洲的篝火节 / 322

一般的篝火节 …………………………… 322
四旬斋篝火 ……………………………… 322
复活节篝火 ……………………………… 325
贝尔坦篝火 ……………………………… 327
仲夏节篝火 ……………………………… 329
万圣节前夕的篝火 ……………………… 333
仲冬节篝火 ……………………………… 336
净　火 …………………………………… 337

第三章　篝火节的含义 / 340

篝火节的一般含义 ……………………… 340
篝火节的含义——太阳说 ……………… 341
篝火节的含义——净化说 ……………… 344

第四章　在篝火中焚烧活人 / 346

在篝火中焚烧偶像 ……………………… 346
在篝火中烧死人和动物 ………………… 347

第五章　巴尔德尔和槲寄生 / 351

第六章　民间故事中灵魂寄存于体外的观念 / 357

第七章　民间习俗中灵魂寄存于体外的观念 / 361

  灵魂寄存于无生命的物体 …………… 361
  灵魂寄附于草木 …………………… 362
  灵魂寄附于动物 …………………… 363
  死亡与复活的礼仪 ………………… 365

第八章　金　枝 / 367

第九章　告别内米 / 370

第一卷 | 巫师与巫术

林中之王——祭司兼国王——交感巫术——巫术与宗教——巫术控制天气——巫师与国王——化身为人的神——局部自然之王

第一章　林中之王

狄安娜和维尔比厄斯

特纳那幅题为《金枝》的画作谁人不晓呢？画中，古代人称之为"狄安娜的明镜"的内米林中小湖被阿尔巴群山包围着，散发出梦幻般的光芒，那片神奇的景色任谁看了都永生难忘。湖畔沉睡着两座意大利风格的村庄和一座宫殿，宫殿的阶梯式花园陡然延伸到湖边，但这并未搅扰整个画面的静寂，甚或荒凉。狄安娜或许仍徘徊在那幽静的湖岸，仍出没游走在那片荒林中吧！

在古代，这片风光迷人的林区里曾反复上演着一个怪异的悲剧。湖北岸那块险峻峭壁的正下方，曾是狄安娜·纳莫仁西斯（即林神狄安娜）的一片圣林和圣殿。有人也将这片湖和树林称作阿里奇亚湖和阿里奇亚丛林。这片圣林中有一棵大树，而在这棵树的周围则日夜徘徊着一个令人毛骨悚然的身影。他手持利剑，一刻不停地巡视四周，仿佛随时都会遭到敌人的袭击。他是个祭司，也是个谋杀者。他所提防的那个人迟早要杀死他，并取代他祭司的位子。这就是此处圣殿的规则：祭司的候补者只有杀死现任祭司方能继任，直至他又被另一个更强或更狡诈的人杀死。

他获得了这个极不稳定的祭司职位，享有王的称号。但是，他却坐卧不宁，噩梦缠身，比任何王者都疲累。年复一年，不论寒冬酷暑，还是阴晴雨雪，他必须时刻巡逻检视。而每当他困乏至极，想要歇息片刻时，便有丧生的危险；只要稍一放松警惕，或体力和剑术稍有衰退，他都会面临灭顶之灾。

在古希腊罗马时代，并没有与此相仿的祭司职位承袭制度，因此也就无法从那里寻根溯源。要想找到答案，我们必须开辟新途径。近来，对人类早期历史的研究表明，在人类最初的素朴的人生哲学方面，古今人类的思想虽然存在表面上的差异，却有着本质的相似。因此，如果我们能够发现与此类似的祭司职位承袭制度在其他地方也存在过；如果我们能够找出这种野蛮习俗的动机，并设法证明这些动机曾对人类生活起过极大作用,且形成了许多本质相同而形式各异的习俗;最后,如果我们还能说明,所有这些在古希腊罗马时代仍富有生命力,那我们就可以确信,内米的祭司职位承袭习俗也是受同样动机的驱使而形成的。本书的目的就是,按照这种假设,通过调查和推理来阐明内米祭司职位承袭制度。

我想有必要先介绍一些与此相关的传说和事实。传说,内米一带对狄安娜的崇拜肇始自奥列斯特。他杀死托里克半岛(克里米亚)的国王后,将狄安娜神像藏入随身携带的一捆木柴中,和姐姐一起逃到了意大利。据说,只要有外乡人踏上托里克半岛,就会被宰杀并作为祭品呈于狄安娜的祭坛。不过,这种习俗传到意大利后演化成了一种比较温和的形式。在内米的圣殿附近长有一棵独特的树,其树枝被禁止砍折。但逃亡的奴隶是个例外,如果他能成功折断一根树枝,就能获得与祭司决斗的资格,若能杀死祭司,他就可以接替祭司之职并享有"林中之王"的称号。在古代人看来,这一决定命运的树枝就是"金枝"。据说,逃亡的奴隶象征着逃亡的奥列斯特,他与祭司的决斗是对人们曾以生人向托里克的狄安娜献祭的追忆。

如今,我们仍能发现内米的狄安娜崇拜的一些重要遗迹。从遗址发掘的献祭供品来看,她曾被幻化为一个女猎手,甚至被看作是能够庇佑善男信女,使他们多子多福,使孕妇顺利生产的神灵。再有,在她的祭典仪式中,火炬似乎扮演了首要角色。因为她的祭典被定在每年的八月十三,而这是一年中最热的日子,这天她的圣林里总会燃起大量光芒耀眼的火炬。这一天,意大利的每个家庭都要在炉火边举行神圣的礼拜。在她的圣殿所发现的青铜小像上,女神高举的右手中也有一支火炬。果若如此,那么天主教在教堂里供奉圣烛的传统,与上述习俗显然极为相似。此外,

□《阿克泰翁之死》 提香·韦切利奥

图中愤怒的狄安娜将阿克泰翁变成了一只鹿,想要射杀阿克泰翁,而阿克泰翁却被自己饲养的猎犬咬死。狄安娜是古代拉丁姆地区的内米女神。后来与古希腊神话中的阿尔忒弥斯混同,是罗马神话中的月亮与狩猎女神。她不仅是森林和动物以及植物和家畜的保护神,还是女巫保护神,而且奇迹般地以处女之态成为具有百乳的生育女神,能使妇女多生子女,并能减轻她们生育时的痛苦。她的标志是金弓箭、猎犬、牡鹿和丝柏,这些大都是她少女时代自行获取的。

内米的狄安娜还兼有灶神维斯塔的称号。在神庙的东北角有一个很大的圆形地基，上面留有镶铺过台阶的痕迹，那可能就是为灶神狄安娜所建的圆形神庙。

不过，内米小林并不是由狄安娜一人统治的，还有两个职位较小的神与她共享林中圣殿。一个是清泉女神伊吉利娅，人们认为她和狄安娜一样也能使孕妇顺利分娩。传说中，这位仙女是英明的国王纽玛的妻子或情人，他们在圣林深处幽会。正是在与仙女的神交中，他获取了灵感，为古罗马人奉献出那部罗马法典。从圣殿中所发现的浴室残迹和许多陶瓦制人体模型的碎片来看，伊吉利娅圣水确曾被用于祛除疾病。求医者可能是通过向女神献上病人的替身塑像，来祈愿或还愿，这与欧洲许多地方至今仍保留的类似习俗一致。直至今日，泉水似乎依然保有医疗效果。

另一个神是维尔比厄斯，据说他就是年轻的希腊英雄希波吕托斯。他纯洁而正直，跟半人半马怪物喀戎学会狩猎后，他就与狩猎女神狄安娜终日为伴，在密林中猎捕野兽。能与女神交往让他颇为自豪，因而他便拒绝了其他女人的爱情，孰不知就此埋下了祸根。阿芙洛狄忒受到他的嘲讽后耿耿于怀，于是就怂恿他的继母菲德拉向他求爱。同样遭到拒绝后，菲德拉就在丈夫忒修斯（希波吕托斯的父亲）的面前诬告他。忒修斯听信谗言，居然祈求其父波塞冬帮他报复所谓的仇人。当希波吕托斯赶着马车经过萨兰尼克湾时，海神从波涛中放出一头凶猛的公牛，受惊的马惊跳起来将希波吕托斯甩出马车，并拖拽致死。出于钟爱，狄安娜（也就是阿尔忒弥斯）将希波吕托斯背负至药神阿斯科拉庇厄斯处，并说服他将年轻的猎手救了过来。天神朱庇特知晓后大发雷霆，愤然将药神打入冥府。幸亏狄安娜将希波吕托斯藏在厚厚的云雾中，使他又逃过一劫，后来她设法改变他的容貌，将其带到遥远的内米丛林，并交由清泉女神伊吉利娅照料。从此他便更名为维尔比厄斯，隐居在这片丛林深处。他在此执政后，就将丛林献给了狄安娜，作为她的圣地。

其实，关于狄安娜在内米被崇奉的故事只是一类神话，人们多以此来解释某些崇拜仪式的起源。对于不同仪式的特点，各人理解不同，因而才会既有将对狄安娜的崇奉说成始自奥列斯特的，也有说成始自希波吕托斯的。不过这种差异并不重要，重要的是这些故事为我们提供了一种用以说明此类崇拜性质的比较标准，还间接证明了这种崇拜有着悠久的历史。而且，那些民间传说可能比有正式记载的传说更为可信。古罗马的政治家和作家老加图曾声称，内米林是古罗马塔斯库兰地区的一位名叫伊吉利埃斯·贝比埃斯的执政官，代表塔斯库兰、阿里奇亚等地区的人民献给狄安娜的。但当时的社会已相当文明，阿里奇亚地区那种野蛮的祭司职位承袭制度，怎么会是几个古罗马城市共同制定的呢？这种制度一定是从史前时期流传下来的。因为老加图的记载非常翔实，而且该传说的作者又极有名望，所以我们也不能完全弃之不理。我们可以想象，这个传说所记载的可能是几个城邦曾联合修葺或重建过那座圣殿。总之，有一点毋庸置疑，那就是它证明了，内米小林自历史早期起就曾被很多人奉为圣地。

阿尔忒弥斯和希波吕托斯

如前所述，虽然关于希波吕托斯的传说并没有多少历史价值，但仍有助于我们了解内米的崇拜情况。不过，我们还是存有一个疑惑：这些传说作者为何偏偏将希波吕托斯认作是维尔比厄斯和森林之王呢？看来，我们还有必要对希波吕托斯崇拜的情况做一番考察和探索。

在特洛伊增，有一块位于美丽的海湾边的著名圣地，相传那就是献给希波吕托斯的。这块圣地中矗立着一座雕有其神像的古老庙宇，在此任职的祭司每年都会举行一次祭祀活动，以表达人们对他的崇敬。未婚女子为了哀悼他的英年早逝，每年都到庙宇中悲伤地吟唱赞歌；情侣们在结婚之前也会来到神庙中，向他献上一束华发。据说，英俊的希波吕托斯曾是女神阿尔忒弥斯深爱的情人，正值青春年少的他却不幸陨落，因此少女们叹惋不已。古代宗教中常会提到女神们所爱恋的凡世情人，希波吕托斯似乎就是其中一位。相传，阿尔忒弥斯和菲德拉为了争夺希波吕托斯的心曾展开竞争。这种说法不无合理之处。因

□《希波吕托斯之死》　约瑟夫·德塞尔·柯尔特

希波吕托斯是欧里庇得斯的作品《希波吕托斯》里的人物，是雅典王忒修斯与阿玛宗女王的儿子。他崇拜贞洁的狩猎女神狄安娜，厌恶女人和爱情。为此，他招来了爱神阿芙洛狄忒的愤怒。阿弗洛狄忒使希波吕托斯的后母菲德拉对他产生了强烈的爱情。菲德拉向希波吕托斯求爱，被愤怒的希波吕托斯坚决拒绝后羞愧自杀，她临死前对丈夫诬告希波吕托斯企图玷污她。忒修斯王听了大为震怒，便请求海神波塞冬派一头大公牛撞倒希波吕托斯的马车。受惊的马狂奔起来，导致希波吕托斯被拖拽而撞死在岩石上。

为阿尔忒弥斯还是一位丰产女神,她既能使大地丰收,自身的生殖能力也很强盛,所以她必定需要一个男性配偶。由此便可推知,希波吕托斯就是阿尔忒弥斯在特洛伊增的配偶,那里的青年男女之所以在婚前向希波吕托斯献发,是为了祝祷他与女神能更亲密结合,以带来人和万物的丰产。此外,希波吕托斯年华早逝的故事,在其他传说中也能寻到影子:美貌的尘世男子,为了获得与女神短暂的爱情,往往不惜付出自己的生命。有些传说甚至认为,紫罗兰的紫红花瓣、海葵花的鲜红斑点,或是玫瑰的艳红色泽,都是由情人喷溅的鲜血染成的。这些故事不仅诗意地告诉我们,青春和美貌就如转瞬即逝的鲜花,也传达给我们一个深刻的哲理,即人的生命与大自然的生命之间的联系。这个可悲的哲理催生了一种悲剧性行为。在本书后面,我们将会知晓这种哲理和行为到底是什么。

小 结

现在我们也许能够理解为什么古人把阿尔忒弥斯的配偶希波吕托斯,和维尔比厄斯看成是同一人了。维尔比厄斯同狄安娜的关系跟阿多尼斯同维纳斯或阿提斯同众神之母的关系相同。由于狄安娜,正如阿尔忒弥斯那样,也是一位一般主管收获,特别主管生育的女神。因此,也和她的那位希腊对应者一样需要一位男性伴侣。这位伴侣就是维尔比厄斯了。维尔比厄斯作为圣树林的建立者和第一任内米之王,显然就是祭司们的神话中的祖先或原型,那些祭司们一代一代地以林中之王的头衔服侍狄安娜,并都像维尔比厄斯一样一个接一个地走向可怕的归宿。这样,自然会使人们推想他们与林中女神的关系也和维尔比厄斯与女神的关系一样。简言之,尘世凡人的林中之王都以林中的狄安娜为自己的王后。试想如果他所拼死捍卫的那棵圣树就是狄安娜的特殊化身(有可能

□ 《诺亚诺亚》中的插图

《旧约》:"收割的人得工价,积蓄五谷到永生,叫撒种的和收割的一同快乐。"在《圣经》旧约的时代,工作与日常生活实际上难以区分,工作与家庭及工作与敬拜是合二为一的。从表面看,人们在辛苦工作,但因为与上帝同在,心灵却得到了安息。

是这样），那么她的祭司可能不只是把它当作女神来尊崇，并且还把它当作妻子来拥抱。这个设想并无什么荒诞之处，因为甚至到了普林尼时代，一位高贵的罗马人还经常这样对待一棵美丽的山毛榉树。该树生长在阿尔巴群山里的另一个狄安娜圣林中。他拥抱它，亲吻它，躺在它的树荫下，还把酒泼洒在它的树干上，显然他把那棵树视为女神了。

把上述情况作为一个整体来回顾，我们可以总结如下：对内米圣林中狄安娜的崇拜，曾起源于极久远的古代，并且具有极大的重要性。人们尊崇她为主管森林、野兽以及家畜和大地丰产的女神，信仰她能保佑人们多子多孙和帮助母亲们顺利分娩，她的圣火即一个圆形庙宇中的长明灯，由贞女们侍奉。与她在一起的还有一位清泉女神伊吉利娅，她解救妇女们的分娩之痛，以此来分担本属于狄安娜的圣职。人们还认为，她曾与一位古老的罗马国王在圣林中结合，另外，"林中的狄安娜"自己也有一位名为维尔比厄斯的男性伴侣，他俩之间的关系正如阿多尼斯之于维纳斯或阿提斯之于库柏勒一样，这位神话中的维尔比厄斯从有记载起就以一代代的祭司的面貌出现，他们被称为林中之王，他们照规矩总是死在他们的继承者的宝剑之下，而他们的生命又与林中的一株神圣的树息息相关，只有那棵树未受损伤，他们才能不遭攻击，平安无恙。

很明显，这些结论本身并不能圆满地解释这种祭司承袭制度的特殊性。但假如从一个更广阔的领域进行观察就可能引导我们这样认为，即：它们已包含着这个问题的答案的胚芽。我们现在就要着手进行这种广泛的考察。它将是长期而艰辛的，但在探索的航程中却有令人着迷和发生兴趣的东西。我们将造访许多异国的风土人情。现在风已吹来，让我们扬起白帆开始航行，暂时告别意大利海岸吧！

影响人类文明进程的文化与科学巨著

第二章　祭司兼国王

我们自己提出来并需要解答的问题主要有两个：第一，狄安娜内米小林的祭司，即森林之王，为什么必须杀死他的前任？第二，在此之前，他为什么必须先要折下长在某棵树上，被古代人公认为是"维吉尔的金枝"的树枝？

最先引起我们注意的是那位祭司的称号。他为什么被称为森林之王呢？他的职位为什么被说成是王位呢？

在古意大利和古希腊，将王位称号和祭司职务合在一起是非常普遍的现象。罗马和古罗马其他城邦中都有一个被称为"祭祀王"或"主持祀仪的王"的祭司，他的妻子拥有"主持祀仪的王后"的称号。在共和体的雅典，较次要的那位地方长官（一年一选）也被称为王，他的妻子也是王后。在古希腊，很多其他共和体城邦也有名义上的王，而且他们的职责似乎就是主持境内普通民众祭祀。据说，罗马的君主政权被废除后，由指定的"祭祀王"主持曾由国王负责的祭司仪式。关于祭祀王由来的传说，在希腊也广为流传。如在当时唯一保留了君主政权的斯巴达，全国性的祭品皆由"神的后裔"——君王们来敬献。

这种神职与王权的结合对很多人来说并不陌生。比如，在曾孕育出许多伟大宗教的小亚细亚，数以万计的神奴聚居于此，并接受大祭司的统治。这些大祭司手握世俗之权与神权，如同中世纪的罗马教皇。在中国，公共祭典也都由皇帝主持；而马达加斯加的国王同时就是王国的祭司长。

在古代，国王们身上笼罩的神性完全就是一种坚定的信仰。国王很多时候并不是只被当作祭司，而是被视为神灵。人们常常期盼国王们能赐福给他的膜拜者和大地，带来万物的丰产和国家的康泰。对早期人类来说，这种思想方式非常自然，因为他们并不认为自然与超自然之间存在什么区别。在他们眼中，世界基本就是受超自然力支配的，而且这种超自然力来自具有人性的神灵们，跟他一样，神灵也会因人们的祈求和恐惧而感动。出于这种想象，野蛮人便以为可以通过祈求、祝祷或威胁，使神灵降福，满足自己的需求和愿望。有时他还认为，某位神灵会化身为同他一样的凡夫俗子，若真是那样，他就不必再向更高的神灵祈求了。因为，他，一个野蛮人，完全拥有赢得自身及同伴幸福的力量。

久而久之，"人神"概念便由此出现了。不过，这一概念的由来还有另一种途径。野蛮人认为世界充满神力的同时，还具有一种不同于此，且似乎更古老的观念。我们从中可以窥见现代自然法则——自然不受人的干扰，在恒定秩序下运转的胚芽。而这种胚芽则包含在我们所谓的

□ 《塑像前的酒神节》
尼古拉斯·普桑　1631至1633年

酒神狄俄尼索斯，与罗马人信奉的巴克斯是同一位神祇，他是古代希腊色雷斯人信奉的葡萄酒之神，他不仅握有葡萄酒醉人的力量，还以布施欢乐与慈爱在当时成为极有感召力的神。早在公元前7世纪，古希腊就有了"大酒神节"。每年三月，为表示对酒神狄俄尼索斯的敬意，都要在雅典举行这项活动。人们在筵席上为祭祝酒神所唱的即兴歌，称为"酒神赞歌"。

"交感巫术"之中。在大多数迷信体系中，这类巫术都曾一度盛行。古代的国王通常既是祭司又是巫师，人们往往认为他精通某种法术，并以此获得了王权。因此，为了理解王权及其神性的衍化，我们必须先对巫术的基本原理，以及不同时代各个国家人民所尊奉的古代迷信有所了解。下面，我将对此展开详细论述。

第三章　交感巫术

巫术的原理

通过分析我们发现，巫术主要建立在两种思想原则上：一种是"同类相生"或果必同因，可称为"相似律"；另一种是"物体只要互相接触过，即使后来中断接触仍会远距离地互相作用"，可称为"接触律"或"触染律"。根据第一个原则，巫师认为通过模仿就能实现自己的任何愿望；参照第二个原则，巫师确信，只要某个物体曾被一个人接触过，他就能借助这个物体来影响对方。由相似律派生出的法术称作"顺势巫术"或"模拟巫术"；以接触律或触染律为基础的法术称为"接触巫术"。巫师声称这些原则是普遍适用的，他也完全能以此来支配自然界。可见，巫术是对自然规律的一种歪曲，若将其作为行动准则只会走向歧途。从自然法则体系的范畴来看，巫术可称为"理论巫术"；而从指引人们实现愿望的角度来看，巫术又可称为"应用巫术"。值得注意的是，最初的巫师们看到的只是巫术的应用性。换句话说，他眼中的巫术完全是一种技艺，而不是科学。作为一个野蛮人，他也不可能有任何科学概念。

如果我没分析错的话，巫师逻辑的两大"原理"完全是通过"联想"得出的，但这两种联想都不正确。他根据对"相似"的联想建立起"顺势巫术"，又根据对"接触"的联想建立了"接触巫术"。前者的错误是，将相似的东西看成同一个东西；而后者的错误则是，认为互相接触过的东西会永远保持接触。在实践中，顺势或模拟巫术可以独立进行，而接触巫术必须同时运用顺势或模拟原则才能进行，因此两者通常是结合在一起进行的。便于理解起见，我们可以将"顺势"和"接触"两类巫术都称之为"交感巫术"，因为它们都认为物体在某种神秘的交感下可以隔空相互作用，一物体的力量可以通过某种我们看不见的"以太"传输给另一物体。

接下来，我将通过一些具体事例来阐释交感巫术这两大分支。

顺势或模拟巫术

历代以来，总有人试图通过破坏或摧毁对手的人偶肖像来报复或消灭其敌人。他们认为，敌人的人偶肖像在受到伤害或被毁掉时，他本人也会感到疼痛或死去。在"同类相生"原则的应用中，这大概是最为常见的。几千年前，古印度、古巴比伦、古埃及以及古希腊、古罗马的巫师们都深谙此道；而且在今天的澳大利亚、非洲等地，仍有心怀叵测之人采用这种方法。

北美印第安人的一种做法也与此极为相似：为了报复某个人，他们会把这人的肖像画在沙子、灰烬或泥土等东西上，然后用锐利的器物戳刺。马来人也有类似的法术：你如果想害死某人，可以先收集能代表他身体每一部分的头发、眉毛、唾液等物质，然后用蜂蜡将这些东西粘在一起做成此人的蜡像，再将其放在灯火上炙烤，边烤还要边说："这不是蜡，是某人的心、肝、脾脏。"连续烤七个晚上，蜡像被完全烤化后，你想谋害的人就会死去。对人偶施行"顺势"或"模拟"巫术的人，大都是为了除去自己憎恨的人。

不过，在某些时候，人们也采用这种方法祈求另一个生命的到来，人们相信这能够催生或使不孕的妇女怀胎产子。如苏门答腊岛上的巴塔克人认为，妇女若是一直不孕，就制作一个木偶婴儿抱在怀中，这样她的愿望定会实现。顺势巫术还有一个用途就是，医治疾病。在古代印度，为了治愈黄疸病，人们会依据顺势巫术原则举行一次虔诚的仪式，以求将病人身上的黄颜色转移给其他带黄色的生物或物体，并把生命力旺盛的红色公牛身上健康的红色转移给病人。

此外，在未开化的猎人和渔夫为收获大量食物而采取的各种措施中，顺势巫术和整个交感巫术也起了重大作用。根据"同类相生"的原则，他们非常精确地模拟其希望出现的结果，并小心翼翼地避免与真正具有灾难性的事件相类似的行为。在澳大利亚中部的贫瘠地区，交感巫术原理的运用最为普遍和系统。这里的部落被划分为许多图腾氏族，为获取丰足的食物，每个氏族都必须通过巫术仪式来促使其图腾生物大量繁殖。在瓦拉蒙加部落，白鹦鹉图腾的首领高举这种鸟的小雕像，不断模仿它求偶的叫声，以求得白鹦鹉的繁殖。而鸸鹋图腾的男人们则通过在地上绘出其图腾的形貌，尤其是鸸鹋美味的脂肪和蛋的样子，并围坐在四周唱歌来增殖这种重要的食物。

在英属哥伦比亚，印第安人主要以河海中丰富的鱼类为食。如果鱼群没有按时出现，他们就得饿肚子。那时，一位努特卡族男巫就会制作一个游鱼模型，放在鱼群常常聚集的水域，同时还要不断祷告鱼群游来。尼亚斯岛上的岛民如果发现一只野猪落入陷阱，就会将它抓上来并用九片树叶摩擦它的脊背。因为他们相信，如同九片叶子从树上掉落一样，也会有九只野猪掉入陷阱。在英属新几内亚的西部部落，猎人们为刺杀野猪或海龟，常会将一种在可可树上爬行的小甲虫放入长矛顶部的空洞中，然后再插上矛头。他们认为，矛头会像甲虫刺入人的皮肤那样，迅速刺进野猪或海龟的身体。

根据"同类相生"原则，一个猎人如果不想失去大好时机，就必须避免做某些事情，这就是"交感巫术"中的消极规则，即禁忌。某种行为若是会给他带来危险，他自然就要小心行事，换言之，他必须服从于禁忌。野蛮人所恪守的许多禁忌都源于相似律，其中最为常见的大概就是禁止吃某些东西。在马达加斯加，士兵们被禁止吃很多食物，如刺猬肉、公牛膝、死于争斗的公鸡，或被刺死的动物的肉等。因为人们担心：如果士兵吃了刺猬肉，就会像刺猬似的一遇惊吓就畏缩成一团；吃了公牛膝，膝盖就会像公牛的一样软；吃了死于争斗的公鸡，自己也可能会战死沙场；若是吃了被刺死的动物的肉，自己也可能被刺死。这些都是在顺势巫术原则基础上提出的禁忌。

在上述有关禁忌的事例中，你可能已经发现，人们认为巫术是能远距离发挥作用的。例如，布莱克福特的印第安人外出猎鹰时，他的家人不能使用锥子，以免鹰爪会伤害到他。马达加斯加的士兵准备上前线时，家中也不能宰杀任何雄性动物，以免招致他的死亡。坚信人或物之间存在超距离的交感作用的信念即巫术的本质，而相信心灵感应则是巫术的首要原则之一。野蛮人对此深信不疑，而且他们还认为，巫术不只是

□《坐着的布列塔尼女孩》　保罗·高更　1889年

画中背景除了隐约的房舍，便是两头悠闲站立的奶牛。在古代某些地区的风俗中，牛为谷精的具象，而在一些宗教文化中，牛又有着别样的独特的意义。如印度教将牛视为神的化身，尤其视母牛为圣灵，不管是在城市还是乡村，神牛都可以行动自如，无拘无束。此外，牛在佛教中同样形象高贵，备具威仪与德行。佛的异名即为"牛王"，喻指佛有运载众生的大力；而禅宗"十牛图"则以牛比喻众生的心。

在施行过程中产生超距离作用,甚至在日常生活中也会发挥作用。因此,当很多重要时刻来临时,远在他乡的亲朋们的行为都会受到某种限制。人们相信,任何一方的忽视都将给另一方带来灾难。比如,玻利维亚的莫克索斯印第安人认为,当一个猎人外出狩猎时,如果家中的妻子做出背叛他的行为,他就会遭到蟒蛇或美洲虎的袭击。

□ 模拟巫术

根据"同类相生"或"果必同因"原则,巫师能够仅仅通过模仿就实现任何他想做的事,这种法术叫作"顺势或模拟巫术"。模拟巫术是可以模拟某物或某状态的巫术,如化兽术就是其中的一种。也有人认为巫女的飞行术同属模拟巫术,因为这种巫术可能不是实际在空中飞行,而是给人一种在空中翱翔的感觉。

为了果树和庄稼的大丰收,人们有时也会利用顺势或模拟巫术原则。在图林根地区,农人用一个从肩头至膝盖那么长的袋子运送亚麻种子,而且步子迈得很大,以至于袋子在他背上来回摇摆。据说,这种方式可以使长出的亚麻在风中摇摆。在苏门答腊内陆地区,女人多负责播种稻子,为了使稻子长得又高又密,播种时她们就会把长发解开,披散在背上。在欧洲许多地方,为使庄稼长得更高,人们常常聚在一起跳舞或向空中纵跳,这些其实都是一种"顺势"模式。巴伐利亚和奥地利的农民对孕妇传递繁殖能力的巫术深信不疑,他们认为:如果把一棵果树的第一枚果实拿给怀胎的女人吃,这棵树在来年定会硕果累累。为了使谷穗饱满、大地丰收,希腊和罗马人甚至把孕妇作为贡品献给谷物女神和土地女神。

在顺势巫术的应用中,还有以死人为手段来施行法术的。由于死人既不能看,也不能听,更无法说话,人们就可以借助顺势原则,用死人的骨头或与死亡相关的其他东西使别人也丧失看、听或说的能力。不论哪个历史时期,很多地方的盗贼们都曾利用这种巫术行窃。在斯拉沃尼亚,撬门贼行动前有时会先将一根死人骨头扔上房顶,并念叨着:"让房子里的人在这根骨头苏醒时再醒来。"之后,房子里的所有人就无法睁开眼睛了。爪哇的盗贼也常采用类似的方法,他会先在准备偷盗的房子四周撒上坟土,使房内的人都酣睡不醒。此外,在塞尔维亚和保加利亚,那些被丈夫过分约束、忍气吞声的女人,常将盖在尸体眼睛上的铜币偷偷浸泡在酒或水中，然后让丈夫饮下这些酒水，喝完之后他就会像那个眼睛上盖了铜币的死人一样，再也无法看到妻子的过失行为。

人们认为，动物的某些特性对人类也颇有效用。所以，巫师就根据顺势或模拟巫术原则，采取各种方式将这些特性传递给人类。白鼬的生命力非常顽强，因此有些贝专纳人就拿白鼬皮做衣服，他们相信，白鼬的顽强会传给他们。贝专纳人士兵还将无角公牛的头毛戴在自己头上，并在斗篷里缝一块青蛙皮，因为身体滑腻的青蛙和无角公牛很难被抓住，这样一来他们就跟青蛙和无角公牛一样不易被敌人抓住。珲科尔印第安人非常喜欢蛇背上的美丽花纹，因而当一位妇女要进行编织或刺绣时，他的丈夫就会捉来一条蛇，让妻子用一只手抚摸蛇的整个脊背，然后再用这只手抚摸自己的额头和眼睛，于是她就能绣出同这条蛇背的花纹一样美丽的图案。

根据顺势巫术原则，没有生命的东西也能像生物那样传递祸福。在撒马尔罕，女人们给孩子吃糖果时把胶涂在他手心里，使他长大后能说出甜言蜜语。在希腊，人们认为，若是用一只被狼咬死的绵羊的毛做衣服，穿的人便会受到伤害。他们还相信，如果把一块被狗咬过的石头投入酒中，喝过这种酒的人都将争吵起来。在婆罗门教的入教仪式中，入教的男孩被要求用右脚踩着一块石头反复诵念："踩上这块石头，跟石头一样坚定。"这两个事例中所说的是一般的石头，因此人们认为其巫术效力也一般。而那些具有奇特形状或颜色等特性的石头，则被看作具有特殊的巫术效力。秘鲁的印第安人为使玉蜀黍丰产，使用玉蜀黍穗形状的石头；为促进家畜繁殖，又会使用绵羊形状的石头。古代人赋予宝石的种种特性令人难以理解，但现在看来它们在很久以前极有可能是人们的护身符。

中国人为了长寿曾施行过很多复杂的法术，这些法术也是对顺势原则的应用。在传递福寿的器具中，最有代表性的就是寿衣。很多中国人在活着时就开始准备寿衣，而且多安排未婚女子或年轻妇女裁剪和缝制。他们认为这些女性正值青春年华，缝制过程中，她们蓬勃的生命力也会传递到寿衣上，因此寿衣一时不会派上用场。此外，人们都选择有闰月的年份缝制寿衣。因为在中国人看来，有闰月的年份出奇地长，肯定具有延长寿命的能力，选择这种年份缝制寿衣更合适。

在中国人的另一种信仰中，我们还能窥见"同类相生"原理的影子。中国人认为，一个城市的形状或与其形状类似的东西都会影响该城的命运。比如很久以前的泉州府，当时泉州城的形状很像一条鲤鱼，而毗邻的永春城则像一张渔网，泉州城便常常遭到永春城的掠夺。后来，这里的居民想出了一个办法：在城中心修建两座宝塔。至此，泉州城最终摆脱噩运。这是因为两座高耸的宝塔撑住了"渔网"，使其无法沉入水中捕捞"鲤鱼"。

以模拟方式驱除某种灾难的预兆，也是对顺势或模拟巫术的运用。具体方式是，用假灾难代替真灾难以避过厄运。马达加斯加人早已将这种欺骗命运的行为发展成习俗。在这里，每个人的生辰时刻就已决定他的命运。十一月是多雨的月份，被人称为眼泪之月，出生在这个月份的人会被愁苦笼罩一生。为驱散这股命运的愁云，他可以取下沸水锅上的盖子，并用手左右摇晃。上面的水滴被抖落，将来他的

□ 《草地上的女人》　保罗·高更　1889年

《圣经》里大卫的《诗篇》："耶和华是我的牧者。我必不至缺乏。他使我躺卧在青草地上，领我在可安歇的水边。他使我的灵魂苏醒，为自己的名引导我走义路。" 在新约中，耶稣被称为好牧人，在前为人们引导正路；而圣经就好像青草地一样，充满了基督徒所需要的平安和喜乐。

眼中就不会真的流下眼泪。如果一个人在出生时就注定穷困潦倒，他可以买一对廉价的珍珠，并将它们扔掉，以此扭转命运。因为世上只有富翁才会轻掷珠宝。

接触巫术

我们以上所讨论的主要是顺势巫术或模拟巫术。接下来要分析的是交感巫术的另一大分支，即接触巫术。接触巫术的概念基础是：事物只要接触过，即使后来远离彼此，它们之间也会一直保有某种联系。由于存在这种交感关系，不管你对其中一方做些什么，必定会给另一方带来同样的后果。可见，接触巫术的逻辑基础跟顺势巫术的一样都是一种错误的联想。它也是以某种虚无的物质为中介，把相互远离的两个物体联系起来，并将对一方施加的影响传递给另一方。我们最熟悉的接触巫术例证，就是人们所认为的人与自己身体某一部分（如头发或指甲）之间存在的感应力。例如，你只要拿到别人的头发或指甲，无论与这人相距多远都可以通过它们对其施加影响。世界各地都存在这种迷信思想。

□ 接触巫术

接触巫术是一种利用事物的一部分或与事物相关联的物品求吉嫁祸的巫术手段。这种巫术只要是接触到某人的人体一部分或人的用具，都可以达到目的。可以用于巫术的"用具"包括人的头发、指甲、眼睫毛、眉毛、腋毛等，它们虽然离开了人体，却依然和人体有密切的关系，如果施术在其上，就能影响于人体。如过去害人的黑巫术常常搜集不和睦人的头发、胡须、指甲以及心爱之物，以备加害对方，所以小孩子的名字也不能随便告诉别人，否则便要受制于人。

澳大利亚的一些部落为男孩举行成年仪式时，常会敲掉他的一颗或几颗门牙。至于这样做的原因，我们还不太清楚，但可以肯定的是：这个男孩和他被敲掉的牙齿之间仍存有一种交感关系。在新南威尔士达林河畔的部落中，男孩被敲掉的牙要放在树皮下面，而且还要选择河边或池塘边的树放置。这颗牙如果被长起的树皮覆盖住或是掉落水中，就预示着男孩一切平安；可若是这颗牙露出树皮，而且还有蚂蚁爬过，则预示着男孩会罹患口腔疾病。在这里的默林部落或其他部落中，男孩被敲掉的这颗牙先由一位长者保管，然后在每位头领间传递，整个部族都传遍后再回到这男孩的父亲手中，最后交给他本人。在传递过程中，这颗牙绝对不能放入装有某种带魔力的东西的袋子中，他们认为这样会使牙齿的所有者深陷危难。

除了头发和牙齿，脐带和胞衣（包括胎盘在内）也被认为在与人身分离后，仍保有与人身之间的交感联系。人们确信，一个人的安危祸福都和他的脐带或胞衣息息相关。如果他的脐带或胞衣处理得当、保存完好，那他一生都会顺顺利利；可若是它们被丢弃或损坏，那他必定命途多舛。在澳大利亚西部地区的某些部落，人们认为一个人是否擅长游泳，取决于出生时他的母亲是否将其脐带扔进了水中。在古代，墨西哥人常把男孩的脐带交给士兵，让他将其埋在战场上，以使这个男孩拥有战斗的激情。而女孩的脐带则必须埋在炉灶旁，以使她对家庭和烹饪充满热爱。

令人不可思议的是，在对受伤者施行的法术中，人们也运用了交感巫术原理。很多人相信受伤者和致伤物之间存在某种联系，因而不论如何对待致伤物都会对受伤者产生一定影响。据普林尼说，如果你打伤了一个人且心存歉意，只要朝打人的那只手吐口唾沫，受伤者的伤痛就会立马予以缓解。在美拉尼西亚，一个人被利箭射伤后，如果他的家人或朋友得到了那支箭，并将其存放在一个潮湿或凉爽的地方，他伤口的炎症就会消减从而迅速痊愈。与此同时，用箭伤人者也想尽办法来加剧对方的箭伤。因而他便和朋友们喝热腾腾的浓汤，嚼食辛辣的树叶，以为这样会刺激那人的伤口，使其复发炎症。

  澳大利亚中部的土著人又进一步发展了这种观念。他们认为，受伤者身边的亲人应该将自己身上涂满油脂，限制自己的饮食，并注意自己其他方面的行为，以确保受伤者的伤口痊愈。当一个少年割了包皮而伤口还未愈合时，他的母亲被禁止吃袋鼠肉、某种蜥蜴肉或任何脂肪，以防止男孩的伤口长时间不能痊愈。她每天还要将一些掘地的棍子涂满油，并时刻盯着它们，就连睡觉时都得放在头边，以免任何人接触。这也被认为有助于孩子迅速康复。

  人们之所以认为受伤者和致伤物之间存在交感联系，很可能是以这种观念为前提的：残留在致伤物上的血和受伤者体内的血仍然保持着共同感觉。基于此，在新几内亚附近的图利欧岛上，巴布亚人总不忘将包扎过伤口、带有血渍的绷带扔进大海。因为他们担心，这些绷带万一落入敌人手中，就可能被用来施行巫术伤害他们。在新赫布里底群岛的塔纳岛，如果有人想谋害他的仇敌，就会千方百计弄到仇敌穿过的一件衣服，再用细小的树枝和叶子将衣服擦一遍，最后将衣服和枝叶裹在一起焚烧。当被烧着时，受害者便受到病痛的折磨，随着衣服化为灰烬，他的生命也走到了尽头。

  此外，巫术的交感作用除了可以通过衣服实现，还能通过这人在沙子或地上留下的印迹实现。比如，你可以通过践踏一个人的脚印来给其造成伤害。澳大利亚东南部的土著人相信，只要在某人的脚印中放入石英石、玻璃、骨头或木炭等锐利碎片，这人就会跛脚。要是自己患上风湿病，他们也认为是有人对其施行了这种法术。在很多地方，猎人们还用此种巫术来捕捉猎物。德国猎人会将一枚从棺材上取下的钉子插入猎物的足迹，以防止它逃脱。维多利亚的土著人在追捕猎物时，会将尚有余温的灰烬洒在它们的足印上。

巫师的发展

  在对交感巫术的考察中，我们所举的事例大都属于"个体巫术"，即出于个人利益而施行的巫术。但在未开化的社会，还有一些为了部落的共同利益而施行的巫术，可称之为"公众巫术"。当人们将部落利益的取得归功于这些巫术仪式时，巫师的作用变得愈加重要，他们很可能因此成为一个首领或国王。部落中那些精明能干、野心勃勃的人就会抓住这个机会，成为巫师以进一步收获声誉、财富和权势。同时他们也发现，比自己愚笨的部落同伴们极易受到蒙骗，利用这点来谋取私利轻而易举。但并非每个巫师都愿充当恶棍或骗子，他们中有的坚信自己拥有同伴们所认定的神奇能力，而且这种能力也让他洞察到，普通人信以为真的观念其实都是无稽之谈。这样说来，从事巫师职业的人都会有某种程度的欺骗倾向。巫师所宣称的某些东西只要是虚妄的，那就唯有通过有意无意的欺骗才能维持下去。因此，过于自负的巫师比处心积虑的骗子更易遭遇危险或断送前程。

人类社会发展到这一阶段，至高的权力往往落入那些思维最敏捷而人格最卑劣的人手中。如果将他们的欺骗行为所造成的危害，和他们的聪敏所带来的益处作一番比较，你会发现，益处远远超过危害。当这位机敏的骗子的野心达到顶点，不再寻求任何个人私利时，他就可能开始为大众服务。那些足智多谋、善于玩弄权术的政界人物，也许最终会成为一位伟大的统治者。

在原始公社中，往往由长老议会进行统治，而随着巫术的公共性日益明显，管理权逐步集中到少数最能干的人手中。这种变化对社会各方面的发展都十分有利，而且为人类脱离野蛮状态创造了基本条件。在旧有观念中，原始人被看作是最自由的人，但事实并非如此。那时的人类几乎就是奴隶，而他的主人就是他自己的过去，和他逝去的祖先的阴魂。这些阴魂统治着他的一生，强迫他恪守世代传承下来的规则。这样一来，真正有才干的人被那些无能之辈牢牢压制住，毫无施展机会。权力向最有才能之人的集中打破了这种屏障，而且更有助于社会进步，因为他获得极权后，很可能大胆改进旧俗，实现以前若干代人都没能完成的变革。对一个部落而言，成员们只要不再被分

□ 巫师

巫师原本是会施魔法的人的通称，演变到后来，便专指以施行巫术替人祈祷为职业的人。古代的女性施术者称为巫，男性称为觋。巫师在一个社会中有很多的功用：他们可以用法术保护他人，使其免受自然灾害、外来者和敌人的伤害。他们也负责改正错误，衡量对错，操控大自然和解释恐怖的现象等。

歧重重的长老议会左右，而是听从一个精明能干的管理者的领导，部落就会变得日益强大。

总之，巫术的公众服务职能不仅为最有才干的人走向权力之巅开辟了道路，而且为人类摆脱传统束缚起了推动作用，对人类发展作出了很大贡献。

第四章　巫术与宗教

从前文所举的各种事例中可以看出，巫术带有宗教的某些色彩和成分。但我们仍要辨明，它与宗教究竟是何种关系。在分析宗教与巫术的关系之前，我先要阐明自己的宗教概念：宗教是对被认为能够引导和控制自然与人生的超人力量的迎合或抚慰。由此可见，宗教包含理论与实践两部分，也即对超人力量的信仰，以及为表示对其敬畏而采取的种种行动。其中，信仰是一大前提，因为你只有相信神的存在才会想去敬奉他。但若只有信仰没有行动，也不能算是宗教，而是神学。正如圣·雅各所言："信仰若没有行为就是死的。"

但是，如果宗教所包含的信仰与行动两部分真的缺一不可，那么它就明显传达出另一层意思：人们可以通过取悦控制自然的神，使他按照我们的意愿改变事物发展的趋势。这就意味着人们能够在某种程度上改变自然，而巫术和科学则认为自然的运转是恒定的、不可改变的。这两种矛盾的自然观的关键分歧在于：统治世界的力量是否具有意识和人格？显然，宗教的回答是肯定。巫术中也存在神灵，而且就是宗教所认定的具有人格的神灵，但它不是像宗教那样去取悦它们，而是压制它们，使其按照原本的趋向行事。所以，在巫术世界中，任何具有人格的对象都被强大的非人力量统治着。但只要你会利用仪式或咒语操控这种力量，就能使其发挥本来的作用。例如在古埃及，巫师们宣称他们可以迫使最高的天神服从自己，而且确实对天神发出过威胁。

由于宗教与巫术之间的这一原则抵触，以及巫师对神灵的不恭敬和妄自尊大，祭司不能不对他充满敌意。但他们之间的这种对立，是宗教发展到后期才明显表现出来的。早期，祭司和巫师的职能是结合在一起的，宗教和巫术仪式常同时举行。只要能实现愿望，他们才不理会其行为和理论间是否存在矛盾。

尽管两者在很长历史时期中有相互融合，或相互混淆的现象，但我们根据一些基本观念可以判断出：巫术在人类历史上的出现比宗教要早。如前文所述，巫术只是对人类最简单、最基本的思维过程（类似联想或接触联想）的错误应用；而宗教却提出，自然背后存在有意识、有人格，又具有超人力量的神，正是这有意识的力量控制着自然进程。显然，人神的概念比类似或接触概念复杂得多，人神决定自然论也更深奥。

通过对澳大利亚土著居民的观察，我们证实了由巫术与宗教的基本概念推演出来的这种结论。从我们已掌握的准确资料来看，在最原始的野蛮人中，巫术是最为流行的，而宗教却几乎无人知晓。可见，在人类最为落后的阶段，宗教可能并不存在。由此推知，世界上的文明民族在其某个历史发展阶段也曾有过类似的状态。综观人类现存的各个种族，我们发现它们都拥有众多各不相同的宗教，而且这些宗教渗透到了各个城市、乡村乃至家庭。宗教的繁多和矛盾自然会引起纷争，但最容易卷入其中的是那些善于思考的知识阶层，因为愚昧无知的人几乎具有完全一致的信仰，他们之间的关系极为和谐。

如果真如我猜测的那样，宗教的出现晚于巫术，那我们不禁又要问：有些人为什么会放弃巫术而转投宗教呢？要想给出一个满意的答案并非易事，因为需要做的解释和分析实在太过庞杂。所以，根据目前掌握的知识，我们也只能提出一种近似合理的假说：有些善于思考的人在长久的实践中认识到了巫术固有的谬误和无效性，他不再相信自己具有"引导天地运行"的能力，敌人和朋友的死亡也让他明白，不管是谁都被某种更强大的力量支配着，而拥有这种力量的就是不为人们所见的像自己一样的人物。因此，人类要承认自己对这些强有力的人物的依赖，祈求他们的怜悯、保护和赐福。思想深刻的人们也许就是在这种求索中从巫术转向了宗教。

但这种转变并不是突然发生的，应该经历了一个较为漫长的过程。因为巫师不

□ 《天使报喜》 列奥纳多·达·芬奇 1472至1475年

宗教与巫术有明确的界限，巫术是借助人的力量通神，即靠人来使唤神灵；而宗教在神灵面前，人是没有资格使唤的，只有向神祈求，信神而不是差使神。这是宗教和巫术最大的不同。图为达芬奇于1472年至1475年所创作的《天使报喜》。画中描述天使长加百列告诉童女玛利亚，她已获选受胎，生子耶稣，即主所预言的救世主。童女玛利亚听后，平静地接受了天使长加百列的报喜。

可能轻易放弃自认为拥有的无上权力和力量。他意识到自己不能随心所欲地支配事物，但他一开始可能只承认控制不了风、雨、雷、电；当他慢慢发现还有更多事物不受他支配时，他便更深切地感觉到自己的无能为力，并开始相信自己被无形的巨大力量控制着。可见，宗教对超人力量的承认是一个随着知识的增长，由部分到整体的渐进过程。只有那些知识水平较高的人，才能理解宇宙的浩淼和人类的渺小。思想狭隘者是认识不到宗教的伟大的，甚至还会觉得自己最伟大，因此他们很难真正接受宗教。虽然他们表面上遵从教义，但内心响彻的却是巫术迷信的声音。这种迷信已经在大多数人心中深深扎根，宗教是不可能彻底将其拔出的。

有人可能会产生这样的疑问：那些有智慧的人为何没能更早发现巫术的谬误呢？为何坚持举行那些毫无效果的仪式、念诵那些没有任何作用的咒语呢？我想这应该不难回答。很多时候，随着某种巫术仪式的完成，人们所期望的结果大都会在或长或短的一段时间后出现。这种情况下，谁能轻易察觉到祈祷结果的产生不是巫术的作用呢？比如，在某些地区，太阳每天清晨总是在东方点亮它金色的明灯，因此那些在早上呼唤日出的巫术仪式基本不会失败。所以，只求实际效果的野蛮人不可能去理会理论上的怀疑者。

□《月亮与地球》　保罗·高更　1893年

在混沌初开的远古时代，人们认为自然物如日月星辰、山川木石、鸟兽虫鱼等，皆具有主宰人类的灵性，因此将其视作神灵而加以崇拜。在所有自然崇拜中，月亮崇拜较为突出。对于先民来说，月亮象征着女性和母性，因其阴晴圆缺、循环往复的特性，被视作生殖力的集大成者。他们期望在月光普照之下，能够把生殖力带给生产种植的作物。

第五章　巫术控制天气

为公众服务的巫师

在前面的分析中我们已经知道，巫术既可用来为个人服务，也能为全社会服务，据此可将巫术分为个体巫术和公众巫术。其中，公众巫师的地位举足轻重，如果他够精明就能一步步成为酋长或国王。在未开化的野蛮社会，一些酋长和国王之所以赢得无上权威，主要是由于其同时兼任的巫师职能为他带来了巨大声誉。

巫师在取得为公众服务的职位后，成了一个特殊阶层，这代表着社会的一大进步。虽然大多数巫师为实现公众愿望所采取的手段并无多少效力，但我们也不能因此否定这个制度的重要性。这些人从艰辛的体力劳动中解放出来后，承担起更重大的责任。他们需要具备有助于人与自然斗争、能减轻人们病痛并延长其寿命的一切知识，需要了解风雨雷电的成因、四季的更替、太阳的运行、月亮的盈亏等等。他所服务的公众也不断提出各种实际问题让他解答。所有这些都促使他努力了解，并想方设法控制大自然的运转。在长期的探索中，他们不断提出并检验各种假设，接受那些符合当时现实的设想，摒弃其他的。

在我们看来，巫师们所深信的自然观荒唐无比，但在当时却显得合乎实际。所以，我们不应该菲薄那些提出肤浅理论的人，而应该鄙夷那些在更合理的观念提出后仍固步自封的人。在未开化的社会中，如果哪个巫师所犯的错误被人发现，他可能就会有性命之忧。所以，为了保住性命，他就会隐藏起自己的无知，欺瞒众人。不过，这也促使他们去追求真才实学。因为只有真正懂得某些知识，你才能很好地表现出来。总体来看，由公众巫师们形成的这个阶层，对人类社会的发展确实起过巨大作用。

巫术控制雨水（祈雨）

在巫师们为公众利益所做的许多事情中，对气候的控制是最为首要的，尤其是确保部落的降雨充足。水是一切生命的源泉，而在许多国家水主要由降雨提供。因此，在未开化的社会部落中，祈雨法师有着举足轻重的地位。为很好地完成这一职责，他们往往采用各种以顺势或模拟巫术原则为基础的方法。如果需要降雨，他们就通过洒水或用蒸汽制造假云的方式来模仿。若是想让降雨停下来，或使天气干爽，他们便借助温热或火去除多余的水气。这类做法不仅盛行于常年酷热的中澳大利亚、非洲东南部地区，而且在温暖湿润的欧洲也很普遍。

比如在俄罗斯德尔普特（今塔尔图）附近的一个村子里，当人们需要降水时，祈雨师就和两个男人爬上墓地里的一棵枞树，一个男人用榔头敲打水桶或水壶以模仿雷鸣，另一个撞击两支燃着的火把使火星飞迸以模仿闪电，而祈雨师则同时用细树枝蘸水向四方挥洒。在中安哥尼兰，当雨水迟迟未降时，人们便前往雨神庙修葺庙堂。首领率人清除那里的杂草后，把麦酒倒入深埋地下的一个罐子中，同时还要叨念："乔塔大师，我们实在走投无路了！您发发善心，赐给您的孩子雨水吧！我们给您献上香甜的麦酒。"分喝完剩下的酒后，他们就手执树枝载歌载舞。返回村子时，他们将树枝浸入已放在路边的一桶水中，然后挥舞着将水珠洒向空中。之后，他们便坐等雨水的降临。这些做法都将巫术与宗教结合在了一起，用树枝洒水是巫术仪式，而祈祷降水和敬奉麦酒则是宗教仪式。根据阿拉伯历史学家马克里兹的描述，哈德拉茅的阿尔卡马尔游牧部落为了阻止下雨，就从长在沙漠里的某种树上砍下一根枝条，把它放在火上，然后将水慢慢浇到燃着的树枝上。这样一来，降水就会减弱，如同洒在燃烧着的树枝上的水被烧干。这种方法不是只有阿拉伯人通晓。新不列颠的苏尔卡人为了止雨，会把烧红的石头放入雨水中，或向空中抛洒热灰。他们认为，雨水会因怕被炽热的石头或灰烧掉而很快停歇。印度东北部的特卢固人则相信，让一个手持燃烧的木柴的小女孩赤身站在雨中，就能止住倾盆大雨。

人们普遍认为，孪生子能对自然，尤其是雨水和天气产生神奇的魔力。英属哥伦比亚的齐姆西印第安人相信，气候被孪生子控制着，因而当他们祈祷风雨停息时便说："你们这些孪生子的气息，请安静下来吧！"此外，他们还相信孪生子的任何愿望都能实现，因此人们特别惧怕孪生子，生怕招惹他们后就会遭到伤害。英属哥伦比亚的夸扣特尔印第安人认为，孪生子是由鲑鱼变成的，他们如果走近水边就会变回鱼类。孪生子既能控制天气的阴晴,也能促使雨水降临。采取的方法就是先将他们的脸涂黑,再用水冲洗干净,这可能象征着雨水从黑云中滴落。

在那些人们不希望雨水过多的地方,通晓气象的巫师就会采取与求雨仪式完全相反的法式。爪哇岛位于赤道上,四季雨水充足,那里的人们几乎不需要祈雨,反而是常为防雨举行各种仪式。如有谁要在雨季设宴款待众多客人,他就会去求气象巫师"顶住像要覆压下来的雨云"。请求的人离开后,巫师就开始准备施行相应的法术。他既不能喝水也不可洗浴,吃东西时也必须干嚼,总之,任何情况下他都不能接触水。而请求者及其家人和仆从,不论男女,在宴会结束前都不可洗澡或洗衣服,而且还要严格节欲。印尼的托拉杰人有专门的驱雨巫师,在举行仪式前后及期间,他都要避开水。他不能沐浴,不能用洗过的手拿食物吃,不能喝棕榈酒以外的任何饮料,而且过河时也不能踩到水。一切准备就绪后,他就在稻田中盖间小屋,在里面生堆火,然后在火上烧各种被认为有驱雨功效的树枝,而且这堆火始终不能熄灭。如果后来又需要雨水,他只要把水浇在那堆火上,就会引来倾盆大雨。

□《诺阿诺阿》中的插图

从亚当的配偶夏娃诞生的那一刻起,两性诞生了。然而直到二人偷尝禁果有了羞耻心,却仍旧抵挡不住本能的情欲难舍难分之时,婚姻关系才真正出现。因此在基督教的婚姻关系中,认为夫妻关系是最亲密的人际关系,是灵魂与肉体的合一。正如《圣经》中所说,"人要离开父母与妻子连合,二人成为一体。"此外,佛教对婚姻的核心要求则是道德至上,不邪淫,然后才是夫妻之间的互相忠诚和尊敬。

我们可以发现,爪哇人和托拉杰人的防雨仪式与印度人的求雨仪式恰恰相反:印度的巫师在任何情况下都要接触水,而爪哇人和托拉杰人的巫师却绝对不能碰水;印度的巫师必须露宿在森林中,即使下雨也不可躲避,而爪哇和托拉杰人的巫师则要待在一间小屋中。前者要用身体接受水,以示对雨水的渴求,后者则要长燃明灯或火堆,以示对雨水的驱赶。但两种不同的行为其实遵循着相同的规则:使自己所做的事和希望产生的结果具有一致性。这种设想仍是古老的"果必同因"谬误的再现,即:如果你想要降雨,就要将自己浇湿;如果你想要天

□ 祈雨

在某些常年酷热的地区，如中澳大利亚、非洲东南部等地区，经常出现干旱，农民苦不堪言。这时候，祈雨师便扮演着十分重要的角色。他们施展各种"法术"祈雨，最后似乎都能如愿。

晴，就要保持自身干燥。

妇女拉犁或假装拉犁有时也被认为可以带来降雨。在高加索地区，每当旱情出现，那里的普沙夫人和切夫苏尔人就举行一种"耕雨"仪式：姑娘们将犁拉到一条齐腰深的河中，然后奋力向前拉。在亚美尼亚，为了祈雨，寿命最长的妇女或祭司的妻子穿上祭司的衣服，其他女人也扮作男人，然后一起在水中拉着犁逆流而上。印度某些地方也有类似的求雨仪式：妇女们夜里赤身拉着犁越过一块田地，这时男人们必须小心地避开这条道路，因为他们的出现会影响这个法术的效果。

在一些地区，人们还用死尸来施行求雨巫术。在新喀里多尼亚，祈雨者将全身涂成黑色，挖出一具尸体，把它的骨头带到一个洞穴中，再按人体形状连接起来，然后将其悬挂在一些芋叶上，用水浇洒骨架，让水流到叶子上。他们认为，死者的灵魂会带走这些水并将其转化为雨水。为了丰沛的降水，托拉杰人有时也会祈求死人。在加林古亚的村子里，埋葬着一位著名的族长，而且还是现首领的祖父。当遭遇异常干旱时，人们就来到他的坟墓前，把水洒在坟上，并念叨："啊，祖父，可怜可怜您的孩子们吧！请降下雨露吧！"然后他们在坟上挂一个装满水而底有小洞的竹筒，水就从洞中不断滴落。这个竹筒的水总是被一直注满，直到降雨浇透大地。中国人认为，当人们的尸体尚未埋葬时，他们的灵魂就如遭受雨淋般难受，于是这些灵魂就竭尽所能防止降雨，而且常因行为过度而引发旱灾。一旦遭遇旱灾，中国的统治者们就立即下令埋葬那些未掩埋的尸体，以驱除旱灾，迎来降雨。

此外，某些动物在这类求雨巫术中也常扮演重要角色。在非洲东部，瓦戈戈人为了祈求降雨，将黑鸡、黑绵羊、黑牛作为祭品呈奉在已故祖先的坟前，而且求雨者在雨季只能穿黑衣服。印度阿萨姆的加罗人在遭遇旱灾时，会将一只黑山羊供奉在一座很高的山顶上。可以看出，这些仪式中的动物都是黑色的，因为他们相信，黑色会使天空因充满雨云而变黑。与之相反，人们若要祈求天气晴好，就要以白色的动物为贡品。比如，蒂汶岛上的人为祈求阳光，就向太阳供奉一只白色或红色的猪。由于青蛙和蟾蜍跟水关系密切，人们便将其称为"雨水保管者"，并常被用于祈雨仪式。当干旱来临时，奥里诺科印第安人会把几只青蛙放在一口锅下面，并鞭打它们。艾马拉印第安人将青蛙的小塑像放在山顶，以求大雨降临。

中国人的祈雨法术非常有趣，他们倾向于通过影响天庭达到目的。在他们眼中，龙就是雨神，当需要降雨时，他们就用纸或木头制作一条长龙，列队带它四处转。如果雨水迟迟未降，他们就撕碎或捣毁这条假龙，并威胁废黜它的神位。若是雨水及时降临，他们便公开宣布晋升它的地位。有一年，广东的大雨下个不停，官员们便祈求龙王爷停下来，可它却置若罔闻，于是他们就将它的塑像锁押起来。五天后，雨居然停了，龙王爷也被释放。在一个大旱之年，为了让它尝尝雨水贫瘠的滋味，这位龙王爷又被人们羁押到它神庙的院子当中曝晒了好几天。

有时人们也会利用神灵的仁慈祈雨。当粮食被太阳烤焦时，祖鲁人就会杀死一只"天鸟"，并将其扔进一个池塘里，认为神灵会因这只可怜的鸟而痛哭，它的泪水便会化为滂沱大雨。当遭受旱灾时，特纳里夫的广奇人就把他们的绵羊赶到圣地，并将小羊羔和母羊分开，让它们那凄楚的叫声去打动神的心。托拉杰人还有一种祈雨方式，就是把一些淡水蜗牛用绳子吊在树上，并威胁这些蜗牛："快去求雨，不然你再也别想回到水中。"蜗牛颤抖着直流眼泪，于是雨神就大发善心降下雨水。

有些地区的人还认为石头也具有带来雨水的特性。在萨摩亚人的树林中，珍藏着一种被当作雨神的石头，一旦遭受旱灾，祭司们就带着这块石头列队来到一条小河边，将它浸在水中。新不列颠的苏尔卡人要求雨时，就把石头用某种果实的灰烬涂黑，和一些植物一起放在太阳底下，然后将几根细树枝浸入水中用石头压住，同时默念一段咒语。此后，大雨就会降临。在印度曼尼普尔东面的一座高山上，有块石头很像一把伞，每当需要雨水时，族长就在这块石头上浇洒山下的溪水。在新墨西哥和亚利桑那的干旱地区，阿帕奇人常在一块巨石顶部的一个特定地方洒下溪水，以求乌云快快聚集，降下雨水。

除了非洲和亚洲的蛮荒地区以及澳洲与新大陆酷热的沙漠地带，气候温润潮湿的欧洲也有这类巫术。在"布罗塞林德的原始森林"中有一口神奇的喷泉，据说一位名叫默林的巫师至今仍在喷泉旁的山楂树荫下沉睡着。远处布列塔尼村的

□ 《马提尼克岛湖畔》 保罗·高更 1887年

在中国古代尤其是殷代，河神崇拜特别盛行。由于河流一方面可以灌溉农田，为人们持久地提供食物；一方面又会泛滥成灾，毁灭人们的生活，其特性便被人们加以神化，从而衍生出河流、湖泊祭祀。河神祭祀大多选择在野外的场所进行。凡遇到大旱之年，山下的百姓会准备好祭祀品和雨具，到石人湖畔祈求天神降雨。人们摆好祭品，搭好雨棚，然后载歌载舞；瞬间湖畔上空便乌云翻滚，风雨随之而来。

村民们如果需要雨水，便赶来这里，用大杯子舀出泉水朝旁边的一块石板上泼。在斯诺登山区，有个被群山包围在幽谷中的小湖，一排石阶一直延伸至湖边。谁若是能踩在石阶上用水泼湿最远的一块名叫"红坛"的石头，就预示着雨水很快来临。在法兰西的很多地方，人们过去常通过将圣像浸入水中来求雨。在康玛格尼，一座古老的修道院旁有一个圣吉尔瓦斯泉，每逢大旱来临，人们就将供奉在泉水旁的圣吉尔瓦斯神像扔进泉底。一些非天主教国家也有此类求雨方式。在明格列利亚，当庄稼遭受旱灾时，农民们就将一个特殊的圣像浸入水中，直到雨水降临。在远东，当稻子要被干旱烤焦时，掸族人就把佛像浸入水中。从表面来看，这些方式像是一种威胁和惩罚，但实际上可能都属于某种交感巫术。

如果祈祷和游行都不能带来降雨，希腊和罗马人也会像其他民族一样求助于巫术。比如在阿卡迪亚，当庄稼和树木都要被太阳烤焦时，宙斯的祭司便来到莱西埃斯山，用一根橡树枝不断搅动山上一眼特殊的泉水，这样一来，泉水就上升为充满水汽的云团，大雨便很快就会降落。塞萨利的克兰隆人在神庙中保存了一辆青铜马车，每当需要雨水时，他们就摇动马车，以轰隆声模拟雷鸣，大雨很快就会降临。

巫术控制太阳

巫师不仅认为他能唤来雨水，也相信自己可以使太阳发光，并加速或阻止它的运行。奥吉布威人常把日蚀想像成太阳的火焰被扑灭了。因此，他们将燃着的利箭射入天空，以重新点燃它的火焰。日蚀现象发生时，秘鲁的森西人也采取了与之相同的做法，但他们并不是要点燃熄灭的火焰，而是为了赶走他们所认为的与太阳厮杀的野兽。堪察加人的做法是，将火从屋里带到屋外，并祈祷太阳能像以前一样发光发热。但这种祈祷的做法带有更明显的宗教性质。

我们发现，奇尔科廷印第安人在这类情况下采取的则是纯粹的巫术仪式。男男女女们拄根棍子，撩起长袍，像正背着重物似的不停绕圈走，直到日蚀结束。他们认为，太阳一定是筋疲力尽了，因而以这种方式助它前行。古埃及国王绕着一个神庙的围墙转圈，也是出于类似目的。在新喀里多尼亚，当人们迫切需要阳光时，巫师就将一些植物和珊瑚带到坟地，将它们和剪自自己孩子头上的两缕头发，以及祖先的两颗牙齿或整个颚骨掺在一起，做成一根"魔棍"，然后开始攀登一座在山顶能捕捉到第一缕霞光的高山。登上山顶后，他在一块平坦的石头上放上三种植物，在其一旁再放一只干珊瑚，最后把他的"魔棍"悬在石头上。

□ 日神崇拜

在全世界的许多地区，许多民族都存在过日神崇拜，也就是太阳崇拜。对森西人或印第安人来说，他们的日神信仰里蕴含的巫术意识和行为是各种各样的，其中最具代表性的就是用巫术控制太阳。巫师们一般通过相应的仪式来"支配"太阳。

第二天清晨，他再回到这里，当太阳从大海中升起时点燃"魔棍"。他伴着袅袅的轻烟，边用干珊瑚擦那块石头，边向祖先祈祷："太阳啊！希望你能燃烧得更炽烈，熔掉天上所有的云彩。"当太阳落山时，他将这一仪式再重复一遍。

据说，印度的婆罗门在清晨供奉祭品是为了催促太阳升起。古代墨西哥人将太阳称为"伊帕尔尼莫华尼"，即"人们赖他生存"之意，因为他们认为太阳是一切活力的源泉。他能赐予世界生命，但也需要从世界获得生命。因此，作为生命象征的心脏，不论是人的还是动物的都成了人们献给太阳的贡品。可见，他们这样做的目的不是为了取悦太阳，而是帮助他恢复力量和光热，因此这种仪式显然属于巫术而不是宗教了。古希腊人认为，太阳是驾着一辆马车在天空中穿行的，时间久了它的马车肯定会磨损，因此以太阳为主神的罗得岛人每年都将一辆车和四匹马投进大海，献给太阳使用。而斯巴达人、波斯人和马萨格泰人则仅献给它马匹。

既然有人幻想他们能点燃太阳或加速其运行,也就有人以为他们可以让太阳停止运行或倒退。在秘鲁安第斯山脉的一处关隘,两座山头相对而立,上面各矗立着一座已坍塌的高塔,塔壁上嵌有铁钩,相传那是为了在两座塔之间拉起一张大网抓住太阳。世界各地都流传有用绳套捉太阳的故事。秋季,当太阳往南移去,并日益沉向北极的地平线时,伊格卢利克的爱斯基摩人就玩起"翻花篮"的游戏,试图用绳子做成陷阱捉住太阳,以防它消失。而到了春季,当太阳向北移动时,他们就玩"木棒接球"的游戏,以加快它的运转。在澳大利亚,如果一位返家的土著人想在到家之前停住太阳,不让它落山,便将一块草皮朝向太阳放在一棵树的树杈上。若是想让太阳更快降落,土著人可以把沙子扔向空中并朝着太阳用嘴吹沙子。他们认为,这样就能吹送它快快西下,并能将其埋进沙子里。

除了太阳,有人想象自己还能推动月亮运行。新几内亚的土著居民主要通过月亮计算月份,他们向月亮投掷石头或长矛以加速其运行,使在遥远的烟草种植园辛苦劳作了一年的亲朋能早日归来。马来亚人认为,晚霞会使身体羸弱之人发烧,因此他们企图通过向它喷水和投洒灰烬的办法将其扑灭。舒斯瓦普印第安人相信,如果他们想使天气寒冷,可以通过燃烧一棵曾被雷电击中的树木实现。

巫术控制刮风

在野蛮社会,未开化的人们始终认为他们能控制风的起停。盛夏季节,俄国的雅库特人长途旅行时,取一粒他在野兽或鱼的内脏中偶然发现的石子,用一根马尾将其缠绕几圈,再把它系在一根手杖上。然后边念咒语边摇手

□《裸女与向日葵》 保罗·高更 1889年

因为向日葵的花与实只向着太阳展开,所以向日葵被认为是崇尚光明之花,如果将太阳视作光辉的男子,向日葵的花枝移转方式则体现出了某种沉然的追随与爱慕。在奥维德的《变形记》中有关于向日葵的记述:水泽仙女克里提厄,疯狂地爱上了太阳神阿波罗,但高傲的阿波罗却对她不闻不问。克里提厄的忠诚感动了众神,众神便将她变成了一种可以终身追随太阳神的花,这种花就叫向日葵。希腊文的向日葵"Helianthus annus",便是"helianthus"(太阳)和"annus"(花)的组合。在十六世纪末到十七世纪的欧洲,向日葵被赋予了很多宗教意义,是人类永恒、忠诚、骄傲、感恩的寄喻与象征。

杖，不多会一阵凉风就会袭来。霍屯督人想让风停下来时，就将一块最厚的兽皮挂在一根柱子的顶端，风一旦吹落这块兽皮，它自己便会因失去气力而停息。据称，在离新几内亚不远的贝比利岛上，土著人都擅长用嘴吹来大风。因此每当暴风来临，博格得津人就抱怨道："那些贝比利人又在刮风了！"在新几内亚，人们还通过用棍子轻敲"风石"的方法招来凉风，要是用力敲打，就会引起一场大风暴。

格陵兰人认为，女人在生产时和产后的一段时间里拥有镇压暴风的力量。她只要走出门去，用嘴吸满空气再回到屋内把它吹出就可办到。据说，在基督教时代，君士坦丁治下曾有一位名叫索佩特尔的人被指控用巫术锁住了风，因而被当作祭品杀死在君士坦丁堡的一次巫术仪式中。当时因为没有风，埃及和叙利亚的运粮船都滞留在海上，因而引发粮荒，为平息由此导致的国家骚乱，索佩特尔因而被杀。在芬兰，水手们为了多在家中停留几日，便会向巫师购买风暴，推迟出海。与芬兰人隔海相望的爱沙尼亚人，对他们的这种巫术效力深信不疑。他们甚至认为疟疾、风湿性关节炎等疾病，也是由芬兰心存不轨的巫师传播的。

据说，在英格兰北部的勒威克，至今仍有年迈的老妪以卖风为生。新几内亚的莫图莫图人认为，风暴是由俄伊阿布的一个巫师送来的，他有一只装满风暴的竹筒，任何时候打开它都会刮起暴风。在西非多哥的阿古山顶上住着一位名叫巴格巴的物神，人们将其看作能控制风雨的神，传说他的祭司就把风封存在一些大桶中。

很多人将暴风看作一个可以被恐吓、赶走或杀死的邪恶的东西。在中爱斯基摩，如果风暴持续肆虐并造成食物短缺，人们就用海藻做一根长鞭，到海边用这根鞭子朝风的方向抽打喊叫："够了！"以此驱赶风暴。每当西北风冰封了海岸，很难找到食物时，爱斯基摩人就会举行一次止风仪式。他们在岸边燃起一堆火，男人们围着火堆不停地念诵咒语。然后一位年长的老者走进火堆，恭敬地邀请这位风暴魔鬼下来取暖。当人们感觉他已降临后，依次递给长者一桶水浇向火堆，同时密集的箭矢也飞速射向那个火堆。他们料想，这位风暴魔鬼肯定不愿再留在如此蹂躏他的地方。

格兰查科的伦瓜印第安人称，旋风是妖精路过，于是他们挥舞棍棒驱赶它。当南美洲帕亚瓜人的茅屋被风吹倒时，他们就抓起燃着的木柴迎风疾跑，用火来威吓风。圭库鲁人若是受到严重风暴的威胁，男人们就带着武器跑出去，而妇女和孩子们则拼命叫喊，恐吓这个魔鬼。希腊历史学家希罗多德曾讲过一个跟上述事例相似的故事：在普西利，即现在的黎波里，有一年，从撒哈拉沙漠吹来的风持续肆虐，所有水堰都干涸了，于是人们商量决定集体向南风宣战。当他们进入沙漠后，阿拉伯地区干热的狂风袭来，他们全被埋进了沙中。

第六章　巫师与国王

通过上述众多事例，我们完全可以看出，在很多地区和民族中，巫术都曾被认为具有控制大自然，为公众利益服务的伟大能力。如果真是这样，那么巫术的施行者在当时肯定具有巨大的影响力。因而，他们当中的某些人依靠自身的声望，以及人们对他们的敬畏，极易赢得至高权力。其实，很多酋长或国王都是从巫师发展来的。

我们对澳大利亚土著做过非常翔实的调查，清楚地发现这些野蛮人的统治者既不是酋长也不是国王，而是一个由有威信的长老们组成的组织。一切重大决策都由这些长老们共同商讨决定，而青年人没有任何参与权。长老中的大多数人逐步成为他们所属的图腾部落的首领。由于澳大利亚中部非常荒芜，又几乎与外界隔绝，因此这些土著部落仍处于原始状态。各图腾部落大都以可食用的动植物为图腾，为满足整个部落对食物的需求，首领们必须承担起施行繁殖图腾巫术的重任。有的首领还要负责求雨，或实现人们的其他愿望。总之，澳大利亚中部部落的首领都是公众巫师。

新几内亚土著的文化水平比澳大利亚土著高得多，但他们的部落基本上也是由少数老人统治的，酋长制尚处于萌芽状态。我们从一个土著那里了解到，美拉尼西亚的酋长们之所以拥有极大权威，完全是因为人们相信他们能对魔鬼产生影响，进而并凭着这种影响去支配超自然的力量。当一位酋长要求人们交纳罚款时，没人敢拂逆，因为人们都怕他会施展魔力惩罚自己。不过，若是大多数人对他的魔力产生了怀疑，他的权威就会被动摇。

在文化程度正不断提高的非洲，酋长制和君主制都有充分发展，我们在很多地方都发现了酋长由巫师发展而来的证据。比如，在东非班图族的万布圭人部落，拥有极高权威的世袭巫师大都升为了小领主或酋长。据说，东非瓦塔图鲁人的酋长们，最大的也几乎是唯一的影响力就是做巫师的能力。而瓦戈戈人的酋长,更是仅靠求雨的巫术本事获得了权力。

在尼罗河上游的部落中,酋长基本上都是由祈雨巫师发展而来的,因为降雨对这里人民的生活至关重要。这些酋长们总是选择在高高的山坡上建造他们的村庄,因为他们知道,云雾喜欢缠绕着山丘,因而能更准确地预报天气。巫师职务在很多部落中都是世袭的,如拉图卡、巴里、拉卢巴、洛科亚等。

中非的伦杜族人也相信有人能够施展法术,呼风唤雨,他们的祈雨师基本都是酋长。在西非,也有跟东中非相似的情况,如范部族人的酋长和巫师就没有任何区别。他们身兼酋长、巫师、铁匠数职,因为范部族人将铁匠的技艺看得极为神圣,只有酋长才有资格从事这一行业。根据一位对南非比较了解的作者的描述,那里的酋长也是部落中极有声望的祈雨师。

既然一位巫师,特别是祈雨师可以凭借成功施行巫术而获得权势,那么有些技艺生疏或做法失败的巫师也会面临危险。人们深信巫师拥有支配大自然的力量,因而也就顺理成章地将灾害和死亡归咎于他,对其施加各种惩罚。在西非一些地区,如果人们献给国王大量供品后,仍不见雨水降临,他们就将他五花大绑地强行带到他的祖坟前。那里的班查尔人,在遭遇持久干旱或涝灾时,就会鞭打国王,直至灾情结束。当卢安戈人由于风浪太大捕不到鱼,食物短缺时,就咒骂国王"心肠歹毒",并将他废黜。在尼罗河上游的拉图卡部落,每当遭遇旱灾,而酋长的任何努力都没有成效时,人们便在深夜抢走他的所有财产,将他赶走,甚至杀死他。

在世界其他很多地区,国王们也曾被认为能支配自然,为人民造福,但一旦他们实现不了人民的愿望,也会受到惩罚。

□《希瓦瓦岛的巫师》 保罗·高更 1902年

希瓦瓦岛是太平洋东南部马克萨斯群岛中的最大岛,属于法属波利尼西亚。岛上原著部落原始简朴的生活和大自然风情激发了高更的创作灵感,他由此创作出既有原始神秘意味又极具象征意义的绘画艺术作品。高更在该幅画中所描绘的,正是这座岛上巫师的形象。巫师原意是指能够经由祭祀或象征的仪式去改变他人命运的人。他们可以用魔法保护他人,以免其受到自然灾害、外来者和敌人的伤害;他们也负责改正错误,衡量对错,操控大自然和解释恐怖的现象等。

西徐亚人只要食物一短缺，就会将他们的国王羁押起来。在古埃及，当农作物歉收时不仅国王要遭到惩罚，那些圣兽也会受牵连。如果干旱、瘟疫或其他灾害降临，祭司就在深夜威吓圣兽，若是仍没有效用，圣兽就会被宰杀。在南太平洋的纽埃岛或"野人岛"等珊瑚岛上，国王更换得非常频繁，因为国王同时还担任祭司之职，一旦食物短缺，人们就归咎于他并将其杀死。后来，就再没有人愿意做国王了。据中国古代作家记载，朝鲜在遭受严重的干旱或涝灾时，国王就会受到谴责，不是被废黜就是被杀死。

在南美，巫师或巫医也有荣升为酋长或国王的机会。印第安人对巫师极为恭敬、崇拜，几乎将其奉为偶像。但若是巫师的预言与最终

□ "掌权"的巫师

在非洲一些地区和部落，他们的最高统治者大都从巫师发展而来。因为这些部族的人相信，只有能够施展法术，呼风唤雨的巫师，才能给全族人带来幸福和安定。

结果相悖，人们便会指责或是杀死他。在格兰查科的伦瓜印第安人中，每个氏族都有酋长，但握有实权的不是酋长，而是巫师。巫师的职责是给部落敌人降下灾害，并保护本部落免受对方巫术的迫害，因此他们都极有权威。

在整个马来亚地区，人们大都笃信酋长或国王拥有超自然力量，而且对他们极为尊敬。我想，他们应该跟非洲的酋长们一样，也是从巫师发展来的。马来人至今仍相信国王能支配大自然，比如能使大地丰收、人畜兴旺。布鲁克王是沙捞越的统治者，那里的达雅克人相信他拥有某种能使万物丰产的巫术才能。因此当他走访一个部落时，那里的村民纷纷将谷物种子带到他面前，他便拿出一条事先在某种液体中浸泡过的项链，放在种子上摇晃以促使其丰产。在有的村子，女人们会将他碰触过的水保存起来，洒到地里以求得来年的大丰收。

古印度的《摩奴法典》对贤明国王的政绩作了这样的描述："在国王对十恶不赦的罪人都极为宽容的国度，人们都生活安乐，而且健康长寿。农民们洒下的每粒种子都会收获硕果。孩子们不会夭折，妇女也不会生下畸形儿。"荷马时代希腊国王和酋长们的言词、住所和马车都被人看作是无比神圣的。在中世纪，当丹麦国王沃尔德马一世在德国旅行时，母亲们便带上婴儿来到他跟前，求他用手

抚摸一下。她们相信，只要被他的圣手接触过，孩子们就能茁壮成长。在古爱尔兰，人们笃信只要国王遵从祖先的旧规，国家就会风调雨顺、繁荣昌盛。

英国人普遍认为国王们的触摸可以治疗腺病。作为对臣民的馈赠，伊丽莎白女王就经常进行这种治疗。1633年，查理一世在施洗约翰节那天去了荷利路德的皇家小教堂，在那里他竟一口气治疗了100名患者。据说，他在位期间所触摸的腺病患者近十万名。到他的儿子查理二世时代，这种做法发展得空前盛行。法国的国王们曾声称，他们也拥有以触摸方式为人治病的才能，还说这是继承自克洛维或圣·路易斯。在汤加，未开化的人们相信他们的酋长可以通过触摸他们的脚来治疗腺病或肝硬化。这种治疗方法明显属于顺势巫术，因为疾病的治愈被认为是由于接触了王族的身体或属于他的什么东西。

众多的事例似乎告诉我们，世界很多地区的国王都是古巫师或巫医的承继者。这些有着特殊声望的巫师们荣升为一国之王后，便会获得越来越多的财富和权力。但随着时间的推移，那些精明能干的人们更清晰地看到了巫术的谬误，因此他们要以宗教来取代它。换言之，巫师让位给了祭司，祭司则放弃了以为能够支配大自然的幻想，国王们因而担负起祈祷和奉献牺牲的祭司职能。由于当时人神之间的区别仍然不够清晰，人们便又开始幻想能在有生之年，以及去世之后获得神性，一种方法就是让一个拥有至高权力的伟大神灵，暂时或永久占有他们的躯体。而能做到这一点的，可能只有高高在上的国王们。

第七章 化身为人的神

在未开化的原始社会，神与人之间的区别并不明显，甚至可以说没有任何区别。那时的人们普遍认为自己具有某种程度的超自然力量，可以通过威吓等方式迫使自然遵从自己的意愿。因此，当时整个世界看似非常平等，无论是人还是神，地位相当。而随着知识的增长，人们逐渐意识到了自己在大自然面前的渺小和无力，但并未将这点对应到他们想象中的、人类不可见的超然的神身上。相反，认为神具有超能的信念更加强化了。这是因为，人们当时没有充分认识到，世界是按照恒定不变的规律在运转的。在他们看来，世界就是有知觉的意志和个人力量的表现形式。因此，当他感觉自己如此渺小无力时，就认为能控制自然的神无比强大。随着这种观念的发展，他逐步放弃借助巫术影响自然进程的尝试，并进而宣称只有神拥有超自然的力量。所以，祈祷与祭祀便在宗教中占据了首要地位，而先前与之地位相当的巫术慢慢退居幕后，沦为妖术。但后来，随着人们对自然规律的认识，以必然不变、不受人们意志左右的因果关系为思想基础的巫术又重新抬头，并为科学的发展铺设了道路。

对于化身为人形的神这一概念，我们也许会觉得非常奇怪，但在原始人看来，却没有什么可大惊小怪的。他们认为，人—神，或神—人，只不过是程度较高的同类超自然力量，他们自己也可

□《祈祷》 保罗·高更 1903年

　　祈祷，即祷告，是信仰宗教的人的仪式，旨在请求神的祝福等。《新约·马太福音》中有"论祷告"，它告诉世人，祷告要真诚、专注，并明确了祷告的形式与内容。世人通过祷告与上帝沟通，也以此方式向神表达崇敬、赞美、感恩、赎罪之意。

以具有这种力量。神和有力量的巫师在他们眼中也没有明显的界限，他们常将神看作隐形的巫师，做着与身边巫师们同样的事情。由于人们普遍认为，神是以人的形象显现在其礼拜者面前的，因此就常将巫师视作神的化身。这样一来，巫医或巫师就逐步成为集神灵与王者于一身的人物。不过当我们把他说成神的时候，千万不能把这一复杂的概念同原始人关于神的概念相混淆。在文明人和未开化的人心目中，神具有完全不同的形象。

　　了解完这些概念及历史事实后，我们就来看看关于神的例子。神的化身往往被认为是活着的男人或女人，但这些人不一定就是国王或国王的后裔，即使出身低微的人也可以被看作神的化身。例如，在印度，有一位人神出身于地位低下的漂布人；另一位人神则是木匠的儿子。神化为人有暂时性的，也有永恒的。暂时的情况，通常称为神灵感召或神灵附体，其表现主要是先知和预言。而永恒的神化则是神灵永远附于人的肉身，是超自然的神力的显示。在此种情况下，这位人神就得以奇迹来证明自己是神。在原始人看来，一件奇迹所表现的不过是一种普通能力，只是其形式有些惊人之处罢了。

　　神灵暂时附体或神灵感召这种信念，在世界各地都极为普遍。有些人被认为常有神灵附体，而且每当那时，他就会颤抖抽搐、全身摇动，做出一些异于往常的表情和行为。他本人对此一无所知，是神灵附在他身上作出的，因此他这个时候所说的一切，都被看作神的意思。例如，在南太平洋的一些小岛上，神经常附身于术士，以致那位术士的身体似乎都膨胀起来，并且失去自由意志，完全受神的支配。在波利尼西亚，如果哪位术士被认为有神灵附身，那他就要立即作出口㖞鼻斜、口吐白沫状，同时还四肢抽搐、满地乱滚，就像神真的附在他身上一样。这个时候，他还以尖厉含糊的声音喊出神的谕旨，其他术士再将这旨意传达给信徒们。说完神谕后，那位术士便慢慢恢复常态。但神可能不会马上离开，通常还要在他身上驻留两三天。期间，那位术士便在胳膊上缠一块特殊的布以表明有神灵附身，他的所有言行也被看作神的言行。

　　在某些地方，神灵的暂时附体还有两种特殊方式。一种方式是吮吸祭祀牲畜的鲜血。在希腊的阿哥斯，信徒们每个月都要在夜晚向阿波罗·狄拉迪奥蒂斯神殿里的神献上一只羔羊，一位恪守礼法的妇女吮吸羊血后便会立即得到神灵感召，道出神的谕旨。在北西里伯岛的米纳哈萨，阿尔福人过节时就会宰杀一头猪作为祭品，每当这时，一位术士就猛冲过去喝猪的鲜血，然后人们奋力拖离他，让他坐在一张椅子上,他就开始预言当年庄稼的收成。说完后他又跑过去喝几口猪血,再被拉回椅子上继续预言。还有一种方式是利用神树或神苗。在兴都库什,人们点燃一堆神香柏树枝,头上蒙着一块布的女巫深吸浓烟,直至倒地不省人事。片刻之后她便爬起身来高声歌唱,其他人在旁边跟着她一起吟唱。阿波罗的女先知吃了月桂树叶,并点燃月桂树叶在烟中熏过身体后,才开始代神发言。

人们认为,暂时受神灵感召的人不但拥有神的知识,有时还具有神的超然能力。在柬埔寨,每当瘟疫降临,几个村庄的村民便在一支乐队的引导下,集体去找被公认为当地神灵临时化身的人,将他接到神坛求神显灵。在土耳其马格尼西亚附近,有个叫海力的地方,那里的一个神圣洞穴中有一座阿波罗的神像。据说,前来祭拜的人受到感召后就会拥有超人的力量,即使纵身跳下悬崖也将毫发无伤,而且还能连根拔起大树,并扛在肩上穿过非常狭窄的山道。

神灵暂时附体或神灵感召的信念很容易趋向另一种信念,即神会永久地附在某些人身上或以其他神秘方式赋予某些人巨大的神力。这些化身为人的神有时只具有纯粹的神灵职能,有时还具有最高的政治权力。有了政治权力,他们既是神又是王,所统治的政府则是神权政府。比如,在华盛顿群岛,有种人被永远当作神来敬奉,那里的土著人笃信他们具有支配自然的超人力量。他们可以带来五谷丰登,也能使土地荒芜,甚至还会散布疫病伤人性命。因此人们为了不惹怒他,常拿活人当祭品。不过这类人为数极少,每个岛上也就一两个,他们大都居住在非常隐蔽的地方。他们的权力有时是世袭的,但也不是永远世袭。在南海群岛,几乎每个岛上都有一个代表神或是神的化身的人。这类人常被称作神,或者说人们认为他就是神。这些人神常常是祭司或其助手,但有时就是国王本人。

□ 《阿波罗和戴安娜景观》
　大·卢卡斯·克拉纳赫　1530年

阿波罗,古希腊神话中的光明之神,为奥林匹斯十二神之一,是众神之王宙斯与暗夜女神勒托的儿子,阿尔忒弥斯的孪生兄弟。他主管光明、预言、医药、畜牧、音乐等,是人类的保护神、光明之神、预言之神、迁徙和航海者的保护神、医神以及消灾弭祸之神。

据说，东南非的津巴人（或莫津巴人）只崇拜他们的国王，将其奉为神灵。国王也宣称他是世上唯一的神，如果上天没有按他的要求降下雨水，他便将利箭射向天空，以惩罚老天爷。中非的巴干达人信奉一位尼昂萨湖神，这位湖神一旦附身于谁，就连国王和酋长也都对这位化身的神充满敬畏。神附到一个人身上后，那人便走到离湖滨两米多远处等待新月升起，然后开始履行他的圣职。此时，国王和他的臣民们都在这位人神的支配之下。盖拉人相信，如果凯罗的神灵附到一个人身上，这人就会变得语无伦次，行为异常。因此当有些妇女不想操持家务时，就故意做出这些举动，她的丈夫马上就会匍匐在她脚下，对她顶礼膜拜。她不再是妻子，而成了丈夫眼中的神，不用再做任何家务。

卢安戈王国的人民，恭敬地将其国王奉为神。他们认为，只要他愿意就能让老天爷降雨，因此当人们在每年的12月间需要雨水时，就集体前去向他求雨。暹罗国王也是人民眼中的神，没人敢正视他的面容。当他从面前走过时，全体臣民都要匍匐于地；觐见时，也都双膝下跪，两肘伏地。在跟他讲话或提到他时，都要使用特殊的尊称，而且这位国王身上从头到脚、从里到外的所有地方都有专门的称呼。在描述他的饮食起居等活动时，也要使用特殊的词语，以表明他国王的身份，而且这些语词不能用在其他任何人身上。在暹罗语中，"国王"与"上帝"是一个词，因此外国传教士在提到上帝时也不能使用该词。

印度的人神数大概是世界上最多的。在这里，从国王到百姓，人人都对神充满感激、崇敬之情。印度南部雷尔格赫利山区的托达牧民，将牛奶场视为圣地，把奶场的挤奶工看作神。除了作为神的挤奶工外，这里的每个人都要膜拜太阳。包括挤奶工父亲在内的所有人，都不得违背他的任何旨意，而且只有同是挤奶工的人才可以触摸他。在旁遮普邦，有一个教派将他们敬奉的神称为尼克尔·孙，这位尼克尔·孙就是令人敬畏的尼克尔逊将军。他想制止人们这种盲目的崇拜热情，但什么办法都不奏效。他越是严加惩处那些人，他们反而更加敬畏他。

在离西印度浦那城10英里的清奇沃德小镇，很多人都相信，有户人家的每一代人中都有一位甘菩提神的化身。据说，公元1640年左右，这位神在的浦那地区通过降附于一位名叫莫拉巴·高世音的婆罗门身上，第一次出现在人们面前。这个婆罗门一直教诲人们戒酒禁欲、用心祈祷以获得拯救。他的虔诚被神看在了眼里。一天夜晚，甘菩提神在他面前现身，允诺要将他的部分神灵赋予他，并能一直传递至他的第七代子孙。后来，神的诺言真的得以兑现。13世纪，一个名叫自由圣灵兄弟姐妹会的教派开始崛起。该教派相信，通过长期冥想，人就能与神达成某种神秘的联系，并成为神的一部分，从而摆脱人间和神界的一切束缚。这一教派的成员偏执地认为，辛苦的劳作定会妨碍他们冥想、获得神性。他们打扮怪异，四处漫游，以向人乞食为生。

神灵附身的人如果死去，神有时就会附到另一个人身上。因此鞑靼人中的佛教徒认为有很多活佛。这些活佛往往就是最重要的寺庙中的大喇嘛。如果一位大喇嘛圆寂，寺庙中完全不会有悲伤的气氛，因为他的弟子们知道，不久他会附在刚刚诞生的婴儿身上，重回世间。重要的是，他们要找到他的转世投胎之地。人们认为，佛总是降生在西藏这块圣地上，教徒们只有穿过荒无人烟的沙漠才能找到他。找到这个孩子后，他们便向他行礼膜拜。但这个孩子只有通过验证，才能被确认是他们寻找的大喇嘛。他不但得说出他自称住持的寺庙的基本情况，还得说出这位大喇嘛生前的习惯和圆寂时的情景，然后还必须指出摆在他面前的哪些物品是大喇嘛生前使用的。如果全部说中，他就被确定是活佛，并被隆重地迎回寺庙。

□ 喇嘛教

喇嘛教即藏传佛教，又称藏语系佛教，是指传入西藏的佛教分支，属北传佛教，与汉传佛教、南传佛教并称佛教三大地理体系，归属于大乘佛教之中，但以密宗传承为其主要特色。藏传佛教的流传地集中在中国藏族地区（藏、青、川、甘、滇）、蒙古、尼泊尔、不丹、印度的喜马偕尔邦、拉达克和达兰萨拉。近现代，藏传佛教逐渐流传到世界各地。

古代的埃及、墨西哥、秘鲁等大帝国的君主们，也都声称自己具有神权。比如，在自称太阳的儿女的印加帝国，国王或贵族都被其臣民奉为神灵，他们不能有任何不义之举，人民也不会触犯他们的权利。跟大多数臣民一样，印加皇族也不会因疾病而惶恐，他们将生病视为太阳父亲的召唤。因此，当印加族人即将死去时就会说："父亲召唤我回天上随他安息了。"根据资料记载，墨西哥历代国王登基时所宣的誓言中都包括"让阳光普照，天降甘霖，湖泽不绝，万物丰产"的内容。据说，墨西哥帝国的末代国王门特珠玛，就被他的臣民们敬奉为神灵。

在埃及，历代国王在世期间就已被人们奉为神灵，还有专职祭司在供奉国王神位的寺庙里负责祭祀礼拜之事。人们对国王礼拜的隆重程度远远超过对神的礼拜。在墨任拉国王执政时期，某位高级官员好像修建了很多圣地，以使更多臣民对国王的圣灵顶礼膜拜。国王一度被人们称为"伟大的神""光辉的赫拉斯"，世界上所有国家和民族都在他的统治之下。这种神圣的王权在秘鲁和埃及的君主统治时期达到了巅峰。

第八章　局部自然之王

通过前面几章的分析讨论，我们对一个事实更加确信，即：神职与君王称号相结合的现象，不只存在于古希腊罗马，在世界其他地方也经常出现，而且是从野蛮社会到文明社会各历史阶段社会的共同特征。祭司们并不是徒有一个君王的头衔，而是真正掌握着政权，他们往往将神权和政权集于一身。可见，关于古希腊和意大利等共和国专职国王和祭司性国王起源的传统看法是正确的。

既然这样，我们不禁会问：森林之王是否也同样起源于此呢？他的前任诸王难道是君王的后裔或承继者，只不过那些国王的政治权力在共和革命中被剥夺了，保留的仅是宗教方面的职能和名义上的君王称号？答案似乎并非如此。首先，从内米祭司的住处来看，如果他的前任诸王只是一般意义上的国王，那他肯定是居住在城市中的王。而这座城市一定是阿里奇亚，因为那附近只有这一个城市。但阿里奇亚距离他的湖边林中圣地还有三英里远，假如他曾君临这一带地区，那么就不可能在城里，而是在这片森林中。再来看看他的称号——森林之王，这个词所指的完全不像通常意义上的国王。从表面词义来看，他很可能是大自然的某一部分，即他的那片圣林之王。为了验证这一点，我们就要找找看，是否存在统治大自然的某些特殊力量或特殊方面的王，即局部的自然之王。事实上，这类事例并不鲜见。

在非洲刚果河附近的保玛山上，住着一位专门负责祈风求雨，名叫南乌鲁·乌莫的王。据说，尼罗河上游某些部落中没有通常意义上所指的王，他们所说的王就是雨王马他·考都。因为他能根据人们的需要，让上天降下丰沛的雨水。每年的雨季来临之前，这个国度就如同一片荒漠，人们赖以生存的牛羊因缺乏牧草而大量死亡。因此，每当快到3月底时，人们纷纷向他敬奉贡品，祈求他普降甘霖。如果雨水没有降临，人们就集体去找雨王要求他降雨；若仍是天干气燥，人们就会撕开他的肚皮，因为传说风雨都装在他肚子里。

□ 《我们是谁？我们从哪里来？我们要到哪里去？》　保罗·高更　1897至1898年

　　从野蛮社会到文明社会的各个历史阶段，对未知生命的探索是社会的共同主题。但是，也许正如高更的这幅《我们是谁？我们从哪里来？我们要到哪里去？》一样，画中各种象征着死生、神衹的符号组合起来便隐喻了生命的秘密，但那永远没有答案。

　　阿比西尼亚边界的部落中也有类似人物。据一位观察家记述："巴利亚人和库纳玛人称他为阿尔发祭司，他是个不同寻常的人物，被认为能呼风唤雨。库纳玛人对巴利亚人的阿尔发也非常崇敬。阿尔发及其家人住在汤巴第尔附近的一座山上，人们向他敬奉水果衣物，为他耕种大片土地。他被视为王中之王，他的职位由其侄子和外甥世袭。人们相信他能用法术降雨并驱走蝗虫。这位阿尔发如果没能满足人们的要求，以致土地干旱贫瘠，就会被人们用石块砸死，而他的家人必须先向他投掷石块。"

　　在柬埔寨偏僻的森林深处住着两位神秘的王，一个被称为火王，另一个被称作水王。他们在中南半岛南部可谓家喻户晓，但西方人对他们知之甚少。每年柬埔寨国王都会同他们互赠礼品，正是这种联系有力证明了他们的存在。二王没有任何政治权力，只负责神灵或宗教方面的事务，他们也是农民，靠自己的辛勤劳动和信徒们的敬奉生活。有篇报道说，他们远离尘世，独居在矗立于七座山峰上的七座高塔内，一年换一座塔居住。信徒们悄悄来到离他们住处不远的地方，放下敬奉的各种物品。

　　据说，两家皇族的成员世代承袭着水、火二王的职位，这两家皇族声望极高，并被豁免各种劳役。然而，并非人人都想获此尊荣，当某一王位出现空缺时，很多合格的候补者都想方设法躲避。据另一篇报道，许多世袭的候补人确实不愿继承王位。该篇报道还反对有关二王独居七塔中的说法。报道中描述：当两位神秘的王出现时，人们都要匍匐在他们面前，否则他们将给全国带来暴风雨之灾。这两位王者都不得祈求寿终正寝，因为那会损害他们的声誉。二王中如果有哪位身患重病，长老们便聚集起来商议，若是认为他的病无法康复，就会用刀刺死他，将其遗体火化，把骨灰存放在骨灰盒里，供人们悼念。同时，其遗孀也要将他的部分骨灰收藏在骨灰盒里，而且每次去丈夫坟头祭奠时，都要将骨灰盒带去。

还有一种说法：火王比水王更有权威，从未有人怀疑过火王神奇的能力。人们在婚礼、节庆和祭祀神灵（当地人把这种神灵叫作魔神）等场合，都邀请火王主持，不仅给他安设专座，还在他所经过之处铺设白布。火王的整个家族，也都受到同样的礼待。因为火王的家人们都拥有某种特殊的符箓，而它们一旦传出这个家族，就会失效或消失。这些符箓分为三种：一种是蔓草果实类，称为"魁"，得自诺亚时代最后一次洪水之后，至今仍葱茏茂盛；第二种是藤条类，年代也非常久远，至今鲜花怒放；最后一种是剑类，据说剑身有魔神灵守护。水神用前两种符箓就能招来洪水，将整个大地淹没。火神只要把剑身稍一抽出剑鞘，太阳便会躲藏起来，人类和野兽都将陷入沉睡；如果他将宝剑抽出剑鞘大半，则世界末日就会来临。这把宝剑用布帛包裹得严严实实。每当人们祈求降雨时，就会供奉给这神奇的宝物大量水牛、猪仔、家禽等祭品。柬埔寨国王每年赠送的礼物中就有很多精美的布帛织品，专门用于包裹符箓神剑。

在这个国度，死者大都是直接埋葬，而这两位神秘之王的遗体则必须火化。此外，他们的指甲、牙齿和一些骨头还被当作护身符珍藏起来。当哪位王的遗体被抬上柴堆火化时，

□《塔哈马纳的祖辈》 保罗·高更 1893年

祖先崇拜是指对祖先亡灵的崇拜，在本质上是一种以血缘关系为基础，受血缘观念支配的宗教意识和活动。祖先崇拜在中国获得了充分的发展，在古代的各种宗教形态中占有极为重要的地位。《礼记·郊特性》说："万物本乎天，人本乎祖。"由于祖先给我们生命，所以要报本答恩，报答的方式便是敬天祭祖。由此，敬天祭祖作为全民信仰的中心，也是国家仪典的重要内容。

他的亲属就都逃避躲藏起来，怕被选为令人厌恶的新任王者。随后人们就到处搜寻，找到的第一个人将被推举为水王或火王。

上面所举的这些王者，就是我所说的局部自然之王。不过，柬埔寨深林和尼罗河距意大利似乎太遥远了。雨王、水王、火王这类局部自然之王虽然确实存在，但跟阿里奇亚祭司"森林之王"的称号并不匹配，因此我们还要继续寻找。

第二卷 | 树神与树神崇拜

树神崇拜——现代欧洲树神崇拜的遗迹——两性关系对于植物的影响——神的婚姻——罗马之王和阿尔巴之王——古代拉丁姆王位的嬗替——橡树崇拜

第一章　树神崇拜

树　神

在欧洲雅利安人的宗教史上，对树神的崇拜占有重要位置。这也不难理解。因为在历史初期，欧洲大陆是一片原始森林的世界，一块块陆地就像浩瀚海洋中点缀着的小岛。据说在现在的阿登林地，松鼠仍可以通过在茂密的森林里由一棵树跳到另一棵，穿过瓦立克郡全境。在意大利波河流域发掘的古代湖滨桩屋村庄表明，远在古罗马帝国兴起之前，意大利北部覆盖着浓密的榆树、栗树，尤其是橡树树林。历史推进到公元4世纪，将罗马帝国一分为二的西米尼森林仍让人觉得深邃恐怖。据意大利历史学家李维记载，几乎没有一个商人曾走过那片罕无人迹的森林。在希腊高高的阿卡第安山脉，苍翠浓密的松林、橡林和其他树林连绵不绝，那雷登河与神圣的阿尔菲厄斯河间的峡谷被装点得幽深可怖。不过，与古代覆盖希腊半岛的无边丛林相比，它们也只能算得上蝼蚁。

根据雅各·格林对日耳曼语中"神殿"一词的考察，自然的森林可能就是日耳曼人最古老的圣所。这一情况不论是否属实，但欧洲雅利安人的每个氏族都崇拜树神这一点，则没有任何疑义。很多人都知道，凯尔特人的督伊德祭司膜拜的就是橡树之神。古代的日耳曼人常将许多小树林视为圣林，而且他

□《高贵的女人》　保罗·高更　1894年

西班牙全境基本上都有圣周活动，圣周游行气氛庄严，观赏游行的教徒也极为肃穆，让人感受到教徒对信仰的绝对尊重。这一天，当地居民男士一律穿着深色西装打好领带，女士统统穿黑裙束黑纱发髻，呈现出高贵的女性气质，据说这是耶稣受难前一天的传统服饰。许多信徒特地清早出门买新鲜的棕榈叶，来装饰自家的阳台和窗口，许多人手持棕榈叶参加这一天的宗教游行。

们的后裔至今还保留着崇拜树神这一传统。在日耳曼人古老的法律制度中，有一项关于惩处剥去活树树皮行为的，其严苛程度足以说明古代日耳曼人对树神的虔诚。如果某人实施了这种行为，根据法律规定，他的肚脐就要被挖出来钉在被他剥去树皮的那一处地方，然后人们赶着他绕树转圈，直至他的肚肠完全绕在树上。立陶宛人在皈依基督教之前，对树神也是极为崇奉的。某些树形奇特或异常浓密的树，都被他们奉为树神，就连折断一根树枝也被看作罪过。他们认为，有谁要是砍了神树上的一根树枝，就会手脚残废或猝然死亡。在古希腊和意大利，树神崇拜的现象也很盛行。比如，在科斯岛上，人们被禁止砍伐药神阿斯科拉庇厄斯圣地里的柏树，违反禁令者将被处一千德拉克玛的罚金。也许在古代世界没有任何地方比得上这个伟大城市的中心保存得完好。此外，帕拉丁山坡上的一棵山茱萸树，也被视为罗马最神圣的崇拜对象，不管是谁经过树旁，只要发现该树有枯萎的迹象，就要立即高声叫嚷，听到的人们口口相传，不多久一大群挑着水桶的人就会从四面八方赶来，就像来救火似的。

□ **《皇帝被禁止进入米兰大教堂》**
安东尼·凡·戴克　1619至1620年

最早宣布基督教为国教的罗马帝国皇帝狄奥多西一世下令在塞萨洛尼基进行大屠杀。米兰主教安布罗斯指责大屠杀是残忍的、有罪的。图为狄奥多西一世欲进入大教堂，却遭到安布罗斯的阻拦。起先狄奥多西一世对安布罗斯的干涉感到不满，认为这纯粹是一件政治事件，但是最终他接受了这个指责，并在米兰的大教堂里做了公开的忏悔。画中戴皇冠的王者就是罗马帝国皇帝狄奥多西一世。罗马帝国于286年被戴克里先分为两部分后把政权一分为二建立四帝共治制，罗马开始有东西两部的概念，后来君士坦丁大帝和"叛教者"尤利安迁都拜占庭后重新统一罗马；但是狄奥多西一世在395年过世后帝国又分割为东西两部，分别由他的两个儿子继承。

在欧洲芬兰-乌戈尔族人部落，异教徒们通常在神圣的树丛中作礼拜。这类神树林四周用篱笆围着，里面就是一小块空地，几株稀疏的树上平常就挂着祭祀牲畜的皮。其中最重要的就是位于树林正中的神树，礼拜时，人们都聚集在神树前，以粗大的树枝为神坛，念诵祈祷。神树林中不允许妇女进入，也不许砍折或锯断树枝。

花草树木为何会被人们视作崇拜对象呢？因为，原始人认为整个世界都是

□ 《悬崖上的竖笛演奏者》 保罗·高更 1889年

《圣经》中记载："我们给你们吹了笛，你们却不跳舞；我们唱了哀歌，你们却不捶胸。"犹太小孩常见的游戏就是扮演婚礼和丧礼，当他们要扮演婚礼时，若有人吹笛，大家应该一起跳舞，但偏有一些孩童不愿配合。耶稣以此谴责那个时代的人的心态，不论他说什么做什么，这些人都与他敌对。因此耶稣要让他们回到上帝面前，让他们离开以自我为中心的生活从而救赎自我。

有生命的，花草树木跟人类一样拥有灵魂，所以要像对人一样对待它们。北美的海达泽印第安人相信，每一种自然物都有自己的灵魂，人类应该给予它们不同程度的尊重和崇敬。比如，在上密苏里河流域，印第安人将当地最大的树木白杨视为神灵，认为只要求之得当，树灵就会给他们带来极大帮助。每年春季洪水泛滥，密苏里河都会决堤，一些大树就会被冲走。据说，被冲走前树根仍紧抱着土地，树灵则悲伤地哭泣，直至整棵树被卷入激流。而且以前印第安人还认为砍伐大树是不对的，如果需要木材，他们就选择那些自己倒下的大树。东非的万尼卡人认为每一棵树，尤其是椰子树，都有自己的灵魂。椰子提供给他们营养，维持他们的生命，就像母亲一样。暹罗僧人相信万物都有灵魂，对任何东西的毁坏，都是对一个生命的杀戮。

在某些地区，只有那些种类特殊的树才被认为附有神灵。比如，在达尔马提亚的格保吉，人们相信有些山毛榉树、橡树等大树中的确驻有神灵。有人如果砍伐了这种树，就会当场毙命，或终生疾病缠身。在从塞内加尔到尼日尔的整个西非地区，高大的木棉树被视为神灵的居所。在印度旁遮普的康格拉山区，一棵老雪松树被人们奉为圣树，村里的农户每年都要轮流将一个童女作为祭品献给它。

既然树木是有生命的，那它们必然也有感觉，粗暴的砍伐就会令它们感到疼痛。在中国有些书籍甚至正史的记载中，树木被刀斧劈砍或被大火焚烧时，也会流血、痛哭或哀号。在奥地利某些地区，年长的村民仍深信树木拥有生命，因此不许人们无故用刀割砍。如果需要砍伐树木，必须先祈求树木的宽恕。中非的巴索格人认为，某棵树被砍倒后，寄居树中被激怒的神灵就会杀死砍伐者及其家人。为避免招来灾祸，伐树前他们便先去乞求巫医。巫医同意后，他们先向树神敬献一只家禽和山羊，然后砍下第一斧，随即俯身吮吸砍伐处流出的汁液。如此一来，他和树就结成了兄弟关系，就像两个人歃血为盟。之后他再砍伐大树就不会受到惩罚了。

但人们也不是无条件地崇奉草木神灵。当祭祀祈祷都无法使其动容时，人们有时也会采取强硬手段。在马来西亚雪兰莪州的朱格拉附近，长有一片不算太大的榴莲树丛，每逢某个特定日期村民们就去那里聚会。一位男巫用斧头向一棵结果最少的树砍几下，并恐吓道："你还结不结果实？再不结，我就把你砍倒。"另一个男巫爬到旁边的山竹果树上（那棵榴莲树无法爬上去），代表被砍的树答道："结，我一定结果。求你不要砍倒我了。"我们也许会觉得这种方式非常奇怪，但在欧洲很多地方也能见到。在南斯拉夫和保加利亚，农民们圣诞前夕来到果园，一个农民手执利斧威胁着要砍倒某棵不结果实的树，另外一个人站在旁边代树求情："别砍，别砍，它会结果实的。"那个农民一连三次假装要砍，每次都被求情之人拦下。第二年，那棵树就一定会结出果实。

古代人相信，有生命的花草树木跟人一样，也是有性别的，它们也要通过两性间的结合繁殖。在较高级动物中，两性的生殖器官一般都分别在两性各自身体上，而绝大多数植物的则共存于一个种类的同一个身体上。当然，这也不是绝对的。某些种类的植物，其雄性和雌性就截然不同。有些原始人似乎也已观察到了这种区别，因为据说毛利人就熟悉树的性别，对雄树和雌树有着不同的称谓。雌雄椰枣树间的区别也早为古人熟知，每当春天受精期来临，他们就摇晃雄树，使其花粉落入雌树的花蕊上。哈兰的异教徒将椰枣树受精的月份称为枣月，期间他们会举行各种活动庆祝一切男神和女神的婚礼。此外，有些地方的人们，还会给并不能真正结合繁育果实的树举行婚礼，以促使果树结满硕果。例如，一个印度教教徒在种植芒果树前，必须先把一棵芒果树作为新郎和一棵别的树结婚，否则，他和妻子就都不能品尝结出的芒果。在德国，有些农民在圣诞节前夕，通常会用草绳将花果树扎在一起，促使它们结出果实。这是他们使果树结婚的一种方式。

在摩鹿加群岛，鲜花盛开的丁香树，常被人们当作孕妇似的对待。任何人都不得在它们附近大声喧哗，夜晚从旁经过不得现出火光，也不能戴着帽子走近它们，必须脱帽致敬。如果不遵守这些禁忌，丁香树的果实就会过早掉落，或根本不结果实，就像妇女怀孕期间受惊早产一样。在东方，人们就像照料孕妇一样精心侍弄生长中的稻秧。在安汶岛，当稻秧开花时，人们被禁止在附近鸣放枪炮或制造其他噪声，以防稻秧像孕妇似的受惊小产，只长稻苗而不结谷粒。

人们有时还相信，树中附有死人的魂魄。在澳大利亚中部的狄埃利部落，人们认为某些树是他们的祖先化生的，因此对这些树极为尊敬，而且也不会去砍伐或焚烧它们。如果外来移民要求他们砍除这些树木，他们就义愤填膺地表示反对，声言这会惹怒祖先，招来灾祸。菲律宾群岛上的土著人，相信其祖先的魂魄寄居在某些树里，因此不敢砍伐树木。如果必须得砍伐某棵树，他们就先祈求该树宽恕，说是经过祭司允许的。在伊格诺罗特人的每个村庄，都有自己的神树，据说村民们祖先的灵魂都住在树中，因此都要向神树供奉祭品。对神树的任何伤害都会给全村带来巨大灾难，而如果神树被砍倒，整个村庄和所有村人也必将遭到毁灭。

□ 菩提树神

菩提树神是守护菩提树的女天神。相传，释迦牟尼佛在菩提树下打坐修道时，菩提树神便以树叶为释迦佛挡风遮雨，保护他安心修道，故名。她被认为是佛教最早的护法神。在佛寺里，她的形象特点是两手拿一树枝，打扮成年轻妇女的样子。

在朝鲜，人们认为死于瘟疫或道途的人，以及死于难产的妇女，其灵魂全都附于树中。人们在这些树下垒起石头，摆上糕饼、酒菜祭奠这些亡魂。在中国，坟地四周常种有许多松柏，这是源自上古时期的一种习俗。中国古人认为，在坟地植树可以安抚死者的魂魄，使其遗体免遭腐烂，又因松柏四季常青、千年不朽，就多植此树。坟地树木的长势，反映着死者魄魂的变化。南非的马拉维人将墓地视为圣地，禁止人们在那里采伐树木或猎杀野兽，他们认为死者的灵魂寄居于墓地中的一切东西上。

很多时候，人们都认为死者的灵魂附在树上，给树注入了生命，而且会随着树的死亡而死亡。但还有一种说法是，树并非神灵本身，神灵只是寄居于此，可以随意去留。在东印度群岛的锡奥岛，那里的土著人崇奉一种林中精灵。这种精灵头颅硕大，四肢颀长，身躯笨重，多住在森林中或幽僻处的大树内。每逢月圆之夜，它就从藏身处出来游荡。为了取悦这个精灵，人们常将粮食、家禽、山羊等作为贡品送到它经常出没的地方。尼艾斯人相信，树死之后，树的精灵就会变成恶鬼。它若栖息在椰树的树枝上，那棵椰树便会死去，若是栖息在谁家房柱上，那家的孩子就都会夭亡。他们还认为，某些树上常驻四处游荡的恶鬼，如果伤害了那些树，恶鬼就会跑出来害人。因此，人们对这些树充满了敬畏，不敢破坏或采伐。

由于相信精灵在某些树中可以随意去留，人们在砍伐这类树之前要先举行祭奠仪式。帛琉群岛上的土著人在伐树之前，会祈求精灵迁到其他树上栖居。在斯内夫海岸，当地黑人若想砍伐一棵阿绍林树，也要趁树灵离开才行。狡诈的他们于是就将棕榈油作为诱饵放在不远处，引诱树灵离开栖居的大树去享用那美味的供品，他们便趁机迅速砍倒那棵树。西里伯斯岛上的陶布恩库人如果想清理掉一片小树林，以腾出空地栽种水稻，会先在林中搭建一座小屋，然后在里面摆设食物、金银、小衣物等祭品，邀请林中所有精灵前来享用，并祈求他们离开这片地区。仪式完成后，他们就可以安心地砍伐树木。在这个岛上的另一个部落，托毛利人砍伐一棵树前，通常都先在树根处放一堆槟榔子，恳求住在这棵树上的精灵迁居他处，他们甚至还将一架小梯子斜靠在树干上，让精灵安全舒适地从树上下来。

在有些已被砍倒，锯成几段，被用来盖了房子的树上，可能仍栖居着森林精灵。因此有人在搬入新居前后还要祈求精灵的宽恕。新居建成后，西里伯斯的托拉杰人常宰杀牛羊等牲畜，用畜血将所有木器都涂抹一遍。匹里伯斯人和摩鹿加人也相信，盖房用的木材中仍附有神灵，所以盖房时小心翼翼以防将柱子的上下头颠倒，惹怒里面的树神。婆罗洲卡杨人对树神非常敬畏，相信对它的任何伤害，都可能招来灾祸。因此，每次砍伐大量树木，建造完新房后，他们就要斋戒至少一年时间，不猎杀熊、虎、猫和蟒蛇等动物。

树神具有造福于人的能力

最初，人们认为每棵树都有生命，是树神的身体。后来，他们则意识到树其实并无生命，只是那些对树木有支配权的超自然生命随意去留的寄居之所。再有就是，他们相信树神能保佑六畜兴旺，妇女多子。在印度北部，人们将余甘子树奉为神树，每年二月十一日都要在树前举行祭祀仪式，将酒或油洒在树根处，再在树干上拴一根红色或黄色的细绳，祈求树神保佑人畜两旺，万物丰产。这里的人还将椰子视为圣果，称它是繁育女神之果。在整个上印度地区，到处都有供奉椰子的神龛，每当有妇女前来求子，祭司就将这种圣果赐予她。在欧洲，人们普遍认为五朔树或五朔节花柱也能促使妇女和牲畜繁育。五月一日那天，德国某些地区的农民会将五朔树或树枝插在牛栏或马厩的门上，以增加母牛的产奶量。

毛利人中的图霍族相信，树木能使妇女多产子。不孕的妇女只要拥抱那神树，就会怀孕，而胎儿的性别则取决于她拥抱了神树的哪一侧，拥抱东侧就是男孩，拥抱西侧就是女孩。在南斯拉夫，不孕的妇女为了怀孩子，就会在圣乔治日前夕将一件新内衣放到一棵结满果实的树上。次日日出前，她去查看这件内衣，如果发现有生物爬过的痕迹，那她年内很可能就会怀孕。于是，她就满心欢喜地穿上这件内衣。刚果地区某些黑人部落的孕妇，常用神树的皮做衣服穿，因为她们相信树神能保佑她们顺利产子。在希腊神话传说中，勒托产下孪生的阿波罗和阿尔忒弥斯前夕，曾拥抱过棕榈树、橄榄树和月桂树。可见，古希腊人也相信某些树能够帮助妇女顺利分娩。

第二章　现代欧洲树神崇拜的遗迹

上一章节的大量事例告诉我们，树神庇佑人畜的信仰可谓源远流长。在欧洲农民传统节日中广泛流行的五朔节或五朔节花柱等习俗，显然源自这种信仰。如今，在欧洲许多地方，每到春季或初夏时节，人们仍会按照习俗到森林中郊游。他们不是从那砍一棵树带回来栽种，就是砍些树枝，带回来插在自家房上，希望将树神的赐福留住。这种习俗非常普遍。

过去，英国北部流传着一种习俗：五月一日那天，年轻人们凌晨就起身，奏着音乐，吹着喇叭到树林中去砍折树枝，并饰以花束，日出后赶回家中将其插在门窗上面。在艾塞克斯郡的两个小镇赛芙蓉·瓦顿和德布顿，小女孩们五月一日那天各自结伴，手持中央放有一个穿白衣服的洋娃娃的花环，挨家挨户去唱赞美诗歌。在爱尔兰某些乡村，五月一日那天村民们至今似乎还要头戴花环，这种花环多用花揪花和立金花编织，两边还各吊着一只小球，有时还用金色和银色的纸把球包裹起来，据说那是代表太阳和月亮的。

在法国梅茵行政区，五月一日这天，所有叫梅洛汀的男孩都要去各个农庄唱颂歌。唱完后村民们会请他们喝上一杯或送给他们钱物。降灵节前的星期四那天，俄罗斯农民都要到树林中去，他们在那舞动着花环高唱赞美诗，并砍倒一棵小白桦树，给它穿上女人的服装，扎上五颜六色的彩带，然后举行宴会。宴会结束后，大家欢快地把那棵白桦树抬回村庄，安放在一户人家房前。那树被当成全村最尊贵的客人，降灵节到来前的几天里，人们天天都要来看望贵客。降灵节来临后，人们就把它抬到河边，扔进水里，所有花环也都被一起扔下去。俄罗斯农民给白桦树穿女装，明显是对树的人格化，而将其投入水中，则可能暗示着树神有呼风唤雨的神力。

圣约翰节前夕，家家户户都要进行彻底的大扫除，并用香气扑鼻的鲜花和带有绿叶的树枝将家中装点得生机勃勃。在五朔节当天，斯德哥尔摩还会开设一处

□ 《讲道的施洗者圣约翰》
伦勃朗·梵·莱茵　1635年

施洗者圣约翰，耶稣基督的表兄，在耶稣基督开始传福音之前在旷野向犹太人劝勉悔改，并为耶稣基督施洗。据圣经记载，约翰是最早在约旦河中为人施洗礼的人，是基督教的先行者，他向人们宣传犹太教需要改革，并预言上帝将要派重要的人物降生，此人比自己重要千百倍，为耶稣宣讲教义打下了基础。施洗者圣约翰节在每年的6月24日。

特别的花市，展销成千上万株五朔节花柱，供人们观赏选购。这些花柱大小不一，全都饰有鲜花绿叶、各色彩带等，有的还在芦苇秆上穿一长串金色蛋壳。竖立花柱是这天最盛大的仪式，人们从四面八方聚集到这里，围成一个大圈载歌载舞。德国很多地方也流传有这类习俗。在上哈尔茨山区的一些小镇，人们将一株高大的无花果树树干下部树皮剥去，在树上饰以鲜花和染成红黄两色的鸡蛋，竖立在广场正中。白天，年轻人围着这花柱欢快地跳舞，夜晚，老年人又来接替他们。

如今，欧洲很多地区，像英国、法国、德国的农村中依旧流行在五朔节当天竖立五朔树或五朔节花柱的习俗。这种习俗是有一定渊源的。从清教徒作家菲力普·斯塔布斯的《陋俗剖析》（1583年伦敦出版）一书中我们就能看到五朔节花柱风俗的盛行。他虽然在书中表达了对此习俗的厌恶之情，但我们仍能看到英格兰人民当时洋溢的欢乐。伯斯女王统治时期，这一风俗最受重视。每年五月，不论老人还是孩子，人们都纷纷前往山林彻夜嬉戏游玩。次日清晨，他们再带着桦树条或其他树枝回到家中，用其装点节日聚会的场所。带回的东西中最宝贵的就是一根花柱，他们虔诚地将花柱涂抹得五颜六色，并缀满花草，在村中竖立起来。然后，他们又在花柱四周铺满稻草，并在附近筑起供人们休憩的凉亭、凉棚或小屋。全都准备妥当后，他们便开始围着花柱热情舞蹈，所跳的舞近于祭祀舞蹈。

在德国西南部的施瓦本，每到五月一日，农民们就会将一株高大的无花果树运回村子竖立起来，并饰以各色彩带，然后奏乐围树欢跳。这棵树将一直立在原处，直到第二年运来新树予以撤换。在萨克森，人们除了将象征性的丰产之王或王后迎回村庄，还会从树林采回青翠的树枝供在家中。某些地方的五朔节树或花柱上不仅缀有彩带或布条，还挂有香肠、糕饼、鸡蛋等食品。年轻人都跃跃欲试，努力赢取这些奖品。

在上面所举的事例中，五朔节树每年都要更换成新的。但英国乡村中这类五朔节花柱，通常或至少后来则是长久竖立着，不予撤换的。在上巴伐利亚的村庄里，农民们每隔三到五年才更换一次。人们最初年年竖立新的五朔节树，主要是怀着迎回在春天刚刚苏醒过来的植物之神，保佑五谷丰登的心愿。因此，让一株已经枯死的老树长久地竖立着是没有任何意义的。然而，当人们后来逐渐忘却了这种习俗的意义，只将五朔节树当作节日娱乐时，就认为没必要年年更换成新树，只要在五朔节那天将其装饰一番就行。不过，装饰时还应该多用一些鲜花、绿叶等，使它看上去充满生机，而不是死气沉沉。奇怪的是，有些地方的人们到年底居然会将五朔树烧掉。比如在布拉格地区，年轻人将立于公共场所的五朔树劈成碎片，藏在自己家中的圣像后面，来年五月一日那天拿出来烧掉。

□《芒果树下》　保罗·高更　1887年

关于芒果树的记载和种植是从印度地区开始的。原生的芒果树高大且树下阴凉，佛陀非常喜欢在芒果树下讲经，这使得芒果树的隐喻在佛陀的讲经中时常出现。《贤愚经》中用芒果譬喻四种沙门便是一例。芒果树的意象融入佛教的教义之中，带有独属于自己的灵性。《大般涅槃经》记载：有一个婆罗门的小孩想要吃落入粪土的芒果，成年婆罗门人便呵斥他认为他身为婆罗门人不能吃，小孩狡辩说："自己将芒果洗干净后扔掉。"成年婆罗门说："既然要扔掉何必再洗净。"佛陀将此引为真正修行佛法之人不会贪恋小利。

以上所举的这些事例足以说明，神灵附于树身或树本身就是神灵的观念不仅历史悠久，而且流行广泛。接下来，我们还要分析另一种观念，即树神不是树本身，而是具有人形的神或化身为世间男女的神。将树神人格化的这类事例，在欧洲乡村盛行的习俗中也很常见。我们还要注意的是，在有些地方，树神被看作既具树形也具人形。具有人形的树神，可以是活人，也可以是玩偶或木偶。总而言之，不论哪种情况，树神实际就是以人形出现的。在波希米亚，每逢四旬斋的第四个星期日，年轻人会将一个象征"死神"的木偶扔进水里，姑娘们则到树林中砍一棵小树，在树身钉一个穿着白衣酷似女人的木偶，然后和小伙子们一起抬着挨家挨户去唱歌领赏。英国某些地区，儿童拿着小五朔节花柱模型，以及穿着漂亮衣服的玩偶到处向人讨小费。

在阿尔萨斯的撒恩一带，人们常将一个小女孩称为五月的小玫瑰。她一袭白衣，手执一棵扎有彩带和花束的小五朔树，在小伙伴们陪同下，到各家各户唱歌，人们大都会馈赠她礼物。如果有的人家不赠送礼物，她就"祝愿"这家人饲养的家禽被貂鼠吃掉，种的果树和庄稼颗粒不收。据说，馈赠给这些五朔节小歌手礼物的多少，直接决定了当年的收成。这同上面的事例一样，意思都是小歌手们为农户迎来了保佑万物丰产的树神，因而他们应该支付相应的报酬。在立陶宛，五月一日那天村民们会在村前栽下一棵树，青年男子选出村里最美丽的一位姑娘，盛装打扮好后让她坐在五朔节树旁边，再在她身上撒满桦木枝叶，然后围着她载歌载舞。在法国布利岛，人们把五朔节树栽种在村子正中，树顶覆满鲜花，树身用绿叶和细枝缠绕起来，再将底部围上带叶的粗大树枝。姑娘们围着树跳舞，一个浑身裹满树叶、扮作五月之父的年轻男子，被引领着在现场巡游。北巴伐利亚佛兰肯·沃尔德山区的小镇上，五月二日那天，人们将一棵华柏树栽种于一家酒店门前，一个头戴王冠状稻穗编织物、全身裹满稻草的人围着树跳舞。然后，人们边高呼"华柏"，边簇拥着他在挂满桦树嫩枝的街上游行。

圣·乔治日那天，卡林西亚的斯拉夫人会安排青年，用鲜花将节日前夕砍来的树装饰一番，然后在音乐和人们的欢呼声中抬着它列队游行。一个小伙子全身上下披满翠绿的桦树树枝，扮作绿衣乔治，走在游行队伍的中心位置。庆祝游行结束时，人们还要把这绿衣乔治扔进水中，于是小伙子必须巧妙地迅速脱去满身树枝，神不知鬼不觉地换上一个替身。不过，有些地方的人们会真的将扮成绿衣乔治的小伙子扔进水中，这样做显然是为了确保雨水丰足，谷物花草在夏季生长旺盛。

从这些事例可以看出，化身为活人的树神，同附身树木的树神一样，也具有人们所相信的普降雨露、兴旺人畜的能力。

在特兰西瓦尼亚和罗马尼亚的吉卜赛人中，绿衣乔治节是春天的主要节日。节日前夕，人们会砍伐来一棵小柳树，将树干用花环和绿叶稍作装饰，竖立在某个地方。孕妇将自己穿的一件内衣在这棵树下放置一夜，翌日清晨，内衣上若有一片掉落的树叶，就预示着她分娩会非常顺利。孱弱的老年人或病人夜晚时分来到这棵树前，朝树吐三口唾沫，半威吓半祈求地说："你快要死了，让我们活着吧。"次日清晨，吉卜赛人从四面八方聚集到这棵柳树周围，举行节日盛典。这里的绿衣乔治也由一个小伙子装扮，他从头到脚都披满了鲜花和绿叶。他将一小把青草随手递给牲口吃，以确保它们全年都草料充足。他还把已在水中泡了三天三夜的铁钉钉入柳树，然后再取出来扔进河里，向水神祈福。最后人们还把绿衣乔治也扔进水中，但其实扔的只是一个用枝叶做成的木偶。从中可以看出，吉卜赛人相信柳树能保佑妇女顺利分娩、老人身体健康、病人早日康复。而绿衣乔治则是树神的化身，能赐予牲畜草料。

类似事例还有很多，本章不再一一列举。对于前面所讲的内容，用曼哈德的话来总结最合适不过："在这些春季和夏季节日中，五朔节树常代表着植物的精灵，或由一位年轻小伙子（或姑娘）满身披挂翠绿的树叶和鲜花来装扮。人们相信，表现神灵的这些仪式跟神灵现身一样，也能促使家畜繁育、果实累累和庄稼丰产。换言之，姑娘小伙装扮的神灵不只是一种象征，还被当作植物神灵的真实代表。所以，假扮五朔节玫瑰或五朔节树的人，有权不降福于那些不馈赠礼物的人家。这些仪式处处都显示出严肃的，或者说宗教礼仪的神圣。人们笃信丰收之神就附在树枝之上，只是不为人所见而已。挨家挨户乞讨，其实就是要把神灵迎送至家家户户降福。"

□《圣乔治与龙》
拉斐尔·桑西　1504至1505年

大约从14世纪开始，圣乔治成为了英格兰的守护"主保"圣人。据说圣乔治是罗马帝国时代生活在近东地区的一位基督徒，他因为成功杀死一条遗害当地人的毒龙而深受爱戴。圣乔治纪念日为每年的4月23日，是英格兰文化的重要部分。在这一天前后英格兰地区的教堂、酒馆，甚或汽车外都会挂上一个红色十字的白色旗帜，这就是圣乔治旗。

我们在前述事例中看到的树神或草木神灵，通常不是以草木的形态表现，如树、树枝或花；而是将草木和人的形态结合在一起来表现，如将树枝、花或树和木偶或活人结合在一起。但有时又将树、树枝或花弃之一旁，只用活人来表现。此类情况下最常用的方式就是，让活人身披树叶或鲜花，但有时也只用其名字来体现。

在俄国某些地区，圣乔治日那天，一个年轻人将全身饰满树枝和鲜花，装扮得就像我们的绿衣杰克（花屋中人），也就是斯洛文尼亚人所说的绿衣乔治。他一手执火炬，一手拿馅饼，在一群姑娘的跟随下走向玉米地，边走还边唱着节日的歌曲。玉米地里已事先放好一圈木柴，绿衣乔治把馅饼放在木柴中间，木柴点燃后大家便围坐在火旁，一起分享这块馅饼。此外，俄罗斯降灵节后的一周里，人们还会将一棵桦树用女人的服饰装扮起来，然后竖立在房中。而平斯克州的姑娘们，则在降灵节那天选出她们中最漂亮的一位，将她全身披满桦树和槭树树叶，簇拥着她在村子里游行。

在鲁拉，当春天来临树木泛起嫩绿时，孩子们就在某个星期日结伴到树林中玩耍。他们从伙伴们中选出一个人来当"小树叶人"，除了两只脚，将他全身上下都挂满树枝，并在披洒至面部的树叶间扒两个小洞好让他看见东西。其中两个孩子要牵着他走路，以防他脚步不稳或跌倒。一切准备就绪，他们便引导着他挨家挨户地唱歌跳舞，讨取礼物，像鸡蛋、奶油、腊肠、馅饼等。最后，他们在"树叶人"身上洒过水，便一起分享得到的礼物。在瑞士的弗利克忒尔，每逢降灵节来临，小男孩们都要到树林中去。他们将一个小伙伴身上挂满带叶的树枝，称其为降灵节土佬，然后让他手执一根树枝当马鞭，假装骑着马赶回村子，他们则紧随其后。走到村口的水井旁，他们便让土佬下马，并把他按进水槽里浸湿。他于是就有了向每个人身上洒水的权利，尤其是向女孩子和街上调皮捣蛋的小孩。淘气鬼们依次走过他面前，求他洒下节日的甘露。

英国这类风俗中最著名的便是"绿衣杰克（花屋中人）"。每年的五月一日，一个扫烟囱的人就扮作杰克，钻进一个金字塔形的木框之内，人们在木框顶部盖上彩缎花冠，四周再覆以冬青和常春藤。然后他就开始载歌载舞地前行，一群扫烟囱的人跟在他

□《阿里奥的种子》 保罗·高更 1982年

《新约·马太福音》中记载耶稣以撒种作比喻，并说明了四类种子。一类种子撒在路边，被飞鸟吃尽，它代表不懂天国道理的人；一类种子撒在土浅石头上，没有根，最终枯萎了，它代表暂时领会道理的人；一类种子撒在荆棘之中，被荆棘挤住，它代表世间的欲望将道理挤压；一类种子撒在好土里，种子长结实了，它代表真正领悟到神的道理的人。而耶稣的撒种比喻也正是利用种子的生长来教诲世人——只有自我修身正心才能接近上帝。

后面向人们乞讨钱物。弗利克兹尔有一种用柳条编的类似的笼子，叫做降灵节笼。春天树木刚刚开始发芽，年轻人就到树林中选好地方，偷偷编织（以防别人发现后抢先或阻挠）这种笼子。降灵节当天，他们把编好的两个柳条环，套在"绿衣杰克"的肩上和腿上，将其全身挂满树枝和绿叶，只露出眼睛和鼻子，然后再把一顶大花冠戴在他头上。待到黄昏时分，三个小孩吹着柳木号角把他突然领到村里人面前。

这些事例中，全身披挂树叶被领着四处走动的人，跟孩子们带着逐家讨取礼物的五朔树、五朔枝或五朔木偶等意义相同，都代表着能降福于人的草木之神。草木之神的这类代表一般被称为王或王后，如五朔节王、降灵节王、五朔节王后等。

在沙尔兹维德尔附近，有个村庄每到降灵节的一周里，就会竖起五朔节树举行比赛。参加比赛的都是孩子，第一个跑到五朔节树的被视为王，其他孩子就会给他戴上花环，让他手执五朔树枝，簇拥着他游行。他边走边用树枝拂去沿途花草上的露珠。每到一户人家，他们就合唱一首祝福赞歌，并要求对方赠送鸡蛋、咸肉等礼物。西里西亚有个名叫厄尔高斯的村庄，那里至今保留着在降灵节周举行"夺王赛"的习俗。比赛规则是：将一根杆顶系有布条的木杆，竖立于一大片草地的正中，参赛者在策马飞奔过木杆时，若能在马背上顺手扯下这块布，并跑到奥德河边将其浸入水中，就算赢得了这次比赛王的头衔。这种习俗里的木杆，显然等同于五朔节树。在图林根地区，五朔节王的习俗也较为流行，只是王的装扮有所不同。人们制作一个木架，将架身盖满桦树枝，并在上部加一顶用桦树枝和鲜花编织而成，系有一只小铃铛的王冠。装饰好的木架被事先放在树林里，扮作五朔王的人自己前往树林藏入木架内。然后，村民们便去树林寻找他。找到后，人们连人带木架一起抬回村子，面见村长、牧师或其他执事的人，并让他们猜里面藏着的五朔王是谁扮的。如果猜错了，架中的五朔王就摇头，头上的铃铛一响，猜的人就要受罚，提供给大家啤酒、糕点之类的东西。希尔德斯海姆的小伙子们，会在降灵节次日下午四处走动，甩着响鞭向人家索取鸡蛋。其中扮作绿叶王的人全身挂满桦树细枝，头上戴着一顶用桦树枝编的大帽子，手里还握着一根长钩，用来捉拿离群的狗和迷路的小孩。

十八世纪时，兰根莎萨附近的格芳斯伐古拉，在每年降灵节期间都要举行"草王"游行。这位"草王"骑在马背上，人们用一个白杨木做的金字塔形大木

□ 《阿凡桥的布列塔尼少女之舞》
保罗·高更　1888年

克差舞起始于祭神舞，是一种具有宗教色彩的舞蹈。通常由一些妙龄少女来表演，一般在神庙里的宗教仪式上进行。其中合唱是祈求诸神明扶持，一直唱到少女们达到入神的状态为止。这些少女在达到入神的时候不但可以听到，而且还能够通过口头转达神的旨意和祖先们的一系列愿望，无形中便成了神明及其祖宗与常人交流的媒介。

龛连人带马都罩住，直到地面。木龛整个被青枝绿叶覆盖起来，只露出"草王"的面孔，龛顶放着一顶用树枝和鲜花编织的王冠。这个庞大的"草王"便被簇拥着朝市政厅、牧师住宅等地游行。每到一处，人们都拿出啤酒款待。游行至桑姆尔伯格附近的七株枞树下后，人们撤去罩在草王身上的木龛，将龛顶的花冠献给市长，把木龛上覆盖的树枝插进亚麻地。在皮尔生（波希米亚）附近的村庄里，降灵节期间人们总要用青翠的树木搭一间不带门的圆锥形小屋。一个人头戴圆锥形帽子，腰挎宝剑扮作大王，率领一伙年轻人骑马来到小屋附近。这群随行人员中有法官、传令官和一个剥蛙人或"刽子手"。刽子手穿得破烂不堪，手握一柄锈迹斑斑的剑，横跨在一匹劣马上。到了屋前，传令官跳下马假装绕着小屋寻找门，发现没有门后便道："噢，这可能是一座施过魔法的堡垒，巫师们穿过树叶就钻进去了，所以用不着门。"接着，他拔出宝剑，劈开一块木头闯进屋内，在里面的一张椅子上坐下。坐定后他就开始唱歌抱怨附近的姑娘、农民和农场雇工等。待他唱完，剥蛙人上前一步，亮出装有青蛙的笼子，并放下一个绞刑架，然后把青蛙排成一列活活绞死。就像印第安人为了祈雨敲打青蛙一样，欧洲人杀死青蛙也出于同样目的。

春天里的草木精灵常被称为王后，而不是王。在李布乔威克（波希米亚）地区附近，四旬斋的第四个星期日，姑娘们全都一袭白衣，发间插着春天刚刚盛开的鲜花，如紫罗兰和雏菊，列队引导一位头戴花冠扮作王后的女子走遍整个村庄。这种仪式极为隆重，姑娘们要一直载歌载舞地往前行进。每到一户人家，王后就宣告春的降临，并祝福这家人幸福美满。人人便会赠送给她各种礼物。在爱尔兰东南部，五月一日那天，当地最漂亮的姑娘会被选为当地本年度的王后，人们给她戴上野花编成的王冠后，就开始举行盛大的宴会。大家一起唱歌、跳舞，并做各种乡村游戏，随着夜晚盛大游行的结束，这一天的庆祝活动也告一段落。这位姑娘任王后期间，将负责主持当地年轻人举办的一切聚会、表扬等活动。第二年的五月一日到来之前，她如果结了婚，其王后封号便被撤销，但下任王后必须等到选举日才能选出。五朔王后的习俗不但盛行于法国，在英国也很普遍。

人们有时还以成双成对的形象来表现草木精灵，如王和王后、老爷和贵夫人，或新郎和新娘。在南沃里克郡的哈福德地区，五朔节那天，孩子们两人一排列成队，由王和王后引导着挨家挨户地串门。其中两个孩子抬着一根饰有鲜花和绿叶、接近两米高的五朔节花柱，花柱顶端的十字形木棒上也插满了鲜花，两端还各吊着一个小花环。每到一家，孩子们就高唱五朔节歌曲，主人都会赠给他们一些零钱。他们下午到学校里唱歌时，还能享用到茶点。在西里西亚，人们常以王位竞争的活动来庆祝降灵节。这一习俗一直流传至今。竞争王位有很多种形式，但基本上都以五朔节树或五朔节花柱为标志或目标。有时规定，哪个年轻人若能爬到光滑的花柱顶端取下奖品，便是当年的降灵节之王，他的女友则被称为降灵节新娘。但最常见的形式是：以饰满鲜花彩带和王冠的五朔柱为终点，让青年农民和雇工骑马比赛谁先到达，第一个跑到的就是降灵节之王，跑在最后的则要充当小丑。在这一天，任何人都得听从王的命令。参加比赛的所有人都在花柱前跳下马，把王高高抬起，王迅速攀上柱顶取下系在上面的五朔节树枝和王冠。这时，小丑要立即跑到酒馆，用最快的速度吃下三十个小面包卷，喝完四瓶白兰地。随后，王头戴王冠、手捧五朔节树枝，在那群人的簇拥下也来到酒馆。如果在王到达前，小丑已吃完那些面包卷，也喝光四瓶白兰地，并在王到来时致辞欢迎，敬上一杯啤酒，那么这些酒食费用就全由王来买单；否则，小丑就得自己掏腰包。当教堂的礼

□《你什么时候会出嫁呢》
保罗·高更　1892年

中国古代女子出嫁一般在13～20岁之间，汉代对于女子的出嫁有严格的规定。西汉惠帝六年诏令："女子年十五以上至三十不嫁，五算。"说女子到指定年龄必须出嫁，否则就要加收人头税，每拖延三年就加收一个人头税，到了三十岁还不结婚，就要加五个人头税。

拜结束后，这群人开始在村子里四处走动。王身披鲜花，手执五朔节树枝，骑行在队伍最前方。小丑反穿着衣服，头戴降灵节王冠，下巴上挂着亚麻做的黄须，紧跟在王后面。还有两个人骑在马上假装侍卫一路随行。每到一户人家，两位卫兵就跳下马来，将小丑关进房内，要求这家主妇捐赠钱币给小丑买肥皂洗胡须。按照习俗，他们还能带走没有上锁的任何食物。这一行人马最后来到王的情人家中，大家向她行王后该受的大礼，并赠送给她彩色腰带、布料和围裙等礼物。王也会被奖励一件背心或一条领巾等物，而且还有权将五朔节树或降灵节树竖立在他主人的院子里，直到第二年的今日。降灵节的王和王后还能通过其他方式连任。有一种方式是：人们扎一个和真人一般大小的稻草人，给它戴上红色王冠，由两名假扮的卫兵运送至一个地方，并在那设立一个模拟法庭，对它进行审判。稻草人最终被判为死刑，钉在刑场的木桩上。年轻人用厚布蒙上眼睛，手持长矛刺杀稻草人。刺到者就成为王，他的情人就是王后。

在丹麦一个教区，降灵节期间人们按照习俗让一个小女孩扮成降灵节新娘，一个小男孩扮成新郎。小女孩像一个成年新娘那样穿戴起最华丽的服饰，头戴一顶用春天最鲜艳的花朵编织的花冠。小新郎身上也同样饰有鲜花、彩带等，打扮得十分可爱。其他孩子们也都打扮得非常漂亮。然后他们就开始挨家挨户拜访。两个小女孩充当女傧相走在队伍前面，六七个小男孩扮作侍从骑着柳条编的假马在前飞奔，报道他们的到来。每到一户人家，主人都会赠送他们鸡蛋、黄油、面包、奶油、咖啡等礼物，他们带的篮子都被装得满满当当。当他们拜访完所有农场后，一些农妇便帮他们准备婚礼宴席，孩子们快乐地跳起木鞋舞。当年的这一盛况，现在也只有老人们还记得。

瑞典一带也有类似五朔节或降灵节的庆祝活动，但通常是在仲夏时节举行。在瑞典布勒金奇省的一些地方，人们至今每年都会甄选仲夏节新娘，教堂的冠冕甚至有时都会借给她使用。新娘还可以自己挑选新郎，在整个节日期间，人们都把这两人当成夫妻对待。挪威地区至今好像也保持着这种习俗。

在布利昂松（道非纳）附近，五月一日那天，年轻人会将痛失情人或情人嫁与他人的小伙子用绿叶包裹起来，让他躺在地上假装熟睡。接着，一位喜欢他并愿意同他结婚的姑娘走过来将他摇醒拉起，然后两人一起走进酒店，在音乐声中翩翩起舞。他们一年内必须正式结婚，不然就会被看作老光棍和老处女，其他年轻人不再和他们有任何往来。这个小伙子被人们称为五朔节新郎，他在酒店里取下身上包裹的绿叶，他的女友将这些绿叶和鲜花扎成一个花球。第二天，她把这花球佩戴在胸前，再同他一起来这酒店跳舞。尼瑞契塔地区也有跟这类似的习俗，降灵节前的星期四那天，俄罗斯姑娘们来到桦树林，将腰带或带子缠绕在一棵高大挺拔的桦树上，折一些树干底部的枝条编成圆环，然后两两通过圆环互相接吻。这样接过吻的两个姑娘称彼此为自己的干姐妹。然后，其中一位姑娘装作醉汉，躺在草地上打滚，并假装熟睡。另外一位姑娘过来摇醒她，大家便欢快地唱着歌，轻跳着在树林中穿行，编织花环，然后再把它们扔到水中，从花环在水面的漂浮情况，推测自己的未来。其中假装醉酒熟睡的年轻人可能曾经是由年轻男子装扮的。

从以上各种习俗来看，在节庆活动中假装被情人抛弃陷入沉睡，又被唤醒的仪式，可能象征着春天万物的复苏。不过，我们却很难断定被遗弃的新郎和将他从沉睡中唤醒的姑娘各自代表着什么。

苏格兰高地的农人，常在每年二月一日的圣布利德节那天，通过某种仪式来表现春天草木的复苏。在赫布里底群岛，这一天，每家的主妇和仆人都要拿出一束燕麦，用女人的服饰将它精心装扮好后放入一只大篮子里，并在旁边放一根木棍，他们把这称作布利德的圣床。晚上临睡前，主妇和仆人接连大喊三声："布利德来了。欢迎你，布利德。"第二天早上起身后，他们马上开始检查地面，看地上是否有布利德的木棍的痕迹。如果有的话，他们便认为今年会是一个五谷丰登、万物兴旺的好年头；否则就是一个大凶之年。

有些地方在举行类似活动或仪式时，并不常直接表现出草木精灵春季结婚这一点，而是通过相应的人的形象来予以暗示，比如让一位姑娘穿上结婚礼服扮作新娘。在阿尔特马克的

□《清晨》　保罗·高更　1892年

在为诸神的结合举行庆祝仪式之前，人们都要先沐浴，以示对神灵的尊重。沐浴之礼在基督教、佛教等各类宗教活动中，皆具有神圣的意义，甚至被写入教义，如基督教的"洗礼"、佛教的浴佛节……南传佛教在庆祝浴佛节时，男女老少都要在清晨沐浴更衣，再到佛寺中行浴佛礼并为佛像洒水"洗尘"，以此达到洗涤污秽、洁净众生的目的。《清晨》所描绘的正是两位晨曦中沐浴的女子，静谧的空气中，一切都富有神性。

一些村庄里，降灵节期间男孩们抬着一棵五朔节树或领着一个全身披挂树叶和鲜花的男孩四处走动，女孩们则领着一位头上插着大束鲜花，打扮得跟真正的新娘似的五朔节新娘到处串门。他们挨家挨户地拜访，五朔节新娘唱着歌向人家讨取礼物，并对每户人家说：如果送她一点礼物，他们今年就会大丰收；若是什么也不给，他们则颗粒无收。德国西菲利亚地区的习俗也极为相似，降灵节期间一个小女孩头戴花冠扮作降灵节新娘，另两个女孩领着她挨家挨户唱歌，唱完后向人家讨要鸡蛋。

第三章　两性关系对于植物的影响

前章所列举的众多欧洲春夏节日习俗，都清楚地告诉我们，尚未开化的祖先们将所有植物人格化为男性和女性，在顺势或模拟巫术原则的指导下，试图通过那些代表着树木精灵的五朔之王和王后，以及降灵节新娘新郎等的嫁娶来促使花草树木的生长。因此，我们不能单纯地将其看作富有象征、比喻意味的戏剧，或是乡村民众借以娱乐和受教的游戏。这些其实都是魔法，是为了促使草木旺盛、鲜花怒放、庄稼丰收。那么我们自然就会认为，用树叶或鲜花装扮成树木精灵的新人，在婚礼中的表现越是逼真，这种魔法的效力就越强大。我们从中也能推断出，很多这类习俗中的放荡行为并非偶然，而是那种仪式的基本组成部分。奉行这种仪式的人很可能认为，如果没有人的两性的真正结合，花草树木是不可能生长繁殖的。如今这类习俗在文明的欧洲几乎已荡然无存，不过，世界其他地区未开化的种族中，仍存在通过两性交媾来确保大地丰收的现象。欧洲现在或不久以前的某些仪式中，仍保留有与此类似的成分，这很可能是古代同种习俗未完全得到发展的遗迹。

中美洲的帕帕尔人在播种前的四天里，要求夫妻必须分居，据说是为了确保播种的前夜，他们能够纵情恣欲；有些夫妻甚至被指定在第一批种子播下的时刻进

□ 《三位大溪地居民》
保罗·高更　1898至1899年

在犹太教拉比文学中，莉莉丝是《旧约》中人类祖先亚当的第一任妻子，世界上第一个女性，与亚当一样，同为泥土所造，因性爱问题与亚当争执而离开伊甸园，与各路天使及魔鬼交欢。上帝决定放弃莉莉丝，便从亚当身上取了一根肋骨创造出夏娃以取代她。对此，莉莉丝涌起了报复的欲望，化作毒蛇盘踞在知识树上勾引夏娃偷吃禁果，从而让亚当与夏娃都有了羞耻之心。上帝因此把他们逐出乐园。

□《阿韦·玛利亚》 保罗·高更 1891年

这幅《阿韦·玛利亚》再现了原始秘境中的宗教祈神活动：右边肩负孩子的母亲，穿着鲜艳的红色塔帕裙，左侧中景是几个祈神的半裸妇女，宛如来自寺院的浮雕一般，在阳光照耀下呈现出原始神性。整幅画面体现出一种宗教意境与现实的综合。

行性行为。夫妇们在这种时刻行房事被定为一种宗教义务，是必须要遵守的。如果没有履行，播种就被视为非法。我们能对这种风俗做出的唯一解释就是，印第安人可能将植物的生长过程等同于人类繁衍生育的过程，认为后者能够推动前者的进行。在爪哇某些地区，水稻吐穗结实的季节一来临，农民夫妇就要一起到田间去查看，并在地头进行性行为。这样做是为了促进水稻生长。在新几内亚西端和澳大利北部之间的洛蒂、萨马他以及其他群岛，异教徒们认为太阳是男性的本源，地球是女性的本源，男性的太阳带来了女性地球的生育繁殖。他们将太阳称作乌普一列拉，或太阳先生，并用椰子树叶做成的灯表示太阳。他们家中或神圣的无花果树上到处都挂满了这种太阳灯。无花果树下一块平坦的大石头被当作祭桌，有些岛民至今还沿袭旧俗将敌人的脑袋放在这块石头上。每年雨季到来，太阳先生便降临在这棵神圣的无花果树上给大地授精。为了让太阳先生安全方便地下来，他们还特地准备了一架有七根横档的梯子，靠在树下供他使用。梯子上雕刻着群鸟齐鸣、太阳从东方升起的图案。这时人们宰杀大量猪狗等牲畜，来到树下祭奠，而且成双成对的男女们都一起在乐声中纵情狂欢，太阳和大地的神秘交合就这样在男女们于树下公开进行的性交活动中戏剧性地表现出来。据说这种庆祝活动的目的是为了向太阳祖宗祈求充足的雨水和食物，求得六畜兴旺，子孙多福，家族昌盛。为了确保太阳答应这些请求，他们立刻敬献上猪肉、稻米、酒肴等，请它尽情享用。在巴伯尔群岛，每逢这个节日人们还专门悬挂一种旗帜，以显示太阳的创造性能力。这种旗帜用白棉布做成，近三米长，上面还绣有一个真人大小的人像。这些节日狂欢活动显然不是纯粹的纵情玩乐，人们在组织进行这些活动时非常认真、庄严，他们虔诚地认为只有这样才能带来万物的丰饶和人类的幸福。

用来促使农作物生长的方法，也被用于祈求树木果实累累。在恩波依纳某些地区，如果园中丁香树的长势普遍不好，可能会歉收，男人们便在夜间光着身子去园里给那些树授精，就像他们要使女人怀孕一样。他们边做还边念叨："多长些丁香吧！"

中非的巴干达人笃信，男女性交与大地丰产之间存在紧密联系。如果妻子不能怀孕，男人们通常就会把她休了，因为认为她会妨碍丈夫果园中树木的生长。相反，如果某对夫妻生下了双胞胎，就说明他们的生殖能力非常强大，人们相信这对夫妻肯定也能使果树丰产，因此就纷纷供应他们日常食物等。在这对双胞胎出生后不久，巴干达人就举行一次仪式，让那位妈妈仰躺在房屋附近茂密的草地上，将一朵刚刚从园内采下的大芭蕉花放在她两腿之间。然后再请她丈夫过来，让他用自己的生殖器把花挑到一边。显然，人们举行这种仪式就是想将这对夫妇强大的生育能力传给园内的果树。

春夏时节，我们在欧洲一些地方也能看到这样的习俗，其目的大概同以上事例不无二致，即以人类两性间的关系来促进植物的生长。比如在乌克兰，圣乔治节那天乡村牧师穿着法衣，在人们的簇拥下来到田间地头，对着刚刚出土的庄稼嫩芽念诵祷词，然后一对对年轻夫妇走进播种过不久的地里，躺下翻滚几次。人们认为这样就能加速庄稼的生长。在俄罗斯某些地区，妇女们推搡着牧师在刚发芽的庄稼上翻滚，而且就算滚到烂泥或洞穴中也不能躲闪。如果这位牧师执意不肯，或劝说妇女不要这样，那这群信徒们就开始对他怨声载道："小神父，你对我们美好的祝福并非出于真心，尽管你想靠我们的粮食生活，可你却不想让我们多多收获粮食。"德国某些地方，庄稼收割完后，男男女女都在地里打滚。这也许是从一种更古老、更野蛮的习俗演变来的，但显然也是出于增强土地生产力的愿望。

另一个有趣的风俗，也许更会引起对人类发展充满好奇心和探索热情的学者

□《大树》 保罗·高更 1891年

在原始人眼中，大树与人一样是有生命的，并且有自己的灵魂，而越是高大挺拔的树越能受到敬畏与尊重。原始人认为大树上可能寄居着精灵，知道疼痛，具有神力。在宗教之中，树被赋予多种神力，人们可以通过向树神祈福从而达成愿望。

们的注意。如前所述，未开化的野蛮人相信，人类的两性关系对植物具有某种神秘影响，因此有些人以性行为为手段来促使大地丰收。出于相同的理论和信念，另外一些人却采取了截然相反的方式来达到丰产的同一目的。比如尼加拉瓜的印第安人，从玉米播种到收割的这段时间内，他们必须实行夫妻分居，严格斋戒，不吃盐，不喝可可，不喝"契卡"（一种玉米酿的啤酒）。中美洲的一些印第安人部落为了促进农作物生长，至今仍实行节欲。据说，凯克奇印第安人在播种玉米前的五天内不能吃肉，夫妻也不能同房；而兰魁尼罗人和卡加波尼罗人在此期间则要禁欲十三天之久。特兰西瓦亚的一些日耳曼人规定，整个播种时节任何人都要禁欲。匈牙利的卡洛塔斯泽格一带也有这样的规定，那里的人们认为如果不严格奉行，农作物就会霉烂。中澳大利亚凯蒂希部落的一位酋长，在施行巫术促进禾类植物生长期间严格禁欲，他认为如果违反该条规定就会妨碍作物种子的发芽。在美拉尼西亚群岛的一些岛上，当藤蔓山药即将成熟时，男人们都睡在园地旁，不和妻子有任何亲密之举，因为他们一旦违反禁欲的规定，所有果实都将毁于一旦。

看完这么多事例，很多人肯定会问：类似的理论和信念为何会产生禁欲和纵欲这两种完全不同的行为方式呢？其实，只要沿着原始人的思路稍加考虑，我们就会找到答案。原始人始终认为大自然跟人类一样都具有生命，而且他们也看不出自己的情欲、生殖跟动植物自然繁育后代果实的不同之处，因此他们自然就会推论出：放纵自己的情欲，会促进动植物的繁殖；或者严格禁欲，积蓄精力，也有助于动植物的繁育生长。

受过东方宗教中禁欲虔修思想熏陶的读者，可能会对我关于原始或野蛮民族在某种情况下恪守禁欲原则的解释嗤之以鼻。这些读者大概认为，道德的纯洁性完全能够给出准确的解释。在他们看来，道德的完美与禁欲准则密切相关。他们可能跟弥尔顿持同样的观点：

□ 《去耕作的牛群》 康斯坦·特罗扬 1855年

画面展现的是一片开阔的田野，朝霞初起，在清晨温暖的阳光下，一个农夫正赶着牛群从地平线的远处徐徐迎面走来。几道霞光，将牛群的阴影投射在蹄下，土地则被描绘得带有感情，它的棕褐色的调子使人感到亲切。人们所有炽热的感情，都倾注于土地和庄稼。有时候，为了促成庄稼的丰收，人们甚至通过一些两性的仪式来完成。

禁欲本身就是一种崇高的道德，那些能够克制自身强烈情欲冲动的人，具有无比高尚的人格，值得给予圣洁的封号。在我们现在的文明人看来，这种观点无可厚非，但对于未开化的野蛮人而言，是完全陌生而且不可理喻的。他们即使有时克制住了本能的性欲冲动，也不是出于什么崇高的道德理想，而是为了达到某种既隐秘又具体的目的，暂时放弃情欲。上面所举的事例完全能够证明这点。当自救的本能——尤其是在获取食物方面——同繁衍后代的性欲本能相冲突或可能发生冲突时，前者作为基本的、更重要的本能，就能够克服后者。总之，只要能得到足够多的粮食，原始人就愿意暂时牺牲自己的情欲。此外，他们有时为了赢得战争，也愿意克制情欲。不仅是奋勇杀敌的士兵，甚至他们留在家乡的亲朋都常要克制情欲，因为他们相信这样才能更容易击败敌人。对我们而言，那些认为播种者的贞操能够促进种子生长的信念荒谬绝伦。不过，这些及其他类似的信念导致人类进行自我克制，对于人类精神境界的提高不无裨益。因为一个种族正如一个人，其品质的优劣，主要在于能否为了将来而牺牲现在，为了长远永恒的幸福而抵制眼前短暂的欢娱。这种能力表现得越突出，其品质就越高尚，以至最后达到英雄主义的高度，为了维护或赢得人类未来的自由、真理和幸福，能够放弃个人的物质享乐甚至自己的生命。

第四章　神的婚姻

狄安娜是繁育增产的女神

在前面的章节中我们已经知道，原始人笃信植物通过雄雌两性的性结合来繁殖，而按照顺势或模拟巫术的原则，这种繁殖是在植物精灵雄雌两性（或由男人女人装扮）婚嫁交配的刺激下实现的。这种带有巫术色彩的活动在欧洲民间节日中非常重要。从其依据的原始自然法则来看，它们肯定是从远古时代流传下来的，而且我们也能据此确定，当欧洲各文明民族的祖先还是野蛮人时，这种民间风俗就出现了。那时，从地中海至北冰洋的欧洲大陆大部分被浓密的原始森林覆盖着，当时的那些祖先们在森林中放牧牛羊，开垦其中的小块空地。既然古代这些为促使草木生长开花结果的巫术，能以农村节日娱乐活动的形式延续至今，那么我们就有理由相信，在约两千年前的古代文明民族中，它们曾以近乎原形的形式存在着。换言之，我们肯定能在古代的某些节庆活动中找到与我们今天的五朔节、降灵节、仲夏节等相似的东西。通过本书第一章的探讨，我们已经确信享有内米森林之王称号的祭司，有林中女神狄安娜的陪伴。作为森林之王和王后的这对伴侣，很可能就是今天欧洲那些化装游行的人们所扮演的五朔节之王和王后，以及降灵节的新娘和新郎。神与女神的结合难道不会被当时的人们视为神婚，而年年庆祝吗？虽然还未找到直接的证据，但我们可以通过类推得出一个结论，即：内米神树林可能曾经是一年一度举行这类庆祝活动的场所。下面我将对此展开具体的说明。

狄安娜通常被当作森林女神，就像色列斯是谷物女神，巴克斯是酒神一样。她的圣殿一般都在小树林中，但实际上人们将每片树林都敬献给了她。但人们在祭祀礼拜时又常把她同森林之神西尔维纳斯联系在一起。不过，无论她是哪种出身，我们能确定的是，狄安娜并非只是一位森林女神。跟她的希腊姐妹阿尔忒弥斯一样，她好像已经演化成为自然界繁殖生命（动物和植物）的化身。不管是野兽还是驯服的动物，都在茂密的森林中漫游捕食、啃嚼草叶，作为茂密森林的女主人，人们很自然地认为这些动物都属于她。因此，她就成了猎人和牧人共同的守护女神，就像西尔维纳斯不仅是树林之神，也是畜牧之神一样。在芬兰也是如此，森林中的一切野兽都被看作是属于森林之神泰庇欧和他端庄美丽的妻子的。没有这两位神的允许，任何人都不得猎杀林中任何一头野兽。所以，猎人们打猎之前都要先向神虔诚祷告，并敬献上丰厚的祭品。苏门答腊的芥莪人带猎狗进入山林狩猎麋鹿、山羊、野猪之前，都会先求得森林之神的允许。具体做法是，一位对林中狩猎情况比较熟悉的人在一根代表山林神祇的木桩前放一堆槟榔子，祈求神灵显示是否允许他们狩猎。古希腊历史学家亚利安在论狩猎的论文中写道：每逢阿尔忒弥斯的生日，凯尔特人都要向她敬献祭品，他们年年都要猎杀大量狐狸、野兔、小鹿等动物，给森林之神献上祭品算是支付狩猎罚金。这种习俗显然说明，林中野兽全都属于这位女神，人们猎杀了野兽必须付出一定代价。

但狄安娜并不只是野兽的守护神和森林、湖泊、河流的女主人，她还被想像为月亮，特别是金黄色的、象征收获的月亮。她还被认为能使农民们的果树结满硕果，并且能听取产妇分娩时的祷告。在内米的神树林中，狄安娜主要是被作为掌管育儿和赐予后代的女神来敬奉的。人们经常将她比作希腊的阿尔忒弥斯，笼统地说是自然女神，具体而言则是生育繁殖女神。因此，当你看到阿凡廷圣殿里的她被描绘成拥有众多乳房，像希腊人的阿尔忒弥斯一样，具有非凡生育能力的女神时，千万不要大惊小怪。那么，对于古罗马国王屠勒斯·霍斯梯力厄斯制定的一条罗马法律我们多少也能理解了。那条法律规定：只要有人犯乱伦罪，大祭司们就应向狄安娜的神树林敬献赎罪的祭品。因为我们知道，人们认为犯乱伦罪通常会引发饥荒，所以向繁育女神赎罪是合情合理的。

既然从理论上来说，繁育女神自

□ 狄安娜

　　狄安娜是天神宙斯与勒托的女儿，也是太阳与医药之神阿波罗的孪生姐妹。狄安娜是女巫保护神，而且奇迹般地以处女之态成为具有百乳的生育女神。她的标志是金弓箭、猎犬、牡鹿和丝柏，这些大都是她少女时代自行获取的。

己的繁育能力就很强大，那么狄安娜应该有一个男性伴侣。如果塞维厄斯的证据可信的话，她的伴侣就是维尔比厄斯，内米森林之王就是他的代表或者不如说就是他的化身。他们结合的目的可能就是为了促进大地的丰产，以及动物和人类的繁殖。因此，人们自然而然想到，如果每年举行一次这样神圣的婚礼，那这一目的岂不更容易实现？于是，就有了用神的塑像或由人扮演新娘新郎来举行婚礼的习俗。关于内米的神树林中是否举行过这样的庆祝活动，我们在古代作家的作品中几乎找不到任何蛛丝马迹。阿里奇亚人的宗教仪式对我们来说也很陌生，因此这方面的资料很匮乏，不能据此从理论上断然否定。既然直接证据不足，那我们就只好根据其他地区流行的类似习俗进行类推。从形式上来看，有些类似的现代习俗跟内米神树林中的那种宗教仪式，多少存在一些差异。那我们再来看看与之相应的古代习俗又会有什么不同。

诸神的婚姻

天地之神伯尔的圣殿无比庄严，就像一座金字塔高高矗立于巴比伦城中。这座圣殿共有八层，层层累叠，直入云霄。最上面一层是一座宽敞的大殿，殿内陈设着一张挂有华丽帐幔、铺有锦缎被褥的大床，床边还放着一张金桌。整个大殿内没有一尊塑像，只有一个女人住在里面，而且其他任何人都禁止在此过夜。根据迦勒底人祭司的说法，那个女人是神从巴比伦妇女中精挑万选出来的情人，神每晚都会来到大殿，在那张床上安寝。作为神的伴侣，那个女人便不能和任何凡人发生性关系。

在埃及的底比斯古城，太阳神阿蒙的神殿里长期住着一位妇女，她也被当成神的配偶，而且据说这位妇女跟巴比伦天地之神伯尔的妻子一样，也不能同任何男人交往。古埃

□《拜神的日子》　保罗·高更　1894年

拜神是指到寺庙等其他宗教场所对神灵进行的一种祭祀，或者表达自己诚意和膜拜的行为或礼节。烧香是普遍的敬神方式之一，它从古代的祭礼中继承而来。古代中国人在祭祀上天和祖先时，往往要将祭品或单是某些植物放火焚烧，使之产生浓烟，认为即可以其香烟通达神明。

及人的经文中提到她时，经常将她称为"神的配偶"，而且她的地位几乎和埃及王后相当。因为埃及人相信，他们的国王其实都是太阳神阿蒙的子嗣，只是暂时以统治者的身份现身，而且以这种身份同王后发生性关系。在埃及最古老的神殿内，两侧墙壁上都雕刻着神生育子女的详细情况，如德尔·巴哈利的神殿和卢克苏尔的神殿，而且画旁所附的题词也和画中的情景有关。

在雅典，酒神狄俄尼索斯每年都要和王后举行一次婚礼，缔结神圣美满的婚姻。人们经常在各种纪念活动中来表现他们的婚礼盛况，但至于是

□ 古希腊陶器上的酒神形象

古希腊色雷斯人信奉的葡萄酒之神名叫狄俄尼索斯，他也是古希腊神话中的酒神。狄俄尼索斯不仅拥有葡萄酒醉人的力量，还经常对人们布施欢乐与慈爱，因而在当时成为极有感召力的神祇。此外，他还推动了古代社会的文明，并确立了相关法则，维护着世界的和平与稳定，同时他还护佑着古希腊的农业与戏剧文化。

由人装扮成神来表演，还是用神的塑像来展现，我们尚不得而知。根据亚里士多德某些著作中的描述，这种仪式通常在国王古老的宫殿中举行。这座宫殿就是享有盛名的"牛宫"，位于雅典卫城东北坡上的市政厅附近。为狄俄尼索斯举办婚礼没有其他目的，就是为了确保他作为酒神所管辖的葡萄树及其他果树能多结果实。可见，这在形式和意义上都跟五朔节王与王后的婚礼相一致。

每年九月，埃莱夫西斯都会举行盛大的典礼，由掌管神秘仪式的祭司代表宙斯，由德墨忒耳的女祭司代表五谷女神，通过他们两人的结合来表现天神和女神的结合。但他们的交合只是戏剧性或象征性的，因为神秘仪式的祭司会事先服用一种提炼自毒芹的毒药，让自己暂时丧失性行为能力。神秘仪式正式开始后，所有火炬都要熄灭，这对夫妻走到一处幽暗的地方，对神祇顶礼膜拜的信徒则聚在周围急切等待着神人幽会的结果。过了良久，祭司在一片光明中再次现身，而且手握一支沉甸甸的谷穗，这就是两位神祇交合后的果实。他望着周围的人群高声宣布："王后布莉姆诞生了神婴布里姆斯。"言外之意就是：至高无上的女神孕育了至高无上的神。后世的众多哲学和诗歌作品中，都有这些神秘的宗教仪式的影子。在今天辽阔的埃莱夫西尼平原上，这种习俗仍盛行不衰：谷物女神与天神

结合，天神便将温暖的阳光和丰沛的雨水赐给贫瘠的土地，带来万物的丰产。

维奥蒂亚的普勒替厄镇每隔几年就举行一次叫做"小狄德勒"的节庆活动。他们砍来一棵古老的橡树，将它雕成一尊神像，穿戴上新娘服饰，然后放在一辆牛车里，并让一位女傧相坐在它旁边。一个人在前面赶着牛车，其他人跟在后面吹着笛子载歌载舞，欢快地拥着神像来到亚索波斯河岸边，然后再返回镇上。而在比俄西亚，人们每隔六十年举行一次"大狄德勒"节庆活动。每到这时，人们就将历年活动中使用过的神像都装上马车，先拉到亚索波斯河边，然后拉到西塞兰山顶上，堆在巨大的柴堆上焚烧掉。不同地区的这类节日活动中，人们都是以穿戴新娘服饰的橡树神像为代表，来庆祝宙斯和赫拉的结合的。瑞典人对动植物繁育之神福瑞极为敬奉，每年他们都要用车子载着它真人大小的神像四处游行，还有一位漂亮的姑娘侍奉在神像左右，人们将她视为神的妻子。神在阿普萨拉神殿里的女祭司一般也由这位姑娘充当。载着神像和神的新娘的车子每到一处，人们都涌上来热情迎接，并献上供品，祈求丰收的好年景。

可见，在古代许多民族中，神和雕像或真人结婚的习俗极为盛行。这种习俗的思想基础太过野蛮，不可能出自文明的古巴比伦人、古埃及人和古希腊人，因此我们可以大胆地推测，那是从他们野蛮或未开化的祖先处继承来的。某些较落后的民族中现在仍盛行类似的习俗，这更有力地证明了我们的推断。比如，在俄罗斯的马尔梅日地区，据说那里的沃加克人很久以前曾连年遭受荒灾，因为想不出任何解除灾情的办法，他们个个垂头丧气、苦恼万分。最后他们突然想到，肯定是那位强大却又极易为害四方的神克利梅特因尚未婚配而发怒了。于是几位年长的老人代表族民前往库拉，同那里的沃加克人商讨这个问题。达成一致意见后，他们马上回去准备好大量白兰地酒，并装上一辆马拉的彩车，然后由众人赶着欢快地来到库拉，就像迎娶新娘一样热闹。他们在库拉的树林里尽情吃喝、

□《酒神与阿里阿德涅》　亚历山大·图尔希

图为在色雷斯人的祭酒仪式中，酒神狄俄尼索斯身着狐狸皮，象征着新生。古希腊人对他有特别的崇拜之情，而专属酒神狄俄尼索斯的狂欢仪式也是古希腊最秘密的宗教仪式。

玩乐，兴奋地度过了一整夜，第二天清晨他们载着在林中铲的一块平整的草皮返回村庄。自此之后，马尔梅日人的生活越来越好，而库拉人的日子却越来越糟。在马尔梅日，庄稼连年丰收；而在库拉，粮食却逐年歉收。因此，库拉人开始斥责和粗暴对待当初同意这门婚事的村民代表。孟加拉人在挖掘水井时，总会将一个木制雕像投进水中，算是入赘给水之女神。

人们为神选定的妻子有时并不是无生命的东西，如木雕或石像，而是有血有肉的鲜活女人。秘鲁一个村庄的印第安人将一块人形石头奉为神（华卡），并把十四岁左右的漂亮姑娘嫁给他为妻。他们还为此举行历时三天的隆重婚礼，全体村民都要参加。从此以后，那个女孩便再也不能嫁人，为了全村百姓的幸福，她牺牲了自己。因此村民们都非常尊敬她，几乎奉若神明。每年的三月中旬，阿尔衮琴印第安人和休伦人都会迎来他们的捕鱼季。为了捕到更多鱼，他们总是让两个年仅六七岁的小女孩和渔网结婚。在婚礼仪式上，人们把渔网放在这两个女孩中间，祈求渔网多多捕鱼。关于这种风俗的起源有一个传说：某年的捕鱼季来临时，阿尔衮琴人像往常一样撒网捕鱼，却一无所获。这令他们惊讶万分，不知如何是好。后来渔网精灵以一个身材魁梧的男人的形象向他们显灵，并非常愤怒地对他们说：我失去了妻子，至今还没找到一个从未接触过男人的女子为妻。这就是你们一直捕不到鱼的原因。你们如果不能实现我的这个愿望，将永远捕不到鱼。于是阿尔衮琴人商量决定，将两个非常年轻的女孩献给渔网精灵为妻，以满足他的心愿，消除他的怒火。他们这样做后，每次捕鱼几乎都是满载而归。附近的休伦人听说此事后也采纳了这种习俗。只要捕到鱼，人们就会给充当渔网精灵新娘的两个小女孩家中送去一份。

孟加拉的奥昂人将大地奉为女神，每年娑罗桑树开花的季节，他们都要庆

□《在海边》 保罗·高更 1892年

海洋祭祀作为一种海洋民俗文化，是由古代人民祈福免灾的宗教思想演化而来。渔民通过海祭来祈祷一年四季风平浪静，渔业丰收。海洋祭祀的主要形式是：先由族中的尊者选定一个吉日，在祭拜之前准备好奉献给海神的食物、酒水和水果等。祭拜当日，出海的渔民们沐浴更衣完毕，在船长的带领下祭拜海神，然后一起分享祭拜食物。

祝她和太阳神达梅的结合。举行庆祝仪式的那天，每个人都要沐浴，浴后男人们都来到神树林，女人们则聚集在本村祭司家中。在树林里，男人们先向太阳神和林中守护神敬献家禽等祭品，然后就开始大吃大喝。吃喝完，一个强壮的男人背着祭司，其他人跟在后面走回村子。女人们在村口迎接他们，并为他们洗脚。然后，大家敲着鼓，载歌载舞地来到祭司家中。祭司家早已用绿叶和鲜花装饰一新，祭司同他的妻子按照惯常仪式举行婚礼，以此象征太阳和大地的结合。仪式结束后，男男女女一起吃喝玩乐，跳舞唱歌，纵情淫欲。他们这样做是为了促使大地母亲富饶丰产。

值得注意的是，同女人婚配的神常常是水神或水中精灵。每逢远航，巴干达人就会献给维多利亚尼昂萨湖神莫卡萨两位少女做妻子，祈求他庇佑平安。英属东非的阿基库尤人将河中水蛇奉为神灵，每隔几年就会将一些女子，特别是年轻女孩献给他为妻。为此，巫医还命人搭建了专门的小屋，由他代神同这些轻信的女性献身者缔结神圣的婚姻。如果自愿前往小屋的姑娘不够多，人们就会强行抓来一些送入神的怀抱。据说，鳄鱼群曾给东印度布鲁岛上的居民带来毁灭性的破坏，他们认为这场灾难来自鳄鱼王子的愤怒，因为他想得到某个姑娘。因此，他们迫使这个女孩的父亲给她穿上新娘的盛装，将她送入鳄鱼情人的魔爪。

据报道，在马尔代夫群岛居民信奉伊斯兰教之前，岛上也曾盛行同样的习俗。著名的阿拉伯旅行家伊本·巴图塔曾经描述过这一习俗及其走向终结的缘由。他如实记录下了几位可靠的土著人（有名有姓）对他叙述的情况：在居民们崇拜偶像时期，有个邪恶的精灵每月都会在岛上出没。这个精灵是从海上过来的，远远望去就像一只灯火通明的船。看到它来后，岛民们便立刻将一位年轻的处女精心打扮一番，送至岸边异教徒的殿堂，那座殿堂里有一扇朝向大海的窗户。这位少女被独自留在殿里过夜，居民们第二天清晨去看时，她已经失去童贞并死在殿内。岛上居民每个月都会通过抓阄的方式，来决定将谁家的女儿献给海上精灵。当最后一位少女被奉献时，一个虔诚的伊斯兰教土著人念诵可兰经赶走邪恶精灵，救下了她。

伊本·巴图塔所描述的恶魔娶妻习俗，非常类似于人们熟知的同类民间故事。从东方的日本和安南，到西方的塞内冈比亚、斯堪的纳维亚和苏格兰，都有关于这类民间故事的文字记载。很多民族的相关传说，以及故事的具体情节各不相同，但总体来看一般都是这样：某地经常受到多头巨蛇、巨龙或其他怪物的骚扰，如果不定期向它献祭活人，尤其是年轻处女，它就要毁灭当地所有人。因此，人们将很多女孩献给了它。最后，当国王的女儿也必须被献祭时，故事的主人公，一般都是地位卑下的青年，勇敢地站出来扮成公主，杀死了怪物。作为对他的报偿，国王将公主许配给他为妻。这些故事中的怪物有的被描述为住在海里、湖中或山间的蟒蛇，有的被写成占据泉水的蛇或龙，人们只有向它献祭活人才能饮用泉水。

如果认为所有这些故事都是说故事的人凭空捏造的，那是不对的。我们可以认定，这些故事反映了一个真实的风俗，即把女孩或妇女献给常被人们想像为蛇或龙的水中精灵为妻。

第五章　罗马之王和阿尔巴之王

纽玛和伊吉利娅

通过对各种习俗和民间传说的考察，我们可以推断出：为了促使万物丰产，满足动物和人的最基本需求，很多民族每年都要庆祝草木和水中精灵的神圣婚姻，而神的新娘或新郎一角常由女人和男人来扮演。在内米的神树林，草木与水之精灵透过茂密的树木、飞流的瀑布及如镜的湖泊展现着自己的风姿。古代的人们每年都要在这里庆祝凡间林中之王和神界林中之后狄安娜的结合，就像现在盛行的五朔节王与王后的婚配习俗。这片神树林中的一个重要人物就是泉水女神伊吉利娅，怀孕的妇女都对她顶礼膜拜，因为她跟狄安娜一样，能保佑孕妇顺利分娩。我们由此可以断定，伊吉利娅的泉水也像很多其他泉水一样，被人们视为能使妇女怀孕并平安生产的神水。而且现场发现的祈祷还愿祭品，也都跟繁育后嗣相关。人们献祭的对象很可能是伊吉利娅而不是狄安娜，或者说泉水女神伊吉利娅就是伟大的自然女神狄安娜的另一个形象。

关于这两位女神的同一性，普鲁塔克的一段话就是佐证。他说，伊吉利娅是一位橡树女神，罗马人相信她掌管着每一片橡树林；狄安娜通常被视为林中女神，而伊吉利娅则同橡树更紧密地联系在一起，特别是在她的内米神树林里。之所以如此，可能是因为伊吉利娅是一棵神圣橡树根部流出的清泉的仙子，据说这股清泉是从多多纳一棵大橡树底下流出来的，女祭司们得到的神谕就来自汩汩的泉水声。希腊人相信，只要喝上一口神泉或神井的水，就能获得预言的神力。这就完全能够解释，伊吉利娅的王者丈夫或情人纽玛的智慧为何远远超过常人。古代社会国王的一大职责就是使天降雨露、万物丰产，因此国王们常和草木、水之女神缔结婚姻以履行其职责，我们据此就可以推断，传说中的纽玛与伊吉利娅的结合是这类习俗的延续。在这种神圣的婚礼仪式上，女神可能不是由雕像代表就是由妇女扮演。如果是由妇女装扮的话，人选很可能就是王后。这种推测若没有什么问题，那么充当婚配的神和女神的人就是罗马的国王和王后。在纽玛与伊吉利娅的传说中，他们举办婚礼的地点是一座神树林，而不是某座王宫。正如五朔节王与王后，或酒神与雅典王后的婚姻，人们年年举办这种神婚，也是为了确保大地丰产、人畜两旺。

据记载，这种神圣的婚礼就是在内米的神树林中举行的，我们有理由相信，林中之王和狄安娜也是在这片神树林里结合的。两条不同的探寻路径最后都指向了一点，即传说中罗马国王与伊吉利娅的婚姻，反映的可能就是林中之王与伊吉利娅或狄安娜的婚姻。但这并不是说，罗马的国王们曾经就是阿里奇亚丛林的林中之王，只是他们可能被赋予过与此类神相同的称号。说得更准确点，他们可能因为是神的代表或化身，曾做过国王，并以这种身份同女神缔结过婚姻，而且还常通过激烈的搏斗来确保自己的王者身份。搏斗往往都是致命的，他的王冠也会因此被获胜者夺去。

□《陆马·庞培留斯和女神伊吉利娅》
尼古拉斯·普桑　1625至1628年

女神伊吉利娅和狄安娜一样，能保佑孕妇顺利分娩。她所守护的泉水被视为能使妇女怀孕并顺利生产的神水，并因此对她顶礼膜拜。

国王是朱庇特的化身

国王们首先扮演的角色似乎就是朱庇特。一直到罗马帝国时代，将军们在庆祝战斗胜利，以及行政长官们在罗马竞技场主持竞赛时仍会穿戴朱庇特的服饰。他们头戴王冠、面涂朱砂，身着镶有金边的紫袍，左手拿着桂枝，右手握着顶部刻有雄鹰的象牙宝杖，端坐在由四匹戴着桂冠的马拉的战车上绕城游行，其他人都步行跟在车后。一个奴隶还将一顶橡树叶状的金制王冠高高举在他们头顶。这样装扮的人显然是朱庇特神，因为雄鹰是朱庇特的神鸟，橡树是他的神树，而且他立于战车上的神像的面部也被涂成了这种朱红色。据说，罗慕路斯在一棵橡树旁建起了朱庇特神殿，敬奉他的牧人们常来礼拜，而且国王还将战利品存放在殿中。在古罗马城卡庇托山上的朱庇特神殿内，他的神像前就供奉着人们献上的橡叶王冠，可见橡树就是朱庇特神的象征。

相传，罗马城是阿尔巴隆加的迁居者修建的，该城坐落在阿尔巴群山的山坡上，俯瞰着坎帕格纳平原和湖泊。因此，如果罗马国王们将自己看作天神、雷神和橡树神朱庇特的代表或化身，那么我想阿尔巴的国王和罗马创建者的祖先们可能也是这样想的。阿尔巴王朝的统治者都自称"西尔维"或林中人。根据诗人维吉尔的描写，埃涅阿斯在阴间看到了古罗马时代的光辉景象，那时"西尔维"支系的人都头戴橡树王冠。这一描写并非随意虚构，因为阿尔巴隆加古代国王及后继罗马国王们的徽帜上，好像都有头戴橡树叶花冠的图案。从这两种情况来看，国王就是橡树神的代表。罗马史书中记载了一位名叫罗慕路斯或勒慕路斯的阿尔巴国王，他自称是相当于或高于朱庇特的神。为了让臣民们信服，他制造了一种机械模拟电闪雷鸣。狄奥多罗斯写道："丰收时节，雷电频频，国王命令士兵用刀剑敲击盾牌以压倒天庭的雷声。被惹恼的天神为惩罚他，击毁并淹没了他的宫殿，他也葬身水底。"可见，古代国王也像现代非洲的国王们一样，承担着控制风雨、促进作物生长的职能。祭司之王纽玛就被认为拥有召唤雷电的神力。如果阿尔巴和罗马的国王们曾模仿过橡树之神朱庇特，那么他们也有可能模仿雷雨之神，假装可以呼风唤雨。真若如此的话，他们很可能当过公众祈雨师，在大地干旱、万物枯竭时运用法术带来降雨。

罗马国王们模仿的若是主神朱庇特，那在他们之前的阿尔巴国王们所模仿的可能就是拉第安·朱庇特，他的神位就在阿尔巴山山顶。拉第安王朝传说中的祖先拉丁努斯，以某种神秘的方式离开人世后托转为拉第安·朱庇特，他在阿尔巴山顶的圣所是拉丁同盟的宗教中心。显然，这座圣山上从未建造过我们所说的神朱庇特的神殿。人们应该是在露天中顶礼膜拜这位天神和雷神的，因此他的圣所很可能是高山顶上的一片丛林，又因为人们常将橡树王冠献给朱庇特，我们

□《朱庇特与忒提斯》
让·奥古斯特·多米尼克·安格尔　1811年

朱庇特即为宙斯，是罗马神话中的神，后来罗马统治希腊后将宙斯改名为朱庇特。他是罗马神话中的主神，第三任神王，以好色著称，奥林匹斯的许多神祇和很多希腊英雄都是他和不同女人生下的子女。他以雷电为武器，维持着天地间的秩序，公牛和鹰是他的标志。

自然就会想到那片丛林也许是橡树林。而且在古代，阿尔巴山脉延伸出的阿尔基德斯山上覆盖着浓密的橡树林。

不过，朱庇特并非独自住在神山之巅，陪伴他的还有他的妻子——女神朱诺。朱诺的称号是蒙妮塔，她在这里也受到人们的敬奉。在朱庇特神殿，橡树王冠是专门献给他们两人的。可见，在神圣的橡树林中，橡树之神也有自己的橡树女神。比如在多多纳，橡树神宙斯的配偶就是狄娥娜。但狄娥娜只是朱诺这个名字的一种方言叫法。很多拉丁血统的民族好像每年六月都会庆祝朱庇特和朱诺的神婚。

如果罗马人每年也会庆祝朱庇特和朱诺的婚姻，我想他们可能是用这两位神的雕像来举行仪式，或是由祭司狄阿力斯和他的妻子弗莱明妮卡来充当神。因为狄阿力斯专司朱庇特祭祀一事，且被古今作家看作朱庇特的化身。而在更早的时候，这种神婚中的新郎通常由罗马国王扮演，新娘由王后扮演，就像雅典的王后每年要和酒神狄俄尼索斯结婚一样。两相对比，由罗马国王和王后来充当朱庇特和朱诺二神似乎更合适，因为这些神本身就有王和王后的称号。

□ 《朱庇特和朱诺》
安尼巴尔·卡拉奇　1597年

朱庇特虽然贪恋女色，与多个女人有染，但他的妻子只有一个，那就是朱诺。朱诺与朱庇特（宙斯）同为天空之神克洛诺斯（萨图恩）的孩子，她的威严和力量只服从于宇宙自然灵气。

不论真实情况如何，纽玛和伊吉利娅的传说故事无疑都反映了一个事实，即古代那些集国王与祭司职能于一身的人确实扮演过男神新郎的角色。扮作橡树之神的罗马国王，同被称为橡树女神的伊吉利娅在神树林结婚的故事告诉我们，罗马王政时期定期举行的纪念仪式同亚里士多德时期雅典每年进行的庆祝活动非常类似。跟雅典王后与酒神结合的目的相同，罗马国王与橡树女神婚配也是为了通过模拟巫术促进农作物生长。在这两种不同的礼仪形式中，罗马的无疑更早，当北方入侵者还远未接触到地中海岸的葡萄时，他们的祖先就已将中北欧浓密橡树林中的橡树之神同橡树女神进行婚配了。如今，英格兰一带的森林几乎已消失殆尽，但每逢五朔节，我们在很多乡村的草地和小道上，仍能窥见这种神婚配的盛况。

第六章　古代拉丁姆王位的嬗替

前章关于罗马国王（其祭司职务由其继承人典祀之王继承）的讨论让我们得出了以下结论：国王代表并扮演伟大的天神、雷神、橡树之神朱庇特，而且像世界其他地方掌管气象事宜的国王们一样，为自己的臣民协调风雨雷电。他不仅戴着橡树叶王冠和其他神性标识扮成橡树之神，还跟橡树女神伊吉利娅结婚。伊吉利娅似乎只是狄安娜在当地的另一个形象，她也具有林神、水神和生育女神的特征。我们这些结论都是以罗马史实为基础的，因此在其他拉丁群落可能也很适用。那些地区古时可能也有代表神或兼任祭司的王，王的宗教职责最后都会移交给其继承人典祀之王。

但我们还要继续追问：古拉丁氏族的王权继承有何规定？据说，罗马总共只有八位国王，对于其中后五位是真正高居王位、统治国家的事实，我们似乎不可能提出什么质疑。特别值得注意的是，尽管罗马的首位国王罗慕路斯据传是阿尔巴王室的后裔，阿尔巴的王位都是由父系后裔继承的，而罗马的王位却没有一个是由父亲直接传给儿子的。有些罗马国王的后嗣甚至让自己的母亲承袭前王的王位。塔蒂乌斯、老塔尔昆和赛尔维埃斯·图里乌斯三位国王都将王位传给了自己的女婿，而他们的女婿不是外国人就是外国人的后嗣。这似乎说明母系一族掌握着王位继承权，而且实际履行规定的是同王室公主婚配的外国人。用术语来说就是：罗马王位的继承（也可能是全部拉丁姆王位的继承）是由规范古代社会的族外婚、嫔纳婚，以及世系按母系计算的规定决定的。族外婚规定，男方只能跟本氏族外的女性结婚；嫔纳婚规定，男方必须离开自己出生的家庭，同女方家人一起生活；世系按母系计算则规定，要按照母系追溯血统关系并延续家族姓氏。古代拉丁民族中，如果有按照这些规定来选择王位继承人的，很可能是这种情况：另一氏族、部族或另一市镇的男子同国王的女儿结婚，并和她一起继承王位。他们生的孩子必须继承母亲的姓氏，女儿要留在家中，儿子长大后则要远赴异国，在外国结婚并留居妻子所在的国家。留在家中的女儿全部或个别的，暂时或永久地充当圣火贞女，看管国王神灶圣火，其中一人以后会成为她父亲继承者的妻子。

对于拉丁民族王位继承问题中那些不甚明了之处，我想，运用上述假说更易阐明，而且也能使我们更好地理解关于拉丁国王由处女母亲和神的父亲生育这类传说。传说中都有一个女人跟陌生男人生育孩子的故事，这种父亲身份不明的现象，与该王位继承制度忽视父系继承的原则更具一致性。如果拉丁国王们的父亲确实都身份不清，那只能说明王室人员生活放荡，或道德规范在某些情况下非常宽松，男女暂时恢复了古时的放纵生活。在某些社会发展阶段，这种纵情狂欢并不少见，而且还长期存在于五朔节和降灵节习俗中。这类节日里，男男女女恣情纵欲，期间受孕，后来生下孩子的女人，自然会将孩子的父亲归之于庆祝活动中所礼拜的神。

也许正是出于这一点，每逢仲夏节，罗马平民和奴隶们都纵情狂欢，纪念幸运女神福琼娜。这个时节最流行的庆祝活动是竞走和赛船。插满鲜花的彩船在台伯河上来回穿梭，船上的年轻人开怀畅饮，欢腾的场面令人兴奋。在现代欧洲，盛大的仲夏节简直是情侣与火的节日，成双成对的情侣们手拉手跳过篝火，或隔着篝火互相投掷鲜花。在这个神秘季节怒放的鲜花给男女青年带来了爱情与婚姻的吉兆。现代的这些节日非常美好，但在古代它们可能较为粗野，而这种粗野的特征或许正是那些宗教仪式的本质。值得注意的是，罗马人在庆祝仲夏节时还有一个特点，即让饰满鲜花的船只在河中游

□《布列塔尼少女》
保罗·高更 1889年

该画天空中浮现出天使的模样，天使的外形有时是人形，身上发光，头顶有光环，有的长有翅膀。基督教认为天使是纯净体，唯一可附身在无原罪体上，因为天使是纯善的化身，所以绝对不会容忍恶的存在。据《旧约》所述，天使会按照上帝的命令对有罪的人进行苛刻严厉的惩罚，例如一夜之间杀死十八万五千亚述人士兵（《列王纪》）、令所有埃及人的头一胎婴儿和家畜死亡（《出埃及纪》）。

□ 《罗穆卢斯，阿克隆征服者》
让·奥古斯特·多米尼克·安格尔　1812年

罗穆卢斯是罗马神话中罗马市的奠基人。他成为古罗马最大的征服者后，将大片地区及其居民纳入罗马统治范围。成为领袖的罗穆卢斯杀死了凯尼嫩西的国王阿克龙，把所有的战利品奉献给天神朱庇特，最后以奎里纳斯的名字被接纳到诸神的行列中。图为罗穆卢斯将他劫掠的丰富战利品奉献给朱庇特神庙。

弋，这表明仲夏节可能是一种水上节日。即使在今天的仲夏节庆祝活动中，水也占有重要地位。

据说，当每年春天的帕里利亚节到来时，古代的牧民情侣们也会携手跳过篝火，而且国王纽玛就是在这种节日中被孕育诞生的。这些说法应该多少有点可信。但我们并不能据此推断，拉丁的国王都是在一年一度庆祝爱情的节日里孕育而生的，因为很难找到支撑这种假设的证据。不过，国王父亲身份不明的问题，可能在国王们死后很久才会出现，而那时他们早已被披上了神的外衣。很多国家的国王是外来移民或旅行者，因此他的臣民自然不清楚国王的身世来历，为了填补这段空白，他们就设法赋予他一种显赫却不真实的王室出身。如果国王们在世时就已显出神性，那更会被人们视为神的后裔或神的化身，甚至就是神。

拉丁人王室中的妇女必须留在家里，而且要同外族（更多的是外国）男性婚配，这位男子跟本国公主结合后就会成为统治这个国家的国王。这样看来，外国人能在罗马戴上王冠，以及阿尔巴国王的名单上有外国人名字的现象就不足为奇了。在一个藉由女性才能跻身贵族的社会里，或者说是在一个只重视母系后裔的社会里，地位最高的女子的结婚对象，可以是王室和神的后裔，也可以是出身寒微的男子、外国人甚或奴隶。只要这个男人的体格和智商符合古代社会的标准，婚后能繁衍子嗣，就有机会成为国王。

除了罗马，我们还在雅典发现了通过与王室公主婚配而登上王位的线索。据传，雅典最古老的两位国王，西克劳普斯和安菲提昂，娶的就是他们前任国王的女儿。这个传统已经在一定程度上被证实，由此可见，雅典最早实行的是按母系计算世系而不是按父系。

如果古代拉丁姆王族真的实行将女儿留在家中，让儿子前往国外与他国公主婚配的制度，那么这些男性后裔就会在不同的国家里代代延续统治。古代的希腊和瑞典好像都出现过这种情况。我们由此就可以断定，这是欧洲若干旁支的雅利安人实行的习俗。很多希腊传说中都有这样的故事：一位王子离开自己的国家前往遥远的国度，并同那里的公主结婚而继承王位。对于王子们为何远赴他国，古希腊作家给出了众多理由，其中一个共同的理由是王子因杀人而被放逐。但这只能解释王子为什么要离开自己的国家，并无法说明他怎样成为别国国王的。斯堪的那维亚也有类似的传说故事，大意就是同公主结婚的男子得到了国王岳父封赐的王国，虽然国王有自己的儿子。

这样看来，当社会发展到一定阶段时，某些雅利安民族曾习惯性地认为女性是延续王室血统的渠道，因而将王位代代授予其他家族，且通常是别国家族中同本国公主结婚的男子。有个民间故事的内容与此极为类似，讲的是一个冒险家来到异国，赢得了国王女儿的爱情并同她结了婚，国王将整个王国或王国的一半赐给了他。这类故事应该就是对古代真实习俗的反映。

在流行这类习俗的地方，王位显然只是同王室血统的女性结婚后的封赐。对于同王室联姻并继承王位的人选也是有一定标准的，主要是依据当时的普遍思想，以及对国王品德个性的要求来考察其家世和品质。但在古代社会，体格健美也是一项很重要的遴选条件。王室有时还会通过某种比赛来选定与公主结婚并继承王位的人。阿莱特尼的利比亚人将王位授予跑得最快的人。在古代普鲁士，候选人通过赛马来争夺贵族身份，谁先跑到国王面前就被封为贵族。根据一个古老的传说，奥林匹亚的竞技比赛最初是由恩迪尼翁亲自主持的，他让他的儿子们通过赛跑来角逐王位继承权。

这些传说似乎更好地反映了通过竞赛赢得新娘的真实风俗。因为很多民族中至今都流行着这种风俗，尽管有

□ 《布列塔尼四女子的舞蹈》　保罗·高更　1886年

具有娱乐性的舞蹈最初是由巫舞发展而来，巫舞即是由巫师为与神沟通而跳的舞。舞蹈能使人兴奋，从而进入忘我的境界，这种境界被远古时期的人们认为是跨入了神的殿堂。巫舞是原始祭祀的重要组成部分，它成为了表达愿望、祈求安康的重要形式。例如满族的萨满教，在祭祀时，舞蹈的动作、配合舞蹈的器物以及配饰都带有很强的神秘之感，而这些都与沟通神灵有关。

时竞赛只是一种形式或制造气氛的手段。比如，吉尔吉斯人经常举行一种叫"爱的追逐"的竞赛，可以看作是一种缔结婚姻的形式。竞赛时，新娘手执长鞭，跨上骏马向前飞驰，求婚的男子们策马在后追逐，最先追上她的人就可娶她为妻。飞奔的同时，新娘还可以用手中的长鞭驱赶她不喜欢的追求者，使其无法接近她。东北亚的科里亚克人也常举行这类追求新娘的竞赛。他们将竞赛场地设在一个大帐篷内，场地四周围着一圈圈连在一起、被称为"波格格"的小间。竞赛开始后，新娘先起跑，如果她跑过了所有小间新郎还没赶上，他们之间的婚约就可以解除。其他妇女们在新郎经过的地方设置重重障碍，使他绊倒，或用软鞭抽打他，以阻止他赶上新娘。只有女孩愿意等他赶上来，他才能赢得这位新娘。

由此可见，同一个女孩，特别是同一位公主缔结婚姻，常被作为竞赛获胜的奖励。那么，罗马国王用古代竞赛的方式来考验未来女婿与王位继承人的做法就很自然了。我的理论如果没错的话，罗马国王和王后扮作朱庇特和他的配偶，参加每年一度的神婚庆祝仪式，目的就是为了促进万物丰产，人畜兴旺。他们所做的很多事情，大概跟古时五朔节王与王后所做的一样。现在某些地区，五朔节王的人选有时也要通过体育比赛或竞赛来确定。这很可能是上述古老婚姻习俗的遗迹。那种习俗主要是为了考验对方，看他是否合适。这种考验当然也能用于国王候选人，而且还更为严格，目的是为确保他没有任何缺陷，能够很好地完成将来的神圣典礼与仪式职责。这点比履行国王的政治职能还要重要。因为人们笃信，国家的长治久安和繁荣富强都取决于前者。罗马帝国时期年年举行的"国王奔逃"仪式，就带有这种考验习俗的色彩。每年的二月二十四日，典祀之王在罗马国民议会厅主持完祭祀仪式后，就会立即跑出会场。我想，"国王奔逃"最初应该是角逐王位的竞赛，谁跑得最快就赢得王位，而且年终国王还要参加赛跑，争取连任资格。竞赛就这样逐年进行下去，直至他被别人战胜，并被废黜或杀害。昔日的竞赛因而便带上

□《萨宾妇女》 雅克-路易·大卫 1799年

罗穆卢斯在创立罗马军团和罗马元老院之初，通过抢劫附近萨宾人的妇女为新建城市增加人口，由此将罗马人与萨宾人融合为一个民族。图为年轻的罗穆卢斯，他左手的盾牌上还有罗马与母狼的标志，右手中的标枪准备刺向萨宾国王。

了逃跑与追逐的性质。国王在前面奔跑，竞争者在后面追赶，国王一旦被赶上就得让出王位，甚至丢掉性命。有些刚毅果敢的国王会想方设法使每次竞赛或奔跑徒有形式，牢牢占据着王位。这种仪式有时还被视为对罗马国王遭放逐的纪念。但由于缺乏原始证据，此类观点也纯粹是想象。在我看来，这种仪式更像是典祀之王为保持古代习俗而实行的，只是这习俗最初的意旨尚不清楚。如果我的想法没错，那罗马国王一年一度的奔逃就是古时的一种遗风。那个时候，竞赛或格斗中的获胜者除了能娶到公主，同时还被授予王位。人们后来还将这样产生的王和王后看作神和女神，为他们举行隆重的婚礼，按照模拟巫术原理以确保万物丰产。

据说，远古时的拉丁国王们常会扮作神祇，还常常因此被处死。如果确有其事的话，那许多国王遭遇不测的神秘事件就不难理解了。我们在前面已经说过，根据古老的传说，阿尔巴的一位国王因扮演雷神朱庇特不够虔诚而遭雷击，罗穆卢斯像埃涅阿斯一样神秘失踪。而另一位罗马国王，萨宾人塔蒂乌斯也惨遭屠戮。据说，当他在拉维廉姆主持祭祀古代神祇的公祭仪式时，被他曾冒犯过的几个人用祭坛上的屠刀和炙叉杀害。从他被杀的方式和场合来看，并不是谋杀，而是作为祭祀的牺牲被杀的。据传，纽玛的继承人屠勒斯·霍斯梯力厄斯也是遭雷击身亡的，但也有人认为是恩喀斯·马西埃斯指使人谋杀的，因为他死后马西埃斯就登上了王位。

罗马国王不得善终的传说让我们想到，他们赢得王位的方式可能是殊死的搏斗，而不是某种竞赛。果真如此，那罗马与内米之间的相似之处就更接近了。这两个地方的神圣之王或神的代表，一旦被某个勇敢的挑战者击败，就会被废黜或杀害。这样，我们就很容易理解古代拉丁人通过一对一的决斗来确定王位归属的方式了。

第七章　橡树崇拜

在欧洲，所有雅利安族人似乎都崇拜橡树或橡树之神。希腊人和意大利人都将橡树同他们最高的神（天神、雨神、雷神）宙斯或朱庇特联系在一起。多多纳或许是希腊最著名、最古老的圣地之一。据说，多多纳的雷雨比欧洲其他任何地方的都丰沛，因此此地被视为最适合宙斯的家园，人们认为他就住在这广袤的橡树林中。橡树叶的沙沙声，雷电的轰鸣声，都成了神发出的声音。在彼奥茜亚地区，几个城邦常常共同举行盛大的活动，以庆祝橡树之神宙斯和橡树女神赫拉的神圣婚姻。在阿卡迪亚的莱西埃斯山，祭司们祈雨时常手持橡树枝蘸取圣泉中的泉水，这种求雨巫术明显表现出了宙斯既是橡树之神，又是雨神的特性。他的圣所常位于高山深处云雾升腾、橡树繁茂的地方。

除了雨神，宙斯还被认为是专司雷电之神。奥林匹克和其他地方的人都很崇奉他，将他当作雷公。雅典城墙上还有一座祭祀闪电之神宙斯的小土祠，每年的特定日子里，掌管祭祀事宜的官员都要守在这儿观察帕纳斯上空的闪电。此外，希腊人还常将雷电轰击过的地方用篱笆围起来，并把此处敬献给"天降的宙斯"，即乘着闪电而降的神。我们可以据此推断，古代希腊那些自称是宙斯后裔，甚至自名宙斯的国王也曾试图凭借自己的神圣职能来降雷唤雨，以造福臣民或恫吓敌人。

古时，意大利的每一棵橡树都是敬献给朱庇特（意大利的宙斯）的。在罗马的朱庇特神殿里，朱庇特是作为橡树之神和雷雨之神受到人们崇奉的。

从南欧至中欧的广袤森林里，到处聚居着野蛮的雅利安人，他们也有自己崇奉的橡树之神与雷神。高卢的凯尔特族巫师们将槲寄生和它所寄生的橡树视为最神圣的东西，他们把橡树林作为神圣礼拜的场所，而且每次举行仪式时都要用橡树枝叶。据一位希腊作家记载，凯尔特人特别崇奉宙斯，宙斯在他们心中的形象就是一棵大橡树。公元前3世纪，一些凯尔特人征服亚洲部分地区后，将敬奉橡树的习俗也带到了那里。在小亚细亚中部，加拉太人元老院聚会议事的场所被称为德莱米顿，这个纯凯尔特语名字的意思就是"神圣的橡树林"或"橡树神殿"。很多权威人士认为，他们巫师的名字也大都是"橡树人"的意思。

古代日耳曼人最为崇敬的好像就是神树林。根据雅·格林的论述，他们主要的神树就是橡树，而且这神树似乎是专门敬献给雷神道纳尔或瑟纳尔的，它相当于斯堪的纳维亚人的雷神托尔。公元8世纪间，在赫斯的盖斯玛附近，鲍尼菲斯曾砍倒一棵神圣的橡树，异教徒们都把它称为朱庇特的橡树，在日耳曼语中就是"道纳尔的橡树"。日耳曼人的雷神道纳尔或瑟纳尔，以及托尔，就是意大利人的雷神朱庇特。跟希腊罗马人一样，古时的条顿人也将橡树之神当作雷神，并且还认为它拥有强大的生殖繁育能力，能够降雨并使万物丰产。不来梅的亚当曾说："雷神托尔统辖天空，掌管风雨雷电和万物生长。"可见，日耳曼人的雷神跟南方的宙斯和朱庇特也极为相似。

斯拉夫人将橡树视为雷神彼隆的圣树，他就相当于宙斯和朱庇特。据说，诺夫哥罗德城立有一座手持雷石的彼隆的塑像，作为对他的敬奉，塑像前昼夜不熄地燃着橡木。而香火一旦熄灭，专司此事的侍者就会因失职之罪而送掉性命。跟宙斯和朱庇特一样，彼隆也被他的信徒们奉为主神。拜占庭历史学家普罗科庇厄斯说："斯拉夫人相信只有一个神，那就是雷电之神，它是万物之主。"

立陶宛人敬奉的神祇主要是雷电之神泊库纳斯或泊昆斯，他很像宙斯和朱庇特。在立陶宛，橡树也是专门敬献给泊库纳斯的，如果橡树遭到基督教传教士的砍伐，当地人民便认为他们的山林之神被摧毁。作为对泊库纳斯的敬奉，他们永远燃着用橡树枝点起的火堆，要是火熄灭了，他们便立即用橡树枝重新点燃。男人们祭祀橡树，祈求农作物丰收，女人们则在菩提树下祈祷。我们据此

□ 圣波尼法爵砍倒陀尔神橡树

圣波尼法爵是中世纪天主教的传教士和殉道者，史称"日耳曼使徒"，德国基督教化的奠基人。他一生积极开展促使日耳曼人皈依天主教的传道活动。他最轰动一时的举动是曾在崇拜陀尔神的日耳曼人面前，当众将一棵代表陀尔神的大橡树砍倒，以此引导日耳曼人信奉天主教。

可以断定，他们把橡树看作雄性的，把菩提树看作雌性的。每逢干旱，他们就到树林深处向雷神祈雨，为他献上丰厚的祭品，如未生过牛犊的黑小母牛一头、黑公山羊一头、黑公鸡一只。附近村庄的人们都聚集在这里，又吃又喝，他们捧着一碗酒绕火堆走三圈后将酒洒在火上，并祈求泊库纳斯降下雨露。由此可见，立陶宛人的主神跟宙斯和朱庇特极其相似，既是橡树之神，也是雷神和雨神。

  从上述情况来看，古代欧洲雅利安人的主要支系都崇奉一位集橡树之神和雷、雨之神于一身的神祇，并将其视为众神中的主神。

第三卷 | 禁 忌

狄安纳斯和狄安娜——王位的重负——灵魂的危险——禁忌的行为——禁忌的人——禁忌的物——禁忌的词汇

第一章　狄安纳斯和狄安娜

本章中我想简要回顾下前面所得出的各种结论，并将一些分散的线索串联起来，以进一步探讨内米祭司这个神秘的人物。

我们已经发现，在人类社会发展的早期阶段，人们不了解自然的神秘进程，没有意识到自己在控制和驾驭自然方面的极端局限性，甚至曾普遍认为自身具有现代人所谓的超人类的或神的能力。而且他们还由此认为，奇妙和谐的大自然就像一部庞大的机器在平稳精确地运转，只要观察者足够耐心，就能根据它的运转情况预测未来，结果虽不是绝对准确，但也非常可靠。自然界中有规律、循环出现的那些现象，很快就印刻在未开化的原始人脑海中。他们预见那些循环现象的发生，且误认为那些令人满意的重现现象将有利于自己愿望的实现，而那些可怕的重现现象则预示着敌人的意愿。无知的原始人便想象自己能够控制这部庞大机器的运转，可以借助巫术造福自己的部族，或给敌人制造祸端。但他们也慢慢地意识到了这种想法的荒谬，因为他们发现很多事情都无法做到，就连法力最强的巫师有时也很难消除苦痛，获得快乐。因此，祈祷不来的福和难以避免的祸，便被他们解释成是神灵所为，神灵恩宠就赐予生命和欢乐，神灵愤怒则降下死亡和苦难。

由此，巫术逐渐被宗教所取代，而巫师则为祭司代替。当人类思想发展到这一阶段后，人们便认为事物的终极原因在于那些有自我意识的、理性的神，这些神为数众多、性格不一，虽然它们比凡人能力强，寿命也更长，但它们也具有与凡人相同的本性。既然神是近似人类的存在物，并非高不可及，那人们自然就相信，有的人死后，甚至他活着时便可能超越凡人，位列神榜。化为人身的神出现于巫术时代与宗教时代之间。如果他们有着神的名义并显示出神性，那他们被认为具有的能力，通常也就是其前辈巫师们的那点能力。人们希望他们也能像巫师一样保护族民免受恶毒巫术的伤害，治愈他们的疾病，保佑他们世代多福，并主持其他重要仪式，确保大地丰饶、六畜兴旺。那些被认为拥有如此伟大能力的人，自然居于这个社会的最高处。当神灵与世间尚无太大裂隙时，他们对尘俗事务和宗教事务都拥有无上的权力，也就是说，他们既是国王，又是神。这种现象的历史根源非常深远，在人类对自身和自然产生更深刻的认识之前，它延续了若干世代。

古代希腊和拉丁国王们的统治大都已成为遥远的往事，但从他们的世系、称号和权力来看，他们当时也都是要求以神权来进行统治的，而且还真正应用了超人的权力。我们由此可以推定，内米的林中之王后来虽然被剥夺了荣誉并逐渐衰亡，却曾经代表了一个很长的神圣国王的世系，国民们不仅臣服于那些国王，还将其当作神来敬奉。关于阿里奇亚丛林中狄安娜的职能，我们所知甚少，只听说她被人们视为丰产女神，特别是保佑繁衍子嗣之神。我们可以合理假定，她的这些重要职能是由其祭司帮助履行的，也就是在庆祝神婚时扮成林中之王和王后的人。这种神的婚配主要是为了促使万物春天复苏、秋天丰产，子子孙孙世代多福。

假如内米的祭司不但自命为王还充当林中之神，那我们不禁要问：他代表的是哪位神？古代人认为他代表的是狄安娜的配偶或情人维尔比厄斯，可这个答案给不了我们多少帮助，因为我们对维尔比厄斯的情况几乎一无所知。那林中长久燃着的维斯塔圣火或许能为我们提供一点线索。欧洲雅利安人一直以来似乎都是用橡树来点燃和续补他们的永恒圣火的。19世纪末，意大利考古学家康门兑特尔·博尼指挥挖掘古罗马城公众议事广场时发现很多木炭余烬，经考证是橡树余烬。这说明，古罗马城中的维塔斯圣火燃的也是橡树枝或橡树木柴。

□《敬神节》 保罗·高更 1894年

画中的人物，表明了高更受到从古埃及到当代波利尼西亚的各种非西方的影响。那个"神"是艺术家想象的产物。他很注重主题的神秘性和当地人对神的虔诚，并最终通过曲线线条组成的红色、蓝色和黄色形状表现出这种神秘感受。神一般被认为是超自然体中的最高者，其不具物质躯体，但有其躯体形象，他可以是人也可以是自然现象的拟人化。他不受自然规律限制，却高于自然规律，主宰物质世界，能对物质世界造成直接或间接影响。

□ 《朱庇特与朱诺在艾达山》 詹姆斯·巴里
1790至1799年

朱诺是古希腊神话中的天后，宙斯的第一位妻子。她是克洛诺斯和盖亚的长女，也是宙斯的姐姐，专门掌管婚姻和生育，是妇女的保护神，但妒忌心极强。她也是权力的象征。

由于各拉丁城镇的宗教典礼都极为一致，我们便可以断定，拉丁姆所有地方保留的维斯塔圣火，烧的也都是神圣橡树的木柴。如果内米也是这种情况，那这座神树林原来很可能就是一片橡树林，而林中之王拼死捍卫的也正是一棵有特殊意义的橡树。按维吉尔诗歌中的描述，埃涅阿斯就是从橡树上折下那根金枝的。既然橡树是拉丁人民的主神朱庇特的神树，那么极力捍卫橡树的林中之王代表的很可能就是朱庇特。如果我的推断没错，那传说中的维尔比厄斯便正是朱庇特在当地的另一种形象。

不管怎样，林中之王后来肯定担当了橡树神朱庇特的角色，这一点在考证其神圣伴侣狄安娜时已得到证实。因为两条不同的线索都表明，如果狄安娜是一般林中王后的话，那内米的橡树女神也正是她。首先，她拥有维斯塔的称号并以此身份掌管了永恒的圣火，而且这圣火燃的还是橡树木柴。其次，内米的清泉女神伊吉利娅其实就是狄安娜的另一个形象，而伊吉利娅又被称为德利亚德，即橡树女神。在意大利其他地区，这位女神的圣所也都坐落在橡树林中。阿尔巴山脉的支脉阿尔基德斯山上，自远古时就覆盖着浓密的橡树林，而且据说狄安娜经常穿梭于此地。亚平宁山脉的陡峭山脊蒂法塔，俯瞰着延绵在卡普亚城脚下的坎帕尼亚平原。古时山上橡树密布，一座狄安娜神殿就坐落其间。总而言之，我们断定，内米的林中之王就是橡树神朱庇特的代表，就是橡树女神狄安娜的配偶。纽玛和伊吉利娅的爱情故事反映的就是林中之王与女神的神秘婚配。

对此，有人肯定会提出反对意见，认为朱庇特的配偶不是狄安娜，而是朱诺。而且即使狄安娜真有配偶，也不会是朱庇特，而应该是狄安纳斯或简纳斯。就算这些是真实的，我们仍能驳倒这种异议。这两对神朱庇特和朱诺，狄安纳斯和狄安娜或简纳斯和简娜，其实只是一对配偶的两种不同称呼而已，他们名字和职责的渊源和实质没有任何不同。他们名字的四种叫法都来自雅利安语的同一个词根DI，有"光明"之意。与其对应的希腊神宙斯和神后狄娥娜的名字也含有这个意思。在职责方面，朱诺和狄安娜都是生殖和繁育女神，都曾被称为月亮女神。简纳斯的真实本质和职责一直难以确定，但瓦罗认为简纳斯就是天神，因为两者不仅名字的语源相同，而且据说简纳斯一直忠诚于朱庇特的两位伴侣朱诺和朱特娜。此外，人们在祈祷和谈话时常将简纳斯称为"父"。知识渊博的圣奥古斯丁曾在逻辑上证明简纳斯和朱庇特就是一个神，同时，异教徒在向朱庇特·狄安纳斯敬献祭品时所表现的虔诚和恭敬也是一个佐证。在台伯河右岸简尼库兰山上的橡树林中，也能找到他和橡树紧密相连的遗迹。据说意大利最远古时期，简纳斯曾是统治此地的国王。

因此，如果我的分析正确的话，希腊和意大利人各自所称的宙斯和狄娥娜、朱庇特和朱诺，或狄安纳斯（简纳斯）和狄安娜（简娜），其实都是同一对神，有着共同的实质，只是由于各部落方言不同而导致拼写形式不同罢了。很多民族最初相距并不远，那些神的名字除了带有当地一点方言色彩外，几乎没有什么区别。但后来随着各部落聚居地区的分散和隔离，他们原来所崇奉的神祇在形式和实质上都开始慢慢出现差异。当社会进步到一定程度，长期隔绝的状态渐趋消失，各个民族被新兴的单一强大社会力量吸引或融汇在一起，他们便把各自崇奉的神祇像方言一样都融于一体。由于方言和宗教的差异在长期历史过程中，已掩盖了他们原来共同信奉的那些神祇的实质，因此只好作为各不相同的神列于全民族的神殿中。

罗马宗教中之所以出现简纳斯和朱庇特并列、朱诺与狄安娜并列的现象，应该就是很多亲缘部落长期分散隔绝又复融合的缘故。这比近代一些学者所声称的，简纳斯最初不过是门神的说法更有说服力。因为简纳斯作为罗马人心目中的众神之神和人民之父，不可能出身于卑微的门神。据我猜测，很多地方可能一直有种风俗，就是在住处的

□《橡树》 伊万·希施金 1887年

希施金擅长画橡树。这幅《橡树》虽然是小画幅画作，却以巨大的、充满生命力的树林为描绘对象，那些摇曳多姿的林木昂然挺立，充满生机。橡树林的美与神秘，被渲染得淋漓尽致。无论是独株，还是丛林，都具有雄伟豪放的气象。

□ 《圣奥古斯丁的胜利》　克劳迪奥·柯埃洛　1664年

圣奥古斯丁（354—430），天主教圣师，古罗马帝国时期天主教思想家，欧洲中世纪天主教神学、教父哲学的重要代表人物。在罗马天主教会，他被封为圣人和圣师，并且是奥斯定会的发起人。对于新教教会，特别是加尔文主义，他的理论成为其宗教改革的救赎和恩典思想的源头。他的著作《忏悔录》被称为西方历史上第一部自传，至今仍被传诵。

主要门户上张贴简纳斯的肖像或标志，以求这位伟大神祇的庇护。

如果这种猜想多少有些道理的话，神话中简纳斯有两个头的原因便也能简单阐明。当人们普遍用简纳斯的肖像守卫一些重要入口时，可能又想到应该让这位守卫同时看到前面和后面的情况，因为只面朝一个方向，背后的危险很可能乘机而入。对于这种解释，我们能够找到例证。在南美的苏里南，布希黑人经常用木头雕刻双首守护神偶像，放在带有门闩和两扇门板的大门口，并在旁边放一块白布或一根木棒，象征武器。此外，门闩上还挂着一根小木棍，象征用它来阻挡企图穿过大门的一切邪恶。简纳斯的双首肖像同苏里南黑人的双首偶像非常相似：一手握着木棒，一手拿着钥匙，守卫在罗马人住宅和道路的入口。

我们可以用这些结论来考察内米的祭司，作为狄安娜的配偶，他原来代表的是狄安纳斯或简纳斯，而不是朱庇特，但这些神祇在古时的差异仅是名义上的，它们一直都是作为同一天神、雷神和橡树之神在履行职责。因此，祭司作为它在内米的代表，住在橡树林中再合适不过。从他森林之王的称号可以看出，他所代表的神显然与树林有关。既然只有折下林中某棵橡树树枝的人才能打败他，就说明他的生命是和那棵神树紧密相连的。这样来看，他不但侍奉神，还体现着这位伟大的橡树之神，他从而便自然成为橡树女神的配偶，不论她是叫伊吉利娅还是狄安娜。他们的结合不论是通过哪种方式完成的，其婚姻都被认为是确保大地丰饶、人畜两旺的必要条件。此外，由于橡树神同时也是天神、雷神和雨神，因此他的人身代表，跟很多其他具有神性的国王们一样，也被要求在适当季节聚拢云气、轰出响雷、普降甘霖，使谷物丰收，硕果累累，牧草丰茂。具有如此神力而名望极高的人一定是一个极为重要的人物，在圣所发现的建筑物和祭品的遗迹，加之古典作家提供的证据，表明后来这一度是意大利最雄伟、最著名的圣地之一。甚至古时，当拉丁同盟的各个小部落仍分散聚居在周围平原地区时，这座神树林就已是他们共同崇敬和关注的地方。就像柬埔寨国王经常给热带森林深处神秘的火王和水王送去献礼一样，我们完全相信，从宽广的拉丁平原各处来的意大利朝圣者，都将目光和脚步转向了神秘的内米祭司即林中之王的圣地。宁静湖滨的这处圣所，群山环抱、绿树丰茂，尽管伟大的政治、文化革命已将拉丁的宗教首府从森林迁入城市，从内米迁至罗马，可古时雅利安人对橡树和雷雨之神的崇奉，依然通过古代祭司主持的那类仪式在这里延续。

第二章　王位的重负

国王与祭司的禁忌

　　在早期社会的某个阶段，国王或祭司常被认为拥有超自然力量，或是神的化身。基于这种信念，人们进而认为自然界的进程或多或少受他控制。如果天气恶劣，粮食歉收，或出现其他类似灾难，他都要负责。在某种程度上，国王对自然的权力似乎被认为同其他臣民和奴隶一样，也是通过他的意志作用来行使的。因此，如果旱灾、饥荒、疫病或风暴出现，人们便归咎于国王的失职或罪责，并对他施以鞭刑或监禁，若是他顽固不化，就会被废黜甚至处死。不过，有时大自然的进程又被认为不完全依赖国王的意志。他的人身，如果我们可以这样表达的话，被视为宇宙动力的中心，每条力线都从这里辐射到地球的每个角落。因此，他的仰头或抬手等任何举动，都会即刻影响并可能严重扰乱自然界的某一部分。他是维系世界平衡的支点，他身上最微小的不合常规之处都可能打破这种微妙的平衡。所以，他要倍加注意自己的人身，他的整个生命，哪怕最微小的细节，都必须安排好，以防他自觉或不自觉的行动扰乱或破坏自然的既定秩序。日本天皇就是，或曾经就是这类君主的典型。他被视为太阳神的化身，统治着包括神和人在内的宇宙的神祇，每年的某个月中所有神祇都去他身边侍奉。在那个月里，没有一个人去寺庙朝拜，因为他们相信庙里的神都离开了。天皇从他的臣民那得到了"显灵或化身之神"的称号，并声称有权统率日本的所有神祇。

　　据两百多年前的一段文字记载：天皇被认为是最神圣的人，是天生的教皇。为了保持在臣民心目中的这种形象，他们极为注意自己神圣的人身。去任何地方他们都必须骑在别人肩上，因为怕双脚触及地面有损自己的尊严和神圣。他的神圣之体不能在光天化日下显露，身上包括污垢、指甲在内的一切东西都不能轻易除去。不过，为了保持一定清洁，人们可以在他夜间睡觉时给他擦洗，因为这时从他身上拿去东西被认为是盗窃，不会损害他的尊严和神圣。他的食物必须装在新器皿中，用餐时也要放在新盘子里奉上。由于这些餐具都是普通陶器，很便宜，用过一次后就可丢弃或摔碎（通常都是将其砸碎，以免落入凡人手中）。人们认为，哪个凡人若是用这些神盘盛食物吃，他的嘴巴和喉咙就会发炎肿胀。

非洲西海岸的野蛮民族也有与此类似的祭司性的或神职的王。在下几内亚帕德隆角附近的沙克岬，祭司之王库克禄终生独自住在树林里，他不得触碰女人的身体，不能离开住处甚至座椅，就连睡觉也要坐在椅子上。人们认为他一躺下，风就会停息，航运就会受影响。传说多哥的阿古山上住着一位叫巴格巴的物神或精灵，被认为掌管着风雨和从内地吹来的沙尘。他的祭司住在山巅的一所房子里，将风装在一只大坛子内，人们需要雨水时都来向他祈求。虽然他拥有无上的权力，但戒律规定，他一生都只能住在山峰，不得离开那座大山。他一年只可下山一次购买生活用品，而且不能走进任何凡人家中，当天必须返回住处。

西非刚果王国一位名叫奇托姆（或奇托姆伯）的大祭司，被黑人奉为地上的神和全能的天神。每年谷物丰收后，人们都要先向他敬奉再食用，否则就会招来灾祸。当他离开住处外出巡视时，所有已婚男女都要严格禁欲，若有违背，他便会遭遇不幸。如果他寿终正寝，人们就认为世界将要毁灭，他凭借自己的神力和智慧独自支撑的大地也将随即被摧毁。西班牙征服者统治新大陆时，半野蛮民族中的扎波特克族教主同日本的天皇极为类似。他被人们视为大地不配承载，太阳不配照耀的神人，哪怕他的脚碰到地面也会玷污了他的神圣。为他抬轿的官员都出身高贵。人们碰到他时都要匍匐在地，不敢仰视他，就连他的影子也不敢窥看，生怕招来夺命之灾。

□ 天照大神的故事

在日本，天皇被认为是最神圣的人，是天生的教皇。图中再现了天照大神的故事。这位日本天皇之祖，正是日本神话中的太阳神。她的弟弟须佐之男，是狂乱与风暴之神。天照大神曾为躲避这个狂暴的弟弟而躲了起来，世界也因为失去太阳神而陷入黑暗。众神想方设法才将太阳神引出洞穴并赶紧把她牢牢抓住，世界这才恢复了光明。

日本、西非和其他很多地方的人民，都将自然界的秩序甚至世界的存在，同这位王或祭司的生命紧密联系在一起。他们认为，王或祭司任何不经心的举动，特别是他的死亡，都会给他们带来不幸。因此，这位神王被要求严格遵守相关戒律，认真履行自己的职责，为民众谋福利。如果他不能忠于职守，人们对他的崇拜和敬服就会转为憎恨和蔑视，不是将其废黜就是处死。民众对待他的这两种截然相反的态度也不难理解，既然他是人们的神，就应该保护他们，否则就必须让位于能做到这点的人。只要他能满足人们的愿望，人们就对他万分关心和重视，并迫使他也如此珍重自身。这样一来，他就被置于种种禁忌戒律之中，这些戒律不会给他带来更多欢乐，只会束缚他的一举一动。他那被要求长存的生命，因而成了一种负担和悲哀。

据说卢安戈人的国王也都拥有超自然能力，而且能力越强，要遵守的禁忌就越多。他的饮食起居、坐卧住行等一切行动几乎都有一套专门的规定。这位国王的继承人从幼儿时就要遵守这些规定，而且随着年龄的增长，禁忌也会越来越多。在费南多波岛，神秘的岛王就住在一座死火山口内的最低处，据说他全身都覆满了银币，还有四十位妇女侍奉。根据规定，他不能看到白人，哪怕是一张

□ 天照大神步出天岩户

天照大神当初为了躲避弟弟，躲进了黑暗的天岩户中。众神想尽办法也无法将她引出岩外。最后，众神只好抬出神镜放在岩口。天照大神看到镜中是自己的仪态，顿时心生欢喜，便从天岩户中走出来。图为天照大神步出天岩户的刹那，众神欢呼雀跃。

文化伟人代表作图释书系

苍白的面孔，因为所有布华斯人都笃信这会招致他的死亡。而且他也不能看到大海，不能使用任何来自白人的东西。整个一生他都要戴着脚镣在他那简陋昏暗的小屋中度过。在阿萨姆的一些山区部落，酋长和他的妻子都要严格遵守众多饮食禁忌。他们不能吃水牛肉、猪肉、狗肉和家禽，也不能吸烟。酋长还必须要有节操，只娶一个妻子，在一般或公共斋戒日前夕，必须跟妻子分居。

古代爱尔兰、伦斯特、康诺特及沙尔斯特等地区的国王，都受到一些奇怪而有趣的禁忌的约束。比如，爱尔兰国王的王宫不能被早上初升的太阳照耀；星期三那天国王不能在梅格—布利下马，不能在范春边一带骑马；五朔节后的星期一那天不能登上停在水面的船只。伦斯特的国王星期三那天不能沿左手边的道路在图亚斯·莱格安绕行；在道德尔和杜德布林之间时，不能将头偏向一侧睡觉；不能骑着肮脏且后蹄是黑色的马走过马格·麦斯第安。康诺特的国王不能穿带斑点的长袍、骑有灰色斑点的马前往达尔·查斯的石楠丛地；秋季不能坐在梅茵妻子的古墓上；不能同骑独眼灰马的人在阿斯·高尔塔的两道峭壁间赛跑。阿尔斯特的国王不能在日落后聆听林·赛尔利奇的鸟鸣声；不能在三月份走进马格·考布哈；不能在白天饮用波·内姆希德的水。

罗马祭司狄阿力斯在生活上受到的种种限制，最能体现出祭司们的禁忌。狄阿力斯被人们视为天神朱庇特的化身，他被要求遵守的禁忌有：不能骑马，甚至不能接触马；不能戴无缝隙的戒指；衣服上不能有任何扣结；不能触碰黄色的面粉或发酵的面包；不能接触山羊；不能说山羊、狗、生肉、蚕豆、常春藤这些名词；不能从葡萄树下走过；他的床铺、床腿必须涂上泥巴；他的头发必须由一位自由民用铜制剃刀修剪，剪下的头发和指甲都要埋在幸福树下；不能接触尸体，不能走进焚尸场所；在神圣日子里不能看未竣工的工程；在露天下不能脱帽。他的妻子同时也要遵守这些戒律，而且还有针对她自己的规定。在希腊式台阶上她不能连登三级；在某个节日她不能梳拢头发；她不能穿用自然老死的牲畜的皮制作的鞋子。

塞拉利昂的格雷博部落有一位被称为波狄亚的大祭司，他专掌祭祀公共护符和偶像，还代表整个部落的族民祭奠死者的鬼魂和精灵。他拥有的至高权力都是名义上的，其实完全受制于公众舆论。全国发生任何灾难，他都要负责，甚至要付出自己的生命。他整个一生都被各种规定或禁忌束缚，比如，他只能住在自己的宫邸，不能在大路上喝水，不能在有人尚未下葬时进食，不能哀悼死者。如果他在任职期间死去,只能深夜埋葬,而且要对大多数人保密。他的死亡消息公布后,任何人都不得对他表示哀悼。

神权与世俗政权的分离

由于国王或祭司受到众多禁忌的束缚,因此很多人都不愿担任这类职务,王位或祭司之职有时甚至出现了无人继任的现象。而且即使有人继任,也在种种禁忌的重压下沦为颓唐无力的傀儡或隐士,以致政府的统治权落入那些往往不见其名但实际掌控着王权的人手中。在某些国家,最高权力中的这种裂痕日益加深,最终导致神权与世俗政权彻底地分离。古老的王室保留着纯粹宗教的职权,政权则转入新兴的强大家族手中。

比如在日本,天皇似乎早早就将最高权力的荣誉和重负禅让给年幼的儿子。据传,古时某代天皇禅位给了年仅三岁的儿子,可君权却被人篡夺,源赖朝为维护天皇的事业推翻了篡位者,重新扶植起天皇。但这时的天皇已徒有君权,实权掌握在源赖朝手中,他凭此赢得了子孙后代世袭的爵位,并建立起很长时间内临时统治日本的大君(幕府将军)政权。直到16世纪后半叶,日本的大君仍强有力地统治着这个国家。但他们后来也遭遇了与天皇同样的命运,他们被各种习俗和法律所束缚,沦为无所作为的傀儡,而政所实际控制了政府的一切事务。

在波利尼西亚群岛的曼盖亚岛上,宗教与行政职权分别被不同的人执掌,世袭的王储负责宗教事宜,在战争中获胜的酋长处理世俗政治事务,但其职权必须由国王授予。在通加,掌握行政职权的国王有的是世袭的,有的是拥有众多士兵的酋长,但此外还有一位地位高于国王和其他酋长,被视为神

□ 源赖朝

源赖朝是平安时代末期、镰仓时代初期的武将,作为镰仓幕府的初代征夷大将军而为人所知。他曾被流放到伊豆国,后平定了关东地区,将镰仓设为据点。在除掉了战功显赫的最小的弟弟源义经之后,他在各地设立守护和地头,以增强自己的力量。建久三年他被任命为征夷大将军,如此便开辟了半独立于朝廷的政权。这个政权后来被称为镰仓幕府。通过幕府统治国家的武家政权直到王政复古,前后持续了约680年。

的后裔，即专司神职的酋长。每年谷物丰收后人们都要先向他敬献，不然神就会对人们做出惩戒。他所接触过的一切事物都变得无比神圣，普通人都不可接近。如果他和国王相遇，国王必须坐在地上等他走过再起身，以示对他的尊敬。他虽备受尊崇，手中却没有任何政权，如果他企图参与国家事务，就会遭到国王拒斥。因为国王掌握着实权，轻而易举就能除掉这个掌管神职的对手。

在西非一些地区，神权和政权分别由两个国王执掌，他们同时统治着这个地区。但掌握神权的国王是至高无上的，他掌管着天气等事宜，且有权制止一切活动。东印度群岛和帝汶岛的某些地方也有与此类似的神权与政权分离的情况。帝汶岛上的一些部落中就有两位土王，普通的或行政的土王专管民事，被奉为神灵的土王掌管有关大地的一切事务。后者有权规定任何禁忌，人们开垦新土地也得事先经过他的允许。虽然他的爵位在行政土王之下，但他几乎对每件事都有极大的影响力，在一切重大问题上行政土王都要征求他的意见。与此类似，新几内亚的墨科地区实行双酋长制，一位负责战事，一位执掌神职。

第三章　灵魂的危险

灵魂是人和动物体内的小我

我们从前章的事例中了解到，国王或祭司通常受到各种规定或禁忌的限制，其目的好像主要是为了保护他的生命安全，使其为人民谋福利。果真如此的话，那我们不禁要问：这些禁忌对此目的的实现究竟起何作用？要想搞清这个问题，我们必须先了解古代人对死亡的看法。

未开化的野蛮人常将无生命的自然过程解释为活人在自然现象之中或背后的操作。同样，他们也是这样看待生命现象本身的。他们认为，一个动物之所以活着并行动，是因为它体内有一个小动物在驱使；而人之所以活着并行动，是因为其体内有一个小人在作用。这个动物体内的小动物和人体内的小人，就是灵魂。既然动物或人的活动被解释为灵魂存在于体内，那睡眠和死亡就可以解释为灵魂离开了身体。睡眠或睡眠的状态是灵魂的暂时离体，死亡则是永远的离体。因此，要想预防死亡就要设法不让灵魂离体，即使离开了也要竭力让它回来。为达到这一目的，未开化的人们于是就想出了预防办法，即通过某些禁忌和戒律来确保灵魂一直留在体内或离去后还能再回来。总之，它们成了生命的保护者或捍卫者。

一位欧洲传教士在向一些澳大利亚黑人传教时说："我并不像你们想象的那样是一个人，而是两个人。"他们听后大笑不止。这位传教士继续说道："你们爱怎么笑就怎么笑，但我告诉你们，我

□ **灵魂离体**

不管是爱斯基摩人还是马来人或者尼亚斯岛的土著人，他们都相信人是有灵魂的。灵魂与肉体形态相同，但更轻盈敏捷。在人们睡熟、昏迷或身患重病时，它才会暂时离开，而只有人死去后，它才会永远离去。

是两个人合二为一的，你们看到的我这个大的身躯是一个我，里面还有一个看不见的小我。这个大身躯死亡后就会被埋葬，而小身体会在它死亡时飞走。"听到这，一些黑人连连点头："是的，是的，我们也是两个人，我们胸中也有一个小我。"当问到人死后这个小我到哪里去了时，有人说它到灌木丛后面去了，有人说它到海里去了，也有人回答不知道。爱斯基摩人相信，灵魂与其所附属的身体形态相同，只是具有更为灵敏微妙的性质。马来人认为，灵魂是一个拇指大小的小人，人的肉眼几乎都看不到。它轻盈敏捷，一旦进入某种物体就会取而代之。当人们睡熟、昏迷或身患重病时，它会暂时离开，人死后，它就永远离去。

灵魂同它依附的人身几乎完全相似，就像人有高矮胖瘦和轻重，灵魂也分高矮胖瘦和轻重。尼亚斯岛的土著人相信，人在出生之前就被问到想要一个多高多重的灵魂，然后按他的愿望赐予。人的寿命是与其灵魂成比例的，婴孩夭亡，是因为他们的灵魂过于短小。斐济人将灵魂看作很小的小人，这一点我们从纳克罗部落在酋长死后举行的仪式中就能看出来。酋长死后，他的继承人将其尸体安放在精致的垫子上，为他洗沐并召唤道："酋长大人，请起身，我们一同前往吧。这一天已经来到本岛了。"然后，岛民引导酋长的遗体来到河边，鬼魂的摆渡人立刻将纳克罗人的鬼魂渡过河去。当他们这样护送酋长走上最后的旅程时，都一直拿着大扇子护着他，因为他们认为他的灵魂只是一个小孩。不过，有时人们认为人的灵魂具有动物的形态，而非人的形态。

灵魂离体与招魂

灵魂通常被认为是由躯体的天然孔窍，特别是口腔和鼻腔出入的。在西利伯斯岛，如果有人患病，岛民有时就会用钓鱼钩缚住其鼻子、肚脐和双脚，以防灵魂趁机逃走。婆罗洲巴兰河上的杜利克人经常随身佩戴钩状宝石，他们相信钩子能将自己的灵魂牢牢钩住。沙捞越达雅克人的巫师或巫医施行法术前，都要先将鱼钩戴在手指上，以便及时抓住要逃走的灵魂并送回病人体内。印度教教徒如果看到有人在他们面前打呵欠，就会立刻打个响亮的响指，阻止灵魂从张开的口腔中逸出。在马克萨斯群岛，有人奄奄一息时居民们就捂住他的嘴巴和鼻子，以留住他的灵魂，唤回他的生命。出于同样的目的，菲律宾群岛的巴格波人在病人的手腕或脚踝上套着钢丝环。南美的伊多拉玛人会蒙住将死之人的眼睛、鼻子和嘴巴，以防其灵魂离体并带走其他灵魂。澳大利亚的瓦科尔布拉人在离开死者遗体

□ 灵魂与肉体

灵魂常被看成是会随时飞走的小鸟。这种概念在多国多地区语言中都留有印迹，甚至还作为一种隐喻出现在诗歌里。在一些地区，如果灵魂这只"小鸟"不慎飞走，人们便会通过祷告或别的法事，将其引诱回来。

时，总是先在他耳边放置一些燃着的木炭，他们认为这样可以阻挡灵魂蹿出，为自己赢得先行离开的时间。在南西里伯斯，孕妇临产前护士总是用带子将其身体紧紧缠住，以防在她阵痛时灵魂逃走。西里伯斯的阿尔福尔人为防止新生婴儿的灵魂离开，在婴儿诞生前便仔细关好室内所有门窗，并堵住门上的钥匙孔和墙上的任何缝隙，而且还将家中所有动物的嘴都绑起来，以防它们吞下婴儿的灵魂。同时，屋里的所有人，包括产妇自己，在生产过程中都要紧闭嘴唇。

灵魂常被看作会随时飞走的小鸟。这种概念在很多语言中都留有印迹，而且还作为一种隐喻出现在诗歌里。爪哇人第一次将小孩放在地上时，总是先把他放在鸡舍里，妈妈朝他发出咯咯的声音，就像老母鸡招呼小鸡一样。在婆罗洲的新当地区，如果有谁从屋上或树上摔下被抬回家中，这人的女性亲属就马上赶到出事地点，在那撒上金黄色的稻谷，并念叨："咯！咯！魂呀！这人已经回到家中。咯！咯！魂呀！"然后把撒下的稻谷捡拾回篮子里，赶回家将其撒在那人头上，并重复之前的祷告。显然，这是为诱使在外游荡的灵魂重返出事者体内。

人们相信，人睡着时灵魂就会离开身体外出游荡，做他想做的任何事。比如，有一次一个博罗罗人梦见敌人悄悄逼近村庄，村民们知晓后都极度恐慌并争相逃离村子。一个马库西印第安人身体不好，某晚他梦见他的雇主硬要他将一艘独木船拉过多处湍急的洪流，第二天早上醒来后他便痛斥其主人，抱怨他让身体羸弱的自己深夜干那么危险艰辛的活。

人在入睡后灵魂离开身体是有危险性的，因为灵魂一旦长时间被阻无法返回体内，这人就会因失去灵魂而丧命。特兰西瓦尼亚人相信，小孩子睡觉时如果张着嘴巴，其灵魂就会以老鼠的形态溜出去，孩子就永远不会再醒来。人睡着时灵魂外出受阻无法返回的原因很多。这人的灵魂可能遇到了另一个熟睡之人的灵魂，两个灵魂可能厮打起来；还有可能是遇见一个新亡者的灵魂，被它强行带走了。比如，几内亚黑人早上起来如果觉得全身酸痛，就认为是夜里睡梦中被他人的灵魂打了。阿鲁群岛的居民们都不敢在有死人的屋里睡觉，因为他们认为死者的灵魂还在屋内，唯恐睡梦中会与其相遇。此外，灵魂外出后也可能因遭受意外而无法返回人身。达雅克人如果梦见自己落水，就认为是他的灵魂落入了水中，便会请来巫师在水盆中用网捞取他的灵魂，直至捞到送回他的体内。桑塔尔人流传着一个故事：一个人睡熟后觉得口渴难耐，他的灵魂便离开身体化作蜥蜴钻进一个小罐子里喝水，而此时水罐的主人恰巧将水罐的盖子盖了上去，灵魂便被困其中无法返回这人体内，他也就死了。当亲朋们正准备将他火化时，有人偶尔揭开那水罐的盖子取水，蜥蜴便逃出来返回体内，那人立刻活了过来。他问亲朋们为何哭泣，他们说他已经死去，正要火化他的身体。他于是解释说他刚才进入一口井中喝水，喝完后却怎么也上不来，折腾了半天才终于出来。

按照原始民族的惯例，不能叫醒熟睡的人，因为他的灵魂外出还没回来，把他叫醒的话他就会生病。如果必须要把他叫醒，也得慢慢叫，好让他的灵魂有时间赶回。马图库岛上的一个斐济人靠在树上打盹时脚被人踩了一下，他于是突然惊醒过来，梦中他正远在通加旅行，可此刻却身在马图库。这让他惊慌万分，因为他的灵魂还未返回体内，他面临着死亡的威胁。如果不是附近一位传教士及时消除他的恐慌，他很可能惊悸而亡。

原始人认为，将熟睡的人挪换地方或改变面容更加危险，因为这样一来，灵魂会找不到或认不出原来的躯体，这人就会因此而亡。帕塔尼马来人相信，如果一个人熟睡时脸被涂上颜色，他的灵魂外出返回后就无法认出他来，迟迟不敢进入其体内，这人就会一直沉睡不醒，直到他的脸被擦洗干净。孟买人甚至将用颜料涂抹熟睡者面容的行为等

□《向扫罗出现的撒母耳的魂魄》
　萨尔瓦多·罗萨　1668年

灵魂有时候是任性的，它在人们熟睡或生病的时候，都有可能离开主人的身体。一旦人的灵魂离开，人们就会请巫师念诵祷文，呼唤当事人的名字，把他的灵魂从旷野、荒山或河谷呼唤回来。不久，灵魂就在巫师的呼唤声中找回居住的身体。

同于谋杀。

一个人的灵魂并非只在这人熟睡时才会离开，人醒着时也可能离去。这样的话，他就会患病或死亡。澳大利亚伍龙杰里部落的一个人躺在床上濒临垂危，因为他的灵魂离开了身体。于是一个男巫四处追索这个游魂，并在它即将进入夕阳的余晖时将其索拿住，然后用鼬毛毯裹住带回来，送回这人的体内。没过多久，这人就活过来了。中国西南部的彝族人相信，人患病后灵魂就要离开这病体。为此他们不断念诵一种专门的祷文，呼唤灵魂的名字，希望它从游荡的山谷、河流或林间回来。同时，他们还在门口摆上酒菜，供跋山涉水艰难归来的灵魂享用。仪式结束后，他们在病人胳膊上系一根红带子以扼住灵魂，直至这根带子磨损自行掉落。同样，刚果某些部落中的人生病后也认为灵魂会离开躯体四处游荡，因此就请巫师帮助找寻。巫师通常会说已追踪到病人的灵魂，不过正躲藏在某棵树的树枝内。于是全部落的人都跟随巫师来到那棵树前，由一个身体最健壮的人折下那根灵魂躲藏的树枝，众人故作抬不动的样子慢慢将它抬回村子。将树枝抬进屋内放在病人身边后，巫师便对着它念诵咒语，不一会，灵魂就返回那人体内。

印度流传着一个故事：有一位国王的灵魂误入一个婆罗门死者的遗体，而一个驼背人的灵魂则占据了国王的身躯。于是国王成了那个婆罗门，驼背人成了国王。后来有人设法将这个驼背人的灵魂引入一只死鹦鹉体内，国王的灵魂得以趁机重返自己体内。马来人也有一个与此类似的故事，相传，有位国王的灵魂误入一只猴子体内，一位大臣趁机将自己的灵魂侵入国王体内，占有了王位和王后，而真正的国王却以猴子的形态在宫中受尽折磨。有一天假国王观看斗公羊比赛，并为他看好的那头羊下了很大赌注，谁知那羊被斗败身亡，情急之下假国王把自己的灵魂移入死羊体内，那头公羊得以复活。真国王的灵魂在猴子体内发现这事后，立即跳回自己体内，重新占有了自己的身体，那个篡位者的灵魂在公羊体内最终落了个被屠宰的下场。

灵魂有时并非自行离开人的身体，而是受鬼魂、恶魔的诱使或逼迫。因此在卡兰人中，如果有出殡者经过自家门口，这家人就会用一种专门的绳索将孩子拴在家中某个特殊的地方，直到出殡者远去再也看不见，这是为了防止孩子的灵魂误入尸体内。卡罗·巴塔克人在向墓穴填土埋葬死者时，一位女巫会绕着墓穴用棍子在空中敲打，目的是驱赶现场送葬者的灵魂，因为要是谁的灵魂不慎进入墓中被土掩埋，这人便会死去。洛亚尔提群岛的韦亚岛人相信，死人的灵魂会偷走活人的灵魂，使这人生病甚至死亡。因此每当有人生病时，巫医就带着一群男女来到墓地，男人们吹奏笛子，女人们轻吹口哨，以诱使病人的灵魂回家。吹奏一会儿后，他们便排起队吹着笛子和口哨，引领游荡的灵魂往回走。返回病人住处后，他们便大声命这灵魂进入其体内。

人的灵魂被诱劫常常归咎于魔鬼。因此，中国人往往将昏厥和痉挛看作专捉活人灵魂的恶鬼所为。在厦门，当一个婴儿抽搐打滚时，惊慌的妈妈就立刻爬上屋顶，把孩子的衣服绑在一根竹竿上，拿着它在屋顶不停挥动，同时高喊："某某，我的孩子，回来吧，快回家来！"家中的另一个人则在屋里敲着锣，希望引起在外游荡的魂魄的注意，认出它熟悉的衣服而回来。他们认为魂魄已返回并附在衣服上后，就把衣服盖在孩子身上或放在孩子身边。如果孩子没有死去，那他肯定会慢慢恢复。

□《恶魔之言》　保罗·高更　1892年

恶魔对应于天使，在基督教文明中，是伊甸园里魅惑的蛇。《新约·启示录》中载：撒旦被捆绑并被扔在无底坑里一千年。一千年后，撒旦被释放，他迷惑四方列国，人们受到蛊惑，战争四起。最后撒旦被击败并遭受无尽的痛苦。魔鬼撒旦是黑暗的象征，他以欲望诱惑世人犯罪。

摩鹿加人如果感到身体不适，就认为是魔鬼将其灵魂捉到了山上或树林中。巫师找出魔鬼的藏身地后，病人的亲朋就携带米饭、水果、鱼、生鸡蛋、一只母鸡、一只小鸡、一件丝袍和金钏等物前往那里，将这些献给魔鬼，并祈祷："鬼神啊，我们特来献上这些衣食薄礼，望您收下，放回病人的灵魂。"然后众人稍微吃点东西，放开母鸡以抵赎病人的灵魂。他们把生鸡蛋留下，带着丝袍和金钏等物返回家中。回来后他们将这些东西放在一个盘子里，搁在病人头边，对他说："你的灵魂已经回来了，你很快就会好起来，并且长命百岁。"

刚迁入新居的人特别害怕魔鬼。在西里伯斯岛的米纳哈萨，阿尔福尔人为迁入新宅举行庆祝宴会时，都要请祭司来行一种法事，以确保搬进新房子的人灵魂安居体内，不因搬迁而流落在外。这里的人生病后，祭司会用绳子兜着一只碗从窗口放到窗外，来回提放，像钓鱼似的钩取病人失去的灵魂，直到钩着为止。有

□ 扫罗用招魂术招撒母耳的灵魂

扫罗背弃了神，求问隐多珥交鬼的女巫，要求其将先知撒母耳招上来，以询问与非利士人之战。女巫果然将一个"身穿长衣的老人"招上来，老人斥责扫罗背弃神，并"预言"以色列人即将失败，扫罗及他的儿子将战死的事。

时祭司如果在户外捉到病人的灵魂，就用布包裹着送回，这时常有一个女孩手举大棕榈叶，遮着他和灵魂在前引路，以防突降大雨淋湿他们。祭司身后还跟着一个男人，他手持钢刀不停挥动，防止其他灵魂抢夺这个被包着的灵魂。

不仅魔鬼能劫去并拘留人的灵魂，人，尤其是巫师也可以做到。在斐济，罪犯若不肯招供，酋长就会叫人拿来一块头巾，用它捉走这人的灵魂。因此犯人一看到这种头巾，甚至一听说就会立即供认罪行。危岛上的巫师通常张撒罗网捕捉人的灵魂。这种网是用结实的细绳编成的，约四五米长，两面都有大小不等的网眼，以便网捕不同大小的灵魂。如果跟巫师有恩怨的人病了，他就会在这人住处四周布设罗网，伺机捉住他的灵魂，使他再无回生余地。西非某些地方的巫师为了赚钱，经常布设圈套捕捉人们熟睡时外出游走的灵魂，每捉住一个就将其吊在火上烤，灵魂的主人便会病倒。只要被捉住灵魂的人愿意付钱，他们马上就会归还这人的灵魂。有些巫师还开设灵魂庇护所，容留迷失的灵魂，如果人们丢了灵魂或灵魂误入他处，只要付给巫师一定报酬，就能从庇护所领到另一个灵魂。但也有一些恶毒之人蓄意设下陷阱，捉住某人的灵魂，残忍地折磨或杀害。利比亚的一个克鲁族黑人连续几夜梦到诱人的红辣椒味龙虾，他因此万分焦虑，担心是心怀不轨之人在用美味引诱他梦中出游的灵魂，以伤害他的身体和精神。因此后来的几天晚上，他想方设法阻止自己的灵魂在睡梦中出外游走。在闷热难耐的夜晚，他裹着毛毯躺在床上，大汗淋漓，并用手帕捂住嘴巴和鼻子艰难呼吸着，以防灵魂被勾走。

在马来半岛巫师面前，这些捕捉人灵魂的方式都极为一般。他们的方法多种多样，动机也各不相同，简直就是高超完美的艺术。他们诱捕灵魂，有时是为了毁灭一个敌人，有时意在赢得一位冷漠或羞涩美人的爱情。比如，巫师爱上一位姑娘后，为摄住她的灵魂，便走到屋外，站在刚刚升起的像一团火球似的月亮下，将右脚大脚趾放在左脚大脚趾上，右手握成话筒的形状放在嘴边，深情地念诵道：

　　唵嘛！我张弓射箭。
　　一箭射出，月光昏暗；
　　二箭射出，阳光黯淡。
　　三箭射出，星辰躲藏。
　　可我射的并非太阳、月亮和星辰，
　　而是那漂亮姑娘×××的心房！
　　咯，咯，咯！×××的灵魂啊，
　　来，跟我一起散步！
　　来，跟我一起落座！
　　来，跟我同眠共枕！
　　咯，咯，咯！魂啊魂！

这样重复念诵三遍后，就能把那姑娘的灵魂捉到他的头巾里来。

灵魂是人的影子和映象

我列举的以上这些精神上的危险，并不是未开化的人们唯一感到困惑的。他们常将自己的影子或映象看作自己的灵魂，或是自己生命的重要部分，因而必然成为给自己带来危险的一种根源。如果它被踩踏、击打或刺伤，他也会感到疼痛；如果它彻底脱离了他的身体（他相信这是可能的），他就会死去。维塔岛上的巫师能用长矛刺伤或用利剑砍伤人影，致人患病。据说，商羯罗消灭了印度的佛教徒后漫游到了尼泊尔，在那他同当地的大喇嘛产生了意见分歧。为了证明自己拥有超自然法力，他一跃飞进空中。可当他继续向上飞升时，大喇嘛注意到他的影子在地面上摇摆晃动，于是挥刀猛砍，商羯罗

□ 商羯罗

　　商羯罗属婆罗门种姓，是印度中世纪最大的经院哲学家，吠檀多不二论的著名理论家。他少时随师学习婆罗门的经典，之后遍游印度各地，在贝纳勒斯曾与其他哲学派别进行辩论。后来，他在印度次大陆的四个方位建立了四大修道院，组织了"十名"教团，追随他的弟子很多。

一下从空中坠落，摔断了头颈。

班克斯列岛上有很多长形条石，土著人将其称为"吞魂石"，因为人们认为这些石头中住着凶猛的幽灵。如果有人的影子落在一块这样的石头上，里面的幽灵就会抓住这人的灵魂，使其丧命。因此土著人便将这种石头放在家中当作护卫，如果这家主人外出办事时派人回来取东西，这人进去前必须先喊出派他来的人的名字，以防石头里的幽灵以为他图谋不轨予以伤害。在中国，当人们准备封盖死者的棺材时，除了死者最亲近的亲属，其他人都要退后几步或躲进别的房间，因为人的影子一旦被封入棺材，这人的健康将受到危害。因影子受伤而身体遭到损害的不只是人，还有牲畜。在马来西亚的霹雳州，一种小蛇常出没于石灰岩山周边，据说这蛇通过咬牲畜的影子来吸食牲畜身上的血，而牲畜则因失血过多而变得精瘦，有时甚至死亡。这些例子告诉我们，在未开化民族的人民眼中，影子不是灵魂就是人和动物身体的重要组成部分，因此对影子的伤害就如同对人和动物身体的伤害。

既然人或动物的影子是其身体的重要部分，那么在某种特定情况下，如果被别人或动物的影子触及，很可能也会伤害到自己的身体。因此，未开化的人也会尽量避开那些让他感到危险的人的影子。他们常将女性送葬者，尤其是那些做了岳母的女人看作危险人物。舒什瓦普印第安人相信，送葬人的影子一旦落到某人身上，那人就会生病。维多利亚的库尔奈人常提醒刚过成年礼的青年注意，切勿让女人的影子掠过自己身体，因为那会使他变得消瘦、懒惰和愚蠢。新南威尔士的尤茵族人禁止男人和他的岳母往来，他不能用眼看她，甚至不能朝她所在的方向张望。如果他的影子碰巧落在岳母身上，他就必须同妻子离婚，妻子则要回到自己父母身边。

很多未开化的人将人的影子和生命如此紧密地联系在一起，认为一旦失去影子，人就会变得羸弱或丧命。那他们自然就会将人影的缩小视为生命力缩减的预兆，从而焦虑不安，忧心如焚。安汶和乌利亚斯岛位于赤道附近，正午的太阳只能照出极少或完全照不出人影。当地人制定了一条规定，正午时不得走出屋外，因为他们认为谁要是这样做了就会失去他灵魂的影子。芒艾亚岛上的土著人中流传着一个关于非凡勇士图凯塔瓦的故事，据说他的力量会随着他影子的长度消长。早上，当他的影子最长时，他的力量也最强大；临近正午，随着他影子的缩短，他的力量也开始减弱；正当午时，他的力量减退到最低点；到了下午，他的影子又逐渐拉长,他的力量也随之恢复。一位英雄发现了他力量的秘密,便在正午时分将其杀害。

正如有人相信人的灵魂在自己影子里一样,也有人相信人的灵魂在水中的倒影或镜中的映象里。安德曼岛上的居民将镜中的映象看作自己的灵魂,新几内亚的莫图莫图人第一次在镜中看到自己的映象时,就认定那便是自己的灵魂。新喀里多尼亚的老年人相信,人在水面或镜子中的影像就是自己的灵魂,而受教于天主教神甫的年轻人们则认为,那跟棕榈树在水面的倒影没有任何不同,根本不是什么灵魂。被视为灵魂的映象是在人身之外的,因此也像人影一样面临种种危险。经过幽深的水潭边时,祖鲁人不敢向里探望,他们认为水下藏有猛兽,会夺走他们的映象而致其死亡。巴苏陀人如果莫名其妙地突然身亡,他的亲朋便认为是他在经过水边时倒影被鳄鱼抓去了,因为据传鳄鱼会通过将人在水面的映象拖入水底来吞食他。

现在我们就能理解为什么古印度和古希腊人都告诫人们不要看水中自己的倒影,为什么希腊人将梦中看到自己在水中的倒影视为死亡的凶兆。他们是怕水中的精灵将人的影像或灵魂拖入水底,使人因丧失灵魂而亡。美少年纳喀索斯的传说也许就来源于此,他因为看到水中自己的倒影而日渐衰颓并死去。

流行颇广的很多习俗大概都是出于这样的原因。比如,哪家如果有人死去,家中所有的镜子都要盖上或将镜面转向墙壁。因为人的灵魂一旦被映照在镜中,就可能被死者尚居留家中的灵魂带走。这跟阿鲁人的习俗极为相似。阿鲁人怕睡梦中灵魂离体后会被死者的灵魂带走,因此都不敢在刚死了人的房中睡觉。还有就是病人不能照镜子,病人房间里的镜子都要遮盖起来,因为人患病时灵魂极易离体外游,如果被镜子照出会很危险。

除了影子和映象,人的肖像也被认为包含

□《二姐妹》 保罗·高更 1892年

姊妹通常指基督徒之间对教会女性的一种称呼,不论年龄大小皆可称为姊妹。《圣经》上说,基督徒之间确实互为兄弟姐妹,有严密的伦理性的神学依据,如:"你们既属乎基督,就是亚伯拉罕的后裔,是照着应许承受产业的了"。圣经中两卷以女子命名的书卷《以斯帖记》和《路德记》中的主人公更是有才德的妇人,是姊妹的榜样。

□ 《法杜露玛》 保罗·高更 1891年

这是一幅以大面积红色为主体的绘画。暴露的面部和手足,与长裙连为一片,犹如燃烧的火焰,托举着抑郁的面孔,这是一片正在辟邪的红色。在早期巫术中,甚至在今天大部分地区的民间,红色一直是辟邪之物,在一些地区,人们每到三十六岁或四十五岁,便要随身佩戴用红布做成的小三角牌,三角牌里包着朱砂;还有些地区会在新人的婚房外挂一个朱砂牌来辟邪,等等。用红色辟邪,源于先民对火的崇拜。

着人的灵魂。对此深信不疑的人显然不愿让别人给自己画像,因为如果肖像就是自己的灵魂或至少是自己生命的重要部分,那么任何持有这幅画像的人就都能对其真身施加致命影响。白令海峡的爱斯基摩人相信巫师具有偷窃他人身影的神力,人如果失去自己的身影就会慢慢衰颓而亡。有位探险家曾在育空河下游的一个村庄居留,为记录下居民的生活劳动场景,他就在村中架起照相机进行拍摄,当他正调节焦距时,村长走过来要求看看拍摄的镜头。他盯着毛玻璃上走动的人影看了一会儿后,突然缩回脑袋朝村民们高声喊道:"你们的影子都被装进这个盒子了。"人们听到后都惊恐地躲进了屋里。墨西哥的台佩璜人也都害怕照相机,如果想给他们拍张照片,至少要劝说好几天才行。而且就算他们最后同意了,摆出的表情也像马上要被枪决的罪犯似的。他们认为摄影师给人拍照,会带走人的灵魂,回去慢慢吞食。

锡金乡下的一些农民将照相机的镜头称为"那匣子的凶恶眼睛",如果有人给他们拍照,他们就会惊恐地躲避。因为他们认为照相时自己的灵魂也会被摄走,持有照片的人控制着这些灵魂,诅咒伤害他们。他们还将拍摄风景照片看成对山水风光的破坏。在暹罗国王们统治时期,暹罗的所有钱币上都不得刻铸国王的肖像,因为这会折损国王的寿命。

欧洲很多地区至今仍残留着上述这类信念。在希腊的卡尔佩沙斯岛,一些年长的妇人几年前甚至还极力反对给自己画像,恐怕画像会使她们日渐消瘦而亡。苏格兰西部地区的人们为防招来祸患,至今都拒绝拍照。

第四章　禁忌的行为

禁忌与陌生人交往

　　前章中关于灵魂及灵魂易遭危害的原始观念在世界很多民族或国家都存在，只是具体细节不同而已。这种信念如此根深蒂固，广为流行，肯定会影响古代帝王制度的形成。因为，如果人人都为了防止自己灵魂受到威胁而绞尽脑汁，那他们又该怎样小心地护卫国王的灵魂呢？国王的生命与全体人民的生存和幸福息息相关，保护国王的生命就是维护全体民众的共同利益。因此我们可以想象，保护国王生命的防卫制度肯定比一般人为确保自己灵魂安全而采取的措施更复杂周密。我们知道，古代早期国王的生活都有严格的戒律和规定，那我们就会想，这些戒规是不是为了保护国王生命而采取的措施呢？要想证明这一推断，我们只需对那些规章和戒律做一番考察。

　　为了使国王远离一切潜在的危险，人们对他提出了种种禁忌，最普遍的做法就是让他尽量或完全离群索居。在各种危险来源中，巫术魔法应该是最为可怕的。国王认为，只有陌生人才会施行这种妖术，因此，人们对陌生人有意无意进行的致命危害都极为警惕。如果有陌生人想进入本地区，或想同当地居民自由往来，那里的人们必须先举行某种仪式解除他们的魔法，驱走他们散布的致命性危害，或者说是，净化被他们污染的空气。比如在土耳其，东罗马帝国皇帝查士丁尼派来的使者到达后，会先受到巫术接待。他携带的所有物品都被堆放在户外一处空地上，巫师们在钟鼓的齐鸣声中手持点燃的香烛，绕着那些物品走来走去，口中还念念有词，近乎癫狂地努力驱除邪恶。然后，他们引领使者从燃着的香烛烟气中穿过，以净化其身体。在南太平洋上的纳努米亚岛，如有外来船只登陆或陌生人上岛，都必须先祭拜岛上的四座神庙，由神祇驱除掉他们可能带来的疾病和邪恶后，才能和本地人交往。婆罗洲的奥特·丹劳姆人规定，外地人若要入境，就必须先交纳一定数额的现金，作为祭拜本地各方神祇的费用，祈求众神引导他们入境，和当地居民友好相处，保佑农作物丰收等。婆罗洲一个地区的男人们不敢看欧洲游客，还告诫自己的妻儿不要接近他们，生怕因此而患病。那些好奇心强烈，非常想看看欧洲游客的人，就杀几只家禽祭祀他们可能带来的邪恶魂灵，并将家禽的血涂在自己身上讨好恶灵。

显然，那些接待外来陌生人的礼仪并非为了表示对他们的尊敬，而是出于对他们的恐惧。

在翁东爪哇群岛上的波利尼西亚人中，祭司或巫师好像拥有极高的权力，他们的主要职能就是驱除恶灵、治疗疾病、兴风降雨、保佑渔猎等。如果外来者要踏上这座岛屿，就必须先由巫师在他们身上洒水、涂抹膏油，并系上干枯的露兜树叶。巫师们还在四周随意撒下沙子，泼上水，并用绿叶擦拭来客和他们的船只。完成这些仪式后，巫师便领着外来者去见岛上的首领。在阿富汗和波斯的某些地方，旅客进入村庄前，村民们都要焚香、宰杀牲畜、举行祭祀仪式。

这种对陌生者所怀的恐惧常常是相互的。未开化的野蛮人在踏上陌生土地时，会认为自己正走进罩有魔法之地，因此采取种种措施来防御游荡的魔鬼，以及当地居民通过巫术施行的危害。米克卢霍·马克莱男爵在新几内亚麦克雷海岸旅行时，曾在几个土著人的伴随下走近一处村庄，其中一个土著人从树上折了一根树枝，走到路边轻轻对树枝说了会话，然后走回来轻拍其他土著人的背，并用树枝敲打几下，最后将这根树枝埋在树林深处干枯的树叶下面。据说他们这样做是为了保护大家在经过这个村庄时免遭伤害。那一系列举动的意思可能是，将已附上同伴身体的恶魔赶入树枝埋在树林深处。托拉佳人远征作战时，进入敌人境内但尚未发动任何攻击前，不得采食当地的任何蔬果，也不得食用当地的任何牲畜和家禽。

□ 国王戒律

为了保证国王的人身安全，人们将他与一切潜在的危险隔绝。而在所有的危险来源中，人们最戒备的就是巫术魔法。国王和他的子民都认为，会施行妖术的都是陌生人，因此陌生人无疑是最可怕的。因此，一旦有陌生人进入他们的国土，该国人都会先举行某种仪式解除他们的魔法，驱走他们散布的致命性危害，最后引领他们从燃着的香烛烟气中穿过，以净化其身体。

否则，就会被敌人灵魂之类的东西侵入身体，从而给自己带来伤害。

此外，很多地方的人们还认为，一个人远游返乡时可能携带回在外沾染的邪灵，因此与亲朋重聚前必须先参加某种特定的仪式。贝专纳人从外乡归来后，必先沐浴理发，彻底清洁一番，以防带回异乡的邪恶。在西非一些地区，男人久赴异乡，归家与妻子团聚之前，必须先用某种专门的水洗浴，然后由巫师在他前额画一神符，以驱除外乡女人施在他身上的魔咒，这种魔咒如果不消除很可能会传给村里的其他女人。印度亲王派遣出使英国的两位大臣回来后，被认为受到外国人的严重污染，只有重生才能恢复纯洁之身。为了实现重生，亲王下令用纯金铸造一个自然女性（女人或母牛）的形象，然后将需要重生的人放在里面，让他通过一种象征胎儿出生的方式生育出来。由于这种纯金铸像造价太过昂贵，于是改铸了一座神圣的约尼像，让需重生的人从那里面出来。两位大臣便从约尼像中出来，从而得到了重生。

普通人尚且采取各种措施预防外乡人的伤害，那么，为了保护国王免遭类似危险所采取的措施肯定更周密，更特别。中世纪时，外国使节在朝见鞑靼可汗时，必须带着礼物从两堆火间走过，以驱除他们可能带来的任何危害可汗的魔法。

□《浴者》 保罗·高更 1897年

浴，即洗澡、清洁之意。《旧约·利未记》中载，在赎罪日时人们要以羊赎罪，亚伦和他的儿子们作为祭司向神献祭，在献祭之前，亚伦和他的儿子被要求洗浴，以此来洁净自己的身心，达到洗去罪过的目的。沐浴的涵义由洗去身上的污秽上升到洗去内心的罪过，即以身心合一来救赎自己。

饮食的禁忌

在未开化的原始人眼中，吃饭饮水等饮食活动都特别危险，因为灵魂可能会在那时从口中逃走，或被在场的敌人用巫术劫走。奴隶海岸讲克瓦语的非洲土著人相信，体内的灵魂是通过口腔出入身体的，因此当灵魂离体时，就不能随便张口，以防没有去处的游魂趁机进入。巴塔克人为防止灵魂离体后不再回来，每当举行宴会时都将所有门窗紧闭，好让灵魂留在屋内，大家也可尽情享用美食。马达加斯的扎菲曼尼罗人吃饭时总是紧关房门，不让任何外人看见他们吃饭。瓦鲁亚人也不让任何人看到他们饮食，尤其是不能让异性看到。他们喝水时，总是用

□ 国王的饮食禁忌

在很多落后地区，人们坚持认为，人的灵魂是通过口腔出入身体的，因此当灵魂离体时，就不能随便张口，以防一些游魂趁机进入。平民尚且如此，国王的饮食就更为严格。各个国家国王的饮食禁忌皆不一样：有的是国王饮食时不能让即将被处死的人或动物看到；有的是国王想饮酒时，在场的人听到后都得匍匐下去脸贴地面，直到国王饮完酒；有的是国王吃剩的饭菜、饮过的酒水都要埋起来，以防巫师拿到后借其对国王施行魔咒。

一块布遮住以防别人看见。

这还只是普通人的预防措施，国王们的防卫更加特别。在安卢戈，国王饮食时不能让即将被处死的人或动物看到。国王正在宴饮时，如果他的狗跑了进去，国王就会下令立即将它就地处死。有一次，国王一个年仅十二岁的儿子无意中看到了他饮酒，国王马上命他儿子穿上华丽的衣服，并让他吃了一餐美食，然后将他砍成几段放在城中各处示众。国王想饮酒时，一个侍者将酒呈上来，接着转身背向国王摇起铃铛，在场的人听到后便都匍匐下去，脸贴地面，直到国王饮完酒。国王进餐时也是如此，而且是在一间专门的屋子里。侍者将食物全部摆上餐桌后退下，国王走进来关上房门开始用餐，餐毕，他敲敲门走出去。因此几乎没人看到过国王饮酒进食。人们相信，如果有人看到这些，国王就会立即死去。国王吃剩的饭菜、饮过的酒水都要埋起来，以防巫师拿到后借其对国王施行魔咒。

禁忌露出面孔

在前面所举的事例中，不让他人看到自己饮食的目的，可能不仅是为防止灵魂的离体，更是为了防止邪恶之物侵入体内。这在刚果地区土著人的饮食习惯中表现得尤为明显。他们在饮酒之前总是先驱赶鬼魂，方式多种多样。有人边饮酒边摇铃铛，有人则左手按地蹲在地上，还有人用面纱盖住头，或在头发上插一根草或一片树叶。酋长每喝一口酒就摇一下铃铛，站在他面前的一个少年同时还要挥动长矛，以阻止邪恶的灵魂趁机随酒钻入酋长体内。非洲的一些苏丹为阻挡邪灵，常用面纱遮脸。达尔富尔的苏丹用一块白布将嘴巴、鼻子和额头全部包住，只露出眼睛看东西。据说中非其他地区的国王也都这样用纱布遮面，作为最高统治者的标志。瓦代的苏丹总是在幕布后面讲话，除了他的几个密友和亲信，没人看到过他的面容。

禁忌离开王宫

对国王的禁忌还有很多，比如不能离开王宫；即使离宫，臣民也不能在宫外看到他。贝宁的国王被其臣民奉为神灵，不得离开自己的王宫。卢安戈的国王行完加冕礼后只能幽居王宫，不得离开。奥尼沙的国王也不得走出自己的王宫，除非以活人为牺牲祭祀神灵，从而得到它们的允许。有些地区的国王如果擅自离开王宫，就会被处死或由他的一个甚至几个奴隶代他赴死。由于国家的财富是按拥有奴隶的数量来衡量的，因此国王必须时刻警醒，避免违反这一规定。但在每年的芋头节期间，国王可以离宫外出，而且还要按照惯例在王宫高墙之外，当着臣民的面跳舞。

□《摩洛哥苏丹出巡》
欧仁·德拉克洛瓦　1845年

这是画家德拉克洛瓦于1832年亲历的场景，当时他随同法国国王特命使节团赴摩洛哥，并接受摩洛哥苏丹的觐见。从画中可以看出，19世纪时期，非洲的苏丹出巡已无须用面纱遮脸，人们也因此得以见到苏丹的真容。这也从侧面反映出，巫术在当时的西非地区影响力大不若从前。

跳舞时他还必须身负重物，通常是背着一袋沙土，以此证明他仍有能力肩负治国重担。如果他做不到这点，就立即被废黜，甚至被臣民投掷乱石砸死。

野蛮好战的莫锡尼人曾住在崎岖险峻的蓬特斯海岸，他们的国王当选后就要住到一座高楼上，且永远不得下楼。他幽居在这里为人民服务，但如果他触怒了民众，人们就不给他送饭吃，甚至将他活活饿死。阿拉伯古香料之国沙巴的国王也被禁止离开王宫，如果擅自离宫，聚集的民众就会用乱石将他砸死。但王宫的一扇窗户外面拴着一条拖至地面的铁链，谁若有何冤屈就可以拉动这铁链，国王便将其召入殿内，询问审断。

吃剩食物的禁忌

人们吃过的残羹剩饭，也能在巫术的作用下给人带来危害。根据巫术的交感原理，人们吃下的食物和剩下没吃的食物之间存续着某种联系，因此，只要对某人吃剩的食物加以处置，就能伤害某人。南澳大利亚的成年纳林叶利人，时常仔细查看别人吃过肉后扔掉的兽骨、鸟骨或鱼骨等，妄图制成危及某人生命的符咒。因此人们都会小心地烧掉吃过的动物的骨头，以防落入巫师之手。但巫师总能想方设法得到这样一块骨头，一旦到手他便认为掌握了吃过这块骨头上肉的人的生死，不论男女、孩童。他在赭土中加入鱼油和成泥浆，将一只鳕鱼的眼睛和一具尸体上的小块肉塞进泥浆，搓成球粘在骨头一端。然后将这块粘有泥球的骨头在一具尸体的胸口处放置一段时间，目的是通过接触腐朽之物获得致人死命的功效。巫师将这个法宝放在火堆旁的地上，随着这个泥球的融化，被诅咒的那个人就会病弱衰颓；如果泥球彻底融化掉，那人就会丧命。在新赫布里底群岛的塔纳岛上，人们都会将吃剩的食物掩埋或扔进海里，以防落入心怀不轨的巫师手中。如果他捡到某人吃剩的东西，比如香蕉皮，就会放在火上烤炙，吃过这香蕉的人就会生病，于是这人就馈赠给巫师很多礼物求他不要再烧。古代罗马人吃过蛋类和蜗牛后，接着就把壳捣碎，以防敌人得到后施以巫术谋害他们。

由于害怕吃剩的食物被人用以谋害自己，原始未开化的人们普遍将其销毁，这倒带来了另一方面的益处，即防止了吃剩的食物的腐烂，切断了疫病和死亡的部分根源。这种迷信观念不仅改善了原始氏族部落的卫生条件，奇怪的是还间接强化了信奉这种观念的人们之间的好客、相互尊重和诚信等。企图通过吃剩的食物施行巫术谋害他人的人绝不会去吃那食物，因为根据交感巫术原理，他如果也吃了那食物的话，也将遭受施加给对方的巫术伤害。原始社会的这种观念赋予人们一起进餐时所作的约定以神圣性，两人互为对方的良好品行做见证，保证彼此不相互伤害，因为两人既然都吃了同样的食物，身体便紧密联系起来，如果一方谋害对方，那他自己也将受到同样的伤害。但严格来讲，共进饮食后所产生的这种交感作用存在时间很短，远没有歃血为盟的神圣和持久。因为后种情况下，双方是将各自的血液输入对方体内，他们的生命便终身联结在了一起。

□《香蕉餐》 保罗·高更 1891年

印度南方有拿香蕉叶包裹食物进餐的习惯，以此作为碗的替代品，香蕉、芒果等也是他们进餐时经常食用的水果。印度一些宗教在做Puja（拜神、法会）仪式的时候，香蕉树（通常是较小的树苗）也被砍下作为祭品，具有神圣意义；或插放在开工、开张的工厂门口，代表着丰收和吉利。

第五章　禁忌的人

酋长和国王的禁忌

我们在前面已经说过，日本天皇每天的食物都要用新器皿烹饪，用新盘碟盛装。这些盘碟器皿都由普通的陶土制成，目的是用过一次就将其摔碎或丢弃，但通常都是把它们摔碎。因为据说其他任何人如果使用了天皇用过的这些器具，就会咽喉肿痛，嘴巴发炎。而且未经天皇允许擅自穿了他穿过的衣服的人，也会浑身肿胀疼痛。斐济语中有一个专门的名词——卡纳·拉玛，指的是吃了酋长碗盘里的饭菜，穿了酋长的衣服而患的病。

从上述事例我们可以看出，天皇或酋长类"神人"既能造福民众，也会降下祸端。因此人们不仅要保护他，也要对他有所防卫。他神圣的躯体具有强大的巫术力量或神力，他人若与之接触，这力量就会像电流似的放射出来，造成严重后果。所以，为了别人和他本人的安全考虑，这类人神有必要予以隔离。

再比如，东非浓密丛林和肥沃山区的努巴人深信，他们若是擅自进入祭司王的住处就会丧命，但只要袒露左肩，求祭司王用手按压就可免受惩罚。如果有人坐了祭司王专用的石头，这人在一年内就会死去。安哥拉的卡赞布人将他们的国王奉为圣人，相信谁若碰他一下就会被他强大的法力毙命。但有时又不得不同他接触，于是他们就想出了一个办法：触碰到国王的人跪在国王面前，用自己的手背触摸国王的手背，然后用牙咬自己的手指，接着再掌心向下将手掌放在国王的手掌上，然后再用牙咬自己的手指。这样重复四五次，就可免除死亡的威胁。通加人常患肝硬化和瘰疬等疾病，他们认为这是无意间触碰了酋长或他的日用物品后未行赎罪仪式所致，因此他们经常举行这种仪式予以预防。国王常被要求参加仪式，并且要在仪式上将自己的脚伸出来让人们触摸，以解除危险。如果有人不小心用禁忌的手吃了东西，就到国王面前坐下，将国王的双脚放在自己肚子上，相信这样一来肚中食物就不会伤害到他。英国也曾流行这种类似的古老习俗，患

□ 酋长的禁忌

安哥拉的卡赞布人视他们的国王为圣人，他们坚信只要碰触国王一下就会被他强大的法力毙命。而新西兰的土著人则将自己的酋长视为拥有祖先神力的人，对他极度崇拜，他们认为酋长所触及的所有东西都会沾染这种神力，而其他人若无意中触碰了就会马上丧命。

瘰疬病的人来到国王面前求其抚摸治疗。可见，我们的远古祖先也像通加人那样，认为瘰疬病是触碰神圣的国王所致，而且也要通过接触的方式治疗。瘰疬病的别称"国王的恶魔"，就是这样来的。

新西兰的土著人跟通加人一样敬畏自己的酋长，他们认为酋长拥有继承自己祖先的神力，他所触及的所有东西都会沾染这种神力，而其他人若无意中触碰了就会立时丧命。例如，有一次一位酋长将吃剩的食物留在了路边，一个身强体壮的奴隶路过时正好肚子饿了，没多想拿起就吃。附近一个人看到后连忙惊恐地告诉他那是酋长吃剩的食物，这个平常骁勇善战的奴隶听完马上就感觉腹痛难忍，当天太阳快落山时就死了。一位毛利酋长的打火匣曾不慎遗失，有几个人捡到后用它点燃了自己的烟斗，后来一听说那是酋长的东西都惊悸而亡。可见，对国王或酋长神力的恐惧也是会致命的。在澳大利亚的原始部落中，有人如果被一件武器所伤，即使是轻微的擦伤，只要他认为这武器被施了魔咒，就一定会死去。他一动不动地躺着，拒绝进食，慢慢衰竭而亡。与此相似，巴西某些印第安人部落中，巫医如果预言某个冒犯了他的人要死去，这个不幸的家伙便立即躺在吊床上，不吃不喝地静待死亡降临。

悼亡人的禁忌

原始未开化的人们相信，自己神圣的酋长和国王拥有某种一触即发的神秘力量，因此也将他们视为同谋杀者、月经期的妇女，以及自己所畏惧之人一样危险的人物，并将对那类人的限制也施加在酋长和国王身上。例如，波利尼西亚的国王和祭师就不得用手触碰食物，由专门的人侍奉他们进食，而且他们穿过的衣服、用过的餐具等物品别人都不得使用，以防招致疾病或死亡。现在，有些未开化的野蛮人将古时的这些禁忌也施加到了月经初潮的女孩、产后的妇女、谋杀者、悼亡者，以及所有接触过死人的人身上。比如，毛利人中处理和运送过尸体，或碰触过死人骨头的人，都必须同其他人隔离开来。他不能进入任何人的家，不能同任何人或任何东西接触，甚至不能用手接触食物。他所吃的东西都被放在地上，他将两手小心翼翼地背在身后，或坐或跪地低头啃食。有时他还会被别人喂食，而喂他的人也要非常小心，避免碰触到他，并且也会受到很多禁忌。侍奉这样的禁忌者进食的人通常是孤苦无依、瘦骨嶙峋的老人，他们出身卑贱、居无定所，就靠这倒霉的差事过活。独居守丧者在丧期结束，就要和亲朋重聚时，必须先将他这期间用过的餐具都摔碎，将穿过的衣服都掩埋，以防这些东西沾染的污秽传给其他人。

在不列颠哥伦比亚的舒什瓦普人中，为丈夫或妻子服丧的寡妇或鳏夫必须与他人隔离，并且不能用手触碰自己的头或身体，他们使用过的杯盘器皿，别人都不得再使用。他们必须在溪水边搭一间汗浴小屋，彻夜躺在那出汗并经常洗浴，浴后还得用云杉树枝擦拭身体。这些树枝只能用一次，用过就要插在小屋周围的地上。猎人们都不得走近这些守丧者，否则就会遭受不幸。如果这些守丧者的影子落到哪个人身上，这人立刻就会生病。为防止死者的鬼魂靠近，他们用带刺的灌木作床和枕头，而且还将床铺四周都放上带刺灌木。在英属新几内亚的墨克奥地区，死了妻子的鳏夫会失去他所有的公民权，成为社会的弃儿，令人害怕、恐惧、排斥的对象。他不得侍弄花园，不得在公共场合露面，不得在村中游逛，也不得在大道或小径上行走。他必须像一头野兽那样在荒草和灌木丛中潜行，而且一旦看到或听到有人走近，尤其是妇女，就得躲到大树或灌木丛后。他如果想钓鱼或捕猎，必须独自在夜间进行。如果他想找人商量事情，或是找牧师，也必须在夜间偷偷前往；他好像已经失声，只能悄言低语。他如果同渔夫或猎人一起捕鱼打猎，就会给他

□《阿尔公园里的妇女们》　保罗·高更　1888年

　　在远古，妇女因具有神圣的生殖力而被赋予充分的神性，从而涌现出许多女性神。与此同时，与生殖相关的女性特征，如孕育、月经等，也被罩上了神秘的面纱，并由此衍生出大量的生活禁忌。这些禁忌将古代妇女置于冰火两重天的境地：她们一方面因神圣而地位高于男性；一方面又因神圣而陷入极度危险中，甚至遭受毁灭性的灾难。

□《玛丽亚与圣婴》 西蒙·武埃

画中主要人物为圣母和圣子。画家用夸张的手法表现了圣母慈祥、大方、高贵而不失母亲本色的形象,圣子则是一个襁褓中的婴孩,天真可爱。然而,在一些偏远地区,产妇和婴儿都被认为会给人们带来不幸,让人退避三舍。

们带来霉运,因为他亡妻的鬼魂会吓跑鱼群或野兽。

妇女月经和分娩期间的禁忌

就像国王或酋长穿戴过的服饰会使后来触碰它的人丧命一样,月经期间妇女所接触的东西也会致人死亡。澳大利亚的一个黑人发现妻子月经期间躺在他的毯子上,就杀害了她,他自己不出半月也心悸而亡。因此,澳大利亚的妇女在月经期间被禁止接触男人用的东西,甚至不能在男人们经常走的路上行走,以免给男人带来不幸。妇女分娩时也得隔离,而且期间使用的器具过后都要被毁掉。在乌干达,妇女生产或月经期间接触过的盆罐等物品都要摔碎,受她玷污的枪矛盾牌虽不用毁掉,也需精心洗涤。在美洲的大多数部落中,月经期间的妇女几乎令人畏惧。一个少女只要一出现月经来潮的征兆,就立即被同所有异性隔离,独自住在村中男人或路过的男人看不到的偏僻处。期间她只能吃干鱼,喝水管中的凉水,而且月经结束后还要戴一顶垂至胸口的镶边薄皮软帽,以防人们看到她的面孔而遭受危害。

在很多民族中,刚分娩的妇女也会受到与上述情况类似的限制,而且理由也都相同。这个时期的妇女都被认为处于极度危险之中,而且可能会将危险传给其他人或任何东西。因此,她们被隔离起来,直到恢复健康和体力,度过所谓的危险期。比如,塔希岛上的妇女分娩后要在一片圣地的临时小屋中隔离半个月或三周,期间她们不能自己进食,必须由别人喂。此外,任何人若在这期间接触了婴儿,也会受到与那位母亲同样的限制,直到她举行完"满月"仪式。布赖布赖印第安人认为,妇女分娩时的污秽比月经来潮更严重。妇女快要生产前,她的丈夫就在偏僻的地方为她搭一间小屋,将她送去独自居住,期间她只能同自己的母亲及另一位妇人说话。等她生产后，巫医就朝她身上吹气以驱除污秽，并将一只小动物放在她身上。如果她流产或产下了死胎，就被视为更加危险的人物，她不得接近任何人，别人也不得触碰她使用过的任何东西。在南非人看来，妇女分娩婴儿所流的血比月经来潮时的更危险，因此妇女生产期间丈夫必须离家八天在外居住，以防被污染。而且婴儿出生后的三个月内，他都不敢将其抱在怀中。妇女流产，尤其是私自流产，造成的污染更可怕。这种情况不仅会危害男人的身体健康甚至生命，还会影响气候，带来全国性的灾难。

战士的禁忌

未开化的原始人相信，士兵们经常处于危险的鬼魅境地，因而便为他们规定了种种禁忌。其中最普遍的做法就是在战斗胜利前后，将他们如同隔离人神和其他危险人物一样隔离起来。比如，毛利人士兵在即将出征前被看得极为神圣，他们和自己的亲友都必须恪守比平常更为严格、更为怪诞的禁忌。与此相似，以色列人在上战场前也会受到一系列礼仪规矩的限制，他们不得随意丢弃使用过的器皿，以防敌人得到后通过巫术来谋害他们，而且还必须严格禁欲。在北美的一些印第安人部落中，首次参加战斗的年轻士兵要遵守的禁忌相当繁琐，如，他们用的餐具不得送给他人使用；他们不得用手指搔痒，如果奇痒难耐，也只能用一根小棍代替手指搔挠，等等。这些印第安人士兵出征时，夜间睡觉必须将脸朝向家乡，不管这姿势有多难受也不得变换。他们必须先在地上垫个东西才能坐下；不得弄湿双脚；尽量避免在常经过的道路上行走。如果有哪个战士正好坐在地上或躺在地上，其他人都不能从他腿上、手上和身上迈过，而且也不能迈过他使用的毛毯、枪支、战斧及其他任何属于他的东西。若有人无意中违反了这一规定，被迈过的那人就有权将他击倒在地，而且他不得做任何抵抗。士兵们饮食所用的小碗，通常都是木头或桦树皮做的，碗的两边还做上了记号，出征前用这边喝水，返乡时再用另一边喝。当仅有一天路程就要到家时，他们便把自己的碗都挂在树上或丢弃在大草原上，以免亲朋沾染到他们从战场带回的污秽。在南非的巴佩迪人和巴聪加人中，士兵出征前及征战期间都不得接近女人，甚至留在村里的人也都必须严格节欲。他们认为如果不节欲，士兵们在战场上将处处受阻，难以取胜。

至于未开化民族为何规定士兵征战期间不得接近女人，我们还很难断定。但推测来看，他们很可能是出于某种迷信思想，怕同女人亲近后会沾染她们的软弱和胆怯。有些未开化的民族甚至认为，士兵如果同产褥期妇女发生性关系，身体就会虚空，武器就会降低效力。中婆罗洲的卡扬人相信，男人一旦触碰织布机或女人的服饰，在渔猎和战斗中就会失利。因此，战士们有时不但要禁止与妇女发生性行为，甚至还得同异性彻底隔绝。在印度东北部阿萨姆邦的一些山区部落，士兵们在征战前后不仅被禁止同自己的妻子同居，而且还不能吃妇女做的饭菜，甚至不得同妻子说一句话。有一次，一个女人不小心和备战中的丈夫说了句话，后者便惊惧而亡。

杀人者的禁忌

由于害怕被杀者的鬼魂前来复仇，战士们赢得战争胜利后仍要遵守很多规则。在帝汶岛，每次战斗凯旋，战士们的统帅都不能直接回家，而是必须先到为他专门准备的小屋住上两个月，以洁净身心。期间他不得与妻子同居，也不能自己进餐，必须由别人喂食。战士们斩获敌人的首级胜利归来后，还要祭奠这些人头，以慰藉他们的魂魄，祈求宽宥。新几内亚的雅宾人认为，被杀者的鬼魂会追逐杀害自己的人以进行报复，因此他们便击鼓呼号以驱赶那些鬼魂。斐济人将人活埋后，就在夜间击鼓吹螺威吓鬼魂，阻止它们返回原先居住的地方，并捣毁其屋内所有家具和摆设，覆上很多他们认为令人厌恶的东西，彻底断绝鬼魂对故居的依恋。

巴苏陀人在战斗过后都要沐浴斋戒，洗净身上沾染的血迹，以防被杀者的鬼魂追逐伤害自己。每当这时，他们就全副武装列队来到溪流边，待巫师向水中投放一些洁净剂后，他们便陆续下水洗浴，连武器都要洗涤干净。赞比西河以北的安戈尼人作战归来后，都要将脸部和全身涂满灰，披上他们所杀死的敌人的衣服，并在脖子上套一根尾端垂至肩头或胸部的绳子。这样穿戴至第四天的拂晓，他们就绕着整个村庄高声怪叫，驱赶被杀死在战场的敌人们的鬼魂。他们认为，如果不把鬼赶走，家人就会罹患疾病、遭遇灾祸。

在某些地区，凯旋的士兵不但要参加洁净自身的仪式，之后还要被隔离一段时间。南非一些部族的战士杀死英勇强大的敌人归来后，先在流水中洗净身体，并独自在一个地方住满十天后才能和家人团聚。东非的南迪人如果杀死另一部落的人，便将自己的身体和武器涂成一半红色、一半白色，而且在杀人之后的四天内，不得回家，只能在河边临时搭个小棚居住。期间，他不得同妻子或情人约会，不得吃羊肉和稀粥外的任何东西。卡维兰多人的班图部落中，谁要是在战场上杀死一个敌人，回家后便要剃光头发，他的朋友们要用羊粪等物混合成的药剂擦拭他的身体，以防被杀者的鬼魂前来索命。在帕罗群岛，战士们征战归来后都要被隔离在同一个议会场所，他们不得离开这间大屋，不得沐浴，不得接触女人，不得吃椰子和糖浆外的任何东西。他们用施过咒语的树叶擦拭身体，并在三天后一起到离战场最近的地方沐浴。在北美纳齐兹印第安人中，年轻勇士们第一次杀死敌人并取其首级带回后，必须斋戒半年，期间不得与妻子同居、不得吃肉，只能吃鱼和糙布丁。

如果在战斗中杀死敌人的士兵们遵守上述隔离和赎罪仪式的目的，真是为了恐吓、驱赶或慰藉被杀者愤怒的鬼魂，那么我想杀害同族亲人的谋杀者也会出于同样的动机履行上述净化仪式。在北美的奥马哈人中，被害者的亲人有权处死杀人凶手，但有时他们也会接受对方赎罪的赠礼，而放弃行使这一权利。杀人者虽保住了性命，却必须在一段很长的时间里（2至4年）严格遵守戒律，如：必须赤脚走路；不得吃温热的食物，不得高声说话，不得环视四周；只能穿长袍且不能撩起衣襟，盛夏时节也要系紧领口；两手要紧贴身体，不得随意动弹；头发不得梳拢，也不能随风飘拂。古代希腊人相信，刚被杀死之人的鬼魂对凶手充满了愤恨，总是侵扰报复。因此，哪怕是失手杀人者也要暂时躲离，等死者鬼魂的怨愤逐渐平息后再现身，而且还要虔诚祭奠被害者，并自行斋戒净化仪式。

猎人和渔夫的禁忌

在原始社会，猎人和渔夫经常也要严格禁欲和斋戒，尽管我们还不清楚其中的具体缘由，但仍能推断，他们跟出征前或杀死敌人的士兵们一样，也是由于惧怕他们猎杀的或将要猎杀的鸟兽鱼虾的鬼魂。因为原始人笃信，动物和人一样也具有灵魂和智慧，所以也要尊重它们的生命。就像慰藉被杀死的人的鬼魂一样，他们也试图安抚被他们所猎杀的动物的灵魂。

原始人对动物灵魂的尊重并不统一，相比那些用处不大和不太重要的动物，他们更尊重对自己有用或异常凶猛庞大的动物的灵魂。因此在猎杀这类动物时，他们要遵守更多戒律，举行更多仪式。比如，在诺特卡桑德岛，印第安人出海捕鲸前必须先斋戒一周：在这周内要减少饮食，每天沐浴数次，并用灌木、贝壳等擦拭脸部、四肢和全身，而且不得和妇女交往。加罗林群岛的乌阿普小岛上，渔民在捕鱼期（约6周到8周）要严格遵守戒律，出海前后必须住在为男人准备的专门住处，不得以任何借口回自己家，甚至不得看自己妻子或任何女人的面孔。若是偷看一眼，海里的飞鱼肯定会在夜间钻瞎他的双眼。在印度北部的米尔扎普卡，科尔人把蚕种请回家，放在一个用神圣的牛粪糊起来的地方，希望它带来好运。这家主人从当天起就必须避免任何不洁的言行，他不能和妻子同居，不能睡在床上，不能理发修面或剪指甲，不能用膏油擦脸，不能吃奶制食物，更不得说谎。当蚕种孵化成幼蚕时，这家的所有妇女一起唱婴儿诞生的歌曲。蚕蛾交配期间，全家像举行婚礼一样隆重庆祝。未开化的野蛮人在渔猎时都严格禁欲，生怕自己的不洁会触怒野兽，导致一无所获。不列颠哥伦比亚的卡利尔印第安人若打算设置陷阱猎捕熊，提前一个月就得和妻子分居，不用妻子用过的任何器皿，只用橡树皮做的杯子喝水。如果没有遵守，即使落入陷阱的熊最终也将逃脱。

以上都是猎人和渔夫在渔猎前遵守的禁忌，而渔猎后他们也有各种斋戒净洁仪礼。在老挝锡丰附近的盐场里，工人们绝不能在做工的地方发生两性关系，也不能蒙头或打伞以遮蔽阳光。缅甸的克钦人酿啤酒时，总会用抓阄的方式选两名妇女共同酿制，期间她们不能吃带酸味的东西，不得同丈夫发生性关系，否则，酿出的酒便是酸的。在非洲的望多罗波部落，男人在制造毒物时，如果看到邻家妇女，正在研制的毒物就会失去毒性；如果他的妻子在此期间与别人同居，也会产生这样的后果。在南非的巴佩迪和巴聪加部落，当选定新村址开始建造房屋时，所有已婚男女都要禁欲。一旦发现有人违背，施工就得立即停止。因为他们相信，任何不洁行为都会给建设中的村庄带来危害，村长会因此憔悴甚至死亡，而违反规定的妇女则将永远无法再生育。

白令海峡的因纽特人即爱斯基摩人，都极为小心地处理他们所捕猎物死后的躯体，

□《贫穷的渔夫》 保罗·高更 1896年

对于猎人和渔夫，加之其上的禁忌也很多。在有的地区，人们在渔猎前必须遵守一些禁忌，比如斋戒一周、减少饮食、每天沐浴数次、禁欲等等，而在渔猎后，他们还得举行各种斋戒净洁仪礼。

生怕它们愤怒的鬼魂来侵扰或伤害自己。每年十二月，他们都会举行盛大的庆祝活动，展出一年来猎获的海豹、海象和白熊的膀胱。期间所有猎人都不能和女性发生任何关系，否则，那些猎物的鬼魂就会发怒。婆罗洲的卡扬人在射杀一只凶猛的豹子后总为自己的灵魂担忧，因为他们觉得豹子的灵魂比他们的更强大，因此总是连踩豹子的尸体，并默念道："豹子，你的灵魂已被我踩在脚下了。"回到家后，他们赶紧用家禽的血涂抹身体和武器，以防自己的灵魂逃走。他们喜欢吃家禽，便认为自己的灵魂也喜欢吃。在后来的八天里，他们白天晚上都要沐浴才能再出去狩猎。在马德拉斯，人们将杀死眼镜蛇视为犯罪。如果一条眼镜蛇被杀死，人们通常就会把它的尸体焚化，就像火化人的遗体，而杀死眼镜蛇的人则自动连守三天禁忌。

□《独木舟，大溪地一家》 保罗·高更 1896年

东南亚地区以船为棺的习俗十分普遍，越南的朱芹遗址、朱山遗址都发现了船棺葬，越溪（海防）也有独木舟式的船棺葬，至今越南的傣族人仍把死者放在独木舟式的棺材中。船棺葬反映的宗教观念主要是祖先崇拜。人们想尽一切办法来安抚死者，以取悦祖先的灵魂，并祈求得到祖先灵魂的保护。

原始人在猎杀某些动物后要向它赎罪，很可能是出于他们对动物灵魂的尊重，以及对鬼魂可能进行报复的恐惧。这一点我们可以在下述事例中得到印证。安南的渔民每次见到一头鲸鱼的尸体被冲上岸，就会举行一定的仪式祭拜，因为鲸鱼给他们带来很多好处。最先发现鲸鱼尸体的人头戴草帽，身穿孝服，充当它的至亲或后嗣，主持葬礼。鲸鱼身上的肉被全部割下炼成油后，人们便将其骸骨埋葬在沙里，然后搭一座小棚，在棚内摆上祭品。

第六章 禁忌的物

禁忌的含义

原始社会具有神性的国王、酋长或祭司等应遵守的圣洁仪式规定，同杀人者、悼亡者、分娩的女性及猎人、渔夫等应遵守的规定在很多方面极为一致。这些不同阶级的人，有的可称之为神圣的，有的则可看作不洁的或被玷污的。但原始人并未对他们作出这种区分，他们看到的只是这些人共同的危险性，虽然这种危险都是想象的，却真会影响一个人甚至致其死命。因此，为防止那可怕的鬼魂的危险接近他们，或从他们身上向外扩散而伤害他人，他们就必须遵守相关禁忌。

为阐明给出的这些一般原则，下面我还将从禁忌的事物和禁忌的语言两方面来例证。在未开化的原始人看来，事物和语言同人一样，都能够暂时或永久地充满禁忌的神秘性能，因此就可以要求在短期或长期内从日常生活习惯中予以摒除。我将主要列举与具有神性的国王、酋长和祭司相关的事例，因为跟普通人相比，他们受到更多禁忌的保护。本章先谈禁忌的物，下一章再谈禁忌的语言。

铁器的禁忌

国王的神圣性使其躯体也成为神圣不可触碰的。塔希堤岛国王和王后的身体，禁止任何人触摸；谁若敢抚触一下暹罗国王的身体就会被定为死罪。如果没有国王的许可，任何

□《黑猪》 保罗·高更 1891年

黑色在不同文化中有着不同的象征意义。如《圣经》将黑色视为葬礼与离尘世，带有朴素、不幸与忏悔之意。而远古时期的人们在求雨时用黑色、白色的动物作为祭品，如泰莫尔土著将黑猪献给土地女神，并以此求雨。

人不管在什么情况下，都不得触碰柬埔寨国王的身体。有一次，国王从乘坐的马车上摔了下来，倒地昏迷，所有随行人员都不敢碰他，最后还是一个路过的欧洲人将他扶起送回了王宫。过去没人敢用手术刀割取肿瘤或囊肿。据说有位国王嘴上长了一个很大的脓疮，十分痛苦，他的御医便把一个小丑召进宫来为国王表演，他滑稽的动作令国王捧腹大笑，嘴上的脓疮也被撑开。罗马和萨宾人刮胡子修面时，只能用铜制的剃刀和剪子。在希腊克里特的孟尼迪墨斯圣所，人们献祭时不能使用铁器，因为据说孟尼迪墨斯就是在战场上被铁制兵器杀死的。西南非的奥万博人为小男孩行割礼时，只能用锋利的石英片，如果没有石英片才可使用铁制的刀子，而且事后要把刀掩埋。犹太人在耶路撒冷建造殿堂或祭坛时，都不使用铁制工具。在古希腊西齐卡斯市，议会厅全用木材建成，没有一个铁钉。

□《呼唤》 保罗·高更 1902年

布依族的原始宗教有一古老习俗被称为"叫魂"。孩子经常生病或失足落水，而出现体虚、消瘦。其父母便准备鸡蛋一个、香三柱、米一碗、钱纸数张，到塘子边为孩子"叫魂"。具体做法是：用杉木棍扎成一小梯放入塘子水中，并烧香化纸。同时，一个老人将鸡蛋放在手心中，连声呼唤患者的名字，直到这个老人手中的鸡蛋自行翻滚为止，才表示小孩的魂魄回来了。

上古时期，铁器出现后并未很快得到广泛使用，因为原始人对新事物都抱有怀疑和敬畏感。北婆罗洲的杜松人，将当地发生的任何事（不分好坏）都归因于进入本地的新奇事物。1886年至1887年冬天，英国人在尼科巴群岛进行过测量，后来那里下了罕见的暴雨，当地人非常恐慌，他们认为是英国人使用的各种奇怪仪器惹怒了神灵。有人便建议宰杀牲畜向神灵献祭，求得宽恕。波兰首次引入铁制耙犁后，就连年歉收，农民们认为是铁犁作怪，便都弃之一旁，重新使用木犁。爪哇以农耕为生的巴兑人至今都拒绝使用铁制农具。

由于人们相信铁器会惹怒神灵，因此对其非常敬畏和厌弃，而这反而带来了另一种结果，即：人们将铁器当作在某些情况下反对神灵，或防范邪灵侵害的武器。苏格兰高地人用各种铁器，如小刀、剑、枪管等来防卫精灵。当你猎杀了一只鹿并要将它扛回家时,就要在鹿躯体上插一把小刀,以防精灵附在鹿身上压得你扛不动。在衣服口袋里放一把小刀或一根铁钉,就能防止精灵在夜间抬挪你。摩洛哥人将铁视为防御恶魔的有力武器,因此病人常在枕头下放一把小刀或匕首。僧伽罗人生病后如果出门,必须携带一串钥匙或一把小刀作为护身符,以免恶灵趁机钻入他们虚弱的身体。在奴隶海岸,母亲若发现自己的孩子日渐消瘦,就认为是恶魔侵入了孩子体内,便向恶魔敬献食物以引诱它出来。等它出来进餐时,母亲就在孩子的脚踝系上铁环和铜铃,脖子上挂上铁链。这些铁器发出的声音可以阻止恶魔重新进入孩子体内。

锋利兵器的禁忌

在很多民族对死人所奉行的习俗中,有条规定就是:死者灵魂离去之前,不得使用任何锋利器械,以免伤害死者的魂魄。白令海峡爱斯基摩人的部落中若有人去世,那天任何人都不得工作,而死者的亲属则三天内不许工作。在此期间,他们不得使用任何带刃、带尖的器具,如小刀、斧头和针等,以防伤害尚未离去的鬼魂。当他们捕杀一条鲸鱼后,四天内也不得使用带刃和带尖的器具,以免不小心砍伤或刺伤鲸鱼的鬼魂。在特兰西瓦尼亚,当死者遗体还停放在屋内时,罗马尼亚人时刻注意不将刀具的刀刃朝上放,恐怕死者的灵魂会坐上去。中国人在死者尸体停放屋内的七天里,不得使用刀、针,甚至不能用筷子,只能用手抓饭吃。普鲁士人和立陶宛人在死者下葬后的第三、六、九、四十天,总会准备好饭食,召请死者的鬼魂回来享用。大家围坐在餐桌前默默进食,期间不能使用刀具。如果有食物掉在地上,不用捡拾,以供那些无人祭奠的孤魂享用。吃完饭后,祭司用笤帚将亡魂扫出去,并念叨:"亲爱的鬼魂,您已经吃饱喝足,快走吧,快走吧!"

血的禁忌

我们知道,古罗马的祭司狄亚力斯被禁止接触或说出"生肉"这个词。在乌干达,一对双胞胎婴儿出生后,他们的父亲在一段时间内要遵守各种禁忌,如不得杀生,不得目视鲜血等。在帛琉群岛,如果有谁被敌人砍掉脑袋,其亲属必须严守禁忌,躲在家中不得外出,不接触生肉,而且还要咀嚼由巫师施过咒语的槟榔。这样,死者的鬼魂就会离开故乡去敌国追索杀他的人。之所以有这类禁忌,可能是因为人们相信动物的鬼魂或精灵存在于血肉中。有些爱沙尼亚人不尝鲜血，就是怕血中的灵魂趁机钻入体内。犹太猎人捕杀动物后，总将它们的血全放干，并用土掩埋，他们认为这个动物的灵魂或生命就在那血泊中，或者那血本身就是它的灵魂或生命。

王室成员的血不能洒在地上，这是一个普遍的原则。因此，当某位国王或其家族中的人被处死时，就采用一种防止其血流到地上的特殊行刑方式。1688年前后，暹罗的大元帅叛变了国王，他按照处死皇族罪犯的方式，将国王放进一口大铁锅中，用木杵把他捣成了碎片。忽必烈击败并抓住叛变他的叔叔后，命人用毯子将他包裹起来，猛摔致死。因为他不愿让皇室宗亲的血洒在地上，被阳光暴晒。

不仅皇室血统的人，一般人有时也不愿让血流到地上。西苏塞克斯人相信，人血洒过的土地会受到诅咒，将永远成为贫瘠的不毛之地。在某些原始部落中，一个部落成员要流出鲜血时，他的同族人必须用自己的身体接住，以防血流到地上。据记载，古爱尔兰人经常喝他们敌人的血，并将其涂在身上。中非洛图科人妇女在分娩时，即使有一滴血溅到地上，旁边的人也要用铁锨将其铲尽，连同产妇擦洗后的水一同埋进屋外左手边的地底下。在西非，如果有一滴血滴在木船上或树旁，人们就立即砍下带血迹的木块，将其烧毁。马达加斯加的伯特锡里奥人中有一部分人被称为"拉曼加"或"碧血"，他们专职做吃贵胄剪下的指甲、舔食贵胄身上流出的血这类事情。贵胄们剪下的指甲都被收集到一起由拉曼加吞食，如果剪下的指甲太大，就绞碎后再吞食。哪位贵胄若不小心伤到自己，流出血来，便叫拉曼加尽快舔食干净。

□《黄色基督》 保罗·高更 1889年

《路加福音》中记载，祭司长和文士想要杀死基督耶稣，并用钱财收买了犹大，犹大因此出卖耶稣。耶稣被抓住后，在一个名叫髑髅地的地方，他被钉在了十字架上。耶稣受刑是为了救赎世人。而黄色在基督教中象征"爱与智慧"，这也恰恰是耶稣想要传达给世人的。在此画中，耶稣身体的颜色与土地的颜色合二为一，土地用自己的身体供养世人，耶稣以血肉延续世人生存的希望。

头部的禁忌

很多民族都将头部看得非常神圣,主要原因就是认为头部有神灵,对任何不恭敬的言行都能明察秋毫。优诺巴人笃信,每个人都有三个灵魂,第一个叫奥罗里,位于头部,主宰、引导着人的言行。人们敬奉的祭品都是献给这个灵魂的。暹罗人认为,人的头部有一位叫做"旷"或"冠"的灵魂,是人头的守护魂,必须细心呵护,当理发修面时也要施行很多礼仪。陌生人如果触碰冠所在的头部,就是对冠的极大不敬。柬埔寨人认为,用手摸他人头部是严重的冒犯,他们避免从上空高挂着东西的地方走过,或远离那个地方。由于不愿住在别人房间下面,他们的房子也都是一层的平房。爪哇人头上不戴任何东西,他们认为头上什么东西也不能有。谁要是将手放在他们头上,他们就会杀死他。为了不在彼此的头上走动,他们也不建造楼房。

在整个波利尼西亚群岛,对头部的禁忌都非常普遍。有人在马贵斯最高祭司的儿子头上洒了几滴水,他便躺在地上哭闹,打滚撒泼,认为他的头部被亵渎,他的神性遭到侮辱。盖廷尼岛上的马克萨斯人将头部看得极为神圣,任何人都不得抚摸或从上面越过。孩子熟睡时,父母也不能从他头上跨过。丈夫或父亲头上戴过,或仅在头顶悬挂过的东西,妇女都不得用手拿或触碰。塔布提人的婴儿诞生后尚未施行一定仪式之前,被认为带有某种神性。因此,婴儿接触过的任何东西都变得无比神圣,需放在家中的神龛内供奉。如果有哪棵树的树枝触碰了婴儿的头部,这棵树便要被砍倒。仪式举行过之后,这些禁忌便都消除。毛利人酋长的头部被看得尤为神圣,如果他用手抚摸了一下,就必须立即将手指放在鼻子上,用力吸进沾染自头部的神性。

□《孩子》 保罗·高更 1895年

在众多文化中,孩子是纯净的象征。《新约·马太福音》记载:有人带小孩子见耶稣,希望耶稣为他们按手祷告,门徒责备那些人,耶稣说:"不要禁止他们,因为天国的人,正是这样的人。"耶稣认为孩子的纯洁、真实、率直是天使的品质,并以此品质来警示世人,洗去污秽,保持本心。

头发的禁忌

既然头部如此神圣，触碰一下也是严重的亵渎，那么，修剪头发就会有更细致周密的规定。原始人认为，理发时可能会惊扰头部的神灵，从而受到它的惩罚；而且剪下的头发也很难处理，因为作为身体一部分的头发即使剪下也仍与自身存在触染关系，一旦落入坏人手中就可能被施以巫术谋害自己。人人都面临这种危险，而神圣的人们则更加害怕，因而就会采取更严密的防范措施。最简单的一种办法就是从不理发。法兰克人的国王从小到大一直蓄发，从来不剪，如果剪去他们的长发，就等于否认他们担任国王的资格。国王克劳多弥尔死后，他的两个兄弟便觊觎王位，他们控制住他的两个儿子，然后派人带着剪刀和利剑到巴黎面见皇太后，让她选择是剪去两个孙子的头发留下他们性命，还是让他们带着长发死去。高傲的太后毅然选择了后者，于是那两个王子就被他们的叔父残忍杀害了。西非一个黑人氏族的祭司终生不得剃头。有神祇附身的人也不能剪发，否则就会被处死。因为头发被看作神祇的居所，如果剪去头发，那这人身上的神祇就没了住处。据说马赛人具有降雨的法力，但如果拔掉他们的胡须，这种法力就会丧失。

此外，那些发誓要报仇的人有时也蓄着头发，直到成功复仇后才理发。在印尼中南部的查蒂人中，年轻勇士们如果尚未杀死一个敌人，就不能理发修面。为了防止小孩的头发生出虱子，托拉加人通常将其剪得很短，但总是在头顶留一绺长发作为小孩魂魄的居所，不然，魂魄无处安定，孩子就会生病。

理发的仪式

如果需要理发，人们就会采取某些措施来降低剪发的危险性。斐济群岛拉摩西人的酋长每次理完发后，都要吃一个人来驱除邪魔。毛利人理发时总要念诵很多咒语，有一种是对剃刀念的，还

□ 头发的禁忌

对未开化的人来说，头部是极为神圣的，连触碰都是一种忌讳，害怕会惊扰头部的神灵。因此他们几乎不会修剪头发，并会不时进行美发。即使头发被不小心剪下，他们也会小心收藏保护，以免落入坏人手中被巫师施了法术进行谋害。

有一种是为防雷电念的，因为他们相信理发会招来雷电。刚理过发的人要和亲属隔离几天，自己不能用手拿食物，必须由别人喂食，而且期间不能继续做自己的工作。给别人理发的人也要遵守某些禁忌。他的手接触过神圣的头后，不得再接触食物或做其他事，他所吃的食物由别人烹煮，并喂给他吃。如果他当天给人理过发，第二天就要用神火煮过的红薯或羊齿植物的根擦拭双手，然后再将这些根拿给家中的女性家长吃，这样禁忌才可解除。新西兰的一些地区，一年中最神圣的日子就是理发日，那天四面八方的群众都聚集到一处理发。

对剪下的头发和指甲的处理

世界各地的居民几乎都有这样一种观念，即：从身上剪下的头发、指甲或其他任何东西，都可能被人施以巫术来谋害自己。显然，在这种迷信思想里，曾属于某人身体一部分或他接触较多的东西，都与他本人具有交感关系。这种关系属于交感巫术的一个旁支，可称之为接触巫术。据说，马克萨斯岛上的居民曾经非常惧怕巫术。巫师如果想谋害一个人，就收集此人剪下的头发、唾沫，或他经常携带的其他东西，用一张树叶包起来放进布袋里扎好，施行某种巫术后埋在地下，那人便会在二十天内病弱而亡。如果及时发现并挖出掩埋的那些东西，它上面的巫术就会失效，那人就能得救。澳洲土著人如果想抛弃自己的妻子，便趁她熟睡时剪下她的一绺头发，系在自己经常使用的矛枪上，并让另一氏族的朋友每天夜里将它插在篝火旁，头发若是掉落，就说明他的妻子将会死去。

喀尔巴阡山区的胡祖尔人相信，一个人剪下的头发如果被老鼠衔去做了窝，这人就会头痛不已，甚至变成白痴。德国也有一种与此类似的观念，即认为鸟儿如果用某人剪下的头发做巢，那人就会头疼，或是头上生出疹子。英国的西苏塞克斯以前也曾流行这种迷信思想。

此外，剪下或梳落的头发还被认为会扰乱天气，带来电闪雷鸣、暴雨冰雹。新西兰人在剪头发时都要念诵一种防止雷电的咒语。特林基特印第安人将暴风雨的来临归咎于女人在屋外梳理头发。罗马人认为，乘船出海的人只能在暴风雨来临时理发、剪指甲，其他时间一律不行。在西非，当奇多姆人或琼巴人的摩尼去世后，人们便纷纷跑向他的尸体，拔他的头发、牙齿和指甲，留作祈雨符。安济柯斯的马可科人，曾乞求传教士将其胡须赠与他们一半，以作求雨的符咒。

如果剪下的头发和指甲同本人的身体还有交感关系，那任何占有这些东西的人都可以将其当作勒索对方的筹码。根据接触巫术原则，他只要伤害这些头发和指甲，就能同时伤害它们的主人。因此南迪人抓获俘虏后就会剃去他们的头发，并存放好，以确保他们不会逃跑。当俘虏付赎金后被释放时，他们便将剪下的头发交还本人。

为防止剪下的头发和指甲受到损伤，或落入心怀不轨的巫师手中，就必须将它们存放在安全之处。毛利人酋长剪下的头发会被小心地存放在附近的墓地里。塔希提人将剪下的头发埋在寺院中。在东非坦葛尼喀的苏库，土著人剪下自己的头发后会小心地塞入石缝中。暹罗人剪去幼儿头顶的一绺头发时，常要举行隆重的仪式，并将剪下的头发装进芭蕉叶编的小篓中，放入附近的河流让其随水漂走。他们认为，这样一来所有可能给孩子招致不幸的因素都随水远去了。古罗马祭司狄阿力斯剪下的头发和指甲，都被埋在幸福树下。在施瓦本，人们会将剪下的头发藏在太阳与月亮照射不到的地方，如泥土或石头下面。卡菲尔人不仅害怕自己剪下的头发和指甲被巫师得到，还担心身上的任何东西落入敌人手中。他们也将剪下的头发和指甲埋藏在秘密的地方，而且在帮某人梳洗头发捉到虱子时，也都仔细收好交还本人。

此外，人们保存剪下的头发和指甲也是为了日后能起死回生。秘鲁的印加人相信，人最终要回到出生前的地方，人的灵魂定会带着所有属于他身体的东西走出坟墓。因此他们将平时剪下的头发指甲等物小心地存放在一处，便于一下带走。突厥人从不随意丢弃他们剪下的指甲，而是藏在墙缝或木板缝里，他们认为将来复活时需要这些东西。在爱尔兰的德拉蒙康拉斯村，一些老妇过去都要从圣经里查她们头上共有多少根头发，认为上帝对头发的数目了如指掌，到审判日那天他会进行核查。因此，她们将掉落的头发都藏在村舍的屋顶下。

为防止掉落的头发落入巫师手中，有些地方的人还会将其烧掉。巴塔哥尼亚和维多尼亚的一些民族就流行这种做法。出于同样的担心，意大利妇女总会烧尽自己掉落的头发，或将其藏在一个秘密的地方。对巫术非常恐惧的西非黑人、南非马科洛洛人以及大溪地人，也都把剪下的头发烧掉或掩埋起来。

这些做法中似乎存在思想观念上的矛盾。他们认为剪掉的头发指甲跟自身存在交感关系，因此怕巫师得到后加以伤害，从而危害到自己。如果真有这种交感关系，那么他们在销毁这些东西时，必然也会伤及自身。

唾沫的禁忌

除了剪掉的头发和指甲，人们还以相同的方式来处理自己的唾沫。因为唾沫也属于身体的一部分，若施以巫术同样会伤害自己。奇洛特印第安人常将敌人的唾沫收集起来，塞入马铃薯中，念诵咒语后放在烟上熏烤。他们认为如果马铃薯被熏干，敌人也将憔悴而亡。新西兰乌瑞拉地区的土著人都擅长巫术，其中就有利用人的唾沫施行的。因此游客或路过的人都避免吐唾沫，以防落入心怀歹意的巫师之手。在南非一些部落，当敌人靠近时任何人都不得吐痰，也是为防止唾沫被敌人得到后用以谋害自己。

普通人都如此小心，那么国王和酋长肯定更加谨慎了。桑威奇群岛的酋长不论到哪，都有一个贴身仆人提着痰盂随待左右，里面的痰每天都要埋掉，以防巫师得到。在奴隶海岸，出于同样的考虑，国王或酋长总是将吐出的痰小心地藏起来或掩埋。

既然唾沫也能被施以巫术，那么，它也可以像血液一样充当缔结盟约时的物质保证，即盟约双方交换各自的唾沫，以表明信守誓约的决心。如果一方将来违背誓约，另一方就可以对其唾沫施加巫术以示惩罚。比如，东非的瓦贾加人在订立盟约时，缔约双方坐在一起，每人面前都放一碗牛奶或啤酒，对其念诵咒语后，双方都各饮一口吐进对方口中。

食物的禁忌

未开化的原始人在食物方面也有很多迷信思想。许多动植物对他们来说其实很安全，也大有益处，可他们却不吃。出于各种理由，他们认为吃了某些食物会给自己带来疾病甚至死亡。普通人都这样迷信地禁食许多食物，那神圣的国王和祭司们在食物方面的禁忌就更多更严格了。古罗马祭司狄阿力斯不但要禁食很多动植物，甚至连它们的名字也不得提及。埃及国王只能吃小牛肉和鹅肉两种肉。远古时期很多原始民族的祭司和国王都不得食肉。卢安戈海岸的物神祭司不得食用，甚至不能目视各种动物和鱼类，他们赖以生存的食物就是些野菜和植物根须，有时也被允许喝一些鲜血。这里的王储自小就不得食用猪肉，在儿童时期不能和他人一起食用可乐树籽，到了发育时期更不得吃任何家禽的肉。随着年龄的增长，禁食的东西也越来越多。在费尔南多波岛，国王登基后便不能再吃椰子、鹿肉和豪猪等食品。马赛人的酋长只能吃牛奶、蜂蜜和烤羊肝，如果吃了其他任何食物，便会失去预言和巫术法力。

结和环的禁忌

古罗马祭司狄阿力斯所遵守的许多禁忌中，有一种是：衣服的任何地方都不得有扣结；还有一种是：不得戴任何指环，除非是上面有裂痕的。同样，到麦加朝圣的回教香客们身上也不能有任何扣结或指环。这些禁忌的含义大概都很相似，因此可以合在一起来考察。先说扣结，世界各地很多民族都强烈反对在某些重要的特定时刻，尤其是分娩、结婚和死亡时，身上带有任何扣结。特兰西瓦尼亚的撒克逊妇女在分娩时要将衣服上所有的扣子都解开，而且屋内任何地方的锁也要打开，据说这样可以使产妇顺利分娩。在东印度群岛，这种迷行的做法甚至贯穿妇女的整个孕期，那里的人们认为，孕妇如果打结、编辫子或将任何东西系紧，那么到分娩时腹中胎儿或产妇自己就会被紧紧勒住。在北西里伯斯的汤布洛部落，妇女怀孕四五个月时要举行一次仪式，仪式过后她的丈夫就要遵守很多禁忌，其中包括不得打任何扣结，不得两腿交叉地坐着。

扣结的巫术作用对人类活动的束缚和妨碍，不仅表现在妇女分娩方面，在结婚中也很明显。从中世纪到18世纪，欧洲人似乎普遍认为，任何人都可以给婚姻的完满制造障碍。当一对新人举行婚礼时，如果将一把锁锁上或在一根绳子上打个结，然后将其抛入水中，这对夫妇就不可能有真正的结合。但如果能及时找到，把它打开或解开，就能破除这种阻碍。因此，施行这种巫术或偷窃它所使用的工具（锁或打了结的绳子），都是犯罪。1718年，一名用绳索打结的方法破坏他人家庭的犯人，被波尔多高等法院判处死刑，活活烧死。1705年，两个偷窃施过巫术的绳结，破坏了他人婚姻幸福的苏格兰人都被判死刑。直到18世纪末，珀特郡高地还存在这种迷信观念。比如，在美丽的洛格瑞特教区，一对新人在举行婚礼之前，必须将所穿衣服上的所有纽扣都解开。

此外，扣结还会给人带来苦痛、疾病和不幸。例如，西非霍人中的巫师诅咒敌人时，会在草秆上打个结，并念诵道："某某拴在这个扣结里，愿灾祸降至其身：到地里被蛇咬，去打猎被兽伤，踏进河被冲走，遇雨天被雷轰。"古时，一个邪恶的犹太人为谋害先知穆罕默德，在一根绳上打了九个结并藏入深井。先知很快就病倒了，但没有一个人知道其中的秘密。后来天使长及时向这位先知透露了实情，忠诚的阿里便马上从那口井中捞出了为害的绳子，先知按天使长所授的咒语对绳子念诵，每念一遍，一个绳结就自动开解，这样先知的性命才得以保全。

扣结似乎并非只会害人，有些扣结也能治病救人。据普林尼说，从布中抽一根纱线并打上七到九个结，然后系在腹股沟有病的人身上，这病就能治愈。要想使疗效更好，每打一个结就得念一个寡妇的名字。土库曼人如果发烧，巫师就用骆驼毛搓一根结实的线，一边搓一边念诵咒语，接着在这根线上打七个结，每个结都吹上一口气后拉紧。病人将这根打了结的线戴在手腕上，一天解一个结，解开第七个结后就将这线扔到河里，他身上的热便随水而去了。

女人还能用施以巫术的扣结来赢得爱人。害相思病的维尔吉尔姑娘如果想把情人拉回自己身边，就在颜色不同的三根绳子上各打三个扣结，并默念咒语。有位阿拉伯少女爱上了一个男子，想将他牢牢拴在自己身边，于是她就在他的马鞭上打了几个扣结，但她的情敌发现后把扣结全解开了。根据这种巫术原理，扣结还能用来阻止人逃跑。在斯威士兰，妻子如果离开丈夫出走，这位丈夫便和朋友们出门追寻，为了使她无法沿原路返回，他们就在行经的草地上打很多结扣。俄罗斯人将布满结扣的网视为对抗巫师的最有力武器，因此新娘穿上结婚礼服后还要在头上挂一张渔网，以防邪灵侵害。他们还认为，在胳膊或腿上系一根红毛线就能抵挡疟疾和高烧，在幼儿脖子上系一根九股毛线编成的绳子就能预防猩红热。特维尔人在放牧牛群时，会将一只样式独特的袋子挂在走在最前面的一头牛的脖子上，以防狼群靠近。他们相信这种袋子能封住野兽的喉头，阻止它们虐食。

扣结和锁不但能防御巫术和野兽，还能防止死亡。1572年，当一个女巫被送上圣安德鲁斯的火刑柱受刑时，有人发现她身上带有一块项圈式的白布，上面有很多细绳和扣结，于是人们就拿走了这块布。女巫非常惊恐，她认为那块布一离身自己必死无疑。在英国很多地区，人们普遍认为只要家中的锁被锁上，门窗被闩上，人就不会死去。因此，当病人奄奄一息，必死

□《黄色背景的三个塔希提女子》
保罗·高更　1899年

在佛教中，黄色多次出现。佛陀的长袍是橘黄色的，代表了远离尘世，僧人的服饰亦是橘黄色，还包括诸多佛像、雕塑等都与黄色有关。黄色象征着光明与智慧。藏传佛教的一支即格鲁派，其服饰亦为黄色，被称之为"黄教"。

无疑时，为了减少他所经受的痛苦，人们就会打开家中所有的锁和门窗。

在巫术和宗教仪式上，主持人通常被规定要披发赤足，大概是怕他头上和脚下有任何扣结，妨碍了这种仪式。有人认为指环也能束缚或妨碍灵魂和肉体。在卡帕瑟斯岛，人们给死者穿衣服时从不扣纽扣，而且还要将死者所戴的耳环、指环等物全部取下，据说是怕死者的灵魂被环状物所拘而无法安息。进入莱科索拉古阿卡第亚人的女神庙前，人们必须先摘去手上戴的戒指。向冯纳斯献祭的祈福者不得食肉，也不得戴指环。

此外，指环还被当作防御邪灵侵体的护身符。据说，蒂罗尔那的妇女分娩时必须戴着结婚戒指，不然就会受到精灵和巫术的侵害。拉普人在帮忙将死者尸体入殓时，死者家人要给他一只铜镯戴在右臂上，直到棺材放进墓穴后才能取下。他们认为这样就能保护此人免受鬼魂侵犯。在这些事例中，我们似乎看到了古罗马祭司狄阿力斯不得戴戒指的原因，即防止寄居在他身上的神灵出入躯体时受到制约和阻碍。

第七章　禁忌的词汇

个人名字的禁忌

对于语言和事物，未开化的原始人并不能作出明确区分，他们通常认为名字与其所代表的人或物之间存在实际物质的联系，因此巫术也能通过名字来加害他人，就像借助头发、指甲或人体其他任何部分一样。原始人实际上是将自己的名字当成了身体的重要组成部分，而且小心地保护着。北美印第安人就持有这种信念，他们相信，如果自己的名字被恶意对待，身体同时也会受到伤害。有些爱斯基摩人年老时会重新取一个名字，希望获得新的生命。很多未开化的民族迄今仍将自己的名字视为生命的重要部分，因而煞费苦心地隐匿真名，以防不轨之徒知道后会用来谋害自己。

澳大利亚的土著人通常不会让别人知道自己的名字，好像是为防止敌人知道后通过巫术来加害自己。在中澳大利亚的一些部落，人们除了公开使用的名字外，都还有一个秘密的或神圣的名字，只有与自己非常亲近的人才知道。这个名字只在某些庄严的时刻使用，平时从不提及。如果有时不得不说出这个名字，也得小心翼翼地低声说，防止他人听到。

古埃及人可谓已相当文明，却也持有与此类似的原始迷信思想。他们也都有两个名字，一个真名，一个好名，或一个大名，一个小名。真名或大名要小心隐匿，

□ 婆罗门教的毁灭之神和舞蹈之神湿婆

婆罗门源于梵天之口，意为"祈祷"或"增大的东西"。祈祷的咒语具有魔力，咒语可以增添福祉、消除灾难与罪恶，因此执行宗教祭祀的神职者被称为婆罗门。婆罗门教将人分为四个种姓，婆罗门是最高种姓。图为印度古代宗教婆罗门教的毁灭之神和舞蹈之神湿婆。

好名或小名则可让大家知晓。婆罗门人的孩子出生后也会取两个名字，一个是公用的，另一个是秘密的，只有他的父母知道。那个秘密的名字只在结婚仪式上使用。这些习俗都是为了防范巫术的侵害，因为巫术只有通过真名才能发生效力。尼亚斯岛上的土著人相信，恶魔如果听到某个人的名字，就会伤害这人。因此在鬼魂常常出没的深林、湖边等处，人们绝不能呼喊彼此的名字，以防被恶魔听到。

阿劳坎人从不把自己的名字告诉陌生人，唯恐招来灾祸。如果一个陌生人问阿劳坎人名字，他们就回答说："我没有名字。"北美奥杰布玮人在被问到名字时，会让身旁的人代为回答。因为他们从小就相信，如果自己说出自己的名字，身体就会停止生长，身材将永远那么矮小。由于不愿说出自己的名字，很多陌生人便以为他们没有名字或是忘了自己的名字。他们为何会有这样奇怪的观念呢？我们猜测，这些未开化之人也许认为，如果自己说出自己的名字，就是从自己身上吐出了一部分自我，会损害自身健康；而由别人说出，则不会有这种血肉联系。

对名字的这种限制并不是绝对的，有时只在某些特定环境下需要遵守。南迪人出征期间，留在家乡的任何人都不得提及出征战士的名字，只能以飞鸟的名字来代替。上刚果的班加拉人打鱼时，或带着捕获的鱼虾回来时，他的名字就不得被提起，人们都用"姆威尔"来称呼他。他们认为，捕鱼时河里的精灵一旦听到渔夫的真名就会捉弄他，让他一无所获；而若在售卖捕获的鱼时被听到，精灵们就会损坏这些鱼，让他卖不出好价钱。新不列颠的苏尔卡人在接近他们的仇敌加克泰人的边境时，都极力避免叫出自己人的真名，恐怕招致敌人的袭击和杀害。而且在说到加克泰人时，还用"腐朽的树干"来代替，希望可怕的敌人像沉重的木头那样笨拙，寸步难行。

为了避免使用自己的名字，人们有时还会以自己孩子的名字来称呼自己。吉普斯兰的黑人就总防范外族人知道自己的名字，以免被敌人施以巫术来侵害自己。而孩童是没有敌人的，因此他们在说到某人时总用孩子的名字来称呼，比如"某某的爸爸、叔叔、表兄"之类。西伯里斯岛波索地区的阿尔福尔人不说自己的名字，而且连他们孩子的名字也不轻易说出来，他们若有侄子侄女，就称男的为"某某的伯父、叔叔、舅舅"等，称女的为"某某的伯母、婶婶、舅母"等。在马来亚，提到没有子女的本地人时常用他们弟弟的名字来代替。卡菲尔人认为直呼新娘的名字不礼貌，因此就称新娘为"某某的妈妈"，即使她刚定亲，还没成为妻子和母亲。

亲戚名字的禁忌

从上述事例来看，禁忌直呼姓名似乎主要是针对外人，亲友之间应该不存在或很少存在这种现象。可事实上，在那些特别亲近或有血统关系，尤其是婚姻关系的人们中，这种禁忌更为严格。这些人通常不得说出彼此的名字，甚至与其名字相似或某个音节相同的词也不得说出。男人同岳父母或女人同公公讲话时尤其要注意这点。卡菲尔人妇女不能公开讲她丈夫或丈夫兄弟们的乳名，甚至不得在心中默念她公公的以及丈夫这方的所有男性长辈的名字。如果平常使用的词汇中有同那些人的名字音节相同的，就必须换另一个音节或字才可说出来。这里的男人则不能说他岳母的名字，他岳母也不能说他的名字。在印度南部，妇女们认为如果将自己丈夫的名字告诉了别人或睡梦中不小心说出，就会导致丈夫早逝。在巽他群岛，人们认为谁要是说了自己父母的名字，某种庄稼的收成就会受影响。

荷属新几内亚的努福尔人禁忌称呼姻亲们的名字，主要是妻子、岳父母、妻子的伯叔父母、姑父母、妻子的从祖父母等。但男人可以称呼自己姐夫妹夫和内兄内弟的名字，女人则不能称呼丈夫兄弟和自己姐夫妹夫的名字。两家人缔结婚约后不但不能说出彼此的名字，甚至不得相互对视。在新不列颠加泽尔半岛的土著人中，有谁若提到妻子兄弟和姐妹丈夫的名字，就是对这位兄弟最大的侮辱，甚至会被判处死刑。在美拉尼西亚的班克斯列岛，对有姻亲关系的人的名字禁忌相当严格。男人不得说自己岳父母的名字，也不能说妻子兄弟们的名字，但可以说妻子姐妹的名字；女人不能说自己公公的名字，更不能说女婿的名字。两家儿女结亲后，双方不仅不得说彼此的名字，甚至不能说与这些人的名字谐音或音节相同的词。如果妻子兄弟的名字里有"手""热""一"几个字，那土著人平常说话都要非常小心。

死者名字的禁忌

在古代高加索地区，阿尔巴尼亚人被严格禁止说死者的名字。现在很多未开化的民族也都遵守这种规定。澳大利亚土著人最严格奉行的习俗就是不得说死者的名字，大声说离世之人的名字就是对本族最神圣信念的亵渎，因此人们都小心翼翼地予以避免。制定这种习俗，大概是为防止触怒鬼魂，或不想重提过去的伤心事。维多利亚的土著人很少谈及死人，而且从不提死人的名字。当提到死者时他们总是压低声音说："逝去的人"或"离开人世的可怜人"。他们认为，谈论死者时若说出其名字就会激怒死者的鬼魂。在澳大利亚中部的一些部落，亲友们在哀悼刚逝去的人时，不得说出死者的名字，如果必须要说，也得轻声细语，以免惊扰尚未离去的鬼魂。死者的灵魂若是听到有人说他的名字，就会认为亲友们不是在真心哀悼他，出于愤慨，便会在睡梦中缠扰他们。在赫德森海至巴塔戈尼亚的所有美洲印第安人部落中，禁忌提死者名字的习俗也极为盛行。哥伦比亚的瓜希拉人如果对着死者亲属提死者的名字，常被视为大不敬，甚至会被判处死刑。这种情况若就发生在死者家中，在死者的叔伯子侄面前，这人很可能会被当场杀死。

在很多相距遥远的民族中，我们也能找到这类习俗。比如，西伯利亚的萨摩亚德人，印度南部的托达人，鞑靼地区的蒙古人，撒哈拉的图阿雷格人，日本的阿伊努人，东非的阿康巴人和南迪人，菲律宾的廷奎恩人等等。这么多地区都盛行此类习俗的原因很可能就是惧怕鬼魂。据我们了解，图阿雷格人不说死者名字的原因正是如此。他们害怕死者的鬼魂回来，因此采取各种方法预防，如一有人死去就马上撤换原来的营帐，永远不提死者的名字，避免任何可能召回这鬼魂的行为。在澳大利亚的维多利亚部落，人们很少将某个名字永远使用下去，当地土著人认为，谁要是使用了死者用过的名字就会短命，因为那死者的鬼魂可能会把他也带入阴间。

出于对死者鬼魂的恐惧，人们便经常更换名字，以免引起他们的注意。在南澳大利亚阿德莱德与恩坎特湾的各部落中，有人去世后，与其同名的人便纷纷另换新名，或改为其他大家原先熟知

□ **蒙古人的禁忌**

鞑靼地区的蒙古人也有着对死者的诸种禁忌。他们在任何场合都不能提起死者的名字，唯恐把死者的灵魂召回来。在其他很多地区，如印度南部的托达人、日本的阿伊努人一样，他们的这种禁忌源于他们对鬼魂的惧怕。

的名字。北美印第安人中，不论男女，只要跟刚离世者同名，就必须改换新名，并且要在首次悼亡死者时更改。洛矶山脉以东的某些部落只在悼念新亡人期间更名，而北美太平洋沿岸其他部落则是永久易名。

在一些地区，不仅与死者同名的人需要更名，死者的近亲也要改换名字。因为人们担心死者熟悉的这些名字会将其鬼魂招引回来。维多利亚的很多部落在悼念死者期间，所有近亲都要暂停使用当前的名字，根据习俗用一般的词暂时代替。基奥瓦的印第安人在死者亲人面前从不提死者的名字，如果谁家死了人，这家人便都要更换名字。尼科巴人在为死者送葬时都要另取一个新名，以防引起死者鬼魂注意。出于同样目的，他们有时还剃光头发，改变容貌。

另外，如果死者的名字也是某些动植物或水火之类东西的名字，那么人们也会避而不用，换其他词代替。这类习俗极易推动语言的变迁，使很多旧词被淘汰，很多新词涌现。观察家们在对澳洲、美洲和其他地区这类风俗的调查研究中发现了这一倾向。根据观察家们的记录，澳大利亚土著人中的每个部落都有不同的语言，有些部落以自然界的事物为孩子命名，这人一旦死亡，其名字所用的字也将永远不再使用，而是另选一个字来代替。比如，一个名叫"卡拉"（火的意思）的人死后，卡拉这个词就不能再用，必须另选一个词来表示"火"的意思。在尼科巴群岛，当地土著人的语言也深受这类习俗的影响。他们经常用鸡、鸭、帽、火、路等尼科巴语为人命名，而且还规定任何人死后其名字都不得再提起。因此他们在起名字时既要考虑死者个人的称呼，又要考虑名字所表示的普通东西的名称，等这些词在本族语言中废止时，就得另造新词，或借用当地其他方言或外国语言中的词。这就使得他们的语言相当不稳定，也破坏了他们政治生活的连续性，以致过去很多历史事件的记载都含糊不清。

随着时间的推移和人类大脑的进化，死亡给原始人带来的恐惧和神秘感也在慢慢消弱。由于对逝去亲人的记忆在逐渐消退，他们总有一天会愿意提起那些亲人，那些名字。维多利亚的某些部落仅在悼念死者期间不得说出死者名字。北美的奇努克印第安人在亲人逝去的几年内不提死者的名字。在普亚勒普印第安人中，死者如果是声望极高的勇士，其后代则可袭用他的名字。

根据原始人的哲学原理，一个人的名字也是其生命的一部分，若将死者的名字赠予在世的某个人，这人就会成为那位逝者转世的化身。拉普人孕妇临近分娩时，常会有祖先给她托梦，告诉她哪位死者将托生为她的孩子，婴儿出生后便用那位死者的名字命名。在印度的孔德人中，婴儿出生后的第七天要设宴招待僧侣和全村村民。席间，僧侣将一些稻谷放进一杯水中，每放一粒就说一个已逝祖先的名字，并同时观察婴儿会注视哪粒稻谷，以此判断是哪位祖先在他身上再生，然后就用那位祖先名字为他命名。约鲁巴人的婴儿出生后，父母就会请一位祭司来占卜是哪位祖先转世，确定后便以那位祖先的名字为名。

国王及神圣人物名字的禁忌

在原始社会中，普通人的名字尚且有诸多禁忌，那么神圣的国王和祭司们的名字必然保护得更为严格。例如，达荷美国王的名字都是予以保密的，欧洲人所知道的那些国王的名字都不是真名，只不过是他们的称号。在杰尔拉的加勒王国，任何臣民都不得说国王的乳名，与国王名字同音的词也必须换做他词。中非巴希玛人的国王逝世后，他的名字便永久废止，如果他的名字是一种动物的名字，就要马上给这动物另换一个新名。在暹罗，凡说出国王真名的人就会被立即投入监狱。

祖鲁族人从不说自己酋长或所记得的酋长祖先的名字，也不说与那些名字相同或谐音的字。杜望德威部落有一位酋长名叫兰伽（太阳的意思），因此人们就把太阳的名字改为伽那，尽管国王兰伽已逝去一百多年，人们仍将太阳称为伽那。各部落不仅要避讳自己酋长的名字，还要避讳全祖鲁族国王的名字。妇女们在这方面被要求得更严格，她们连那些同要避讳的名字字音略微近似的字也不能使用。皇室女性的语言非常难懂，因为她们不仅要避讳国王和国王祖辈的名字，还要避讳国王兄弟以及国王祖辈好几代兄弟的名字。因此现在的祖鲁族语几乎是一种双重的语言，表示事物的很多词，每个都有三四个同义词，

□ 静物（花与鸟）　保罗·高更　1902年

佛经中有许多关于鸟的譬喻。佛陀以四种鸟的声与形譬喻四种比丘，一种比丘外形出众却不懂佛法；一种比丘外形不具威仪却潜心佛法；一种比丘不遵礼法亦不懂佛法；一种比丘端正威仪且潜心佛法。这是以鸟劝解比丘潜心修佛之一例。而花亦有众多的譬喻。佛门称花为"华"，且有以花譬喻本心的清净为"心华"，因此佛经中以"心花开敷"表示豁然大悟。

□ 萨卡拉瓦夫妇造像

萨卡拉瓦人属于马尔加什族，居住在人烟稀少的马达加斯加岛西部。16世纪末，萨卡拉瓦人沿着西南海岸发展，建立了马拉加西王国。萨卡拉瓦人对国王极其尊重，就连国王死后，任何人也都不能说出他的名字，因为他的名字神圣不可侵犯。如若说出，就是犯法，会被定罪。

在各部落的相互混合中，这些词被整个祖鲁族所熟知。

在马达加斯加岛的某些地区，不仅活着的，已逝的国王和酋长的名字也都要避讳。萨卡拉瓦人的国王死后，其生前所用的名字便成神圣，任何人都不得说出那名字，与此相似的日常用词也都成为神圣的词，必须用其他词代替使用。谁要是说出避讳之词，就被视为大不敬，甚至会被定罪。不过，对这些词的避讳仅限于已逝国王统治的地区，邻近地区仍可照常使用。在大溪地，国王登基后，所有与他名字谐音的词都要改换。如果有人不小心误用了这类禁忌之词，他本人及其亲属都会被立即处死。但词的这种更易只限于国王在世时，一旦国王去世，原来的词便自动恢复。古代希腊，当祭司和其他执行埃莱夫西斯秘密宗教仪式的高级官员们在世时，他们的名字都不得称呼，如果说出便是犯罪。

神名的禁忌

原始人按照自己的形象创造了自己的神。古希腊的色诺芬尼很早以前便指出，黑人的神的肤色都是黑的，鼻子也是扁平的；色雷斯人的神的眼珠都是蓝色，肤色也很红润。假如马、牛、狮子也相信神的存在，也能画出来的话，它们肯定也是根据自身的形象去画。原始人隐匿自己的真名，是怕不轨之徒知晓后施以巫术谋害自己，他们认为神祇也面临这种危险，因此他们的神名也必须严格保密。古埃及的一个故事最能说明保密神名的这种原始观念：伊希斯是个巧言利齿的女人，她厌倦了男人的世界，向往神的世界。她心里默想："难道我不能借助太阳神拉的圣名成为一位女神，也像他那样统治天地吗？"拉有很多名字，但那个赋予他统治众神和人的力量的伟大名字则无人知晓。太阳神这时已经老了，嘴里的口水都直滴落地面。伊希斯把他的口水连同地上的土都收集起来，捏成一条蛇放在太阳神每天的必经之路上。一天，他像往常一样路过此处时，那条蛇蹿出咬了他一口，太阳神失声叫了起来，那叫声飞上了天。簇拥着他的诸神慌忙问道："您怎么了？"但这时他已经不能说话，蛇毒已传遍他的全身。心神平定下来后，他对旁边的诸神说："孩子们，我的骨肉后裔们，到我身边来吧！我是王子，神的后裔，那名字就藏在我的体内，任何巫术也伤害不了我。可现在，却有什么东西刺伤了我，我的心如受火炙，我的血肉在颤动，我的四肢在发抖。"诸神儿女听到召唤都来到太阳神面前，心怀鬼胎的伊希斯也来了。她口中充满了生命的气息，她念出的咒语能消除苦痛，说出的话语能起死回生。她问道："神圣的父啊，您怎么了？"太阳神开口说道："当我巡视两处领地时，不小心被一条蛇咬了。我现在觉得身上比水还要凉，比火还要热，我浑身冒汗，四肢发抖，眼神涣散看不见天空。"伊希斯说道："请告诉我您的名字，神圣的父！因为只有被呼唤名字的人才能活下去。"拉回答说："我创造了天地，统率着群山，我创造了浩瀚的海洋，伸展了地平线。我就是那位睁开眼睛天地间就有光明，闭上眼睛世间就一片黑暗的人。诸神都不知道我的名字。我的名字早上是赫普拉，中午是拉，晚上是吞姆。"说完后蛇毒非但没从他身上移走，反而更深入了，这位伟大的神彻底无法动弹。伊希斯说："您告诉我的并不是您的真名。告诉我吧，只要说出您的真名，那毒液就会离开您的身体。"这时太阳神体内像有熊熊烈火在燃烧。他说："我允许伊希斯在我体内找寻，让我的名字从我胸中传到她胸中。"这位伟大的神的名字从他体内被取了出来。然后伊希斯念诵咒语驱除了毒性。知道了拉真名的伊希斯便成为主神的皇后。

　　这个传说告诉我们，神的真名同他的神力紧密联系在一起，而且很可能深藏在他的胸腔内。埃及很多巫师都希望能像伊希斯那样，通过占有伟大神祇的名字获得极高的权力。据说，只要占有了真名，就能占有神或人的实体，并迫使其无

□ 斯韦什塔里的色雷斯人墓

　　色雷斯人，巴尔干半岛最早的居民之一，主要分布在现今的保加利亚、希腊、马其顿、罗马尼亚和土耳其等国境内，曾创造了高度发达的克里特-迈锡尼文明，最终被罗马帝国毁灭。该色雷斯人墓的遗址是于1984年在保加利亚的拉兹格勒镇斯韦什塔里村被发现的。

条件服从自己。因此，很多巫师为达到这一目的煞费心机。

关于巫术对神的名字的作用，罗马人也深信不疑。当他们围攻某座城市时，祭司们就会对城池的守护神念诵某种特定的咒文，祈请这些神放弃城池归附罗马人，罗马人会更好地敬奉它们。反之，罗马人为防止本城的守护神被敌人引诱过去，对护城神祇的名字都严格保密，甚至连城池本身的名字都讳莫如深，即使在神圣的仪式上也绝不会说出。今天，高加索的切列米斯人对他们村庄的名字仍然保密，大概也是出于这种迷信思想。

通过对如此多的迷信思想习俗的考察，我们应该看到，国王名字总是保密的现象并不是孤立的，也不是臣民对国王的阿谀逢迎，而完全是原始人思想的一般原则的特殊应用，其应用的范围包括平民和神、国王和祭司。

第四卷 | 献 祭

原始人类的遗泽——杀死神王——临时国王——以王子献祭——神灵转世——处死树神

第一章　原始人类的遗泽

在前面的探讨中,我们列举了那么多关于国王和祭司禁忌的事例,现在只需对得出的一般结论做个概括性的说明。我们已经知道,原始人或野蛮人的社会里,常有一些人被其同伴们视为具有控制自然力量的似神的人物。由于具有这种神性,对其信奉者们来说他们就成了人们赖以生存的大自然正常运转的象征和保证。因此他们的生命和健康就变得异常重要,一切有害于这两点的行为或事物必然要被禁止。于是原始人便制定了种种条规,其实就是一些行为准则,他们认为,每个具有一般人的谨慎感的人要想在该地长久生活下去,就必须遵守这些准则。但就一般人来说,遵行与否,完全由他自己选择;对神人来说则必须强制执行,要用剥夺他的权位甚至处死的刑罚来威胁。

可见,古代国王和祭司的生平中充满了原始社会中被公认的智慧。那是一个完美的范式,是按原始人的哲学思维建立起来的。在我们看来,这种哲学似乎很粗糙,充满了谬误,但它并无逻辑上的矛盾,它最致命的错误在于它的前提,在于对生命实质的认识。然而,我们不能因为发现了这一问题,就对其嗤之以鼻,那不恰当,也不是哲学的态度。我们能有现在的认识,是以前人长期痛苦的努力为基础的,我们应感谢那些无名

□ 《美丽的安琪儿》　保罗·高更　1889年

安琪儿即天使。犹太教、基督教中对天使的概念界定十分相近,甚至完全相同,它们是服侍上帝的灵。上帝差遣他们来地球帮助需要拯救的人、传达上帝的意旨,天使是上帝在地上的代言人,将神给人的讯息带进人间的桥梁。他们担当着人间监察者、人们行为的忠实记录者,也是对抗神国敌人的战士、神国内拥有特殊职业的人民。

的、被遗忘的人们。

其实说起来，我们同野蛮人的相似之处比我们想象的要多。我们和他们共有的东西，我们认为确实有用而保存的东西，都应归之于野蛮的祖先们。他们从经验中得出了某些基本的观念，并把这些观念传给了我们，而我们却极易将其看作本能的和新创的。他们的错误并不是有意的夸张或疯狂的呓语，而是一些假说，只是后来经过不断的检验被证明无法成立。真理就是在对一个个假说的检验中辨明的，说到底，我们所谓的真理也不过是最有成效的假说。所以，在探究远古时代人类的思想和行为时，我们都应保持一颗宽容的心。

第二章 杀死神王

神也死亡

人按照自己的形象创造了神,人终有一死,于是他便认为他的创造物也有同样可悲的命运。格陵兰人相信,风能杀死他们最强大的神,而且神若触摸到狗也一定会死去。菲律宾群岛一个部落的人告诉西班牙征服者,创世主的坟墓就在卡布尼安山顶上。霍屯督人敬奉的一位神或有神性的英雄赫兹—厄比,据说死过好几次,又活了过来。他的那些坟墓在山间的狭径上经常能够看到。当霍屯督人经过时,都要朝他的坟墓扔一块石头以祈求好运,有时还默念:"给我们大量牲畜吧。"希腊大神宙斯的坟墓直到本世纪初还供游人观瞻。狄俄尼索斯的遗体被安葬在德尔法,就在阿波罗金像的旁边,墓碑上还有墓志铭:这是逝去的狄俄尼索斯,塞墨勒的儿子。

埃及那些伟大的神祇也难逃这一共同命运。他们也会老去和死亡。后来涂油防腐的技艺被发明出来,死者尸体长久不会腐烂,死者的魂魄得到了重获新生的机会,神也像人一样看到了永生的希望。因此每个地区后来都有了自己亡神的坟墓和木乃伊。门德斯出现了奥西里斯的木乃伊;蒂尼斯以有安豪里的木乃伊而自豪;赫利奥波里斯因拥有陶穆的木乃伊而欣喜若狂。

□《金色肌肤的少女》 保罗·高更 1901年

在人类早期,肌肤具有某种神秘的寓意,也因此存在着肌肤"修饰"的原始习俗。在20世纪早期莫尔兹比港口东北部的Chambri部落里,有一种针对男孩的切割背部皮肤的仪式。在当地文化中,如果男孩能够忍受这样的疼痛,在今后的生活中他会承受更多的苦难,更加坚强。在剔掉背部肌肤后,男孩们将站在火堆前,让烟雾进入这些伤口,从而帮助塑造疤痕的形状,最终形成了犹如鳄鱼一样的鳞片。

国王体衰被处死

既然人们相信，住在远离尘嚣的圣洁之处的高级神祇都终有一死，那么寄居在脆弱的肉身躯壳里的神就更难逃此劫了。我们已经知道，原始人相信大自然的进程是同人神的生命紧密联系在一起的，如果人神的能力渐渐衰退直至死亡，大自然会面临怎样的灾难呢，人类的生命又怎能保障呢？因此，为了防止灾祸降临，人神的能力一旦出现衰退，就必须立即将他处死，把他的灵魂传给一个精力旺盛的人。柬埔寨的火王和水王是不允许自然死去的。因此他们中谁若患上重病，长老们认为他无法康复，就会将他刺死。刚果人相信，如果他们的大祭司自然死去，世界就要毁灭。因此当他生病很可能会死去时，他的继承人就会带一根绳子或棍子到他房内，将他勒死或打死。非洲一带似乎至今仍流行着这类风俗，在法佐尔的某些部落中，国王每天都要到一棵特定的树下审处事务。如果因为生病或其他什么原因一连三天不能履职，他就被用绳套吊在这棵树上，当他身体的重量拉紧绳套时，安在绳套里面的两把刀就会割断他的喉咙。

神王一出现体力衰退或年老的迹象就被处死，这个习俗在白尼罗河的希卢克族中一直非常盛行，直到今天才真正消失。根据赛利格曼博士的考察，希卢克王似乎不仅在刚现出衰老迹象时就被处死，其至当他还身强体健时，就可能遭到对手的挑战，为了保住王位不得不格斗至死。按照希卢克部落的传统，现任国王的儿子都有权同国王格斗，谁若能杀了国王，就可继承王位。因为一位国王通常都有很多妻妾、很多儿子，所以竞争王位的人任何时候都不会很少，现任国王的性命自然时刻处于危险中。每位希卢克王死后都建有神祠，大都设在他的坟墓上，国王的坟墓一般在他出生的村子里。国王的神祠跟本族的创业者尼阿康的神祠非常相似，在里面举行的宗教仪式的形式也都一样，只是尼阿康的神祠更威严隆重一些。国王的墓地神祠由一些年老的男人和妇女看管，这些人通常是已故国王的

□《王者的死亡》 保罗·高更 1892年

处死国王的宗教行为，是巫师们极端的"神王"崇拜的产物。当"神王"身体欠佳或体力衰退时，他们便以保存神的永久性生命为由，"义不容辞"地行使自己神圣的职责而将其处死。这种奇特的风俗在藏族历史上也曾出现。据《西藏苯教源流》等书记载，当王子到了十二三岁的年纪，其正值壮年的父王就必须升天——由巫师将其秘密杀死。为此，巫师们将国王的神秘死亡进行神话般的渲染，使其在庶民心中永远是个"神"。

□ 祖鲁战争

祖鲁族为非洲的一个民族，约建立于1709年，主要居住在南非的夸祖鲁-纳托尔省。祖鲁族最先由夏卡·祖鲁统治，夏卡之后分别是丁冈、Mpande、塞奇瓦约继位。就在塞奇瓦约统治时期，祖鲁与英国爆发了一场大战，战争终结了祖鲁作为独立国家的历史。

妻子或年纪大的男仆，他们死后就由其子孙接替这职务。

总体来看，希卢克人有关神王的观念和做法与内米的祭司——林中之王非常相似，在这两者中我们都看到一种情况，即：人们相信，人和动植物的繁盛都依赖于神王的生命，而且神王都不是自然死亡，目的是为了将他们的神性传给精力充沛、未受疾病衰老影响的继承者。因为，崇奉神王的信徒们认为，他一旦出现任何衰退，人畜和农作物也会随之衰退。关于杀死神王的风俗，我们后面还会充分探讨，所以还是先来看看这种风俗的一般做法。

在非洲中部的布尼奥罗王国，国王患上严重疾病或开始衰老时就必须立即自杀。因为据信，如果国王自然死去，王朝的王位就会丧失。金吉罗王如果在战斗中负伤，他的同伴就将他处死，如果他们没能做到，就由亲属来做。他们说这样做是为了防止王死于敌人之手。在尼日利亚北部的三个豪撒王国戈伯、卡森纳和道拉，国王一出现衰退的迹象，一个号称"杀象者"的官员就来到国王屋内将他掐死。祖鲁人好像也有这样的风俗，国王有了皱纹或白发就被处死。在苏法拉的卡福王国，国王如果不能生育、得了传染病、掉了门牙、体形走样，或身体出现任何问题，按照当地从前的风俗，国王就必须服毒自尽。

国王在任期届满时被处死

在前面所举的事例中，国王一般是在出现年老衰退迹象、身体外形有了缺陷或身患重病时被处死，这类情况出现之前，他们是可以继续掌权的。而在某些民族中，国王还身体力壮就可能被杀死，因为他们似乎认为等出现衰弱迹象再动手也并不保险。于是他们就订了一个统治期限，期限一满国王就得死去，这类期限一般都很短，以保证期间他不会身体衰退。印度南部一些地方订的期限是十二年。在基拉卡尔邦，当地异教徒每十二年就为神殿里的偶像举行一次大会，而本邦国王的任期也是十二年，因此节日那天国王就要在仪式上杀死自己。他先走到一个大桶里沐浴，然后到偶像前祈祷，再登上一个铺挂丝织品的木架，当着所有异教徒们的面，用刀子割掉自己的鼻子、耳朵、嘴唇和四肢，直至失血过多就要昏迷，接着便割断喉咙。

当统治期届满时，必须一死的国王也可找个替身代他死亡。我们从斯堪的纳维亚的一些历史记载中发现，古代瑞典国王的统治期限只有九年，期满后他们或者被杀或者找人代死。据说瑞典国王奥恩接连几天祭拜奥丁神，祈求免于一死，神最后说，只要他每隔九年将自己的一个孩子献祭上来，他就可以不死。他按神的要求献祭了九个孩子，要不是瑞典人制止，他还会献祭第十个孩子。于是他就死了，被埋葬在阿卜撒拉的一座小山上。

古代希腊国王的统治期只有八年，每当期满时就要重新举行继位仪式，重新接受神所恩赐的新生命。根据斯巴达宪法里的一条规定，每隔八年，五位民选行政长官就要选一个晴朗的夜晚，坐下来静观天空，如果看到火球或流星，他们便断定国王对神犯了罪，就暂时剥夺他的圣职，待德尔法或奥林匹克的神谕降下后再让他复位。克里特岛国王克诺修斯的巨大宫殿近年被挖掘了出来，据说他的任期总以八年为界，每当八年期满，他就要到伊达山上的神洞中住一个季度，在那里与主神宙斯交谈，向他陈述自己过去几年执掌政权的情况，并聆听他的教诲。这个传说告诉我们，每逢八年之末，国王要通过与神灵交谈来重铸自己的神力，如果没有这样做，他就会失去为王的权力。

在巴比伦，自有历史记载以来，国王的任期实际上是终身的，但在理论上似乎仅有一年，因为每年扎格穆克节时，国王都要到伊斯吉尔的马尔达克神庙中握一下马尔达克神像的双手，获取新的神力。甚至当巴比伦归属亚述后，该国的国王也每年前往巴比伦履行这一古代仪式。看来在有历史记载之前的远

□ 奥丁神

奥丁神，北欧神话中的至高神，阿萨神族的神王，天空的人格化，世界的统治者，被称为诸神之父，司掌战争、权力、智慧、魔法和死亡。

古时期，巴比伦国王一年任期一满，就会失去他们的王位甚至生命。据曾任巴比伦祭司的历史学家贝罗瑟斯说，巴比伦有一个被称为撒卡亚的节日，为期五天，节日期间，主仆易位，仆人下令，主人服从。一个死刑犯穿上皇袍，坐上王位，随意发布命令，吃喝玩乐，甚至与王妃同居。但五天一满，他就要脱去皇袍，被吊死或刺死。也许这个风俗只是人们在节日期间拿可怜的罪犯取乐而已，但从假王可以与王妃同居这点来看似乎又不像，因为东方统治者的后宫是禁地，由此我们可以断定，这习俗背后肯定有某种重要目的。很可能是以死囚代替国王而死，为了使这种替代更有效，他需要在短暂的统治中充分享有王权。

第三章 临时国王

巴比伦曾流行过的改良式杀王风俗,在一些地方变得更加温和了。国王每年还是暂时离职,王政由某个名义上的国王代为掌管。短暂的统治期结束后,这位国王被假装处死,以作为对古时真正处死国王做法的追忆。每年米阿克月(阳历二月)柬埔寨国王都要离职三天,由一位叫做斯达克·米阿克(意思是二月之王)的临时国王代他执政。临时国王的职位由国王的一个远亲世袭,儿子继承父亲,弟弟继承哥哥,跟真正王朝的继承规则一样。在暹罗,阴历第六个月的第六天(四月末)要指定一个临时国王,他可以执掌王权三天,期间真正的国王则关在自己的宫殿中。在上埃及,从9月10日这天起,科普特人的政府日常行政工作暂停三日,各城各自选出自己的统治者。选出的临时君主打扮得古里古怪,登上国王宝座审理事务,地方长官和其他官员们都要服从他的决定。三天后,假王被判处死刑,包裹起来投入火堆,等包裹之物被烧毁后,这人便从火堆里爬出来。这个习俗表明,过去可能真有烧死国王的做法。

在康沃尔州的洛斯威西尔,直到16世纪还盛行每年选一假王统治一天的风俗。在"小复活节的星期天",城镇和庄园的世袭地产主,或他们的代表都集合在一起。当年轮到谁,那人就得穿上漂亮衣服,头戴王冠,手持节杖,

□ **古巴比伦王国国王汉谟拉比**

公元前18世纪,在底格里斯河和幼发拉底河的两河流域,出现了古巴比伦王国。该王国建立后,直到第五位国王汉谟拉比出现,在其领导下,巴比伦王国一跃成为囊括整个两河流域的帝国。为了加强统治,汉谟拉比颁布了世界上第一部成文法——《汉谟拉比法典》,这是最具代表性的楔形文字法典。

骑着高头大马前往教堂，其他人都骑在马上恭敬地跟随在后面。牧师穿上最好的法衣，在教堂外迎接他，引领他听礼拜布道。离开教堂后，他便去参加专为他举办的宴会，他坐在桌子上首，受到真正国王式的服务。宴会结束，仪式也就告终。

有时临时国王并不是每年都代行王政，而是新任帝王刚登基时行使一次即可。在苏门答腊的占碑王国，每位新皇帝掌握政权后，先由一人占据王位，行使一天王权。关于这种习俗的起源还有一个传说：有五位皇家兄弟，四个大的都不愿继承王位，说自己身体都有缺陷，将王位让给了他们最小的兄弟。但最大的一位占有王位一天，他的后裔们在每位皇帝开始统治时也保有这种权力。在比拉斯普尔似乎有这样一个风俗，每个王公死后，一个婆罗门要吃下逝去的王公手中所捧的米饭，然后行使一年的王权。一年期满时便被放逐国外，且永久不得返回。

在前面的事例中，临时国王是按照惯例每年予以指定的。但在有些地方，为了应付紧急情况才会指定，比如为解救大祸临头的国王，将王位暂时转给一个替身。根据波斯的历史记载，1591年星象家警告大阿巴斯国王，严重的灾难将降临到他头上，叫他暂时离位躲避，指定一个不相信这警告的人代替执掌王权，这人可能是个基督徒。灾难过去后，这位临时统治者就被处死，阿巴斯国王重登王位。

第四章　以王子献祭

对于前章中所描述的临时国王，有一点需要注意，即在柬埔寨和占碑这两个地方，他们都来自被认为与皇室同宗的某个家族。如果临时国王的作用就是代替国王赴死，国王又是作为神或半神而死去，那这个替身至少也要赋有国王的神性。这样来看的话，就没有人比国王的儿子更合适的人选了，他肯定继承有国王的神性。

关于拉菲斯蒂的宙斯神殿，流传着一个奇怪的故事：阿勒斯城的国王阿塔玛斯娶了一个妻子纳菲尔，她生下了一个儿子和一个女儿，分别叫弗里克索斯和赫尔。后来，国王又娶了一个妻子，叫伊诺，她生了两个儿子李尔秋斯和墨利色蒂斯。但他的第二个妻子嫉妒前妻的孩子，想谋害他们。她说服全国的妇女先将谷物种子用火烤过再播种，结果第二年庄稼全都没长出来，大量农民被饿死。于是国王派使者前去调查原因，歹毒的伊诺便贿赂使者，让他回禀国王："根据神谕，只有把阿塔玛斯前妻的孩子献祭给宙斯，饥荒才会停止。"阿塔玛斯信以为真，便派人去找孩子。两个孩子正跟羊群在一起，有一只金色羊毛的公羊用男人的声音开口警告他们会有危险。他们于是骑上这只羊逃走，当飞过海洋时，女孩不慎滑落下去被淹死。但她的兄弟弗里克索斯被安全地带到了柯尔契斯，这里归太阳的儿子统治。弗里克索斯和国王的女儿结了婚，她为他生了一个儿子库提索鲁斯。这时他家乡出现一个神谕，要国王阿塔玛斯本人充作赎罪的牺牲献祭。当人们把他领到祭坛正要献祭时，他的孙子库提索鲁斯赶来救下了他。阿塔玛斯虽然得救，后来却疯了，误把儿子李尔秋斯当成野兽射死。当他又想杀死剩下的儿子墨利色蒂斯时，母亲伊诺救下他并带他逃走，两人一起从高崖跳入大海。失去妻子和孩子的阿塔玛斯便离开了他的国家。由于阿塔玛斯没有为全国人民充作赎罪的牺牲献祭，于是神下令，他家每一代最年长的子嗣只要进入市镇大厅内，就要把他献祭给拉菲斯蒂的宙斯。

结合阿塔玛斯的这些传说，以及有历史记载时期有关他子孙的风俗来看，我们基本可以推定：塞萨里或维奥蒂亚，在古代时被一个王朝统治着，国王为了全国的利益常要充作祭品献给叫做拉菲斯蒂的宙斯的神，但他们想方设法将这致命的责任推给了子孙，通常是后代中的长子。随着时间的流逝，这个残酷的习俗渐趋温和，可以用一头公羊来代替王室后嗣做祭品，敬献给城镇大厅内的拉菲斯蒂。但前提是王子不能进入那个大厅，如果误入，他本人就必须充作祭品。把国王或王子的献祭同饥荒联系起来的传说表明了一种观念，这种观念是原始人普遍持有的，即：国王对气候或收成负责，自然就要为风雨失调和庄稼歉收而付出生命。看来，阿塔玛斯和他的后嗣是将神或巫术的职能与国王的职能联系在一起了。

第五章　神灵转世

对于远古时期某些民族的国王在短期统治后被处死的看法，有些人可能会提出反对意见，认为这一风俗会使皇室灭绝。但你只要听听我的分析，就会抛开这种疑虑。首先，王权并非经常限于一个家族，而是可以由几个家族轮流执掌；其次，王位通常并不是世袭的，任何满足条件的男子都有机会获得，比如与公主结婚、在格斗中战胜国王等；最后，即使这个风俗会使一个王朝绝灭，那些和我们相比较少关注未来、关注人的生命的人们，也不会放弃这种风俗。有很多种族，像很多个人一样，也许明知某些行为会毁灭自己，仍沉溺其中不可自拔。

波利尼西亚人似乎通常要杀掉他们三分之二的孩子。在东非某些地方，只有经过某些仪式受孕而出生的婴儿才能活下去，其他孩子出生时都会被杀死。在南美洲的姆巴亚印第安人中，妇女通常杀掉他们所有的孩子，只留最后生下的那个，或者说她们认为是最后的一个。如果后来又生了一个孩子，她就将其杀掉。这种残忍的做法最后几乎完全毁灭了姆巴亚族的一支。在西非卡拉巴河左岸，不久前迁来一支叫悠威特的小部落，当传教士第一次访问这个地方时，发现部落人口很多，分别居住在三个村子里。因为他们有采取神裁法服毒的习俗，很快这个族群的人口就已接近灭绝。有一次，全体族民为了证明他们无罪同时服毒，结果约半数人当场死亡，听说剩下的人仍继续遵循他们的迷信做法，显然不久也会灭绝。从这些事例可以看出，许多种族在遵循一条可能灭绝整个族群的习俗时，是不会有任何顾

□ 焚童献祭

迦太基在被罗马人摧毁之前的几百年时间里，一直有着焚烧孩童以祈求丰产的独特祭礼。他们最初是焚烧奴隶的子女作为祭品，后来由于在与罗马的战争中连连败退，贵族们使用自己子女被烧焦的尸体来祈求神的宽恕。

虑的。我们不能用欧洲文明的标准来衡量野蛮人。

在杀死神灵的风俗中，还包含着一种被杀神灵的灵魂转入继承者体内的信念。我们最直接的证据就是希卢克人的做法，他们一直奉行杀死神王的习俗，而且笃信，该朝代的神圣创建者的灵魂存在于每一个被杀的继承者身上。在原始人中，死者灵魂会转给其继承者的观念是很普遍的，不论这人是自然死去还是暴死。在尼亚斯，通常由长子继承其父亲的酋长职位。如果由于某种合理的原因，长子丧失继承权，父亲就在生前决定由哪个儿子继任。但这个被选中的儿子只有用自己的嘴或一个袋子捉住酋长临终前的最后一口气，才能真正享有继承权，因为捉住这口气意味着捉住了酋长的灵魂。任何人捉住了酋长的最后一口气，都能和指定的继承人一样当酋长。因此，围在奄奄一息的酋长周围的人都想趁机抓住他的灵魂。

在有些地区，继承权的获得似乎有赖于占有前任国王身体的某一部分。在西里伯斯南部，已逝拉杰身体的一部分通常就是王室的标志，被作为圣物珍藏着，并授予王者权柄。在马达加斯加南部的萨卡拉伐人中，已逝国王们的一块脊骨、一个指甲和一缕头发被放在鳄鱼牙齿里，并细心陈列在一座专门的房子里，占有这些遗物就有权登上王位。非洲西部的阿贝奥库塔的国王去世后，一些有地位的人就斩去他的头颅，放在一个大陶器内，交给新任国王，作为他的神物。

结合上述事例，我们基本能够推断，当神王或祭司被处死后，他的灵魂被认为是传给了他的继承者。

第六章 处死树神

降灵节的化装游乐者

我们还要继续追问,杀死神王或祭司的习俗对我们所探讨的特定题目究竟有何启发?在本书前面一部分,我们已合理假定内米的林中之王是被视为树精或植物精灵化身的,他的崇奉者相信,作为化身的他能促使树木结果、庄稼生长等。因此,他的崇奉者必定非常珍视他的生命,可能也会通过各种预防手段或禁忌来加以保护。我们已经推定,人神暴死是保存其生命价值,避免年老衰退的唯一手段。这样的推断也适用于林中之王,他必须被杀死,这是为了保证附在他身上的神灵能完整地转入他的继承者体内。他可以为王,直到被比他更强壮的人杀死。可以说这条规定既保证他的神性和生命充满活力,又保证他的精力一旦出现衰退就将其转给合适的继承者。只要他能用强有力的手保住王位,就说明他的自然力量并未减退;而一旦败在或死于他人手中,就证明他的精力开始衰退,也就到了他身上的神灵该寄居在一个较强健的躯体里的时候。如此来看的话,这条规定就不难理解了。

如果能找到证据,证明在北欧有一个定期杀死林中之王的对应人物,即树精的人的化身的风俗,那么,以前在一个固定时期行将期满时要处死林中之王这个假设就被证实了。其实,这种风俗在农民的很多节日活动中留有明显的印迹。

在下巴伐利亚的尼德波林地区,降灵节期间扮作树木精灵的人被称为芬格索,他头戴一顶挂满水藻垂至肩头的高帽子,帽子上只有两个能让眼睛露出来的洞。他全身上下披裹着树叶和鲜花,两旁各有一个拿着宝剑的男孩牵着他的胳膊,参加列队游行的其他人也大都带着宝剑。想得到哪家的礼物他们就在哪家门前停下来,人们躲在一边往芬格索身上泼水,他浑身被湿透后,大家都欢欣雀跃。最后他走进齐腰深的河水中,站在桥上的一个男孩假装要砍掉他的脑袋。在施瓦本的瓦姆林一带,降灵节的星期一那天,二十来个年轻小伙子穿上白衣白裤，腰围红巾，佩戴宝剑，骑马前往树林。他们在树林里砍下叶子繁密的橡树枝，用它们将最后一个骑马出村的人从头到脚裹起来，还给他安上一个带假头假脸的假长脖子。接着他们砍一棵白杨树或山毛榉树作为五朔树，将树上饰满花手巾、绸布条等装饰品后交由专门人背回村子竖立起来。然后一行人伴着乐声和歌声骑马赶回村子。他们在村里的草地上停下来，其中几人分别扮作摩尔王、班长和刽子手等人物说一番押韵的话，刽子手宣布裹着树枝的人已被判死刑，并砍掉他的假头。然后他们骑马一同跑向五朔树，第一个到达且拔起树的人就得到五朔树和上面的装饰品。这种仪式每隔两年或三年举行一次。在萨克森和图林根，流行一个叫"把野人赶出树林"的降灵节仪式。一个小伙子身上披挂树叶或水草扮作野人，躲进树林里，村里其他男孩去找他。找到后，他们把他牵出树林，用空枪朝他射击，他假装倒地死去，扮作医生的一个男孩给他放血后他又醒过来，然后他们便将他紧紧地绑在车上，送回村子。他们向所有村民描述抓野人的过程，各家各户都送给他们礼物。

不过，对我们的探讨最有帮助的可能是波西米亚的一个风俗。在那里的皮尔孙一带，当降灵节的那个星期一到来，国王就头戴一顶金纸王冠，身挂缀满鲜花和绸带的树皮，骑马前往村里的广场，一个法官、一个刽子手和其他几人跟随，后面还有一队骑兵。广场上早已立好的五朔树下有一个用绿树枝扎的小屋或亭子。骑马的队伍将一只青蛙斩首后，来到在一条又宽又直的街道上预先选好的地方，在那画两道线，让国王开始逃跑。国王先骑马跑出一步，后面的队伍随即追赶上去。如果没人赶上他，他就再做一年国王；但如果队伍赶上他，他们就强迫他下马，用树枝抽打他。然后刽子手在大家的要求下挥斧砍掉国王的王冠，将他"斩

□《狂欢节和封斋期之争》
老·彼得·勃鲁盖尔　1559年

狂欢节，是盛行于欧美地区许多国家的传统节日，化装舞会、彩车游行、假面具和宴会是它的几大特色，总的说来，它是以毫无节制地纵酒饮乐为主。画面上，象征狂欢节的胖子骑跨在一个大酒桶上，后方尾随着一群戴着面具的人，他举起一把沾满肉汤的烤肉杆，开始击打坐在两个修士拉行小车上的瘦弱的四旬斋（基督教传统节日之一）老人。这些介于欢乐和苦行赎罪之间、儿童的活泼欢乐与流浪者及跛足者的忧伤痛苦之间的场面，是对人类命运的拷问。

首"，国王假装倒地而亡，接着被放在尸架上抬到最近的人家。

可以看出，这些假装被杀掉的人物大都是代表树精或植物精灵的，他们所穿戴的树皮、树叶、鲜花以及他们出现的季节都表明，他们与草王、五朔节树王、绿衣杰克，及春天草木精灵的其他代表都属于同一类。但问题是，如果他们确实代表春天的草木精灵，为什么要杀掉他们呢，而且还是在最需要草木精灵的春天？也许我们只能在有关杀死神王或祭司风俗的解释中找到答案。寄居在人体内的神灵生命，会随人体年龄的增长而日渐衰弱，若要挽救它，就必须在人体表现出衰退迹象或出现衰退迹象之前让它离开，以保证将它转给强壮的继承者。具体做法就是杀死神的旧化身，将神灵从他那传给一个新的人体化身。如果这种解释适用于一般杀死神王或祭司的风俗，显然也适合每年春天杀死树精和草木精灵代表的风俗。植物的生命在冬天衰竭，原始人便认为是草木精灵衰老了，所以必须把它杀掉，以更年轻鲜活的形式使之复活。因此，春天杀掉草木精灵的代表，就成为促进植物生长的手段。

看来，北欧的这些人物和我们所探讨的森林之王或内米祭司间有明显的相似之处。比如，这些假扮的人物中的一些国王身穿树皮、树叶，头戴缀满鲜花绿叶的王冠，在绿树枝搭的小屋或杉树下审处事务，这些情形都表明他们跟意大利同等人物一样，都是一些树林之王。和他一样，他们也会暴死，也可以凭自己的力量和敏捷逃脱死亡。他们之间的另一个相似点是，被杀后又复活。萨克森和图林根两地代表树精的人被杀后又被医生救活，而传说中的内米首任森林之王希波吕托斯也有这样的经历，他被马踏死后，又被医生阿斯科拉庇厄斯救活。杀死森林之王被看作使其在继承者身上苏醒或复活的一个步骤，有关内米森林之王的这一传说非常符合这种观念。

埋葬狂欢节

关于欧洲农民的春季风俗，除了前面所描述的仪式外，还有两类近似的做法，其中都有神灵人物或超凡人物装死的环节。不同的是，一类中假装死去的人物是狂欢节的人形化身，另一类中则是死神自己。前一种仪式大都在狂欢节结束，或这个欢乐节日的最后一天举行，即圣忏悔节的星期二，或四旬斋的第一天。后一种的时间并不是太一致，一般是在四旬斋的第四个星期日，但在某些地方有的要早一个星期，有的则晚一个星期。我们先来看一些狂欢节假死的仪式。

在阿布鲁齐的狂欢节上，四个嘴叼管子、肩带挂着酒瓶的掘墓人抬着狂欢节的人形化身纸板人像，纸板人像的妻子穿着丧服、流着眼泪走在前面。队伍不时停下来，妻子对周围的观众说话时，掘墓人就吸一口酒提提神。来到广场后，假尸体被放到木柴堆上，在鼓声、妇女的尖叫声和男人的高喊声中，柴堆被点着。有时，死去人物象征狂欢节的一个人身由躺在棺材里的活人表示，另一个人扮演牧师在旁边洒圣水。在圣灰星期三那天，普罗旺斯也会举行同类仪式。一个叫卡拉曼特兰的偶像被打扮得古里古怪，用车拉到或用担架抬到大广场上，一大群衣着怪异的人随从，后面还跟着身穿丧服、一脸悲伤的年轻人。在广场上的临时法庭里，卡特曼特兰被推上被告席，扮作法官的人宣布他被判处死刑，然后由执行官用石头将他砸死，将躯体抛入海中或河里。

在诺曼底的圣灰星期三，人们会举行所谓忏悔星期二的葬仪。一个偶像穿着破衣烂衫，从头到脚都脏兮兮的，它的大圆肚子里塞满稻草，代表一个劣迹斑斑且年老放荡的人。一个健壮的男子背着这个狂欢节的偶像，假装步履蹒跚地走过街头。他前面是鼓手，周围是哄笑嘲弄的人群，这个偶像在锅碗瓢盆声、吼声和嘘声混杂的噪声中，被带着到处游行。队伍停下后，一个特别人物控诉这个老朽罪人的一切不道德行为，并判定它要被活活烧死。罪犯无可辩护，于是就被扔到一堆稻草上点燃焚烧。周围的孩子们欢呼跳跃着，高唱有关狂欢节死亡的古老歌曲。在图林根附近，忏悔节星期二的时候，人们做一个稻草人，给它穿上一条旧裤子，喉咙里塞一个新鲜的黑布丁或两根装满血的喷水器，称之为"忏悔节之熊"。宣判死刑后，人们便将它斩首放进棺材，在圣灰星期三那天葬入教堂墓地。

这些忏悔节或四旬斋的仪式上，有时还有假死者复活的环节。在施瓦本的某些地方，忏悔节的星期二那天，铁胡须博士假装给一个病人放血，这人假装倒地身亡，医生后来又

□《梦》 保罗·高更 1897年

从佛教的观点来说，梦可以分为三种，第一种来自烦恼与想象，第二种来自关系密切的人，第三种包括了鬼神、菩萨、诸佛给你的梦。禅认为所有的梦都是虚幻。我们日常生活的梦，又叫中间状态的梦。佛法认为应该把所有的梦都视为幻觉，否则就会太注意它们而产生恐惧、期盼或其它感觉，因此可能阻碍我们的修行。

用管子朝他吹气，使他复活。在哈尔茨山区，狂欢节过后，人们就将一个人放在木槽里，唱着挽歌抬到墓地，但只在坟中埋一瓶白兰地酒。第二年忏悔节星期二的早上，他们便把白兰地酒挖出来品尝，意即酒（精）复活。

送死神

"送死神"和"埋葬忏悔节"的仪式上存在很多相同特点，只不过送死神通常还跟着一个带回夏天、春天或生命的仪式。在巴伐利亚的中弗兰肯省，四旬斋的第四个星期天，村里的孩子们做一个死神的草人，将它绑在一根杆子上，举着他到邻近村庄游街。有些人热情接待他们，并将他们送回去。但也有些人认为他们会带来不幸和死亡，于是就用棍棒将他们赶走。在厄兰根附近的村子里，这天女孩们穿上最漂亮的衣服，头戴鲜花，带着用树叶装饰、覆有白布的木偶，到附近的镇上挨家拜访。如果想得到哪家的赠礼，她们就在那家门前停下来唱歌。得到很多礼物后，她们就将木偶带到雷格尼兹河边，扔进水中。这样做的目的是保证当年庄稼的丰收。

在图林根的某些村庄，四旬斋的第四个星期天，孩子们常拿一个用桦树枝做的木偶在村里游街，最后把它扔进一个池塘里。在格拉附近的德布希维兹，"赶走死神"的仪式每年3月1日举行，年轻人用稻草做一个人偶，给它穿上旧衣服，然后拿到村外扔进河里。回来后，他们将这好消息告诉村民，大家纷纷拿出鸭蛋或其他食物作为酬报。在莱普西克，每年四旬斋过半，私生子和妓女就做死神的草人。他们带着这个草人，唱着歌四处游行，并把它拿给刚结婚的年轻妇女看，最后将它扔进帕斯河。他们称这个仪式能使年轻妻子多产，能带来城市的清洁，还能保护居民在这一年里免遭疫病或其他灾难。在伍洛和古罗地区，死神常被扔到邻村，但邻村的人也不愿接受这个可怕的人偶，他们小心地在村边巡视，以防有人扔过来，为此，两村的人还常大打出手。

在摩拉维亚的杰斯尼茨和塞坦多夫等村庄，四旬斋的第三个星期天，年轻人们做一个草人，悬挂在一根竹竿上，让孩子们带到田野里去。到了预定的地方，他们围着草人跳舞，大喊大叫，然后突然冲上去将它撕碎。最后他们把碎片和竹竿全都用火点燃，他们围着火高兴地蹦蹦跳跳，庆祝春天的胜利。当火快熄灭时，他们就挨家去讨鸭蛋等礼物。

前面的一些事例表明，死神像常令人感到厌恶和恐惧，这在其他地区也普遍存在。在卢萨西亚和西里西亚，扛像的人扔掉死神像后总是飞跑回家，恐怕死亡会跟着他，如果跑时摔倒，就认为自己会在一年内死去。在波西米亚的克鲁迪姆，人们在一个十字架上插一个头并给其戴上面具，再披上件衬衣做成死神像，由男孩子们在四旬斋的第五个星期天拿到最近的河边或池塘边。孩子们站成一排后将它扔入水中，然后都跳下去追赶它，一有人赶上其他孩子就不能再下水。没下水或最后下水的男孩一年内就会死去，而且他还要将死神像拿回村里烧掉。

迎 夏

上述赶走死神的仪式中，有的后面还带有迎接春天、夏天或生命回来的部分，但只是些简单的暗示或宣布。而在某些地方，这个环节表现得很完整。在波西米亚的一些地区，死神像在日落时被扔进水中淹死后，女孩们就到树林里砍一棵小树，把一个女人装束的偶像挂在上面，再用红、绿、白三色绸带将整棵树装饰一番，然后拿着它到村里游行，讨取礼物，一路上唱道：

□《手拿芒果的女人》 保罗·高更 1892年

芒果古称菴罗果，源于梵文 āmra，与佛教有着密切的关系。不少信众向佛陀和僧团供奉芒果或芒果林，世尊与弟子们皆食芒果。佛陀也曾与弟子们聚居在芒果林里讲经说法、用功办道。经中说若有信仰佛法、修习正道的信众能以芒果树等美果之林施与僧众、供养三宝，那么命终之后即可上升天界，享受无量福乐。

> 死亡在水中游，
> 春天来拜访我们，
> 带着红红的鸡蛋，
> 还有黄黄的烤饼，
> 我们送死神出村，
> 我们迎夏天进村。

在西里西亚的很多村庄，死神像被扔掉或撕毁后，年轻人到树林里砍一棵小杉树，在上面缀满常青植物、纸蔷薇、彩色蛋壳等饰品。装饰好的这棵树，被称为夏天或五月。男孩带着它去各家讨赏，还唱着应景的歌，如：

> 我们送走了死神，
> 我们带回了夏天，
> 亲爱的夏天和五月，

鲜艳花儿全都绽放。

在这些仪式中，夏天或生命由树代表，被人们带回。但有时人们还通过一种类似复活的形式，唤回它们。在卢萨西亚的某些地方，妇女专管送死神的事，男人不得插手。她们做一个草人，给它穿上白衬衣，左手绑一把扫帚，右手系一把镰刀。她们带着草人唱着歌走在前面，孩子们跟在后面朝草人扔石头，来到村边后她们便把它撕碎。然后她们砍倒一棵生机勃勃的小树，将白衬衣挂在上面，唱着歌把它带回村子。在摩拉维亚的一些村庄，复活节后第一个星期天的下午，男孩和女孩们聚在一起做一个死神草人，给它穿上色彩艳丽的服装，绑在一根长杆的顶上。然后唱着歌将草人背到最近的一块高地上，剥掉草人漂亮的衣服后让它滚下坡。一个女孩穿上从死神身上脱下的漂亮衣服，带领大家列队走回村里。

把死神穿的衬衣披到树上，或女孩穿上死神穿过的衣服，都表明被毁掉的神灵获得了重生。因此，死神不可能只被当作具有破坏性的因素，它的重生很可能被认为能够促使植物的苏醒和生长。换言之，死神像具有促进生命的力量。

毁掉死神后带回的树或树枝同五朔树似乎没有太大区别，它们跟五朔树一样也用彩色绸带等装扮，带回它们的人通常声称带回了夏天和五月。因此，"迎五月"的风俗和"迎夏天"的风俗是基本一致的，"夏天树"就是"五朔树"的另一种形式，只是它们被迎来的时间不同。五朔树一般是在五月一日迎进来，夏天树则是在四旬斋的第四个星期天。如果五朔树是体现树精或草木精灵的，那夏天树肯定也是一样。而在某些地区，夏天树又是体现死神复活的，由此推知，死神偶像也必然体现树精或草木精灵。

纵观上述种种风俗，我们可以大致推断，狂欢节、死神和夏天都是某种神灵人格化较晚近的、不恰当的表现形式。这些名字的抽象性本身就说明它们起源于现

□《恶灵的居所》　保罗·高更　1898年

早期宗教认为，人们生活中发生的一切都与神秘的力量有关，特别是在遭受伤害时，人们常归因于恶灵的作祟，而这些恶灵必是内有邪气，企图对人们不利的。原始人类相信，人死后会化作鬼，即恶灵，他们会伤害和恐吓活人，而阻止伤害活人的方法则是尽力满足恶灵的愿望。

代，因为原始人不可能做到对狂欢节、夏天或死亡这类概念的拟人化处理。但这些仪式本身却带有远古时期的印记，因此它们所体现的那些观念应该更简单、更具体。

夏冬之战

在某些乡村，农民有时通过扮作冬天和夏天进行格斗，来表现植物在冬季蓄积的力量和在春季苏醒的活力间的对比。在瑞典的城镇里，每年五朔节年轻人都分作两队骑在马上进行战斗。一队人穿着皮衣代表冬天，另一队人披着树叶和鲜花代表夏天。在战斗中，夏天队战胜，仪式便在庆祝宴会中结束。在莱茵河中部地区，穿长藤的夏天代表和穿谷草或水草的冬天代表战斗，战胜冬天敌人后，他们便剥去其草衣并撕碎。然后，他们带着夏天的花环或树枝，到各家讨取鸡蛋、咸肉等礼物。

在下奥地利的戈弗里茨，忏悔星期二那天，一个人穿上白衣，手拿镰刀代表夏天；另一个人头戴一顶皮帽，四肢裹上稻草，手拿连枷代表冬天。他们挨家挨户进行拜访，并在每家门前轮流唱歌。在不伦瑞克的德罗姆林，直到现在每年降灵节期间，都有一队男孩和女孩装扮起来表演夏冬之间的斗争。

在北美中部的爱斯基摩人中，欧洲目前这种具有戏剧表演性质的冬夏代表间的斗争，却是一种巫术形式，而且目的是为影响天气。在秋天，当暴风雪就要带来北极阴沉的冬天时，爱斯基摩人分成"松鸡"和"鸭子"两组，松鸡组包括所有冬天出生的人，鸭子组包括所有夏天出生的人。然后他们拉开一根海豹皮编的长绳，两组人各执一端，拼命将对方向自己这边拉。如果代表夏天的鸭子组胜利，那么整个冬天都会有好天气。

春神的死亡与复苏

俄罗斯也有类似"埋藏狂欢节"和"送死神"的葬仪，只是名目不同，他们常用某些神话人物的名字来举行，如科斯特鲁邦柯、柯斯特罗马、库帕洛、拉达和雅丽洛。俄罗斯人在春天和仲夏都会举行这种仪式。比如在小俄罗斯（乌克兰），复活节期间的一个风俗就是举行纪念春天之神科斯特鲁邦柯的葬仪。一个女孩假装死去躺在地上，歌者围着她边走边唱：

死了，死了，我们的科斯特鲁邦柯！

> 死了，死了，我们的亲爱的！

等女孩突然跳起来，他们又欣喜地喊道：

> 苏醒了，苏醒了，我们的科斯特鲁邦柯！
> 苏醒了，苏醒了，我们的亲爱的！

在圣约翰节（仲夏节）的第一天，人们用稻草做一个叫库巴罗的草人，给它穿上女人的服装，戴上项链和花环。然后砍一棵树，饰满彩带后竖立在预先选好的地方，并将这棵树命名为玛丽娜（冬天或死亡），把草人放在树附近，再在旁边放一张摆满食物的桌子。然后青年男女便点一堆火，拿着草人围火跳舞。第二天，他们把树和草人上的装饰品都取下来，扔到河里。在6月29日圣彼得节时，或节后的第一个星期天，俄罗斯举行柯斯特罗马的葬仪或拉达、雅丽洛的葬仪。莫罗姆地区的人们用一个草人表示柯斯特罗马，给它穿上妇女的衣服，戴上鲜花，然后放在一个木槽里抬到湖边或河边。人群分为两队，一队攻击草人，另一队保护草人。攻击方最终会获胜，获胜后便剥去草人的衣服和装饰，把草人撕成碎片踩几脚后扔入水中。同时，保护草人的一方捂着脸，假装哀悼柯斯特罗马的死亡。

植物的死亡与复活

俄罗斯的这些习俗同德国和奥地利"送死神"的习俗性质相同，因此，如果我们对后者的解释是正确的，那么，俄罗斯的柯斯特鲁邦柯、雅丽洛等肯定也是草木精灵的体现，它们的死亡很可能被当作其复活的开端。俄罗斯的某些地区是在仲夏纪念草木精灵的死亡，原因大概是夏天自仲夏节就开始衰退。人们便认为植物也可能出现夏天这种细微的衰退，于是希望通过这些仪式来阻止，或是由此保证植物生命的复活。

这些春天和仲夏的仪式表现了植物的

□ 《抢劫珀耳塞福涅》
彼得·保罗·鲁本斯　1636年至1638年

珀耳塞福涅是谷物女神德墨忒耳的独生女。她所到之处，都会开出娇艳动人的花朵。后被爱慕于她的冥王哈迪斯设计掳走。宙斯不忍看到大地寸草不生，便允许珀耳塞福涅一年中有四分之一的时间不和哈迪斯在一起。于是每到春天，珀耳塞福涅便得以离开冥府重回人间，大地也重新焕发勃勃生机。人们一般称珀耳塞福涅为冥后，又称她为春之女神。此图为哈迪斯抢劫珀耳塞福涅的场景。

死亡，有时还表现了植物的复活，但其中的某些特点似乎并不完全与此相合。比如，送走偶像时人们高兴地唱着歌，又拿石头、棍棒等攻击它，背偶像的人一扔下它就赶快跑走等等。我们只能由此推断，这些仪式中有两种不同的，甚或对立的特点：一方面，人们对死者深怀敬意，为其死亡哀伤；另一方面，人们害怕憎恨死者，高兴看到其死亡。

印度的类似习俗

印度卡纳格拉地区春天的一种习俗，与上述某些欧洲习俗非常相似。这种习俗被称为拉里·卡·米拉，即拉里的庙会，拉里是印度主神湿婆或帕婆提的泥塑人偶。遵循这一习俗的仅限年轻妇女，时间基本在三到四月间。三月的某个清晨，少女们提着装满达伯草和鲜花的小篮子来到预先选定的地方，将花倒在地上，然后围着花堆唱歌。她们连续十天都这样做，直到花草堆得特别高。然后，她们在树林里砍两根枝头都带三个尖的树枝，把它们尖朝下插在花堆里。她们请人做一个湿婆和一个帕婆提的泥偶，放在树枝顶端，然后女孩子们一方代表湿婆，另一方代表帕婆提，为这两个偶像举行婚礼。第二年的四月间，她们一起来到河边，将两个偶像扔进水里，并在那假装哭泣，就像是在举行葬仪。据说这种习俗的目的是为得到一个好丈夫。

在这种仪式中，湿婆和帕婆提就被视为草木精灵，这两个神在春天结婚，同欧洲的仪式相似，只不过在欧洲是由五月王和五月娘娘，五月新娘与五月新郎等表示的。将偶像扔进水里，同欧洲习俗中把死亡、雅丽洛、柯斯特罗马等草木精灵扔入水中一样。

□ 印度湿婆神

湿婆与梵天、毗湿奴为印度三大主神。湿婆神为毁灭之神，其前身是印度河文明时代的生殖之神"兽主"和吠陀风暴之神鲁陀罗，因此兼具生殖与毁灭、创造与破坏双重性格，呈现出各种奇谲怪诞的相貌。据说他有极大的降魔能力，额上的第三只眼能喷出毁灭一切的神火。印度教认为"毁灭"有"再生"的意思，故表示有生殖能力的男性生殖器——林伽是湿婆创造力的象征，受到性力派和湿婆派教徒的崇拜。

此外，印度的这种习俗，同欧洲很多习俗一样，都是由妇女们遵循的。

用巫术招引春天

经过分析我们可以大致推定，前面所描述的这些仪式及很多其他相似仪式，最初都是巫术的仪式，目的就是为促使自然界在春天复苏。对于无法认识事物真正起因的原始人来说，要想造出他们赖以生存的种种自然想象，只能通过模仿和感应。他们想象，为花草树木化装就能促使荒芜的大地长出翠绿的草木；表演冬天的死亡和被埋葬，就能赶走沉郁的季节，召回春天。随着原始人思想的提高，他们可能意识到了我们今天称之为自然法则的那种连续的自然变化，但由于其自身的各种局限性，并不能正确认识。所以，他们面对日蚀月蚀才会惊慌，恐怕天上的怪物会像吞噬日月一样吞掉他们。漆黑夜空的一道闪电，或是北极极昼的一片光亮也会使他们惶恐不安。

这些疑虑和担忧开始让他们思考自己所生活的这个世界的神秘，为不远的未来谋划。于是他们通过各种巫术仪式试图使凋谢的花朵重绽枝头，使冬天低垂的太阳升至夏天的高度，让月牙儿充盈成圆圆的银盘。这些仪式有的如他们所愿，有的常常失败，但施行巫术的人们认识不到自己的失败，仍继续进行。随着知识的进步，这些仪式不是已经停止，就是早已失去最初的动机，逐渐蜕变为单纯的表演、化装游乐和消遣。我们欧洲祖先的巫术仪式正是古代巫术没落时期的遗存，在很多地方至今留有印记。

本书最初写成后，一项新发现有力证实了我的解释。这项新发现是，澳大利亚中部的土著人仍经常举行意在唤醒自然界活力的巫术仪式。在那里的蛮荒地区，季节的转换既突然又鲜明，原本一片沙石、死一般寂静的地方，接连几天倾

□ 《母性》　保罗·高更　1899年

现今出土的原始社会女性石雕，袒胸露乳的大多是与生育有关的宗教女神。在食物极度匮乏的远古时期，哺乳有着延续生命的重要意义。在古埃及，位高权重、神通广大的女神伊希恩最常见的图像是给儿子荷鲁斯喂奶，这一形象同时也是后来基督教圣母玛利亚给耶稣哺乳的《圣母子》的原形。

盆大雨后，就一下变成了苍翠的原野，出现了大量昆虫、蜥蜴、青蛙和鸟儿。大自然面貌的这一奇妙转变，连欧洲人看了都惊叹不已，更不要说未开化的土著人了。因此，他们便选择在这个时候举行巫术仪式，祈求庄稼和牲畜的大量繁殖。而仪式过后，动植物或早或迟都出现了增产，他们的愿望实现了，巫术仪式的效力也得到了证实。我们由此可以推定，古代欧洲未开化的人们也是这样。

第五卷 | 阿多尼斯、阿提斯、奥西里斯

阿多尼斯的神话——阿多尼斯在叙利亚——阿多尼斯在塞浦路斯——阿多尼斯的祭祀仪式——阿多尼斯园圃——阿提斯的神话和祭祀仪式——阿提斯也是植物神——阿提斯的人身显现——西方的东方宗教——奥西里斯的神话——奥西里斯的祭祀仪式——奥西里斯的属性——伊希斯——奥西里斯和太阳

第一章　阿多尼斯的神话

大自然面貌变化多端，各种奇妙壮观的景象不仅令人惊叹，也让人好奇，人们想知道究竟是什么引起了这些变化。这种好奇让他们看到了自身生命与自然生命间的密切关联，甚至连原始人都意识到冰封了河水、摧毁了草木的自然进程会危及他们的生存。在人类历史发展的某个阶段，人们曾想象可以通过巫术来影响大自然的进程，如使上天降雨、太阳放晴、牲畜增殖、果实累累等。但随着时间的流逝和知识的增长，人们开始意识到有些自然现象并非他们巫术仪式的结果，而是某种更强大的力量在起作用，他们将这种力量赋予想象中的一些神祇，认为正是神的力量的消长影响着植物的生长、衰颓和死亡。

于是，关于季节的古老巫术理论便被一种宗教理论所替代或补充。因为人们尽管将大自然的循环变化归之于神祇的相应变化，仍相信可以通过一定的巫术仪式来帮助生命之神反对死亡之神。由于植物受季节变化的影响最明显，所以很多巫术仪式中都含有大量草木形象，而动物世界与植物世界的密切联系，又使人们将复活植物的表演同真正或形式上的两性交媾结合起来进行，以期实现草木、牲畜和人的共同增殖。

这种仪式在东地中海边境地区最为普遍和隆重。埃及和西非人民以奥西里斯、塔穆兹·阿多尼斯和阿提斯等名字表示生命，特别是植物生命每年的衰亡与复苏，将其当作神的化身，年年死去又复活。这个东方神祇有很多不同的名字，但性质基本一样。

古巴比伦和叙利亚的闪米特人崇拜阿多尼斯，早在公元前7世纪希腊人就将它引入国内。这位神祇真正的名字是塔穆兹，阿多尼斯是其崇拜者对他的尊称，希腊人误将这个称号当成了塔穆兹的名字。根据古巴比伦宗教文献记载，塔穆兹是伊希塔的配偶或情人，伊希塔是伟大的母亲女神，是自然生殖力的化身。塔穆兹年年都会死去一次，从人世转到阴间，他的女神情人也奔赴黄泉，四处找寻他。在伊希塔离开人间的这段时期，人和野兽都停止了繁衍，世间的一切生命都面临灭绝。于是，伟大的神伊亚便派人去救这位众生依赖的女神。冷酷的阴间王后勉强同意在伊希塔身上喷洒生命之水，并让她和情人塔穆兹一起重返人间。他们回到世间后，自然界中的一切生命就都复苏了。

古巴比伦人创作了多首缅怀塔穆兹的赞歌，歌中将他比作容易凋零的植物：

园中赤杨，

没有泉泽浇灌，

花儿从未在枝头绽放；

河边垂柳，

深根全被挖走，

快乐从未稍驻叶间；

圃内香草，

没有清泉淋浇。

□《维纳斯与阿多尼斯》
彼得·保罗·鲁本斯　1614年

植物神阿多尼斯是一个身材颀长、五官精致的美男子，世间万物在他面前皆为失色。他每年都会死而复生，容颜恒久不老，备受女性崇拜。爱神维纳斯对他倾心不已，但阿多尼斯对她毫不动心。画面中维纳斯用尽全力搂抱住狩猎途中行进的阿多尼斯，可是这位美少年却不愿停留，急切地想要继续赶路。

每年仲夏，在以他的名字命名的月份里，当地人都在尖锐的笛声中悼念他。人们将这位神祇的雕像擦洗干净，涂上膏油，裹覆红袍，并在像前燃起香烛，然后对着它唱诵挽歌。这低回的哀歌和缭绕的香烟，似乎是要将他从休眠中唤醒。

希腊作家所记叙的有关阿多尼斯的悲剧故事，比巴比伦文献中的记载更翔实。在希腊神话中，这位东方神祇被描绘成阿芙罗狄特深爱的英俊少年。当他还是婴儿时，女神把他藏在盒子里，托付给冥后珀耳塞福涅抚养。珀耳塞福涅掀开盒子看到婴儿的美貌后，便不愿交还给她。后来女神就亲自来到阴间向冥后索要，但几番未果。最后宙斯出面调停，判决阿多尼斯每年在阴间陪珀耳塞福涅半年，再在世间陪阿芙罗狄特半年。后来这位英俊的少年打猎时被野猪咬死，可能是他的情敌阿瑞斯变作野猪实施的报复。阿多尼斯的死亡令阿芙罗狄特悲痛万分。

第二章 阿多尼斯在叙利亚

在叙利亚的比布勒斯和塞浦路斯的帕福斯这两个地区，阿多尼斯的神话早已地方化，对他的纪念仪式相当隆重。据说，阿多尼斯的父亲是这两地的君主。这两座城中，比布勒斯的历史更为悠久，并自称是腓尼基最古老的城市，希腊和罗马人分别将其称为克洛诺斯和萨图恩。自有历史记载以来，它就被尊为圣地，是叙利亚的宗教首都，腓尼基人的麦加或耶路撒冷。这座城中建有阿斯塔特的神殿，女神神圣的雕像就矗立在大殿正中，纪念阿多尼斯的仪式就在这座神殿中举行。

比布勒斯南部的纳尔·依布拉希姆河在古代被称为阿多尼斯河。据说那时的辛尼拉斯国王在黎巴嫩山某处建造了一座阿斯塔特的神殿，这个地方很可能就是位于阿多尼斯河发源处的阿法卡。因为阿法卡曾有一座著名的圣林和阿斯塔特神殿，但后被康斯坦丁摧毁。而现代旅行者在阿多尼斯河的尽头，一个叫阿法卡的村子旁发现了殿址。从几块残留的黑花岗石和一根黑花岗岩柱子可以断定，庙宇矗立在正对河流源头的一块高地上，放眼望去，宏伟壮观。河水从四周的峭壁、半圆形的石洞中湍流而出，形成一道道瀑布，最后注入深深的峡谷。河流所经之处，草木茂盛，空气清新，

□《阿斯塔特女神》
但丁·加百利·罗塞蒂
1875至1877年

阿斯塔特对腓尼基人来说，是土地丰饶和人口生育的象征，当地修建了各种神庙来膜拜她。阿斯塔特有各种不同的名字，是中东地区最受崇拜的女神之一。在希伯来语中，她的名字又叫阿什脱雷思（阿斯脱雷思）。在圣经中有几处关于她的记载，其受崇拜的程度不亚于巴尔。

令人无比陶醉。据说，阿多尼斯第一次或最后一次遇到阿芙罗狄特就是在这里，他的尸体也葬在这里。在古代，这整座山谷似乎都是敬献给阿多尼斯的，人们迄今仍对他充满了怀念。四周的高地上有很多刻有阿多尼斯和阿芙罗狄特雕像的残碑，他手持长矛静待熊的进攻，她则面带忧伤地坐着。他的供奉者相信，每年阿多尼斯都会在这座山中受伤死去，每年他的鲜血都会浸染大自然中的万物。因此，叙利亚的女孩子们年年都要悲悼他的不幸。

第三章　阿多尼斯在塞浦路斯

　　塞浦路斯岛距叙利亚海岸仅有一天的路程。腓尼基人很早就已在这里定居，而且直到亚历山大大帝时代仍统治着这一地区。这些闪族人定然会将自己的神也带到这里，他们供奉黎巴嫩的巴尔，很可能就是阿多尼斯，他们在南部海岸的阿马修斯制定了敬奉阿多尼斯和阿弗罗狄忒的仪式。这些仪式同埃及人供奉奥西里斯的仪式非常相似，有的人甚至将阿马修斯的阿多尼斯看作奥西里斯。

　　在塞浦路斯岛，对阿弗罗狄忒和阿多尼斯最为崇奉的地区是该岛西南部的帕福斯。帕福斯的旧城坐落在山巅之上，新城则在海港边。旧城的阿弗罗狄忒神殿是古代世界上最著名的神殿之一，据希罗多德说，是来自阿什克伦的腓尼基殖民者建造的。但在腓尼基人到来之前，当地人崇奉一个本地的丰产女神，新来者把她当作自己的巴拉斯或阿斯塔特，于是这两个神便合而为一。这位女神在古代的偶像形象以及在仪式中的淫乱特点都说明，她是一个母性和丰产的伟大女神的变异。她的偶像只是一个圆锥或锥状物。比不勒斯的阿斯塔特的标识也是一个圆锥，潘菲利亚的珀迦希腊人以此代表他们的女神阿尔忒弥斯，叙利亚埃美莎地区的太阳神赫里盖布勒也有一个这样的标识。在塞浦路斯的戈尔吉和马尔他的腓尼基人庙宇中，有人发现很多供作偶像的锥形石块；西奈荒山悬崖上的"托奎斯的女神"的神殿中也发掘出沙石的锥形物。

　　塞浦路斯古时有种习俗，女人结婚前必须在阿芙罗狄特、阿斯塔特或其他女神的圣殿里与陌生人发生性关系。西亚很多地方都盛行与此类似的习俗。人们并不认为这是淫乱放荡的行为，而是将其看作神圣的宗教义务，是为西亚伟大的母性女神服务。在古代，叙利亚的赫利奥波利斯或巴勒贝克两地以宏伟的神殿著称，按照那里的习俗，每个少女都要在阿斯塔特的神殿里失身于一个陌生人，以示对女神的虔诚献身。在腓尼基人的神殿里，妇女出于宗教义务而卖淫，她们认为这样做能讨得女神的欢心，得到女神的庇佑。在亚美尼亚，就连最尊贵的人家都把女儿送到阿西里森纳的女神安乃绨斯的神殿里充当神妓，直至她们结婚。庞特斯的科莫纳有一位被当地人称为玛的女神，有众多神妓为她服务，而且人们每两年还会为她举行一次盛会。

综观这个主题的所有证据，我们可以推断：西亚很多民族都崇奉一位伟大的母亲女神，将其视为一切自然生产力的化身，而且相信女神如果每年都和她肉身的神灵情人结合，就能促进动植物的繁育。因此，人们便在女神的神殿里，通过男女两性暂时而真正的结合来模仿，以保证万物丰产，人畜两旺。

□ **腓尼基人的绕非洲航行**

公元前11世纪至公元前6世纪，腓尼基人不仅航海技术相当发达，其造船技术由于受到贸易和航海业的拉动，也跃居世界首位。公元前595年，腓尼基人受埃及国王尼科的委托，用了三年时间，从红海出发，第一次完成有据可查的绕非洲航行。

据说，帕福斯的这种宗教卖淫习俗是辛尼拉斯王制定的，并由他的女儿，阿多尼斯的姐妹们来实行。关于帕福斯祭司王的祖先和阿多尼斯的父亲辛尼拉斯，民间流传着许多故事，其中值得我们注意的一点是，据说阿多尼斯是他在一次五谷女神节会上与自己的女儿弥尔赫乱伦而生。根据史料记载，古代很多君王都有和女儿乱伦的行为。我们似乎既不能全然否定这些材料，也不能仅将这些行为看作偶然情况，它们很可能是出于某种目的而遵守的惯例。在有些国家，皇室血统是根据女方来推算的，因此一个男人要想掌权，只能通过与有继承权的公主结婚来实现。据此我们似乎可以推断，国王在他的妻子死后必须退位，因为他的王位是建立在这种婚姻关系基础上的，这种关系一旦结束，他的王权也随之终结，并立即转到他女儿的丈夫手中。所以，国王若想在妻子死后继续掌权，唯一合法的办法就是和自己的女儿结婚。

据说辛尼拉斯和他儿子阿多尼斯的容貌酷似，都很英俊，阿弗罗狄忒对两人都曾一度倾心。而这个故事与皮格马利翁的传说又很难分开，皮格马利翁是塞浦路斯的腓尼基王，据说他曾爱上阿弗罗狄忒的一尊雕像，并将雕像带到床上共眠。鉴于皮格马利翁是辛尼拉斯的岳父，辛尼拉斯的儿子又是阿多尼斯，他们三人一连几代都传说与阿弗罗狄忒有爱情纠葛，我们自然就会推断：帕福斯的古代腓尼基王或王的儿子们，常自称既是这个女神的祭司，又是她的情人，换言之，在职位上他们体现的是阿多尼斯。不管怎样，据说阿多尼斯曾统治过塞浦路斯，看来可以肯定，岛上所有腓尼基王的儿子通常都具有阿多尼斯的称号。

如果帕福斯的神妓习俗真是辛尼拉斯创始的，他的女儿也都要遵从，那我们就可以推定，帕福斯诸王在某些节日盛会的仪式上，扮演神的新郎角色时，并不只是与偶像结婚那样简单。事实上，他们都要同神殿里的一个或几个神妓婚配，神妓扮演阿斯塔特，他们则是阿多尼斯。他们结合所生的子女，就是神的后代，这些人神中的任何一个也许都可以继承王位，或是在战争或其他需要皇室牺牲的危急时刻，代替父王充当祭品。

第四章　阿多尼斯的祭祀仪式

希腊和西亚很多地方每年都会举行阿多尼斯的节会。人们将他的偶像装裹成尸体，像送葬一样抬到海边或河边，妇女们悲伤地哀悼他的死亡，最后把它扔进海里或河里。但在不同地区，庆祝方式和庆祝季节也各不相同。在亚历山大城，人们将阿弗罗狄忒和阿多尼斯的偶像摆在两张长椅上，并在旁边放上各种成熟的水果、旺盛的花草盆栽、饼，以及用大茴香编的绿色亭子。第一天，人们庆祝两人的神婚；第二天，妇女们则穿起丧服，披头散发地抬着阿多尼斯的神像来到海边，将其扔进海里，并唱祷死者会再回来。亚历山大城举行这种仪式的时间并无明确规定，但从摆放成熟的水果这点来推测，应该是在夏末。在比布勒斯，腓尼基人每年都会在阿斯塔特的神殿里哀悼阿多尼斯的逝去，他们用笛子奏着哀乐，捶胸顿足地哭号。他们的这个仪式像是在春天举行的，因为它的时间取决于阿多尼斯河水颜色的改变。在春季，雨水将山上的红色土壤冲到河里，河水被染得血红，人们认为那红色就是阿多尼斯的鲜血，他每年都在黎巴嫩的山上被野猪袭击身亡。

这些仪式与我所描述过的印度和欧洲的一些仪式极为相似，特别是亚历山大城举行的仪式。在两地的仪式上，两个神灵的婚姻都与草木关系紧密，神灵都由偶像来充当，庆祝完神婚后便哀悼偶像，并将其投入水中。由于这两种类似的习俗与欧洲现代的春天和仲夏习俗也很相似，我们便自然而然地推论出，阿多尼斯的死亡与复活的仪式肯定也是植物生命衰退和苏醒的戏剧表演。这种推论也能从有关阿多尼斯的一些传说和仪式中得到证实。关于他出生的故事明显表现出了他与草木的密切联系。传说他是从一棵没药树里生出来的，大树十月怀胎后树皮破裂，这个婴儿便降生了。在另一个故事里，他母亲被描述为一个叫没药的妇女，她怀了这个孩子后接着就变成了一棵没药树。还有一个故事说阿多尼斯在阴间待半年，再在人世待半年，若假定他代表植物，特别是五谷，这一说法就很容易解释，五谷就是半年在地下生长，半年在地面上生长。用自然界的现象来表达死亡与复活观念的话，草木的秋谢春生显然最形象、最准确。

把阿多尼斯和谷物联系在一起说明，他的崇奉者们早已远离了游牧生活，主要依靠耕种谷物维持生计。因此他们的宗教仪式主要围绕着丰产神，尤其是谷神祈祷举行。据拉格兰吉神父说，对阿多尼斯的哀悼主要是一种收获仪式，是为了向谷神赎罪，因为谷神这时不是命丧收割者的镰刀下，就是牛蹄下。男人杀死谷神时，妇女在家里为他的死痛哭哀悼，以消解他的仇恨。这种说法与节会的时间一致，节会多在春天或夏天，而崇奉阿多尼斯的地方正是在春天和夏天收获大麦小麦。

第五章 阿多尼斯园圃

人们所谓的"阿多尼斯园圃"似乎最好地证实了阿多尼斯植物神,特别是谷神的身份。这里所说的园圃其实是填满土的篮子或花盆,妇女们将小麦、大麦、莴苣、茴香和各种花卉种在里面,并照管八天。这些植物在太阳的照耀下长得很快,但因为没有根,枯萎得也很快。第八天快要结束时,妇女便把植物和死去的阿多尼斯的偶像一起扔进海里或河里。

阿多尼斯的园圃很可能代表或体现着阿多尼斯的力量,这些仪式原来大概都是促进植物生长和再生的巫术。因为未开化的人们相信,只要模拟他们想要的效果,这些效果就真会产生,于是他们通过洒水来求雨,通过点火来召唤阳光。同样,他们模仿庄稼生长,是为了求得丰产。妇女们将园圃和偶像扔进水里,为的是保证雨水充足,促进庄稼生长。在现代欧洲的一些仪式中,人们将死亡和狂欢节的偶像扔进水里,可能也是出于这种目的。

孟加拉的奥昂人和蒙达人在播种时节仍种植阿多尼斯园圃。当从苗床移种稻秧时,青年男女们便到树林中砍一棵小卡马树或一根卡马树枝,敲着锣鼓,载歌载舞地背回村里,种在广场上。第二天早上,男女青年手挽手围着卡马树跳舞。节日前夕,村长的女儿们已用特殊方法培育了几株大麦,节日那天她们拔出麦苗带至广场,虔诚地放在卡马树前。最后,卡马树被拿走,扔进河里或蓄水池中。这种习俗显然也是为了保证雨水充足、庄稼丰收。撒丁岛上的人们至今仍种植阿多尼斯园圃,而且与盛大的仲夏节联系密切。在三月末或四月初,村里的青年男子各自到一个姑娘家里,求她做自己的好朋友或情人,女孩家将这看作荣誉,都乐于接受。到五月末,女孩在一个软木皮做的花盆里洒上小麦和大麦种子,放在太阳下面悉心照料,种子很快就会发芽,当仲夏节到来时,长势已非常喜人。仲夏节那天,青年男子和姑娘都穿上他们最漂亮的衣服,被人群簇拥着列队前往村外的教堂,孩子们在前面嬉笑打闹。到达后,他们将花盆在教堂的门上砸碎,然后在草地上坐成一圈，伴着笛声分享鸡蛋和野菜，还不时站起来唱歌跳舞。撒丁的这种谷物花盆与阿多尼斯的园圃几乎完全一样。

西西里岛在相同季节也有类似习俗。一对对青年男女拔下彼此的一根头发，对其进行各种仪式，在圣约翰节期间他们就成为密友。在一些地方，圣约翰节的密友们还彼此赠送整盘发芽的谷种、扁豆、金莲花种。接受者拔一棵幼苗，用绸带扎起来仔细保存，并将盘子还给对方。西西里人在春天也会培育阿多尼斯园圃，我们由此推定，西西里同叙利亚一样，古时也有一个死后又复活的神的春天节日。当复活节快要到来时，妇女们在盘子里种下小麦、扁豆和金莲花的种子，并把盘子放在阴暗处，每两天浇一次水。种子很快就会发芽，她们将长出的茎用红绸扎在一起，把盘子放在石棺上，就像阿多尼斯的园圃是放在阿多尼斯的坟墓上一样。

第六章　阿提斯的神话和祭祀仪式

西亚人还崇奉另一个神——阿提斯，他同其圣地弗里吉亚的关系跟阿多尼斯与叙利亚的关系一样。他可能也是阿多尼斯那样的植物神，因为每年春天的一个节日里，人们都会为他的死亡与复活而哀悼和欢呼。两个神的崇奉仪式和相关传说都很相似，古人有时甚至都将他们当作一个神。据说，阿提斯是一个容貌俊美的牧羊人，被诸神之母、亚洲的丰产女神库柏勒深爱着，库柏勒的主要家乡在弗里吉亚。也有人认为阿提斯是她的儿子。他的出生也被说成了一种奇迹，他母亲是一个童贞女，她将一枚成熟的杏仁或石榴放入怀中便怀了他。在弗里吉亚的宇宙起源说中，杏树确实被看成一切事物的始祖。关于阿提斯的死亡流传着两种不同的说法：一种说法是，他和阿多尼斯一样死于野猪的袭击；另一种说法是，他在一棵松树下自行阉割，因失血过多而亡。

公元前204年，罗马人在即将结束与汉尼拔的长期战斗时开始崇奉弗里吉亚人的"诸神之母"。汉尼拔无论如何也想不到，击败他的欧洲人居然会皈依东方的神。我想，诸神之母自然也会将对她年轻的爱人或儿子的敬奉随身带至西方的新居。罗马在结束共和国之前，常有穿戴东方服饰的阿提斯的净身祭司，随着鼓乐和号角声，列队唱着赞美歌在街头穿行。人们被他们的奇装异服所吸引，被他们稚拙的歌声所打动，纷纷慷慨施舍。克劳狄皇帝甚至将弗里吉亚对圣树的敬奉糅合进已建立起来的罗马宗教。对于库勒柏和阿提斯的春日节会，罗马举行的仪式最令人熟知，但根据资料来看，罗马的仪式同弗里吉亚的仪式几乎完全相同。节会的程序一般是这样：

三月二十二日这天，人们到树林里砍一棵松树，将树干用羊毛绷带缠起来，挂上紫罗兰花环，然后把一个年轻人的偶像（显然就是阿提斯）绑在树干正中，运到库勒柏的神殿里供奉起来。节日第二天的主要仪式好像是吹喇叭。第三天，被称为"血日"，阿契盖勒斯或祭司长割破手臂滴出鲜血，作为祭品献上。下级僧人们在鼓声、笛声和号角声等的刺激下披头散发地狂舞，等进入狂热状态，感觉不到痛苦时，他们就用瓦片将身体割破，让鲜血洒满祭坛和圣树。这种可怕的仪式可能是为增强阿提斯复活的能力。虽然没有明确的证据，但我们可以推断，新僧人这天会出于同样目的而自行阉割。在宗教激情的鼓动下，他们割下自己的生殖器并猛砸向女神像，然后再把它包起来，虔诚地埋于地下或藏在库柏勒的圣室中。另一个故事也能为我们的这种猜测提供一些佐证：据说阿提斯的母亲将一颗石榴放在怀里，后来就孕育出了阿提斯，而那颗石榴则是从类似阿提斯的一个人妖身上割下的生殖器中长出来的。

到了晚上，信徒们便转悲为喜，因为坟墓在一道闪光中开启：神死而复生。信徒们欢呼雀跃，相信他们死后也能脱离坟墓，重回人间。"血日"的第二天，三月二十五日，就算是春分，人们狂欢庆祝神的复活。三月二十六日，大家休息。三月二十七日，罗马节以人们游行至阿尔莫河边而告终。女神像被放在一辆牛车上，贵族们赤脚在前引道，车子随着笛声和鼓声缓缓来到阿尔莫河畔。穿紫袍的最高祭司先在河水中将牛车、神像和其他圣物洗涤一番，然后在牛身和牛车上撒满鲜花后返回。

除了这些公开纪念阿提斯死亡与复活的仪式，据说还有一些秘密和神秘的仪式，但我们仅了解到其中的一次圣餐和一次血的洗礼的情况。在圣餐上，新入教的人要用鼓吃饭，用铙钹喝水，以此参与神秘仪式。在受洗时，信徒头戴金冠，缠上发带，进到一个坑里，坑口用木栏杆盖住。然后有人将一头披覆花冠的公牛赶到栏杆上来，用祭过的长矛将其杀死。公牛的鲜血从栏杆缝隙流入坑中，信徒虔诚地用自己的身体和衣服连接鲜血，等他从坑里出来时，浑身上下都血淋淋的。公牛的血已把他的罪过洗掉，他是再生的，将永远不会死去。

第七章　阿提斯也是植物神

在有关阿提斯的传说和纪念他的仪式与碑文中，松树都占有重要地位，这使阿提斯原来的树神身份得到了进一步证实。在树林里砍一棵松树带回，用紫罗兰和羊毛条带装点的做法，同现代民间习俗中带回五朔节树或夏日树是一样的。这种习俗最初的目的显然是为保持植物神的生命。弗里吉亚人之所以如此崇拜松树，也许是因为在秋日黯淡的树林中，唯有它是常绿的。这似乎表明松树是一个更神圣的生命的居所，不受季节变换的影响，像它头顶的苍穹一样恒久不变。常春藤被当作阿提斯的圣草，大概也是这个原因。松树之所以成为圣树，跟它的多种用途也不无关系。石松松果里的种子可以食用，自古以来就被当作食物。这种子还能用来酿酒，在一定程度上也说明了库柏勒节会的狂欢性质，古人将这个节日比作酒神节。人们还将松果视为丰产的象征或工具。

很明显，人们相信阿提斯跟一般树神一样，控制着大地植物，尤其是五谷的生长。人们常用"非常多产的""割下来的黄谷穗"来形容他，阿提斯遇袭、死亡与复活的故事被说成是谷粒被农人伤害，葬在谷仓里，播种于土壤中后获得重生。罗马拉特兰博物馆里的一尊阿提斯雕像明显表现出了他与植物果实的关系，他手捧一把谷穗和果实，头上是松果、石榴和其他果实结成的环冠，他戴的弗里吉亚帽顶还冒出谷穗。

□ 阿提斯

在西方神话故事中，丰产女神库柏勒爱上了阿提斯，但阿提斯已经喜欢上了佩西穆斯国王之女，于是断然拒绝了库柏勒的请求。醋意大发的库柏勒在阿提斯的婚宴上施法使众人丧失理智，疯掉的阿提斯狂奔上山，引刀自宫，惨烈身亡，化为一棵松树。

第八章　阿提斯的人身显现

从碑铭来看，在珀西纳斯和罗马，库柏勒的最高祭司通常都被称为阿提斯。我们由此推测，每年的节日中阿提斯的角色都是由与他同名的这些祭司们扮演的。我们在前面说过，祭司割破手臂滴落鲜血，可能是模仿阿提斯在松树下自行阉割而亡。这与同类仪式中用偶像代表阿提斯并不矛盾，因为很多证据证明，最初是由活人代表神灵，后来才改用偶像替代并在事后将其毁掉。我们或许可以进一步推断，同别的地方一样，弗里吉亚祭司的放血和假死都是代替以活人充当祭品。在更古老的时期，这些地方肯定是用活人做祭品的。

在关于马西亚斯的传说故事中，我们也许还能找到这种代表神灵被处死的古老方式的痕迹。据说他是弗里吉亚的一个森林之神西勒诺斯，又传说他是一个牧羊人或牧人，擅长吹笛子。他是库柏勒的朋友，为安慰因阿提斯的逝去而悲伤的女神，他陪着她在全国漫游。他自认为技艺高超，便向阿波罗发出挑战比赛音乐技能，他吹笛子，阿波罗弹竖琴。结果马西亚斯输了，他被绑在一棵松树上剥去皮或砍断四肢。这个弗里吉亚的森林之神、牧羊人或牧人，与库柏勒成为朋友，奏着音乐在她的圣树——松树上暴毙。他难道不像女神衷爱的牧羊人或牧人阿提斯吗？据说阿提斯也是一个吹笛子的能手，也是死于一棵松树下，人们每年都会将一个偶像像马西亚斯那样吊在松树上代表他。我们据此推断，在古时的库柏勒春季节日里，扮演阿提斯的祭司通常会被吊死或杀死在圣树上。这种野蛮残忍的习

□《喝醉酒的西勒诺斯》　安东尼·凡·戴克　1620年

西勒诺斯是弗里吉亚的一个森林之神，又传说他是一个牧羊人或牧人，擅长吹笛子。

俗后来可能变得更为缓和了，祭司只需在树下割破手臂流出些血，并将偶像挂在树干上。在阿卜撒拉，人和兽类都被吊死在圣树上作为献给神灵的祭品。向奥丁敬献的活人祭品通常都是被吊死，或是吊在树上、绞架上用矛刺死。在阿卡迪山中的康底里亚圣林里，希腊伟大的女神阿尔忒弥斯的偶像每年都被人们吊起。因此那里的人把她称为"吊死者"。既然有这么多类似的事例，弗里吉亚人每年将人神吊在神圣而致命的树上，就不能说仅仅是种猜测。

第九章　西方的东方宗教

在罗马帝国，对诸神之母及其爱人或儿子的敬奉非常普遍。从很多碑铭可以看出，这两个神分别或共同享有神的荣誉。除意大利外，许多其他地区，如非洲、西班牙、葡萄牙、法国、德国和保加利亚也都如此。对他们的敬奉一直延续到君士坦丁建立基督教以后。据西马秋斯记载，在奥古斯丁时期，伟大母亲的女祭司们还在迦太基的街头和广场上游行。但希腊人似乎不太欢迎纪念亚洲女神及其爱人的野蛮习俗，他们更喜欢较为温和的祭祀阿多尼斯的仪式。看来，那种野蛮残酷、充满血腥的崇拜所吸引的是仍保有强烈野性的民族。

这种糅合了原始人的粗野和精神向往的伟大母亲的宗教，其实只是自然宗教后期在罗马帝国流传的众多同类东方信仰的一种。随着古代世界的衰落，东方诸神开始互相争夺西方信徒，古代波斯的神密特拉就是其中一位。分散于整个罗马帝国的大量碑石为我们提供了佐证，上面的很多碑文都详细描述了对密特拉的崇拜，而且敬奉他的仪式同诸神之母的宗教，甚至同基督教都有许多相似之处。准确地说，密特拉宗教在当时是基督教强有力的竞争者，它也将庄严的仪式和对纯洁道德的追求、永生的希望结合在了一起。这两种宗教间的长期斗争还为我们的圣诞节遗留了一种有益的习俗，这个节日似乎是基督教会直接从其竞争者那里引介的。根据儒略·凯撒制定的儒略历法，12月25日是冬至，被认为是太阳的诞辰，因为自那天起，白昼开始变长，太阳的能量也开始增强。叙利亚和埃及地区好像都举行庆祝太阳诞生的仪式。而密特拉通常被其崇奉者视为太阳，他们称他是"不可征服的太阳"，所以他的生日也在12月25日。基督教的四福音书里并没有关于基督生日的记载，可能早期基督教会并不纪念基督诞辰。但后来埃及的基督教徒将1月6日定为耶稣的生日，在这天纪念救世主的习俗便流传开来，到公元4世纪已在东方固定下来。但在3世纪末4世纪初，西方教会（之前从未承认1月6日是基督诞辰）才把12月25日定为基督的生日。东方教会后来也接受了这个决定。

一个本身就是基督教徒的叙利亚作者说过基督教会创立圣诞节的动机，"异教徒们每年12月25日纪念太阳的诞生，这天他们点灯作为节日的标志。基督教徒也参加这些仪式和活动。见基督教徒也想过这个节，基督教会的学者们就将基督诞辰定在这一天，而主显节在1月6日"。出于同种动机，基督教会很可能将纪念他们天主死亡与复活的日期，同纪念另一个亚洲神死亡与复活的日期合并于一日。罗马官方一般在3月24日或3月25日纪念阿提斯的死亡与复活。3月25日是春分，最适于僵死或沉睡了一冬的草木之神复活，因为这天整个温带地区都焕发出一派生机。但根据一个古老的说法，基督就是在3月25日被处死于十字架上的，因此有些基督教徒通常在这天纪念耶稣的殉难。如果真是如此，根据基督教的传统，他的复活日可能是在3月27日，比儒略·凯撒历法所定的春分和阿提斯的复活日恰好晚两天。与异教的节日同样差两天的其他基督教节日还有圣乔治节和圣母升天节。但根据基督教的另一传统，基督的殉难日是在3月23日，复活日在3月25日。果真如此的话，基督的复活与阿提斯的复活就正好一致。

总体来看，基督教节日与异教节日相近或一致的非常多，这绝不仅是偶然现象。这种一致表明，基督教会不得不对尽管已败在自己手下，但仍很危险的竞争者作出一些让步。他们显然认识到，基督教要想征服世界，必须放松原先那些过分僵硬的原则。

□ 圣经图

《圣经》是基督教的正式经典，又称作《新旧约全书》，被认为具有神的启示和旨意。它记录了犹太教和基督教的起源及早期的发展，也为以色列民族史提供了重要的文献资料。它是整个基督教教义的基础，为其信徒提供了信仰的准则，同时也为基督教教会的组织和礼仪活动作出了规定。

第十章　奥西里斯的神话

在古埃及，人们年年都要隆重纪念的一个神就是奥西里斯，他是埃及诸神中最著名的一个。同阿多尼斯和阿提斯一样，他也是大自然奇妙变化的化身，尤其是谷物的化身。但盛名之下，他的历代信徒们逐渐将许多其他神的特性都加在了他头上，以致我们很难还原他的本来面目。

根据希腊作家普鲁塔克的叙述，奥西里斯是地神塞伯和女天神娜特的私生子。太阳神发现妻子的不忠后，就诅咒她在任何年月都不能生下这个孩子。但这个女神还有一个名叫索思的情人，即希腊人所称的赫尔墨斯，他和月亮下棋赢得了每天七十二分之一的时间，他将这些时间拼成五个整天加到了埃及年历的360天后面。这五天不在一年的12个月之内，因此太阳神的诅咒中就没有这几天，于是娜特就在这五天里生产，第一天生下的是奥西里斯，第二天生了大贺鲁斯，第三天生了塞特神，最后两天先后生了伊希斯女神和纳芙茜斯女神。后来，奥西里斯和妹妹伊希斯结了婚。

奥西里斯在世间为王治理国家时，改变了埃及人的野蛮状态。之前，埃及人都是以活人为食的野人，奥西里斯的妻子伊希斯发现了野生大麦和小麦，他便让人民耕种这类植物，他们就逐渐放弃吃人的习惯，开始以五谷为食。据说，奥西里斯是第一个从树上采集果子、第一个让葡萄顺着杆子生长、第一个压榨葡萄汁的人。为了将这些有益于人类的发现传给所有人，他便把政务交给妻子伊希斯，自己环游世界。他每到一地，就在那散布文明和农业技术，给很多民族带来了福音。因此人们都将他奉为神灵。可他的弟弟塞特（希腊人称为泰丰）和另外七十二个人想谋害他。那个恶毒的弟弟偷偷量出哥哥的身体尺寸，然后按这尺寸做了一个银箱子，并装饰得非常华丽。在一次宴饮中，他拿出银箱，说要将其送给身材同它最适合的人。其他人便纷纷去试，但没有一人适合。最后，奥西里斯走进去躺下了，这群阴谋者就立刻盖上盖子，用钉子钉紧，又用铅水焊住，将银箱扔进了尼罗河。

伊希斯听说后，悲痛地剪下一绺头发，穿上丧服四处寻找丈夫的尸首。后来，她在沼泽地里生下了一个儿子。这个孩子是她变成老鹰在丈夫尸体上飞动时怀上的。这个婴儿就是小贺鲁斯，为提防他阴险的叔父塞特的戕害，北方女神布托把他藏了起来。一天，伊希斯来到儿子藏身的地方，却发现他被一只蝎子螫死在地。她于是就向太阳神拉祈求帮助，太阳神听到她的祷告后就派索斯下来教她能使儿子复活的咒语，她有力地念出咒语后，蝎毒便从贺鲁斯的体内流了出来，他就复活了。

盛着奥西里斯躯体的银箱顺流而下，漂到海上，最后被海浪卷到了叙利亚的比布勒斯海岸。岸上突然疯长起来的一棵"依里卡"树将银箱包在了树干里。后来，这个国家的国王将这棵树砍倒做了梁木，但他并不知道树干里包着一个银箱。伊希斯听闻便立即赶到比布勒斯，乔装成穷苦人坐在井边哭泣。等国王的宫女走来时，她温和地招呼她们，给她们编辫子，还将自己神身里的异香吹到她们身上。王后看到宫女们的发辫，闻到她们身上的香气后，便派人将这个妇女接进宫，让她做孩子们的奶妈。伊希斯晚上偷偷变成一只燕子，绕着那根梁柱飞翔、哀鸣。王后发现了这一幕惊惧地大喊起来，于是女神现出原形，乞讨那根梁柱。他们把梁木给了她，她剖出银箱，将树干用麻布包裹起来倒上油，还给了国王和王后。伊希斯将银箱装上船，驾船离去。

伊希斯藏好银箱后到布托城看望儿子贺鲁斯。一天晚上，泰丰借着月光猎杀一头野猪时发现了银箱，他便把奥西里斯的尸体剁成十四块，四处抛扔。伊希斯知道后到处寻找那些尸块，而且每找到一块就立即埋起来，这可能就是埃及有许多奥西里斯的坟的原因。但也有人说伊希斯在每个城里埋一个

□ 死神奥西里斯

奥西里斯是古埃及最重要的九大神明"九神"之一——死神，他是以人形出现的。但他的两腿不分明，手里拿着连枷和弯钩。他是一位反复重生的神，但最后被埋在阿拜多斯城，成为那里的守护神。

他的偶像，伪称是他的尸体，以防泰丰找到真正的坟墓，而且还能使众多地方的人们都供奉奥西里斯。不过，奥西里斯的生殖器却被鱼吃掉了，因此伊希斯便按原样做了一个替代品，埃及人至今在节日期间还会使用。

普鲁塔克的叙述还不够完满，根据埃及本地人的叙述，伊希斯找到丈夫奥西里斯的尸体后，和妹妹纳福茜斯坐在尸体旁痛哭起来。太阳神拉见她们哭得如此伤心，就派豹头神阿努比斯下来，帮着伊希斯、纳福茜斯，以及索斯和贺鲁斯将奥西里斯破碎的躯体拢在一起，用麻布袋包好，举行埃及人惯常对死者举行的仪式。然后，伊希斯用自己的翅膀扇动坟墓湿冷的泥土，奥西里斯居然活了过来，从此就成为冥界的国王。在那里，他被称为"下界的神主""永恒的神主""死人的统治者"。

埃及人将奥西里斯的复活视为他们能够永生的保证。他们相信，只要死者的亲朋在处理其尸身时能像诸神对待奥西里斯的尸体那样，那么人人都会在另一世界永生。所以，埃及人为死人举行的仪式完全是按照阿努比斯、贺鲁斯等神为逝去的奥西里斯所举行的仪式。这样来看，在埃及人的普遍观念中，奥西里斯就是一位善良的、受人爱戴的国王，他被谋杀，但又死而复活，人们都要将他当作神灵供奉。

第十一章　奥西里斯的祭祀仪式

民间流行的祭祀仪式

如果要确定某个男神或女神的本来性质，我们一般可以根据纪念他们的季节来判断。比如，节日如果在月初或月满之时，纪念的这个神可能就是月亮或至少与月亮关系密切。如果节日是在夏至或冬至，这个神也许就是太阳或与太阳有密切关系。再如，节日若是与播种或收获的时间一致，我们就倾向于认为这个神是大地或谷物的化身。但是对于埃及人的神祇，我们多半不能采用这种方法，因为埃及各个节日的日期年年都不同，几乎轮遍了四季。埃及节日时间的推移源于他们采用的历法，这种历法与太阳年并不完全一致，但又会不定期加入闰年闰月进行调整。

有历史记载以来，埃及就是一个农业民族，他们主要靠种植谷物生存。但这个国家雨水稀少，肥沃的土壤全靠尼罗河每年的泛滥滋养，因此人们密切关注着河水的涨落。自然现象的这种循环变化决定了农民们每年的劳动，8月上旬他们主要是挖堤放水，灌溉农田；11月潮水退去后，就播种小麦、大麦和高粱；次年3、4月开始收割。

这里的农民们每年也会举行一些仪式，祈求人寿年丰。根据材料记载，埃及人在尼罗河涨水时总会举行伊希斯节会。他们认为，正是女神这时因哀悼死去的奥西里斯落下的泪水助长了尼罗河的浪涛。8月份开堤放水

□ **古埃及人劳作图**

古埃及人很早就知道了农业与季节变化密切相关。在漫长的历史中，埃及人以其耕作与尼罗河的紧密联系而闻名。与此同时，他们认为，尘世和天堂并非不可逾越，他们靠神灵的指引安排生活和劳作，并按照星座排列方式建造神庙。

《阿尔，勒沙里斯康的墓地》
保罗·高更　1888年

在中国人的传统观念中，坟墓既是死者的葬身之地，也是死者灵魂在鬼神世界的符号。墓祭历史悠久，早在新石器时代和商周的墓葬考古发掘中就有所显现。汉族民间的墓祭活动多选择在清明、冬至、寒食、中元、除夕、大年初一以及死者的忌日举行。墓祭的内容包括为祖先的坟地除草添土、挂纸条、圈纸钱、供祭品、焚烧冥钱、燃放鞭炮、叩头礼拜、坟前野餐等。

前，人们也按例举行一种仪式。从前是在一条古老渠道入口处筑一道土坝，土坝前面，即靠河的一面立一个削去尖顶的土圆锥，再在上面种一点玉米或小米，这个土锥被称为阿鲁西（即新娘）。开坝前一周或两周，这位"新娘"就会被升起的波涛冲掉。这样做的目的好像是要给河水娶妻，人们把河水看作一个男性神灵，让他和田地新娘结婚，他的河水马上就会灌溉田地。而现代，人们在这种仪式上只是将钱扔进水渠，农民游水取钱。到了11月的播种时节，河水已从田中退去，人们像埋葬和哀悼死者那样将种子撒在地里，充满了庄严、悲哀的气氛。次年3到5月收获季来临，农人应该高高兴兴地收割谷物才对，但埃及人却故作哀伤，因为他们认为收割就是用镰刀割断谷神的躯体。根据一个古老的风俗，埃及农人收谷时捶打胸口，哀悼割下的第一把谷穗，同时唱起悲歌祈求伊希斯保佑。

官方的祭祀仪式

以上就是古埃及民间的一些简单纪念仪式，我们还要根据希腊作家的描写或碑文的记录考察一下官方日历中的奥西里斯节。我们不要忘记，由于埃及的旧历年年变动，官方节日的真正日期与天文日期每年都是不同的，至少在公元前30年采取固定的亚历山大历之前是这样。

据希罗多德说，奥西里斯的坟墓在埃及北部的赛伊斯城，那里有一个湖，人们每年都在湖上表演这个神受难的故事。这种纪念仪式每年举行一次，人们在屋外通宵点着油灯，纪念时都捶胸痛哭，以表明他们对该神死亡的悲悼。他们还将常年摆放在一个屋子里的木制牛偶拿出来，牛偶镀了一层金，两角正中有一个金太阳。这个牛偶显然是代表伊希斯的，因为她的神兽就是母牛。取出她的牛形偶像可能是象征女神寻找奥西里斯的尸体。

每年节日期间家家都点灯的习俗说明，这个节日纪念的可能不只是死去的奥西里斯，而是所有死者，换言之，这可能是个万灵夜。因为埃及人普遍认为，所有死者的灵魂每年的同一个晚上都要回趟老家。人们便提前准备好食物迎接鬼魂，还要点起灯照亮他们往返的路。希罗多德提及过这个节日，但没有给出日期，但我们可以根据其他材料推定。普鲁塔克称奥西里斯被谋杀于阿色月的17日，因此埃及人从阿色月17日开始举行四天哀礼。在亚历山大历中，这四天正好是11月的13至16日，这个日期又同普鲁塔克描述的其他迹象相符，他说节日时尼罗河水下落，北风停息，黑夜渐长。在这四天里，人们摆放一头蒙着黑布的镀金母牛，算作伊希斯的偶像。显然这就是希罗多德描述这个节日时所说的那个偶像。等到这个月的19日，人们跟着抬神龛的祭司来到海边，祭司拿出神龛里的金盒，注满新鲜水，这时人们大喊找到奥西里斯了。然后，他们用水浸湿一点腐殖土，掺进贵重的香料和香，把这团泥捏成月亮的形状，再给他穿上衣服装饰一番。按普鲁塔克的说法，这种仪式的目的似乎是要表现寻找奥西里斯尸体的过程，以及找到后的喜悦和死去神祇的复活。

埃及的十六个省每逢奥西里斯的节日都为他举行葬礼。托勒密王朝时期的一篇长铭文对这些葬礼作了描述。这个仪式的时间长达18天，从荷阿克月的12日到30日。人们将沙子或菜园里的土同谷物混合起来，有时也加入香料，做成一个神的小像，并把他的脸涂成黄色，颧骨涂成绿色。节日开始的那天，同时还举行开犁播种的仪式。两头黑牛驾着犁，一个男孩播种，田两头分别种大麦和小麦，中间种亚麻。开犁后，主持仪式的人同时念诵种田的经文。荷阿克月22日的八点钟，在34个神像的簇拥下，奥西里斯的所有神像分别坐上纸莎草扎的34只小船，进行神迹航行。到了24日，人们在日落后将桑木棺材里的奥西里斯偶像放进坟墓，并在当晚九点拿出去年做好的偶像，放在榕树树枝上。30日，即最后一天，他们一起从西门进入地下圣陵，将装有死神偶像的棺材恭敬地放在陵寝中的一张土台上，再从西门退出。荷阿克月的仪式就此结束。

从伟大神祇的死亡与复活里，埃及人不仅得到了维持生计的食物，而且获得了永生的希望。在埃及墓地里发掘的一些偶像明显表现出了这种希望。比如，在西诺波里斯的坟地里，葬有无数奥西里斯的神像。这些神像是用布包裹谷物做成的，有的放在一个小磁棺材里，有的放在一个苍鹰木乃伊状的木棺材里，棺材又被放在墓旁一个砖砌的凹坑里，但有的神像是直接放在坑里的。这些偶像被包裹得像个木乃伊，身上个别地方还镀了金。人们在播种节上使用的就是这种镀金的奥西里斯像。发现于底比斯大坟地附近的奥西里斯像，脸是绿蜡做的，肚子里装满了谷物。我们可以断定，把装满谷物的奥西里斯像埋在坟墓中是为促使死者复活，也就是说，是为确保他们的灵魂不朽。

第十二章　奥西里斯的属性

奥西里斯是谷神

从前面对有关奥西里斯的神话和仪式的考察来看，这个神在某一方面必定是谷物的化身，他年年死而复生。他的谷神身份在纪念他死亡与复活的节日上表现得尤为明显，这个节日在荷阿克月举行，后来又在阿色月举行。这月份是播种的时节，农人举行仪式将泥土和谷物做的各种偶像埋入土里，希望他在地里死后可以随着庄稼的生长而再生。

对奥西里斯的这种解释同他神话中的某些细节很符合。传说他是天与地的儿子。而谷物从地下生长起来，由天上的雨水灌溉，其父母难道不是天地吗？又说奥西里斯是第一个教人食用谷物的人，这种神话显然塑造的就是谷神自己。他的躯体被分成几块四处抛扔，后被埋葬在不同的地方，这种说法可能是对一种活人祭习俗的追溯。这个充当祭品的人可能代表谷神，他被杀后，人们将他的骨肉或骨灰抛洒在农田里，以肥沃土壤。据曼涅托说，古埃及人常常烧死一些红头发的人，并用风车扇风播撒他们的骨灰，而且是由国王亲自在奥西里斯的坟前主持这种野蛮的祭祀仪式。由此推论，这些人牲代表的就是奥西里斯，人们每年把他杀死、肢解、埋葬，让他促进地里种子的生长。

在史前时期，扮演神祇的人可能

□ 丰饶之神

奥西里斯原是水神、土地神、谷神、树神和繁殖丰产之神，他给人类带来恩惠，掌管着尼罗河水、土地和植物的生长，给尼罗河人民创造了丰收的食物，被称为"丰饶之神"。后来他被兄弟塞特迫害致死，被众神接去做了冥府之王，所以他更多的是被视为冥王神。

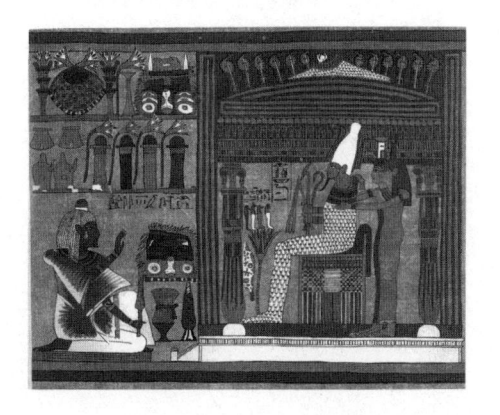

就是国王自己，他以神的身份被杀死肢解。据说，奥西里斯和赛特都是执政十八天后被撕成几块，人们每年举行长达十八天的纪念活动。挪威王黑脸哈弗顿的躯体好像就被割碎，埋在了他王国的不同地方，目的是为确保大地丰收。英属新几内亚的弗莱河口有一个基瓦伊岛，岛上著名的术士西杰拉临死前嘱咐众人，等他死后把他的躯体剁开，将他的头埋在他自己的园子里，把他的肉埋在他们各自的田地里。后来，地里的西谷米年年丰收，再也没有人挨饿。

奥西里斯是树神

　　奥西里斯不仅是谷神，还是一个树神，这也许是他最初的身份，因为在宗教史里树神崇拜是先于谷神崇拜的。弗米卡特·马特纳所描写的一个仪式清楚地表明了奥西里斯的树神身份：砍倒一棵松树，将树干挖空，用挖出的木头做一个奥西里斯的像，然后像埋尸体那样将它埋在树的空洞里。奥西里斯的这个神像保存一年后就烧掉，与人们对挂在松树上的阿提斯偶像的做法一样。普鲁塔克似乎也提到过这种砍树仪式。

　　奥西里斯的信奉者不得伤害果树，这大概就是由于他的树神身份。根据神话传说，他是第一个教人们使葡萄上架生长的人，还教人剪除多余的葡萄枝叶，压榨葡萄酒。在大约写于公元前1550年的纳布西尼莎草纸文献里，有一幅奥西里斯的画像，他坐在一个神殿里，串串葡萄从神殿的屋檐上垂下来。常春藤是他的圣树，因为它永远是绿色的。

奥西里斯是生育繁殖之神

　　作为植物神的奥西里斯同时也被人们视为具有一般生殖力的神祇，因为人在某一进化阶段的认识水平尚不足以区分动物的生殖力与植物的生殖力。因此，敬奉奥西里斯的仪式中最突出的一个特点就是，通过一种粗犷而富有表现力的象征形式来呈现他这方面的性质。每逢他的节日，妇女们手拿他的偶像，用线牵动做出种种猥亵的动作，在村里四处走动。这种习俗的目的可能是为祈求谷物生长。据说在神庙里伊希斯的塑像前，立有一尊和这一样的奥西里斯像。在菲莱城的奥西里斯神殿，他的神像安放在尸架上，那姿态明显表现出神依旧旺盛的生殖力。奥西里斯的赞歌里也提到了他的这一重要性质，一首歌中说世界由于他而变成绿色，还有一首歌唱道："你是人类的父亲和母亲，他们依靠你的气息生存，他们依靠你的肌肉生活。"由此推断，人们相信他像其他生殖繁育之神一样，能够保佑男人和女人繁衍后嗣。在他的节日里游行，就是为促使这一目的实现，同时也加速地里种子的生长。埃及人采用一些象征形式，举行某种仪式就是要使他们观念中神的这种能力生效。

奥西里斯是死者之神

我们前面谈到过，奥西里斯还是死人的统治者与审判者。埃及人不只笃信人死后会在另一个世界继续生活，而且还耗费许多时间、金钱和劳力来为那种生活做准备。他们将奥西里斯掌管死者的职能，同他促使大地生产果实的职能看得同样重要。我想，奥西里斯的信徒们是将他的这两种职能紧密结合在一起的。他们将死者葬入坟墓，就是交给神看管，而且他还能使死者从泥土中复活，获得永生，就像他能使种子从地下长出来。埃及坟墓中发掘出的许多用谷物做的奥西里斯的偶像，就是人们这种信念的最好证明。它们既是复活的象征，又是复活的工具。古埃及人就是根据谷粒的发芽情况来占卜某人能否获得永生的。

人们活着时，一个神用自己破碎的躯体供养他们，死后，又给他们能在另一个世界幸福生活的希望，这样的神当然会受人爱戴和崇奉。因此，我们可以坦然接受这样一个事实，即：埃及人对其他神祇的崇拜远不及对奥西里斯的崇拜，其他神只在各自的地区受到敬奉，而奥西里斯和他的伴侣伊希斯则在整个埃及为人崇奉。

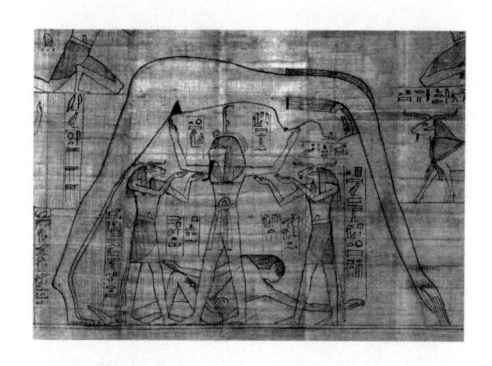

□ **天空之神娜特**

娜特，古埃及神话中的天空之神。她是众星辰之母，苍穹的化身，同时也是九柱神之一。除了天空之神以外，娜特在埃及神话中还代表着丧葬。法老的棺椁和陵墓都以娜特之名命名或刻有娜特雕像，以示处于娜特的庇护之下。传说，娜特还可以向亡灵提供空气、水和食物，供其冥府生存之用。因此，娜特又被誉为"万物之主宰"。她与地神塞伯结合，诞下奥西里斯。图中化身为苍穹的就是女天神娜特。

第十三章　伊希斯

　　女神伊希斯的本来属性比他哥哥和丈夫奥西里斯的更难确定。但在她复杂的本质中，我们也许还能考察出核心要素。如果她的哥哥和丈夫奥西里斯真有谷神的性质，那她必然也是一个谷物女神。西西里的狄奥多罗斯说伊希斯是小麦和大麦的发现者，在她的节日上，游行的人们手拿两种麦子就是纪念她给予的恩惠。根据奥古斯丁提供的一个细节，伊希斯好像是在祭奠她丈夫和他们的共同祖先时发现大麦的。而且埃及人在收获时节，割下第一把谷子后，就放下谷子捶胸痛哭，呼唤伊希斯的名字。我们已经解释过，这种风俗是对死于镰刀下的谷神的悲悼。在一些碑铭中，伊希斯被描述为"绿色物的女创造者""绿色的女神""面包娘娘"等等。希腊人把伊希斯看作女谷神，在他们的一首短诗里，她被描写成"给大地长出果实的人""谷穗的母亲"。

　　这就是伊希斯的古代形象，一个农村的五谷娘娘，为埃及人民所崇奉。但随着宗教的演变，她渐渐被某些神圣、崇高的道德因素包裹起来，成了忠实的妻子、温柔的母亲、为大自然降福的皇后。她原来平凡的农村女神的形象几乎被完全掩盖。经过这样的净化和神圣化之后，她在家乡之外也赢得了众多信徒的忠心。在古代宗教极为混乱的时期，罗马和整个帝国的人民最崇拜的就是伊希斯。因为从整体来看，她的宗教仪式充满

□ 伊希斯和妹妹奈芙蒂斯

　　伊希斯是埃及万神庙中最受欢迎的女神，是奥西里斯忠诚的妻子。她以自己的魔力和治愈疾病的力量而闻名。她还是圣母的原型，她所激起的崇拜为后来圣母玛丽亚的出现奠定了基础。

了尊严与静穆、庄重和端正，对平复杂乱的思想、放松沉重的心灵最为适宜。面对国家的衰败、传统信念的动摇，人们思想震荡不安，在这种时候，伊希斯静穆的形象、镇定的精神和慈悲的心怀，就像是暴风雨的天空里亮起的一颗明星，给他们带来了希望。

第十四章　奥西里斯和太阳

人们有时还说奥西里斯是太阳神，近代很多著名作者都赞同这一观点，因此值得我们简单探讨一下。只要认真分析我们就会发现，能支持这种看法的证据少之又少，而且并不可信，但也不是全无价值。贾布隆斯是第一个搜集、考证古典作家论述埃及宗教的现代学者，在他引证的古代作家中，只有狄奥多拉斯和马克罗庇厄斯明确地将奥西里斯当作太阳。但他们的证据的可靠性很难判断。因为狄奥多拉斯的话含糊又夸张，马克罗庇厄斯是研究太阳神话的先驱之一，他将两者看作一回事，其理由完全没有说服力。

有些现代作者认为奥西里斯是太阳的主要依据，是他死亡又复活的故事，就像一天中太阳的出现又消失。我们不禁要问，神话故事的主题如果是太阳每天的死亡，人们为何用周年的仪式来纪念呢？还有，姑且说太阳每天死去，可说它被撕成碎块又是何意呢？

我们在前面的探讨中已经表明，植物每年生长与凋谢的自然现象，同日升日落一样适合于死亡与复活的观念，而且古人普遍将奥西里斯的死亡看作植物凋谢而不是日落。奥西里斯的仪式同比布鲁斯地区的阿多尼斯仪式极为相似，有些比布鲁斯人甚至坚信自己悲悼的是奥西里斯，而不是阿多尼斯。之所以有这种看法，必定是两个神的祭祀仪式相近到难以分辨的程度。希罗多德发现奥西里斯的仪式同狄俄尼索斯的仪式非常相似，目光敏锐的普鲁塔克也发现了两者细节上的统一。他们都是曾亲历过仪式的人，提出的看法必然更可靠。因此，如果说奥西里斯是太阳，那么我们要么否定古人对奥西里斯、阿多尼斯、阿提斯、狄俄尼索斯和德墨忒耳等仪式相似点的证明，要么把所有这些仪式都看作太阳崇拜。而现代学者中，没有一人真正正视过这两种观点，也没人真正地接受过其中的任何一种。

第六卷 | 谷精与植物之神

狄俄尼索斯——德墨忒耳与珀耳塞福涅——北欧的五谷妈妈和五谷闺女——许多地区都有五谷妈妈——谷精的崇拜与祭祀——谷精变化为动物——古代植物之神的动物形象

第一章　狄俄尼索斯

在前面几章里我们了解到，古代西亚文明国家和埃及都将四季的更替，尤其是植物的凋谢和生长，看作神的死亡与复活。他们将自然力量拟人化，根据一年四季变换的景象塑造出一系列男女神祇，并在各种宗教仪式上予以纪念。而在对某些死亡后又复活的希腊神祇的研究中，我们也能看到与阿多尼斯、阿提斯以及奥西里斯悲伤形象相同的画面。先来说说狄俄尼索斯。

狄俄尼索斯最为人熟知的身份就是酒神，人们往往通过热烈的舞蹈、激动的音乐和极度醉酒来表现对他的狂热崇拜。他是希腊诸神中最著名的神祇，他的故事和礼仪同奥西里斯的极为相似，这就使得古今学者认定他是奥西里斯的另一种形象，是从埃及输入希腊的。但大量证据都表明，他起源于色雷斯。

尽管狄俄尼索斯主要是葡萄树或葡萄藤蔓的神，但他同时也是一般的树木之神。在希腊，几乎人人祀奉"树神狄俄尼索斯"。他在维奥蒂亚的一个称号就是"树中的狄俄尼索斯"。他的形象通常就是一个直立的木桩，没有手臂，上端套一个满脸胡须的面具充当头部，头上和身上挂满枝叶，以显示神的本性。他在花瓶上的肖像，总是被画成长在一棵矮树或灌木上。他是树木的守护神，传说各种果树，特别是苹果树和无花果树，都是他发现的。人们常把他称作"生长果实的人""青绿果实的人"或"促使果实生长者"。除葡萄树外，专门敬献给他的树还有苍松和翠柏。常春藤与无花果树同他的关系也特别密切。阿查纳的阿蒂克镇有一种狄俄尼索斯常春藤，而拉色蒂蒙地区则有一种狄俄尼索斯无花果。此外，狄俄尼索斯有时还被视为农业或谷物之神。有极少的一些线索表明，他是第一个驾牛犁田者，在他之前犁都是依靠人力的。

同其他神祇一样，狄俄尼索斯据说也惨遭谋害，但又复活。诗人依纳丝斯曾描写过他的悲剧故事：宙斯化为蛇形去看望珀尔塞福涅，她为宙斯生下了一个儿子扎格柔斯，也就是狄俄尼索斯，一个带角的婴儿。出生不久，这孩子就爬上父亲宙斯的宝座，模仿父亲放出雷电。但当他在宝座上照镜子时，叛逆的提坦诸神脸涂白粉，手执利刃趁机来谋杀他。他变成各种形态来躲避攻击，一会变作宙斯，一会变作克洛诺斯，一会又变作青年人、狮子、马和蛇。他最后变作公牛时被敌人剁成了碎块。而据弗米克斯·马特纳记述的神话：狄俄尼索斯是克里特岛王朱庇特的私生子，朱庇特将王位和君权都交给年幼的狄俄尼索斯，远赴海外。岛王为防妻子谋害这孩子，便将他托付给心腹卫士保护。可岛王的妻子朱诺买通卫士，用一种玩具将这孩子诱入预先设伏的地方，由她的提坦仆人将他肢解，并用香草煮烂吃掉。孩子的姐姐密涅娃也参与了这一行动，并保留下了孩子的心脏。朱庇特回来后，她将全部罪行都告诉了他，并将孩子的心脏拿给他看。朱庇特一怒之下将所有提坦人都拷打致死。他为孩子雕了一个肖像，把他的心脏放在像上，又建了一座庙宇专门纪念他。这一传说将神话人物朱庇特和朱诺当成了克里特岛的国王和王后。值得注意的是，依纳斯和弗米克斯都记载了这类故事，也都提到狄俄尼索斯幼年时曾继承过父亲宙斯的王位。这些传说表明了一种习俗：暂时授予国王之子以王位尊严，以备日后代替其父王献祭。关于他的复活，文献记载很少，有些人说是宙斯救活了他，还有人把他说成是宙斯和德墨忒耳的儿子，是母亲把儿子碎裂的尸体拼复起来，使他年轻的生命得以复活。

□ 酒神狄俄尼索斯雕像

作为古代希腊色雷斯人信奉的葡萄酒之神，狄俄尼索斯不仅握有葡萄酒醉人的力量，还布施欢乐与慈爱，用极强的感召力维护着世间和平，同时护佑着希腊的农业与戏剧文化。

除了神话传说，我们还得谈谈相关的宗教仪式。克里特人每隔两年举行一次纪念狄俄尼索斯的活动。节日那天，信徒们当场用牙撕裂一头活公牛，然后在树林中大叫着乱跑。有人捧着一个精致的盒子走在敬奉的人群前面，据说盒子里盛的是狄俄尼索斯的心脏。神话中描述的狄俄尼索斯受难的很多情景都被表演出来。吕底亚人每年春天庆祝狄俄尼索斯的复活，他们认为这神同春天一起降临。

神话中的狄俄尼索斯还具有动物的形象，特别是公牛的形象。人们说他是"母牛生的"，是

"长着公牛脸的",是"长着牛角的"等。因此他的形象常被塑为公牛或长着公牛角。有时他还被画成一个孩童,前额顶着串葡萄,后脑伸出来一只小牛的头,露着牛角。在神话中,狄俄尼索斯是在公牛的形象下被提坦人撕裂为碎块的。克里特人在纪念狄俄尼索斯时,用牙把一头活公牛撕裂,有时甚至吞食,他们肯定以为那就是吃他的肉,喝他的血。狄俄尼索斯还化身为山羊,他有一个名字叫"小山羊"。为躲避盛怒的赫拉,狄俄尼索斯的父亲宙斯把他变成了小山羊。后来诸神为躲避泰丰的迫害逃往埃及,就把他变为一只大山羊。因此,狄俄尼索斯的敬奉者在祭祀他的节日里也会撕裂并吞食活山羊。此外,有些地方敬奉给狄俄尼索斯的祭品不是动物,而是活人,最后也把这人撕成碎块。

第二章　德墨忒耳与珀耳塞福涅

除了狄俄尼索斯，很多其他希腊神祇的悲惨故事和祭祀仪式反映的似乎也是植物的凋谢与复苏。德墨忒耳与珀耳塞福涅的神话故事就是如此，只不过采取了另一种形式。他们的神话同叙利亚的阿芙罗狄蒂与阿多尼斯的神话、弗里吉亚的库柏勒与阿提斯的神话，以及埃及的伊希斯与奥西里斯的神话，实质都相同。同亚洲和埃及的相应神话一样，希腊神话里也有一个女神悲悼她心爱的神的死亡，这个死去的神是植物，特别是冬死春生的谷物的化身。只不过东方人将这个死去的神想象为女神的情人或丈夫，而希腊人则将其想成女神的女儿。

讲述德墨忒耳与珀耳塞福涅神话的最古老文献就是优美的荷马式的《德墨忒耳赞歌》，批评家们将其划为公元前七世纪的作品。这首诗歌主要是为解释埃莱夫西斯神秘宗教仪式的起源，但同时也为我们了解两个女神的身份提供了线索。诗歌记叙，年轻的珀耳塞福涅正在葱翠的草地上采集鲜花时，地面突然裂开，冥王哈迪斯上来把她掳走，让她在阴间做他的新娘和王后。她母亲德墨忒耳伤心地穿起丧服，四处寻找她。从太阳神那得知女儿的遭遇后，她愤怒地离开诸神，来到了埃莱夫西斯。这位女神发誓说，如果不将女儿还给她，她就永远不回奥林匹斯山，再也不让种子发芽、谷物生长。后来，地里果然什么也不再生长，就连埃莱夫西斯附近原本麦浪翻滚的拉里亚平原，也变成了光秃秃的荒地。宙斯发现后马上命令哈迪斯将他的新娘珀耳塞福涅还给她母亲德墨忒耳，并规定珀耳塞福涅每年三分之二的时间同她母亲及众神在阳间生活，每年三分之一的时间和她丈夫住在阴间。每年大地春暖花开，就是她返回阳间的时候。德墨忒耳找回女儿后非常高兴，就让谷物种子从泥土下长出来，使整个大地覆满了绿叶和鲜花。

按照诗歌作者的描写，我们不难推论，这两个女神成了谷物的化身，或者至少对女儿珀耳塞福涅来说是这样。她每年三个月时间在阴间和死者度过，其他时间则在阳间和活人待在一起。她在地下时，谷物种子也藏在泥土下，田地一片荒

□ 《珀耳塞福涅的归来》
弗雷德里克·莱顿爵士　1891年

珀耳塞福涅是希腊神话中冥界的王后,她是众神之王宙斯和农业女神德墨忒耳的女儿。冥王哈迪斯垂涎她的美色,将她绑架到冥界与其结婚,让她成为冥后。失去女儿的德墨忒尔悲痛欲绝,四处疯狂地寻找珀耳塞福涅,致使大地上万物荒芜。宙斯无奈之下命令冥王每年让珀耳塞福涅重返人间八个月。图为珀耳塞福涅与母亲德墨忒尔相聚的场景。

芜;春天她回到人间,谷物也破土而出,大地又覆满绿叶和鲜花。这样一个女神,显然是植物,特别是谷物的化身。若果真如此,她的母亲德墨忒耳代表的是前一年的旧谷,还是大地呢?因为新谷生自旧谷,而谷物和其他植物又都是从大地宽广的胸脯上生长起来的。这两种情况表现的都是一种母女关系。赞歌的作者明显是支持前者的,因为他将德墨忒耳和大地放在了尖锐对立的地位。在他的笔下,是大地为迎合哈迪斯而使各色鲜花盛放,把年轻的珀耳塞福涅引诱到草地深处的,是大地给德墨忒耳带来了苦痛,因此,德墨忒耳绝不是大地女神。这样看来,她只可能是谷物的化身。

这个结论可以在许多碑铭中找到佐证,因为德墨忒耳和珀耳塞福涅的古代艺术形象,通常就是头戴谷冠、手执谷穗的女神。希腊许多城邦每年都将收获的第一批大麦、小麦运到埃莱夫西斯,作为祭品献给这两位女神。在科斯岛,农人们供奉的德墨忒耳像手里拿着谷束和罂粟花。如今希腊人还坚信,庄稼是德墨忒耳的恩赐,她的神像若被拿走,庄稼就不再生长。

至此,我们基本推定德墨忒耳和珀耳塞福涅的性质是一样的,这对神灵母女体现了谷物的两个方面,即上年的谷种和当年成熟的谷穗。这种母亲和女儿本质的一致性,也能在她们的希腊艺术肖像中找到证据,她们的肖像通常极为相似,几乎难以分辨。

第三章　北欧的五谷妈妈和五谷闺女

我们在希腊宗教中找到了很多能证实德墨忒耳是五谷妈妈的论据，信徒们敬献给她的谷物包括大麦和小麦两种，其中的大麦很可能代表她最初的本质。因为荷马时代希腊人以大麦为主食，而且大麦也是雅利安人最早种植的谷物之一。古代印度人和古希腊人在宗教仪式上都采用大麦，这也给我们提供了一种佐证。大麦的种植确实非常古老，欧洲石器时代的湖上居民也种大麦。

威·曼哈德从现代欧洲的民间习俗中搜集了大量与希腊的五谷妈妈或大麦妈妈相类似的例子，下面我们就来看一下其中的一些典型事例。

德国人常将谷物拟称为五谷妈妈，比如春天谷物随风摆动时，农人们就会说："瞧！五谷妈妈来了！"或是说："五谷妈妈在田里跑呢！"孩子们想到田里摘罂粟花，大人不让他们去，怕五谷妈妈会把他们抓住。人们还相信五谷妈妈能促进庄稼生长。在马格德堡附近，有时人们会高兴地说："见到亚麻妈妈了，今年亚麻的长势会很好。"

在收获的习俗中，五谷妈妈也扮演着重要角色。人们认为她待在田里的最后一捆谷子中，割下这捆谷子时，她不是被捉住，就是被赶跑或杀掉了。霍尔斯坦某些地区的农人给最后一捆谷子穿上妇女的衣服，称之为五谷妈妈，用最后一辆车载回家。到家后，再把它用水浸透，以祈求雨水。在施蒂里亚的布拉克地区，人们将最后一捆谷子称为五谷妈妈，让村里最年长的已婚妇女把它扎成一个妇女的样子。她们还从中挑出最好的谷穗，掺上鲜花做成一个环冠，让村里最漂亮的姑娘戴在头上，到农民或绅士家中去，而五谷妈妈则被放在谷仓里驱赶老鼠。加利西亚塔诺地方的人用最后的谷秆做一个谷冠，称之为小麦妈妈、黑麦妈妈，或豌豆妈妈。人们让一个小女孩将谷冠戴在头上，直到春天，然后将冠上的一些谷粒拌进谷种。这种风俗表明五谷妈妈具有增殖能力。

有时，最后一捆谷子还被称为收获妈妈或大妈妈。在汉诺威的奥斯纳布鲁

□《农神德墨忒耳》
让·安东尼·华托　1717至1718年

德墨忒耳掌管着土地的丰产，给予大地生机，教授人类耕种，并随之成为农事及社会习惯和家庭生活的庇护者。而她被古希腊人称作"五谷妈妈"也是合情合理，所以丰收时节人们总是用大麦和小麦来敬奉她。

克城，人们将最后一捆谷子做成一个妇女形状，称它为收获妈妈，并围着它跳舞。埃尔富特地区的农人将最沉重的一捆谷子（不一定是最后一捆）称作大妈妈，用最后一辆车拉至谷仓。在贝尔法附近，最后一捆谷子有时被叫做老奶奶。割这捆谷子时，所有收庄稼的人都要用镰刀去砍。人们把它编成发辫的形状，一直保存到来年秋天。谁得到了它，就会在那年内结婚。最后一捆谷子多数时候被称作老太婆或老头子。在德国，它常被打扮成妇女的样子，割或扎这一捆谷子的人就算是"弄到老太婆了"。有时扎最后一捆谷子的妇女也被叫作老太婆，据说她来年就会结婚。

根据曼哈德的说法，上述某些风俗中与最后一捆谷子有同样称呼的人，代表的就是待在最后一捆里的谷神。也就是说，谷神不仅有一个谷束代表，还有一个人身代表。有一种习俗是将割或扎最后一捆谷物的人卷在其中，这明显是将人和谷束等同起来。在西里西亚的赫姆斯道夫，通常是将扎这最后一捆谷物的妇女卷在里面。裹在谷子中的人代表谷神，正如裹在枝叶里的人代表树精。

斯拉夫民族也盛行类似的风俗。如在波兰，最后一捆谷子通常叫做巴巴，即老太婆。在克拉科夫地区，某个妇女扎最后一捆谷子时连自己也包在里面，只把头露出来。人们将包着她的这捆谷物放在最后一辆车上载回家中，然后全家人一起用水把她浇湿。跳完舞后人们才把她从谷物中放出来，这一整年她都被称为巴巴。

在俄罗斯也是这样，人们常把最后一捆谷子做成妇女形状，给它穿上妇女服饰，载歌载舞地将它带回家中。保加利亚人用最后一捆谷子做一个玩偶，称之为五谷皇后或五谷妈妈，为它穿上妇女上衣，带着它在村里游行后扔进河里，以求来年雨水充足；或是将它烧掉，把灰撒在田里，滋养土壤。

在这些习俗中，成熟谷物的谷精多被看作是很年长，至少也是成年，所以才被称为妈妈、奶奶、老太婆等。不过也有人认为谷精很年轻。在沃尔芬比特附近的萨尔顿地区，农人割完黑麦后，用一根绳子将三捆黑麦捆在一起，做成一个偶像，谷穗就是它的头。他们将这偶像称为闺女或五谷闺女。有时人们还把谷精看作一个孩子，镰刀割下去，他就和自己的母亲分开了。比如在波兰，人们会对割下最后一捆谷子的人喊道："你把脐带割断了！"在德国北部的另外一个地方，人们将最后一捆谷子或用其做成的草人称作"小孩""收获小孩"等。

在苏格兰高地的某些地方，收获者总把割下的最后一把谷子称为"闺女"。如果青年人得到了它，就认为是个好兆头，他或她来年收庄稼前就会结婚。因此，人们想方设法要得到这个"闺女"。在珀思郡的巴尔奎德附近，最后一把谷子要由田里最年轻的姑娘收割，割下后把它做成一个小女孩的样子，穿上纸衣服，挂上缎带，然后放在家里保存起来，一般是放在烟囱上面。德国某些地方有时把最后一捆谷子和扎这捆谷子的妇女称为新娘、燕麦新娘或小麦新娘，新娘这个称呼能更充分地表现植物，表明其像新郎新娘一样具有生殖能力。在沃尔哈兹庆祝收获的宴会上，燕麦男子和燕麦妇女身上裹着麦草跳舞。在奥地利的西里西亚，庄稼收割完后，年轻人举行"小麦新娘"的仪式。扎最后一捆小麦的妇女头戴麦穗和花卉编的环冠，扮演小麦新娘，和新郎一起站在牛车上，被人们簇拥着拉到酒店里，通宵跳舞。

上述这些收获习俗，同我们在前面考察过的春天习俗极为相似：（1）在春季习俗里，树精由树和人两者来代表，而在收获习俗里，谷精则由最后一捆谷子，以及割它或捆它的人来代表；（2）树精被认为对植物、牲畜甚至妇女具有增殖的影响，谷精也被赋予了这种影响力。比如，将最后一捆谷子里的一些谷粒拌在谷种里，以促使谷物生长；把最后一捆谷子给怀孕的母马、母牛等吃，希望它们多产幼畜；还有就是，把谷子妈妈做成孕妇的样子，交给主人的妻

□《布列塔尼的干草堆》　保罗·高更　1890年

十八世纪末，一批圣徒躲进干草堆中祷告，这次祷告会被称为干草堆运动，即第二次属灵大觉醒。属灵即指世人以上帝为主，遵照上帝的指令来规范自己的行为，本质是将自己的身心奉献给上帝。而这次运动在于复兴处于低潮的信仰，令世人得以正视自己的罪过，投入上帝的怀抱。

子。

由此来看，这些春天习俗和收获习俗都出于同样的古代思想，都属于原始异教习俗的组成部分。显然，我们的祖先在遥远的史前时代就已遵循这些习俗了。对于它们原始仪式的某些特点，我们有必要注意一下：

一、没有专人执行这些仪式，也就是说，没有祭司。如果需要，任何人都可以举行。

二、没有举行仪式的专门场所，即没有神殿。如有需要，可以在任何地方举行。

三、人们认的是精灵，不是神。精灵不同于神，它们活动的范围限于自然中的某些领域，它们没有专门的名字，也没有一定的数量，同类精灵中的每个个体都很相似，没有明显不同的性质。关于它们的起源、身份和历史等并无广为流传的故事。而神并不局限于自然中的某些固定领域，它们对自然和生命的很多其他领域也具有影响力，而且都有各自的名字，如德墨忒耳、珀耳塞福涅、狄俄尼索斯等。它们各自的身份和历史都被普遍流行的传说和某些艺术形式固定下来。

四、这些仪式是巫术，而不是祈祷。换言之，人们不是靠赞美、祈祷或供奉祭品，以求得神灵庇佑，而是只通过仪式来实现目的。因为他们相信，仪式本身同仪式所要产生的效果之间存在交感关系。

从这几点来看，欧洲农民的春季习俗和收获习俗应该都是原始的。因为没有专人来执行这些仪式，也没有专门的场所。人们认为仪式里超凡的东西是精灵而不是神，它们的作用局限于某些领域，它们的名字都是大麦妈妈、老太婆、闺女这类一般名字，而不是德墨忒耳、狄俄尼索斯之类专有名称。它们各自的身份和历史也不是神话题材。它们每一类中的成员都很多，很相似。比如，每个村庄都有自己的五谷妈妈，自己的老太婆或闺女，但每个五谷妈妈都很类似，老太婆和闺女也是这样。最后，这些收获习俗和春季习俗的仪式都是巫术，不是祈祷。比如，将五谷妈妈扔进河里就是为庄稼求得雨露，用最后一捆谷子喂牛就是增强它的生殖力。

第四章　许多地区都有五谷妈妈

美洲的五谷妈妈

并非只有古代和现代的欧洲民族将五谷视为母亲女神，世界其他地区的农业民族也有同类思想。欧洲有自己的小麦妈妈和大麦妈妈，美洲有它的玉米妈妈，而东印度群岛则有它的稻谷妈妈。

欧洲某些民族在收获季节时会将最后一捆谷子，或用最后一捆谷子做成的草人保存起来，直到来年的收获季。这样做的目的无疑就是，通过保存谷精的代表以求整年保持谷精的生机，以促使庄稼生长。古代秘鲁人也遵循一种与此类似的习俗。据西班牙老历史学家阿柯斯塔描述："他们从田里取一些长得最好的玉米，给它们穿上最漂亮的衣服，放在谷仓里，称之为皮鲁阿，并举行某些仪式，一连看守三夜。这个月内他们还有一种仪式，巫婆问这个皮鲁阿能不能将玉米种子保存到来年，如果它说不能，人们就把它带到玉米田里烧掉，然后重新做一个皮鲁阿，再举行同样的仪式。"

这样描述这个风俗也许并不准确。秘鲁人崇拜的很可能是装扮过的玉米，而不是谷仓。因为我们在一些材料中看到，秘鲁人相信所有植物都是依靠相应的神灵在生长，按照植物名称的不同，这些神灵被称为玉米妈妈、昆诺阿藜妈妈、古柯妈妈、土豆妈妈等。这些神灵

□《金黄色的收获》　保罗·高更　1889年

古希腊和古罗马人特别重视农作物。由于谷物是原始农业的主要成品，所以几乎所有地区的宗教初年都设置了谷神。他们认为谷神管理禾谷，在播种和收割时加以祭典可以获得丰收。古希腊人把禾谷之神称为德墨忒耳，据说是她教会人们种植，把人类从打猎、放羊为生的低级文明中解救出来。谷物被称为"德墨忒耳的碎片"。

妈妈的偶像分别用玉米穗、昆诺阿藜和古柯树的叶子做成，并穿上妇女的服装。印第安人认为，"作为妈妈，她有繁殖大量玉米的能力"。所以，阿柯斯塔描述的妈妈并不是谷仓，而是身着漂亮服装的玉米。秘鲁人的玉米妈妈和巴奎德的收获闺女一样，它将被保存一年，以促进玉米的生长繁殖。但在这一年内，如果它的精力出现衰退迹象，人们就会把它烧掉，重新做一个玉米妈妈。

东印度群岛的稻谷妈妈

马来人和达雅克人相信，稻谷是靠一个魂魄而生的，就像人具有灵魂一样。他们所举行的全部仪式都基于这种观念。他们认为，植物纤维和人的身体一样有一种生命要素，这要素是独立于植物的，它可以在一段时间内完全脱离植物，而不影响植物的生长；但如果离开的时间超过一定限度，植物就会凋谢而亡。对于这种可以分离的生命要素，我们找不出更合适的词来表示，只好暂且称之为植物的魂魄。

□《布列塔尼收割风景》 保罗·高更 1889年

谷物被人们视为谷精，在收割谷物时，不同地区的人们采取不同的方法对待谷精。譬如，割、捆、打最后一捆谷物的人要被同伴们嘲弄或是被捆在谷杆里，因为这种人被视为谷精的代表。而这种举动的产生，在于人们希望谷精在冬天时能留在谷仓，而到了播种时又回到田间。

出于上述观念，印度尼西亚人就像对待亲朋一样对待稻谷。水稻抽穗扬花时，他们像对待孕妇一样，不在田里放枪，不高声喧哗，生怕给稻谷带来惊吓，以致其流产或不长米粒。他们还用对孕妇有益的食物来喂养抽穗的稻谷。既然高声吵闹都可能使稻谷受惊流产，那用镰刀收割时稻谷的魂魄又该多么痛苦呢？所以，人们割稻时都用一种形状特殊的镰刀，让它还未感觉到痛苦就被割下头颅。

在印度尼西亚各民族中，婆罗洲的卡扬人或巴豪人对稻谷的人格化最为典型。为留住稻谷易受惊的魂魄，卡扬人想出了种种办法。比如，女祭司先用刮铲将稻谷的魂魄从小梯子上赶进篮子里，篮子里事先放好的钩子、荆棘和绳子接着把它紧紧抓住，等魂魄被锁起来后就送进谷仓。为了保证来年庄稼丰收，他们不仅要保护好谷仓里全部谷粒的魂魄，而且还要对掉在地上被鹿、猿、猪吃掉而失去魂魄的稻谷进行招魂。缅甸的克伦人相信，只有保住稻谷的魂魄，庄稼才能旺盛生长。所以，如果某块稻田长得不好，他们就认为是稻谷的魂魄羁留在外了，便要举行仪式为其招魂。

西里伯斯中部的托莫里族插稻秧前，先在田里埋上一些蒟酱，献给使稻谷生长的精灵。开始收割时，人们将这块田里的稻秆扎成一捆，称之为"稻谷妈妈"，并在它们面前摆上稻米、家禽的肝、蛋等祭品。收割完田里所有其他稻谷后，他们才割下"稻谷妈妈"，并举行相应的仪式，然后将其运回谷仓，放在一捆捆稻谷的最下面。这个地区的托拉杰人收割庄稼时也遵循稻谷妈妈的习俗，他们将其奉为一切收获物的真正母亲，所以小心翼翼地保存这个妈妈，生怕它的离去使谷仓里的米也消失。

此外，就像在苏格兰年老的谷精和年轻的谷精分别由一个老太婆和一个闺女代表一样，马来半岛上的人们也是用不同的谷捆或稻束，来代表稻谷妈妈和她的孩子。据斯基特先生描述，雪兰莪乔多地方的人收割稻谷时，先按事先的标记扎一捆稻谷充当稻谷妈妈。一个年长的女巫从这捆稻子里割下七根稻穗，将它们涂上油，用彩线缠起来，再用香烟熏过后包上白布，放在一个椭圆形小篮子里。这七根稻穗被看作幼小的稻米灵魂，小篮子就是它的摇篮。另一个妇女撑着伞将这个娇嫩的婴孩带回家中。家里的其他妇女接下摇篮，把婴儿放在一张新席子上睡下。从这时起，农民的妻子要像真生下了孩子那样，认真遵守三天禁忌。

欧洲用新娘、新郎形式代表谷精的习俗，同爪哇人收割稻谷时举行的仪式很相像。开始收割稻子前，祭司或巫师挑出一些稻穗扎在一起，涂上油，戴上花，称之为珀迪澎根顿，即稻谷新娘和稻谷新郎，然后为其举行结婚典礼，接着就收割稻子。稻谷收完后，先在谷仓里划出一块地方作为新房，摆上一张新席、一盏灯和各种盥洗用具，将代表婚礼客人的稻捆放在稻谷新娘和稻谷新郎旁边。一切就绪后，所有庄稼才收进谷仓。入仓后的前四十天里，任何人都不得进入仓内，以防打扰新婚夫妇。

谷精表现为人形

根据曼哈德的理论，谷精不仅表现为植物形式，还表现为人身形式。割或捆扎最后一捆稻谷的人都算是谷精的临时化身。这在欧洲许多民族的风俗中都普遍存在，那么，欧洲以外的其他种族是否也会以活的男人或妇女来代表谷精呢？对此，我们有必要认真考察一番，因为这与本书的主旨有密切关系：如果能找到更多以人本身代表植物生命或精灵的实例，我们就能更合理地将内米的林中之王归于它们一类。

在北美洲，曼丹人和明纳塔里人每年春天都举行一个叫"妇女五谷魔法节"的节日。他们认为，某个住在南方的"永生的老太婆"掌管谷物生长，每年春天她会派遣候鸟为代表，前来报信。不同的鸟代表印第安人种植的不同谷物：大雁代表玉米，野天鹅代表葫芦，野鸭代表豆子。因此老太婆的报信鸟春天飞来时，印第安人就举行妇女谷物魔法节。人们搭起架子，挂上干肉和其他东西，作为献给老太婆的祭品。全族的年老妇女代表"永生的老太婆"聚集在架子前，每人手拿一根系有一个玉米的棍子。她们先把棍子插在地上，然后随着年老男人奏出的乐声围着架子跳舞，最后又拿起棍子靠在手背上。接着年轻妇女出来将干肉放在老妇女嘴里，她们回敬给每位少妇一粒神圣的玉米。年轻妇女将这神圣的玉米保存起来，以后拌进玉米种里，以使玉米增产。由于年老妇女代表的是"永生的老太婆"，架子上的干肉便属于她们。秋天也有一个类似谷物魔法节的节日，不过是为吸引野牛群，猎杀它们取食肉类。在这个例子里我们看到，人们将谷精看作一个老太婆，并让年老的妇女充当她的代表，她们以这个身份得到那些敬献给老太婆的祭品。

印度的收获女神戈里，在某些地方由未婚的姑娘代表，同时还由一束野水仙花代表，这束花戴着首饰，被装扮成妇女的样子。女神的人身和植物代表，都受到人们的敬奉，好像是为保证稻谷丰收。

谷物的双重人格化：是妈妈，又是女儿

同德国的五谷妈妈、苏格兰的收获闺女相比，希腊的德墨忒耳和珀耳塞福涅是宗教成长的晚期产物。但希腊人属

□ 《屋内的曼丹人》　乔治·卡特林　1830至1832年

曼丹人，北美大平原印第安民族，操苏语，居住在密苏里河沿岸半永久性村落里，其范围在哈特河及小密苏里河之间。曼丹文化是平原文化中最丰富的文化之一。宗教仪式颇为繁缛，其中太阳舞及奥基帕节最为重要。

于雅利安民族，他们在某个时期很可能也遵循过凯尔特人、条顿人和斯拉夫人所遵循的那类收获习俗，而且这些习俗远远超出了雅利安人的世界。秘鲁的印第安人和东印度群岛的许多民族都遵循这些习俗，可见这些风俗所依据的观念并不限于某个民族，而是所有未开化的农业民族都自然会产生的。其实早在古典时代，希腊农民就已经在每年的收获时节，用成熟的谷物充当他们的五谷妈妈（德墨忒耳）和闺女（珀耳塞福涅）了。但古代文人雅士把德墨忒耳和珀耳塞福涅供奉在了城市的神殿里，想要去除农民加给她们的粗鄙气息。不过，从这些城市文化人的著作里，我们仍然窥见了农村所展示的最粗糙的德墨忒耳。例如，德国某些偏僻乡村流传着一个故事，说伊辛和德墨忒耳在犁过三遍的田里生了一个孩子普路托斯（财富、富足之意）。这个故事可以和普鲁士人的一种习俗相对照。在收获的庄稼地里，一个人装扮成妈妈代表五谷妈妈，另一人扮作孩子代表五谷婴儿。他们通过这种假装生孩子的仪式，来确保来年庄稼的收成。

在现代民间习俗中，一般是由一个五谷妈妈或一个五谷闺女来代表谷精，几乎没有两者同时来代表谷精的，那希腊人为何用母亲和女儿来代表谷精呢？

布列塔尼地区的农人在收获时节，用最后一捆谷子做一个大草人，再在里面放一个小谷捆，以表示五谷妈妈和未降生的五谷女儿。我们在前面讲过，马来半岛上的马来人，以及苏格兰高地的人们有时会用一老一少两种女性形象来表示谷精，谷精偶像都用成熟的谷穗做成。苏格兰人的老谷精叫卡琳，小谷精叫闺女；而马来人的两个谷精间的关系直接就是母亲和孩子。依此类推，德墨忒耳就是当年的成熟谷物，珀耳塞福涅则是从当年谷物中挑出的谷种，秋天播下，春天生长出来。这样来看，当年的珀耳塞福涅就成了来年的德墨忒耳，神话的原本形式很可能就是这样。但随着宗教的发展，很多仪式被简化，谷物只由一个不朽的女神来表示，因此母亲和女儿两个角色中，必须有一个被放弃。然而，谷物是母亲又是女儿的观念在人们心目中也许扎根太深，无法用逻辑去除。因此，人们对神话进行了再创造，把珀耳塞福涅定为秋播春生的谷物，让德墨忒耳承担起沉重母亲的角色。每年秋天谷物消失于地下，她哀伤悲悼，待春天谷物生出，她又快乐欢欣。

根据欧洲农民的收获习俗，谷精有时在谷物之内，有时又在谷物之外。而希腊神话把德墨忒耳看作谷神，而不是谷物内在的精灵。之所以出现观念上的这种变化，是由于神、动物或无生命的事物逐渐被赋予越来越多的人类属性，即被拟人化。随着人类脱离野蛮状态，神的人格化倾向也愈来愈强。最初，神被视为自然物体的精气或魂魄，而其拟人化使它与自然物体愈益分离。可人类脱离野蛮状态的步伐不是一致的，那些相对落后者还接受不了物体失去精灵的事实，因此精灵一旦脱离物体，他们接着就创造一个新的神物来填补。如此一来，同一种自然物体在神话中便有了两种不同的代表，一种是已脱离物体升为神的老精灵，另一种是民间新创造出来，填补老精灵空缺的新精灵。神话该如何处理这一问题呢？有人说，如果假设物体是老精灵所产生，新精灵赋予其生气，那么新精灵作为物体的魂魄显然也是老精灵产生的，两者之间就是生产者与生成物的关系，在神话中也就是父母与孩子的关系。两个精灵若都是女性，它们就是母亲与女儿的关系。德墨忒耳和珀耳塞福涅的神话有可能就是这样形成的，但这也只是我们的一种推测。

第五章　谷精的崇拜与祭祀

谷物收割者的歌

前面我们已试图说明，德墨忒耳和珀耳塞福涅的原型就是北欧的五谷妈妈和收获闺女。但要使两者间的对比趋于完整，还需要一个重要方面。希腊神话里珀耳塞福涅的死亡与复活，以及女神作为植物神的性质，使这神话与阿多尼斯、阿提斯、奥西里斯及狄俄尼索斯等的崇拜联系起来。我们还需要考察的是，在希腊和东方神祇中地位如此突出的神年年死去又复活的观念，是否起源于或类似于收谷人和葡萄园丁在谷堆边和葡萄园中所举行的仪式。

根据狄奥多罗斯的描述，古埃及收获者割下第一把谷子后就将其放下，然后唱着歌或哀号着悲悼他们的女谷神伊希斯。他们认为谷精就在割下的头把谷子里，是他们用镰刀杀死了她。希腊人将埃及收获者的哀歌称作曼尼罗斯，还用一个故事来解释这个名字。马纳罗斯是埃及第一个国王的独子，他发明了农业，但过早逝去，因此人们哀悼他。不过，曼尼罗斯这个名字似乎是对马尼赫拉（"回到家来吧！"）这个惯用语的误解。埃及很多作品中都有这个惯用语，《死者的书》中的伊希斯挽歌里就有。在腓尼基和西亚，埃及收谷人所唱的那种哀歌，是在

□《褐胸火冠鸠出现在伊希斯庙的宗教仪式上》
　埃德温·朗斯登·朗

伊希斯是古埃及万神庙中最受人欢迎的女神，以她的魔力和治愈疾病的力量而闻名。她是宇宙的创始之神拉的后裔，是奥西里斯忠诚的妻子与妹妹。同时，她还是基督教中圣母玛丽亚的原型。

采摘葡萄时唱的。希腊人把腓尼基人唱的这种歌称为里纳斯或哀里纳斯，并解释为是对一个叫里纳斯的年轻人死去的悲悼。但同曼尼罗斯一样，里纳斯或哀里纳斯这个名字好像是对"哀·拉努"（"我们真难过呀！"）两字的误解。

在俾西尼亚，马里安迪尼亚的收谷人所唱的一首悼念曲《波姆斯》或《波里姆斯》，也与上述哀歌相似。据说波姆斯长相英俊，是国王乌皮亚斯的儿子，或是一个富家子弟。一年夏天，他看着农人在他田里割谷子，见天气炎热他就去为他们取水喝，却自此失踪。于是收庄稼的人就四处找他，唱着哀歌呼唤他。从那以后，每逢收获时节他们就唱哀歌。

杀死谷精

弗里吉亚有一首和上述招魂曲类似的哀歌，农人在收割庄稼时都会唱，歌名是"里提尔西斯"。关于这名字还有一个故事：里提尔西斯是弗里吉亚王米达斯的私生子，住在西雷纳。他经常收割稻谷，饭量大得惊人。如果有陌生人走进稻田或从田边走过，里提尔西斯就款待他一番，然后把他引到米安德河畔的稻田里，强迫那人和他一起割稻子。收割完后，他总是把陌生人包在稻捆里，用镰刀砍掉他的头，把他的躯体扔进河里。后来赫拉克勒斯也和他一起收割稻子，但最后却是赫拉克勒斯用镰刀砍掉他的头，将他的身子扔进了河里。在另一个故事里，里提尔西斯常常爱跟人比赛割稻子，他如果赢了他们，就鞭打他们；可后来他碰到了一个割稻更厉害的人，那人把他杀了。

□《赫拉克勒斯的选择》　安尼巴尔·卡拉奇　1596年

这是流传自弗里吉亚的故事：里提尔西斯杀掉了所有收割者的脑袋，最后却被大力神赫拉克勒斯砍掉头颅。赫拉克勒斯是希腊神话中最伟大的英雄，他神勇无比，曾经完成十二项英雄伟绩。

这些里提尔西斯的故事表现的很可能是弗里吉亚的一种收获习俗，在这种习俗里，某些人，特别是从田边走过的人被看作谷精，收获者抓住他，将他包在一捆谷里，砍掉他的头，将包着他身体的谷捆扔进水里。之所以这样猜测，主要是基于两个理由：第一，里提尔西斯的故事同欧洲农民的收获习俗相似；第二，野蛮民

族为促进大地增产常以活人献祭。

在拿这些故事和欧洲的收获习俗进行比较时，我们需要注意三点：（一）割谷比赛及将人包在谷捆里；（二）杀死谷精或谷精的代表；（三）对走进谷田或过路的陌生人的款待。

关于第一点，我们在现代欧洲的习俗中已经看到过，即割、捆或打最后一捆谷子的人常受到同伴们的虐待和嘲笑。比如，把他捆在最后一捆稻谷里，背走或用车拉走，鞭打他，用水浇淋他等。所以，农民在收割庄稼时都不愿割最后一把，或捆最后一捆，或打谷时打最后一下。他们劳动起来都争先恐后，抢着尽快完成自己的任务，以免落在最后。在普鲁士的米特尔马克地区，割完剩下的黑麦要捆扎时，妇女们面对面站成两列，把黑麦和草绳摆在面前，信号一响，她们就立即捆扎自己面前的麦子，最后捆完的人会被所有人嘲笑。在马格德堡附近的戈墨恩村，割最后一把谷子的人常被整个用谷秆包裹起来，一个身强力壮的收谷者背着他，在农人们的欢呼声中绕田行走。在埃尔福特地区的丁格尔斯特德村，用最后一捆谷秆包起来的人被称为老头子，人们用最后一辆车将他拉到村里的打谷场上，让他沿着谷仓打滚，并从头到脚将他淋湿。

上述习俗都包含了一种观念，即：谷精从最后割下或最后打的谷子里被赶出来，整个冬天都住在谷仓里。到了播种时节，他又回到田里，给发芽的谷物注入活力。

对于杀死谷精或谷精代表这一点，我们需要考察一下，看看欧洲收获习俗中是否有认为谷精在收割或打谷时被杀掉的观念。在挪威的罗姆斯达尔和其他一些地区，收割完谷草后，人们就喊："谷草老人被杀了！"巴伐利亚人常说打谷时打最后一下的人杀死了玉米人、燕麦人和小麦人等。在蒂尔西特地区的威基斯勘，割最后一把谷子的人被称作"杀死黑麦妇女的人"。在立陶宛，人们有时会用偶像来代表被杀的谷精。他们用谷秆做一个偶像，给它穿上妇女的衣服，然后放在最后要打的一堆谷子下面。打谷时谁打最后一下，谁就"打死了老太婆"。

在以上所举的实例中，谷精通常是由割、捆、打最后的谷物的人来代表。现在我们来看看谷精由走进或路过田地的人代表的情况。德国普遍流行一种风俗，即收割者或打谷者抓住路过的人，用草绳捆起来，直到这人付了罚金才将其放开。田主或其客人初次下田或来到打谷场，也会受到这种对待。在苏斯特附近，田主头一回去看拔亚麻的人时，全身都被用亚麻包起来。在内德林根，收割者将陌生人用谷草捆住，绑在一捆谷子上，非要让他付罚金。波西米亚西部黑泽尔伯格的德国农场主，来到打谷场为最后的谷子脱粒时，会被人用这些谷子包起来，除非他用烙饼来赎自己。

这样来看，在现代欧洲的许多收获习俗中，割、捆、打最后谷物的人代表的就是谷精，人们用谷秆包住他，假装杀他，并把他扔进水里。这些做法都同里提尔西斯的故事相似，似乎能够证明那故事的确是描写弗里吉亚一个古老的收获习俗的。

以活人祭祀谷物

在厄瓜多尔的瓜亚基尔，印第安人播种谷物时常以人血、人心献祭。墨西哥人在收获节上，将新收的头批谷物献给太阳。同时，他们还将一个罪犯放在两块大石头之间，将石头上下对齐，然后让顶上的石头坠下将犯人压碎。埋葬了死者的残躯后，他们接着就举行庆祝宴会。这种祭仪称为"合石祭"。古时墨西哥人常根据玉米生长的不同阶段，向其献祭年龄相应的活人。播种时献祭新生的婴儿，种子发芽时献祭较大的孩子，依此类推，到玉米成熟时则献祭老人。波尼印第安人每年春天播种时都献祭一个活人，他们认为如果不这样做，玉米、豆类、南瓜等就会颗粒无收。人牲一般是一个男俘虏或女俘虏，人们给他穿上最华贵的衣服，供他吃最精美的食物，把他养得胖胖的，并小心看守着。他全然不知自己面临的厄运。当他长得足够胖时，人们把他绑在一个十字架上，用战斧砍掉他的头，用箭射他。

西非洲的一个皇后曾在每年三月献祭一个男子和一个妇女。人们用铁铲和锄头杀死他们，将他们的尸体埋在刚犁过的田地中央。在几内亚的拉各斯，每年春分以后都会有一个小女孩被活活钉死在木桩上，以求庄稼丰收。菲律宾群岛上的巴哥波人播种前，在树林里将一个奴隶杀死后砍成几块，作为祭品。

孟加拉的另一支达罗毗荼族的孔德人，为我们提供了最著名的以人牲祭祀的例子。孔德人崇奉大地女神塔丽·澎努或珀拉·澎努，他们认为向女神献祭能确保庄稼丰收，能祛病消灾，还认为女神只接受买来的人牲（也叫默利亚）或天生的人牲。天生的人牲是指他的父亲曾是人牲，或他自小就是被当作人牲养大的。生活贫困的孔德人常将自己的孩子当人牲卖掉。人牲在献祭前常受到众人的爱戴和崇敬。每个部落、部落的分支，或村落都要定期或在一些特殊场合向大地女神献祭人牲，而且还要遵循固定的祭祀仪式：

祭祀前十天或十二天，将人牲所蓄的长发剃去。在祭祀的第一天，给人牲穿上新衣后，人们列队跳着舞引导人牲来到村外不远处的"默利亚树丛"。人牲被绑上事先立好的一根木柱，然后人们在他身上涂抹油膏、酥油和郁金粉，并给他戴上鲜花。接下来的一整天里人们都像对待神灵一样敬奉他，最后还争抢人牲身上的一切物品，甚至包括涂抹在他身上的郁金粉，或他的一口唾沫。男男女女围着木柱，奏乐起舞，并向大地祝祷："神啊，我们敬献给您这个人牲，祈求您保佑我们风调雨顺，人寿年丰。"仪式一直持续到第二天中午。仪式结束后，他就要被处死，但各地的方法都有所不同。最普遍的做法好像就是把他勒死或掐死，然后将一棵大树的树干劈开，把人牲的脖子夹在裂缝中，由祭司等人尽力将裂缝接合起来。用斧头轻砍人牲后，人们便纷纷涌上前割取他身上的肉，只留下他的头部和肠子。有时也会将人牲活活割成碎块。

□ 印第安人的献祭仪式

不同地区的印第安人有不同的献祭方式，一部分印第安人喜欢在播种季节向神灵奉献人血和人心。而比这更可怕的，是卡尼亚尔地区的印第安人，他们喜欢献祭童牲，有时候一次就要杀祭100个孩子。

从人牲身上割下的肉立即被各村代表送回本村。肉被放在村民平时集会的地方，由祭司和各家家长前来领取。祭司把人牲肉分成两份，一份敬献给大地女神，他背过身，把肉放进地上的一个洞里埋起来，并浇上水。剩下的便切碎分给在场的各户人家，分到肉片的人家用树叶将肉包起来，埋在他们最好的田里。有些地方的人则将分得的肉挂在棍子上，插在灌溉自家田地的溪流边。人牲死后的当夜，由身强体壮的人看守其身体残留的部分，第二天早上和一对全羊一起焚化。人们将骨灰都撒到田里，或取出一部分和成浆抹在房屋和谷仓上。这种做法说明，人牲的血肉和骨灰具有促使谷物生长的神奇力量。而且人们相信，这种特性存在于他全身各个部分。这样来看，默利亚其实不只是祭祀神灵的人牲，他似乎也是被当作神来对待的。可能他最初被看作大地之神，或植物之神，后来才充当了敬献给神的人牲。

很多地方的人似乎都尽力证明，人牲同其所体现或代表的自然物在实质上是一致的。如墨西哥人以幼小的牺牲祭祀幼小的谷物，以年老的牺牲祭祀成熟的谷物；马里莫人将身材与年幼植物相当的人充为祭品；波尼人把人牲养得胖胖的，作为"种子"献祭。又如，非洲人用铁铲和锄头杀死人牲，以及墨西哥人像压谷子一样碾死人牲的风俗。这些都表明，人牲与谷物是等同的。

将活人当谷精处死

我们刚谈到过，某些未开化的民族用铲子或锄头杀死谷精的代表，或用两块大石头将他碾死。而欧洲的农村习俗中，也有与此类似的做法，他们是假装用镰刀或连枷杀死谷精。不论是前面里提尔西斯的故事，还是欧洲的收获风俗，都共同表明了一点，即被杀死的人牲是谷精的代表。那么，谷精的代表是如何选出来的呢？

在里提尔西斯的故事和欧洲的民间习俗中，过路的陌生人常被当作谷精抓住并杀掉。但谷精代表并非仅限于此，我们谈到过，欧洲农人收割时常会进行比赛，落在最后的人往往受到虐待。当然，这里是没有假装杀掉他的做法。但我们知道，打谷时谁若打最后一下，也就是说在打谷比赛中输了，人们就假装将这人杀掉。既然割、捆最后一捆谷物的人，和打最后一捆的人同样被看作谷精的代表，而且在这几项劳动中，收获者都唯恐落后，那我们就可以推定，割、捆最后一捆谷物的人也常被假装杀掉，但在古时则是真正杀死。把割、捆、打最后谷物的人视为谷精的代表，可能是出于这种观念：谷精躲在谷子里，尽力往后退着躲避收谷人的镰刀、绳子和脱粒工具。最后的谷子也被割下，捆扎起来，并脱粒，它再也无处可躲了。从谷秆中被赶出来后，它只能躲向离他

□《芬芳大地》　保罗·高更　1892年

原始时期，希腊人认为万物有灵，他们宰杀绵羊，让血流到地上以取悦大地的精灵。进入爱琴世界后，他们发现爱琴人最崇拜的是大地精灵——地母或大母神。她是宇宙万物的母亲，不仅创造人类，还要创造农作物和动物，被视作生育母神。希腊神话中的大地之神盖亚即是众神之母，是所有神灵中德高望重的显赫之神，也是能创造生命的原始自然力之一。

最近的人，而这个人肯定就是最后割、捆、打谷的人。因此，他或她就成了谷精的代表。

这样来看，被当作谷精代表而杀死的人，或是一个过路的陌生人，或是割、捆、打最后谷子的收获者。但古代传说和现代民间习俗都表明，还存在第三种可能。里提尔西斯在处死很多陌生人后，也被杀死，方式同他杀死别人一样。而在现代收获习俗中，田地的主人也常被假装杀死。传说中，里提尔西斯是弗里吉亚一个国王的儿子，还有种说法是，他自己就是国王。将这点跟他以谷精身份被处死的传说联系起来看的话，我们自然会推想，以前可能有一个每年杀死一个神王或专司祭祀的王的风俗。这种风俗在某些地区又有所变化，即王的儿子可以代父而死。里提尔西斯的故事大概就是变化后的风俗的遗迹。

我们再来看看弗里吉亚的里提尔西斯和弗里吉亚的阿提斯的关系，你也许还记得，在珀西纳斯，最高祭司似乎年年以植物神阿提斯的身份被杀死，古时阿提斯也被描述为"一根割下的谷穗"。据此来看，谷精的体现者阿提斯每年都有代替他死的替身。我们可以推定，他与里提尔西斯其实是统一的，里提尔西斯是粗犷的原始宗教形式，阿提斯则是由此发展而成的正式宗教。但在欧洲民间习俗中我们又看到，两种不同的植物神的人身代表，可以在一年中的不同时期以各自的神的身份被杀。春天，以树精的身份杀死一个，秋天，以谷精的身份再杀死一个。阿提斯的代表好像在春天被杀，而里提尔西斯的代表则在夏天或秋天被杀，主要依弗里吉亚的收获时间而定。他们两个都是植物精或植物神，他们的人身代表也都每年被杀死。然而，对阿提斯的崇拜已上升到正式宗教的地位，甚至传播到了意大利；而里提尔西斯的仪式似乎从未超出弗里吉亚本土，且一直保持着粗犷仪式的性质。

关于里提尔西斯的歌，我前面做了较细致的论述，因为它与欧洲及野蛮民族的风俗大有可比之处。比西尼亚的波姆斯和弗里吉亚的里提尔西斯之间的相似点，有助于证明我们刚才对后者的解释。收割者每年唱起挽歌悲悼波姆斯的死亡或失踪，和里提尔西斯一样，他也是一个国王的儿子，或至少是一个富足高贵之人的儿子。他监督收割者在自己田里干活时，因去为他们取水而失踪。据说，他是被泉水、池塘，或河流的仙女背走了。结合里提尔西斯的故事和欧洲民间习俗来看，波姆斯的这种失踪表现的可能是用谷子把农场主捆起来扔进水里的风俗。收割者唱的哀曲也许是悲悼谷精死亡的悼歌。

有大量证据表明，在埃及谷精——奥西里斯——是由人牲代为受死的，收割者在田里将他杀掉，唱起挽歌悲悼他的死亡。布锡利斯的相关传说似乎保存了一点人牲的遗迹，其中提到埃及人曾以人牲敬奉奥西里斯。据说，布锡利斯是埃及的一个国王，他将外来的陌生人都杀死献祭给宙斯。这个习俗可能起源于埃及大地遭受的一场持续九年的灾荒。一个塞浦路斯的占卜者告诉布锡利斯，只要他每年献祭给宙斯一个人牲，灾荒就会结束，于是布锡利斯就订立了这个祭礼。这样来看，埃及每年献祭人牲的目的是为防止谷物歉收。布锡利斯实际上是一个城市名，即"皮—阿萨"，意思是"奥西里斯的房子"，这样叫的原因是城里有奥西里斯的坟墓。现代某些权威人士就认为，布锡利斯是奥西里斯的故乡，对奥西里斯的崇奉是从这里传到埃及其他地区的。据说，人们直接在他的坟墓上献祭人牲，选为人牲者都必须是红头发，人牲死后骨灰被四处抛撒。

我们由此可以推断，每年收获时节，都有一个红头发的陌生人代表谷精奥西里斯被杀死在田里，所有收获者都哀悼他的死亡，并祈祷谷精来年重生。最后，这个人牲整个或躯体的一部分被焚烧，骨灰扬撒在田里，为土地注入增殖力。这里的人牲代表谷精，选择人牲的根据是他与谷物的类似之处，这点与墨西哥和非洲的相应习俗一致。

如果真是这样，埃及收获人的哀哭为我们解读奥西里斯的神话提供了锁钥，直到罗马时代，这哭声仍年年穿过田畴，宣布谷精（奥西里斯粗犷的原始形式）的死亡。西亚的收获地里每年也会响起类似的哭号，古人将其称为歌。但根据对里纳斯和曼尼罗斯这两个名字的分析来看，那些歌大都只有几个字，是拖长调子喊出来的，在很远的地方都能听见。可对一个在亚洲或埃及旅行的希腊人来说，听到的这些外国字并没有什么意义，他可能很自然地认为是收获者在喊某人的名字，如曼尼罗斯、里纳斯、里提尔西斯、波姆斯等等。

第六章　谷精变化为动物

谷精变化为动物形象

在有些地方，谷精还以动物的形态出现，如狼、狗、野兔、狐狸、公鸡、鹅、猪、马等等。人们认为谷精以其中的某一形态藏在谷物里，在最后一捆谷物中被捉住或杀掉。收割谷物时，动物受惊四处躲藏，如果一个收谷人在田里病倒，人们就认为他是被谷精绊住了，是谷精在惩罚他的不敬。人们就会说是"黑麦狼抓住他了""收获山羊抵了他一下"。割或捆最后一捆谷子的人被以动物名来称呼，如黑麦狼、黑麦母猪、燕麦山羊等等，有时这称呼要保持一年。人们还常用最后一捆谷或木料、花卉等做成的偶像来代表这个动物，并把它放上最后一辆车带回家。每种谷物通常各有一种动物名称，这动物在最后一捆谷物中被捉住，称为黑麦狼、大麦狼、燕麦狼、豌豆狼、土豆狼等，依不同谷物而定，但动物偶像有时只在收割最后的谷物时才制作。但有时人们认为，只要还有谷子没有脱粒，动物就还活着，打最后一捆时才被捉住。谷子都打完后，就做一个动物偶像，由打最后一捆谷的人拿到还在打谷的邻近农场去。这表明，有人认为只要哪里还在脱粒，谷精就会待在那里。有时动物由打最后一捆谷子的人代表，邻近农场还在打谷的人如果抓住了他，就把他关在猪圈里，当猪来唤。

谷精变化为狼或狗

在法国、德国和斯拉夫民族的国家中，认为谷精变化为狼或狗的观念非常普遍。比如，看到谷物在风中像波浪般起伏，农民们常会说"狼在谷上或谷中走""黑麦狼在田里跑""疯狗在谷子里"。孩子要去谷田里摘谷穗或采矢车菊，大人不让他们去，说是"大狗坐在谷里"或"狼在谷里要吃你"。他们所说的那只狼不是普通的狼，因为人们常称它是玉米狼、黑麦狼等。在费芝霍夫附近，有狼穿过谷田时，农民们便盯着它，看它的尾巴是竖在空中还是垂向地面。

如果它的尾巴是拖在地上，他们就感谢它所带来的福佑；若尾巴翘得很高，他们就骂它，威胁杀死它。这里的狼就是谷精，它的增殖力在它的尾巴里。

在收获习俗中，狗和狼都是谷精的化身。比如，西里西亚某些地区的农人将割或捆最后一捆谷物的人称为小麦狗或豌豆哈巴狗。还有些地区的人们收割庄稼时围着田里最后一块谷子说："要捉狼了！"梅克伦堡的很多地方都流行五谷狼的说法，人们认为狼就坐在最后一块谷地里，所以都怕割最后一把谷子。有时割最后谷物的人必须假装咬其他收谷人或像狼一样嚎叫，以表示他是狼。最后一捆谷子也是狼，有的叫黑麦狼，有的叫燕麦狼，依谷物而定。在布伦肖浦屯村，捆最后一捆小麦的年轻妇女以前常从里面抽一把麦子，用它做成"小麦狼"，然后带回村子，其他收谷人都恭敬地跟在后面。

□《东方装束的男子（高贵的斯拉夫）》
伦勃朗·梵·莱茵　1632年

斯拉夫民族是古代日耳曼人东部民族与斯基泰人联合开始大规模迁徙后自己使用的名称，按照斯拉夫语含义，有荣誉、光荣的内涵，东欧地区的很多非斯拉夫人也被斯拉夫化，是欧洲最大的民族。

有时人们还认为狼躲在刚被割下的谷子里，当最后一捆谷子被脱粒时它就被赶了出来。在马格德堡附近的万茨勒本，谷子打完后，农民用链子牵着一个浑身包满谷草的人，列队游行，这人被称作狼。他代表的就是从打过的谷子里逃出来的谷精。在某些地区，从最后的谷子里抓住的狼似乎被认为是冬天住在农舍里，春天就作为谷精出来活动。因此波兰人在圣诞节时，会牵着一个头顶狼皮的人或抬着狼的标本游行，抬的人还向人家讨赏钱。

谷精变化为公鸡

谷精还常被想象成公鸡。在奥地利，大人告诫孩子不要在谷地里乱走，因为五谷公鸡就在地里，会啄掉孩子的眼睛。德国北部的农人常说"公鸡住在最后一捆谷子里"，割到最后一捆谷子时，收谷人就大喊："我们要把公鸡赶出来了。"割完后就说："我们抓住公鸡了。"据说文德人有一种习俗：农场主将一只公鸡藏在最后一捆谷子里,整理谷捆时谁若碰到了这捆谷子,抓住了这只公鸡,鸡就归谁,当年的谷物收割也至此结束。主人拿出啤酒款待收割者,这酒被称为"公鸡啤酒"。在威敏特伐利亚,运谷子的车头上还挂着用木头或纸板做的公鸡,公鸡嘴里叼着各种农产品,身上还饰有谷穗和鲜花。

此外,谷精还以公鸡的形象被杀掉。在德国一些地区以及匈牙利、波兰和彼卡第等地,收谷者将一只公鸡放在最后要割的稻田里追逐,或把它齐脖埋在地里,用镰刀削去它的脑袋。在威斯伐利亚许多地区,收谷者把木制公鸡送给农场主人后,主人就回赠他们一只活公鸡。他们用鞭子或木棍将公鸡打死,或用镰刀砍下鸡脑袋,或是交给女主人烹饪。在特兰西瓦尼亚的克劳森堡附近,人们收割谷物时要在地里埋一只公鸡,把它的头露在外面,让一个年轻男子用镰刀快速砍下鸡头。如果他没能砍下,这一年人们就都叫他"红公鸡",而且还担心来年谷物会长不好。乌德瓦赫利附近的农人则是将一只活公鸡绑在地里最后一捆谷子上,用烤肉的铁叉把它杀死,将皮毛从身上剥离保存起来,把鸡肉全部扔掉。来年春天,人们把最后一捆谷子上打下的谷粒和这鸡毛掺在一起,撒在地里。这里的公鸡显然也是代表谷精的。

谷精变化为野兔

谷精还普遍被叫做野兔。在盖洛威,人们将收割地里的最后一把谷物称为"割野兔"。剩下的谷子被分成三股,编成辫子,谷穗被打成一个结。收割者都后退几步,依次将镰刀扔向兔子,看谁能在打的结下面割断谷秆,即割下兔子。割下来的兔子被挂在厨房门的上方,一直保存到第二年收谷时。在明尼加夫教区,这种野兔一割下来,未婚的收谷人都马上飞快往家跑,谁先跑回家,就预示着谁将第一个结婚。在德国安浩特某些地区,当地里只剩几根谷子未收割时,人们就喊:"兔子就要来了!"奥里希的农人把割田里最后几根谷子称

□ 《正扎捆的农妇(米勒摹作)》
　 文森特·梵高　1889年

在德国、瑞典、荷兰、法国和意大利的某些地区,人们把谷精称作"野兔"。他们把最后的收割冠以"割野兔""宰野兔"等名称,往往通过割下谷穗来象征割掉"兔头",以求来年五谷丰登。

作"割野兔尾巴"。德国、瑞典、荷兰、法国和意大利的人们，都把在田里割最后一捆谷子的人说成"他在宰野兔了"。在挪威，"宰野兔"的人必须献出"兔血"，也就是得请大家喝白兰地。

谷精变化为猫

有时谷精还以猫的形象出现。在德国北部的基尔，大人们告诫孩子不要走进谷田，因为有"猫"藏在里面。西里西亚有些地方的收谷人在割地里最后几株谷子时，会说："抓住老猫了。"打谷时，打最后一下的人被称为"老猫"。沃苏勒附近的农人收割地里最后的谷物时则说："我们抓住猫尾巴了。"在法国多菲内的布里昂松，收割前，人们先用彩带、鲜花和谷穗把一只猫装饰一番，称为"球皮猫"。收割过程中如果有谁不小心碰伤，就让这只猫舔伤口。谷物收割完后，再用彩带、鲜花和谷穗把猫装饰起来，然后围着它跳舞。跳完舞姑娘们还仔细地将猫身上的装饰物拿掉。在西里西亚的绿山城一带，割最后一把谷物的人被称为"汤姆老猫"。在法国北部的亚眠附近，谷物快要割完时，人们就说："他们要杀掉这只猫了。"当田里最后一把谷物被割下时，农场上就杀死一只活猫。

谷精变化为山羊

谷精还有一种普遍的形象，那就是山羊。在普鲁士某些地区，看到谷物在风中起伏，人们说那是"山羊在互相追逐""风赶羊群走过谷田""山羊在吃谷子"，庄稼会大丰收。他们还说"燕麦山羊藏在燕麦地里""黑麦山羊藏在黑麦地里"。如果有谁割谷时病了或落在大伙后面，同伴们便说"收获山羊催他了""他被玉米山羊催赶了"。在斯瓦比的加布林根，收割农场的最后一块燕麦地前，人们用木头做一个山羊，把它的鼻孔和嘴巴里塞满燕麦穗，再用花环装饰一番，放在地里，称为燕麦山羊。收割时谁要是落在了最后面，这山羊就归谁，而且最后一捆燕麦也称作山羊。在汉诺威的于尔岑附近，人们常以"带来收获山羊"拉开收获节的序幕。将扎最后一捆谷物的妇女用稻草包起来，头顶戴上收获花环，用小独轮车推回村庄，人们围着她跳起舞来。在瑞士的圣加仑州，割最后一把谷子或运最后一车谷物的人都被称为谷物山羊。图尔高州也有这样的谷物山羊，他脖子上挂一个铃铛，全身被水淋湿，由人们带着四处游行。

某些地区的人还相信，以山羊或其他形态被抓住的谷精整个冬天都住在农场的房子或谷仓里。所以每个农场都有各自的谷精化身。但在另一种观念中,谷精被看作神仙或神祇,是一切谷物之神,而不是哪一个农场的谷神。这种观念在斯凯岛人的收获习俗中有明显表现:农场主割完自己田里的谷物后,就派人送一捆谷子给邻近尚未收割完谷物的农场主,这个农场主收完庄稼后又将这捆谷子送给其他还在收割的农场主,这捆谷子就这样在各个农场间传送,直到所有农场都收割完为止。这捆谷子被称为跛足山羊,原因是人们认为谷精在收割谷物时被割伤了。

这种具有山羊形体的谷精有时被认为死在了收谷人的镰刀下。在摩泽尔河畔的贝恩卡斯特尔附近,收谷人通过抓阄来决定每人收割时的位置。排在最前面的叫作"领头的收割人",排在最后面的叫做"捉尾巴的"。割得快的人如果赶上了他前面的人,就从那人身旁越过,并留下一片谷子给那人割。留下的这片谷子就叫山羊,割这块"山羊"的人一整天都会被同伴嘲讽。当"捉尾巴的"那人割最后的谷子时,人们就说他是"割断山羊的脖子"。格勒诺布尔邻近地区的人们在收割时,将一只山羊用彩带和鲜花装饰一番,放进地里任它乱跑。然后收割者追赶这只山羊,谁抓到了就交给农场主的妻子,由农场主砍断羊头,庆祝收获的晚宴上大伙就享用这羊肉。这天,羊皮还被做成外套,农场主和收割者一起干活时若碰上下雨天,就穿起这外套。收割者中如果有谁背部疼痛,农场主就把这羊皮外套给他穿上。他们似乎认为背部疼痛是谷精造成的,而羊皮外套可以治愈它。爱沙尼亚蒙恩岛上的收割者认为割第一批谷物的人都会背疼,因为他们相信谷精尤其憎恨首先伤害他的人。为避免背部疼痛,特兰西瓦维尼亚的撒克逊人收割庄稼时,用割下的第一把谷物紧束自己腰部。

此外,人们有时还认为谷精化为山羊的形态躲在已割下的谷穗中,最后在打谷时被赶出来。在巴登,最后要打的那捆谷子叫作谷山羊、斯佩耳

□《第一个感恩节》　吉恩·里昂·杰洛姆·费里斯

在西方,人们常常将丰收日定为感恩节。对于各个地方的人来说,他们心中都有一个"谷精"的形象,只是幻化的物象不同而已。比如在普鲁士的某些地方,人们便将"谷精"假想为"山羊",并由此展开一系列的仪式,目的就是为了祈祷来年又是大丰收。图为印第安人与移民庆祝丰收,为纪念移民丰收而感恩。

特小麦山羊，或燕麦山羊等，依谷物而定。在上巴伐利亚的马克特尔附近，割完捆扎好的谷捆都叫稻草山羊或山羊。符腾堡特特朗地方的人们将打最后一捆谷子的人称为公山羊，说他"已赶走了公山羊"。这捆谷子打好后，有人再在上面打一下，这人便被称为母山羊。这个习俗隐含的意思是，谷物种有一雌、一雄两个谷精。

谷精变化为公牛、母牛或阉牛

谷精还常被设想为公牛、母牛或阉牛的形象。在西普鲁士的康尼茨地区，当谷物被风吹动时，人们便说："阉牛在谷物中奔跑了。"地里哪片庄稼长得茂密，东普鲁士有些地方的人们便说："公牛就躺在那里。"在西普鲁士的格劳登兹地区，看到收割人累得走路一瘸一拐，人们就会说："公牛撞了他了。"洛林地区的人则说："他得到公牛了。"这两种说法的意思都是指他冲撞了谷精，谷精在惩罚他。本兹劳（西里西亚）一带的人们有时将最后一捆谷物扎成带角阉牛的形象，披挂上谷穗，用绳子牵着，他们把这牛形谷物叫做老头儿。在施瓦本各地，最后一捆谷物都被称为母牛，人们说割最后一把谷子的人"获得母牛了"，并称此人为母牛、大麦母牛或燕麦母牛，依谷物种类而定。在收获晚宴上，这人得到一束鲜花和谷穗，还能随意喝酒。有时人们还用谷穗和矢车菊将这种母牛做成女人形状，由割最后一捆谷子的男人带回农场。孩子们哄笑着跟在他后面跑，邻人也嘲笑他，直到农场主把这母牛接过去。在这里，谷精是人形还是动物形态，显然并不清楚。

谷物收割完，人们就在地里将这种公牛或阉牛形象的谷精"杀死"。在法国第戎附近的普伊立地区，收割地里最后一把谷子前，人们牵着一头披挂鲜花、彩带和谷穗的阉牛在地里绕行，所有收割者都跟在后面边走边跳舞。一个扮作恶魔的人迅疾地割下最后一把谷穗，并立马宰了这头牛。一部分牛肉在收获晚宴上食用，其余的腌制起来留到来年播种季的第一天吃。在蓬塔穆桑等地，收割谷物的最后一天晚上，人们牵着一头全身缀满鲜花和谷穗的牛犊绕农场走三圈。这头小牛必须是当年春天这家农场第一头出生的牛犊。收割庄稼的所有人都拿着农具跟在牛后面走。然后牛被放开，人们一起追赶，谁抓住了它，谁就被称为牛犊王。最后，小牛被隆重宰杀。

有时谷精躲在已割下的谷物中，脱粒时才以公牛或母牛的形象出现。在图林根的沃林根地区，打谷时打最后一下的人被称为母牛，或大麦母牛、燕麦母牛、豌豆母牛等，依谷物种类而定。他全身披挂谷草，头上插两根棍子代表牛角，两个小孩用绳子牵着他到井边喝水。一路上他还要学牛叫，此后很长一段时间里人们都叫他母牛。在施瓦本的奥伯尔默德林根地区，打谷子时谁要是打了最后一下，谁就"得了母牛"。这母牛是用草扎的，穿着破旧的女人衬裙、长筒袜，披着头巾。人们把母牛绑在那人背上，还把他的脸抹黑，然后用草绳绑在独轮车上推着在村里四处走。

□《牧羊人休憩》 恩格内·韦伯克霍恩 1844年

在西普鲁士的康尼茨地区，人们将"谷精"想象成"公牛"，认为"公牛"在的地方即预示着谷物长势大好；而施瓦本各地却把"谷精"想象成"母牛"，该地区的人们会将一名妇女装扮成"牛"来庆祝丰收。

此外，人们有时还认为化作公牛形象的谷精在打谷时被打死了。在法国奥赛尔地区，打最后一捆谷物时，打谷的人大喊："我们打死公牛了！"而且还要连续喊十二遍。尚贝里地区的人们把田里最后一捆谷物叫做"壮牛的谷捆"，全体收割者都展开割谷竞赛。他们将割最后一把谷子称为"宰了牛了"，而割最后一把谷子的人则立即在田里宰杀一头活牛，收获晚宴时大伙就吃牛肉。

谷精变化为公马或母马

有时谷精还以公马或母马的形象出现。卡尔沃和斯图加特两地之间的人们看到谷穗在风中低头就会说："马在那儿跑了。"在哈德福郡，每当庄稼收割完后，人们都要举行一种"呼唤牝马"的仪式。收割者将田里最后一把谷穗扎在一起，称为牝马，然后退到离它几步远的地方，将镰刀朝它扔去，谁要是砍下了它，谁就获胜。割下它的人接连高喊三声："我得到它了！"其他人立即大声问三次："你得到什么了？"他接着回答："一匹牝马！一匹牝马！一匹牝马！""是谁的牝马？"其他人又连问三遍。"张三的。"他也回答三遍。最后人们又问："你要把它送给谁？""给李四。"他要说出还未收完庄稼的邻居的名字。在这种风俗中，具有牝马形象的谷精从已经割完谷子的农场被送到还在收割的农场，人们相信谷精定会躲进仍挺立在田里的谷子中。

谷精变化为公猪或母猪

谷精被设想出来的最后一种动物形象是猪（公猪或母猪）。在图林根，当谷苗在风中摆动时，人们有时就会说："公猪在谷苗中跑呢。"厄塞尔岛上的爱沙尼亚人将割下的最后一捆麦穗称为黑麦公猪，大伙祝贺割这捆麦穗的人道："恭喜你背上黑麦公猪了！"这人便唱起祈求庄稼丰收的歌来答谢众人。在巴登的罗仁巴赫村，抱最后一捆谷物的人被叫作玉米母猪或燕麦母猪。翁斯特墨廷根的人们打谷时，谁要是打了最后一下就"得到了母猪"，便被绑在最后一捆谷子上，用绳子拖着在地里来回走。在上巴伐利亚很多地区，打谷时打最后一下的人必须"把猪带走"，做法就是：将一个用稻草扎的猪或一捆草绳，设法扔进还未打完谷的邻近农场的谷仓里。如果他被那个农场的人抓住，就会挨一顿猛揍，并被抹黑脸扔进猪圈，有时还会把母猪绑在他背上。如果这人是妇女，就把她的头发剪掉。在收获晚宴上，"把猪带走"的那人要吃一个或几个做成猪形的点心。当这道点心送上时，餐桌上的人都发出平时唤猪吃食的喊声。晚餐结束后，人们有时还将这人的脸抹黑，放到一辆小车上，推着在村里绕一圈，跟在后面的人也不断发出唤猪吃食的声音。

同收获季一样，谷精在播种时节也会以猪的形象出现。在库尔兰的纽奥茨地区，每年播种大麦时，农场主妇都要用猪脊骨和猪尾巴烧汤，送给田里的播种者吃。播种者吃完肉汤后将猪尾巴插在地里，因为他们相信这能使谷穗长得和猪尾巴一样长。在这个习俗中，猪就是谷精，它增殖的能力就体现在猪尾巴上。播种时，猪被当作谷精放进地里；收获时，它又在成熟的谷物中出现。

斯堪的纳维亚人的"圣诞节公猪"

□《六只猪的研究》
艾德斯·阿斯克渥德　1900年

在图林根及斯堪的纳维亚等很多地区，人们将"谷精"想象成"猪"。他们不但把谷穗幻化为"公猪"，还有庆祝"圣诞节公猪"等风俗。而他们围绕"公猪"所开展的一切活动，都是为了使庄稼丰收。

的习俗，最鲜明地表现出了谷精化身为猪的形象这一观念。圣诞节期间瑞典和丹麦的人们总要烤制猪形面包，称之为"圣诞公猪"，而且通常是用最后打的一捆麦穗来做。"圣诞公猪"做好后作为供品摆在桌上，直到来年春天的播种季节。播种前，人们把"圣诞公猪"切碎，一部分掺进谷种里，其余的分给播种的人或耕田的牛马吃，以求庄稼丰收。在这个习俗里，谷精藏在最后一捆谷物中，仲冬时以由这捆谷物做成的公猪形象出现。它的增殖能力通过圣诞节公猪与谷种的混合，以及耕田的人和牲畜吃下一些圣诞节公猪来表现。以前每逢圣诞节，人们都用一头活猪献祭，有时也用人来代替圣诞公猪。这在瑞典迄今仍流行的圣诞节习俗中似乎留有遗迹：一个人身披猪皮，口含一小束谷草，一个年长的妇女将脸涂黑，手持屠刀，假装屠宰它以献祭。

□《圣餐百合》 玛格丽特·奥雷 1963年

圣餐是基督教各主要派别共有的重要圣事。圣餐的设立源于耶稣与门徒共进最后晚餐时，掰饼分酒给门徒并说"这是我的身体""这是我的血"。基督教认为饼和酒是耶稣为救赎人类被钉于十字架的象征，基督教的一些派别认为耶稣以某种特殊的方式存在于圣餐中。基督教各派的圣餐礼均由神职人员主持。

简论谷精化为动物形象的概念

从上述北欧民间风俗来看，很多地区的收获晚餐具有圣餐礼的性质。谷精被认为化作一种动物，收割者杀死这种动物，并以圣餐的形式分享他的血肉，如公鸡、野兔、猫、山羊和牛等。有的地方还将面包或汤团做成该化身的形象，代替真正化身的肉而被当作圣餐吃掉。如收割者吃掉捏成猪形的汤团，春天耕田者和犁地的牲口吃猪形麦饼。

读者大概已经注意到，谷精化为人形和化为动物形态的观念是完全一致的。谷物在风中摇摆时，人们就说是五谷妈妈从中穿过，或是五谷狼等在田里跑。孩子们被禁止在谷田里乱跑，因为五谷妈妈或五谷狼等在里面。在最后割或打的谷子里，不是认为有五谷妈妈，就是有五谷狼等。最后一捆谷物或者是叫五谷妈妈，或者是叫五谷狼等等。割、捆、打最后一捆谷物的人，不是被称为老太婆，就是狼等，依最后一捆谷物的名称而定。有些地方用收获的谷捆做成人形，称为闺女、玉米妈妈等，一直保存到来年收获时节，以求谷精的长期庇佑。出于同样目的，某些地方的收获公鸡或山羊等也要从当时的收获季保存到下一年的收获季。有些地区将从五谷妈妈身上取下的谷粒掺进来年春天的谷种里，以求庄稼丰收；有些地区则把公鸡毛保存到第二年春天拌在谷种里。人们在圣诞节时拿一些五谷妈妈或五谷闺女给牛吃，或在春天耕种时拿给马吃。最后，通过真杀或假杀谷精的人身或动物代表，来表现它的死亡，敬奉者则以圣餐的形式吃掉谷精代表的真正血肉，或是吃掉做成代表形状的点心。

谷精还被认为化身其他动物形式，如狐狸、鹿、獐、绵羊、熊、驴、老鼠、鹌鹑、鹳、天鹅和鸢。人们之所以想象谷精化身为这么多动物，很可能是缘于原始人的一种观念，即：某种鸟兽只要出现在谷物中，就表明它同这类谷物间存在某种神秘联系。他们其实忽略了一个事实，那就是，古时的田地是没有篱笆拦挡的，各种动物都可以在田里跑来跑去，包括牛、马这样大的动物。这样来看，人们认为谷精化成的动物藏在地里最后的谷物中，似乎也能说得通。因为在收割庄稼时，随着收割的进程，兔子、鹧鸪类野生动物通常都被赶到最后一块谷物里，当最后的谷物也收割完毕后，它们就跑掉了。

在原始人眼中，谷物的精灵被从谷粒中赶出来后变成动物逃走是非常自然的事情。因此当最后一块地里的谷物在收割者的镰刀下倒下时，这个动物就会飞窜出去。这时如果有陌生人突然出现在田边，人们就认为他是从割倒的谷物中逃走的谷精。同样，一个真正的动物突然从割下的谷物中跑出来，也被认为是从他被毁的家中逃出的谷精。两种说法如此相像，不论如何解释都很难抹去二者间的等同关系。

第七章 古代植物之神的动物形象

狄俄尼索斯、山羊和公牛

在很多农民的习俗里，谷精被普遍看作动物，而且还用动物的形象来表现谷精。那我们是否可以用这个事实说明某些动物与古代的植物神祇，如狄俄尼索斯、德墨忒耳、阿多尼斯、阿提斯和奥西里斯的关系呢？

先从狄俄尼索斯说起。他有时由山羊代表，有时由公羊代表。作为山羊，他与潘、萨蒂罗斯、西勒诺斯等诸多小神几乎难以区分，他们都不同程度地由羊形代表。在雕刻和绘画作品中，潘由羊脸羊腿代表；萨蒂罗斯则仅是两只尖羊耳朵，有时还伸出两只角，带个短尾巴。有时他们还直接被称为山羊，在戏剧中扮演他们角色的人都披着山羊皮。西勒诺斯在艺术作品中的形象是披着山羊皮的。同希腊的潘和萨蒂罗斯等神相当的意大利神孚恩，也总被描绘成一半是山羊的形象。此外，这些山羊形象的小神都多少具有树林神祇的身份。比如，潘被阿卡狄亚人称为树林神主。西勒诺斯的伴侣是树林仙女。孚恩直接被人们称作树林神。北欧的民间传说中也有同这些羊形树木精灵相当的精灵。比如，俄罗斯的树精列斯奇被认为是半人半山羊的形象，他长着山羊角、山羊耳朵和山羊腿。列斯奇能随意变换身材大小，在

□《红牛》 保罗·高更 1889年

《旧约·民数记》记载：耶和华命定律法中有一条是要求以色列人将一只纯红的母牛杀死，祭司以利亚撒利用这只红牛祭祀，并以母牛焚烧之后的灰调作除污秽的水。在这里，红母牛以血献祭，它红色的血液代表着生命的禁忌、牺牲与救赎。

□ 立春打牛

在中国古代,许多地区也有将"谷精"幻化为"牛"的习俗。比如早在周朝时,人们就开始举行春日鞭春牛的活动。即立春日当天,官府要奉上供品于事先准备好的芒神、土牛前,于正午时举行隆重的"打牛"仪式。官员、农民轮流鞭打土牛,此举意在策励农耕。

树林里行走时,他就像树那样高;走在草地上时,他就同草一样长。有些列斯奇同时还是谷精,收获前,他们和谷秆一般高,但收获后,他们就只有残梗那么高。这明显表现出了树精和谷精的密切联系。作为树精的孚恩也常被认为能促进谷物生长。而在民间习俗中,谷精常由山羊来代表。因此,总的来说,潘、萨蒂罗斯和孚恩可能属于散布较广的羊形树精一类。

我们知道,狄俄尼索斯还被表现为公牛的形象。根据上述分析,我们自然会认为公牛形象也是他作为植物神身份的另一种表现,而且公牛在北欧通常是谷精的体现。狄俄尼索斯又与德墨忒耳、珀耳塞福涅紧密相连,表明他至少与农业有密切关系。

在狄俄尼索斯以外的其他仪式中,我们若能发现古人也将牛作为植物精灵的代表而杀掉,那么,这种看法就更可信了。雅典的所谓"屠牛祭"似乎就是这样。这种祭祀据说是为祈祷该地的旱灾和饥荒终止,时间大约在六月底或七月初,阿蒂卡一带的谷子快要打完的时候。仪式为:将用小麦和大麦做的饼供奉在卫城中宙斯·波阿利斯的祭坛上,然后赶着牛群绕祭坛走,吃了所供麦饼的牛就充为牺牛。杀牛的斧头和刀用水浸湿,由被称作"持水人"的女孩拿着。武器磨快再交给屠夫,一个屠夫用斧头把牛砍倒后,立即扔掉斧头逃走;另一个屠夫接着上前用刀割断牛的喉咙,也扔掉武器逃走。牛被杀死后,剥去牛皮,在场的人便都吃起牛肉。然后人们将牛皮中填满谷草,用线缝起来,接着把缝好的牛立起来,套上犁,就像正在犁地。最后,在古老的法庭上由君王(人们这样称呼)主持审判,判决是谁谋杀了牛。带水的女孩们控告磨斧头和刀的人,磨斧头和刀的人又指责把武器交给屠夫的人,给屠夫武器的人又指责屠夫,屠夫则指责斧头和刀,刀斧最终被定罪,判处死刑,扔进海里。

这种祭礼叫做"宰牛祭",参与屠牛的人都尽力将责任推给别人,刀斧被正式定罪处决,这些都说明牛在这里不只是献给神的牺牲,它还体现着神灵,杀了它就是渎神、弑神。罗马学者瓦罗就曾说过，杀牛在过去的阿蒂卡是最大的罪行。把牛作为祭品，说明人们将吃谷的牛看作占有自己所有物的谷神。原始民族相信，农作物的第一批果实属于某个神或其中含有某个神，因此他们通常都先举行某种仪式再去吃，以免冒犯神。如果有人或动物胆敢窃食神圣的首批果实，他或它便自然被看作神的化身，是来取走神自己的东西的。

世界其他地方也有用牛表示谷精的。中国各省和各地区每年立春前举行的仪式，明显体现了牛是谷精化身的观念。立春一般在二月三日或四日，也是中国历法新年的开始。那天，各地方长官或县令都要列队前往东城门口，祭祀人身牛首的神农。城门外立着公牛、母牛或小牛犊的偶像，旁边放着农具。偶像是在盲人或巫师的指导下，用各种颜色的纸在一个架子上糊起来的，纸的颜色预示着一年中的情况：如果红色居多，就会有火灾；如果白色居多，则多降雨或有洪灾，等等。官员们手执涂有各种颜色的鞭子，绕牛像慢慢走，每走一步就用鞭子鞭打一下牛背。牛像被鞭子打破后，事先放进去的五谷便撒落出来，在场的人都上前抢那碎像上的纸片，只要抢到一片据信那年就会交好运。把碎像烧掉后人们接着又宰杀一头活牛，把牛肉分给所有官员。在这里，肚内填有五谷的牛像显然代表谷精，所以人们才相信碎纸片具有增殖力。

综观这些实例，我们也许可以推断：具有山羊和公牛形象的狄俄尼索斯主要是一个植物神。上述欧洲与中国的习俗或许能说明狄俄尼索斯仪式上杀活公牛或山羊的做法。这个动物被撕成碎块，为的是每人都能吃一块具有增殖力的神肉。有部分肉也可能被拿回家埋在田里，或做其他处理，以促进植

□《美丽的土地》
保罗·高更　1893至1894年

土地崇拜始于古希腊的迈锡尼时代。土地生长五谷，万民赖以生存，人们尊其为生命的始源、万物的母亲。彼时，谷物女神德墨忒耳掌管着土地的丰产，后来逐渐成为农业的保护神。在中国古代，土地的意义十分神圣，人们对土地感恩戴德，把土地神称为"社神"。每年的农历6月26日是土地神圣诞，这天农民家家户户都要备办牲礼来祭祀。

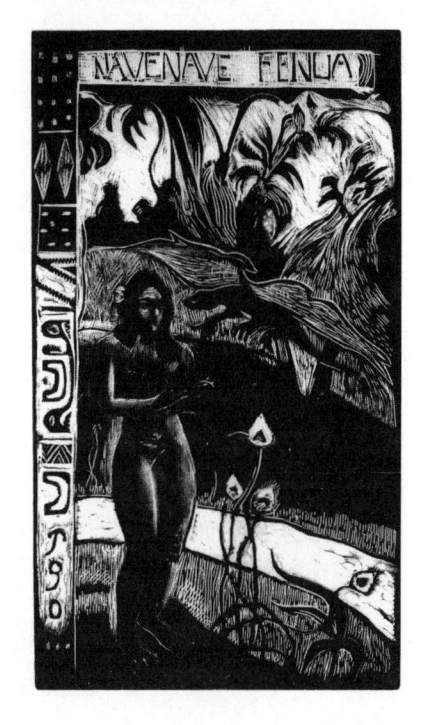

物的生长。神话中讲到了狄俄尼索斯的复活，这在他的仪式上似乎也有表现，比如在雅典的"杀牛祭"中，把牛皮内填满谷草缝好，再让它站起来。

德墨忒耳、猪和马

我们接着再来谈谈五谷女神德墨忒耳。在欧洲的民间习俗中，猪一般是体现谷神的，既然猪与德墨忒耳的关系很密切，那它是否原本就是女神的动物形态呢？猪是献给她的动物，因此艺术作品中描绘的德墨忒耳不是抱着猪，就是有猪伴随。在她的众多节日中，塞斯莫福里亚节的仪式表明猪原来就是五谷女神的化身，这个五谷女神可能是德墨忒耳，也可能是她那具有双重身份的女儿珀耳塞福涅。阿蒂卡的塞斯莫福里亚节在每年十月间举行，参加者都是妇女，她们悲伤地表演珀耳塞福涅（或德墨忒耳）进入下界，并快乐地表演她的死而复生。因此，节日的第一天被称为下阴间或还阳间，第三天则叫做卡里金尼亚（顺利出生）。在这个节日里，妇女们常将猪肉、面饼和松树枝等投入神圣的洞穴，据说有蛇守护着洞穴，扔进去的东西大多是它们吃了。到来年的这个节日，由一些被称作"抽取人"的妇女取出残腐的猪肉、面饼和松枝。这些妇女先要严格遵守三天戒规，然后下到洞里，击掌吓走蛇，取出残物，供在祭坛上。据说，只要弄到一块残肉或残饼，和种子掺在一起种下，就会获得大丰收。

关于塞斯莫福里亚节，还有一个传说：当普路托正强行带走珀耳塞福涅时，一个叫欧布路斯的人正好在那放猪，他的猪群也掉进了普路托带走珀耳塞福涅的裂口。因此，每年节日期间人们都把猪扔进洞穴，以纪念欧布路斯丢失的猪。后来，把猪扔进洞穴的做法就成了表演珀耳塞福涅下到阴间的戏剧的一部分。鉴于人们并不把珀耳塞福涅的偶像往洞里扔，所以我想猪并不是和她一起掉进洞穴

□ 《珀耳塞福涅》 托马斯·哈特·本顿
 1938至1939年

珀耳塞福涅是古希腊神话中冥界的王后，她是众神之王宙斯和农业女神德墨忒尔的女儿，被冥王哈迪斯绑架到冥界与其结婚，成为冥后。

的，很可能是自己掉下去的，换言之，猪就是珀耳塞福涅。后来，珀耳塞福涅或德墨忒耳具有了人形，于是人们就要为往洞里扔猪的习俗找个理由，所以就编了上面的故事。值得注意的是，在塞斯莫里福亚节，妇女们好像都要吃猪肉。这顿饭很可能就是圣礼或圣餐，信徒们吃的是神的身体。

这样来看，塞斯莫福里亚节与已描述过的北欧民间习俗相类似。在这个秋天的节日里，猪肉一部分被吃掉，一部分保存在洞里，等到来年取出来和谷神拌在一起，以求得庄稼丰收。格勒诺布尔附近也是这样，收割者在稻田里杀死山羊，一部分山羊肉在收获晚餐上吃掉，其余的腌制起来，一直保存到来年收获时节。乌德法赫里也是如此，收割完谷物后人们将捆在最后一捆谷子里的公鸡杀掉，把鸡毛保存起来，来年春天时和种子一起撒在田里。总的来说，就是谷精以动物形态在秋天被杀死，它的肉，一部分由信徒作为圣餐吃掉，另一部分保存到下次播种或收获的时候，以确保谷精精力的持续或更新。

也许有人觉得希腊人不可能认为德墨忒耳和珀耳塞福涅会以猪的形态出现。但在阿卡迪亚的菲盖里洞穴中，德墨忒耳就被描绘成妇女身子，长着马头马鬃的形象。在原始风俗中，把女神画成猪还是女身马头，其实并无任何区别。弗卡里亚的德墨忒耳的传说表明，同现代欧洲一样，在古代希腊马也被想象成谷精的一种动物形态。据说，德墨忒耳在寻找女儿时，为躲避波塞冬的追求曾变成一匹母马，后来躲进了一个洞里，这个洞穴位于阿卡迪亚的西部，离菲盖里亚很近。她穿着黑色的长袍在洞里躲了很久，地上的植物和果实都枯萎而死，若不是潘请求这位女神离开洞穴，人类就会被饿死。为了纪念这件事，弗卡里亚人在洞里塑了一座德墨忒耳的雕像，雕像通体黑色，是一个身穿长袍，长着马头马鬃的妇女形象。

□《吃草的马》 保罗·高更 1891年

佛经以马比喻佛陀的相好，称作马阴藏相，代表佛陀已经跳出了欲望之界。在《杂阿含经》中列出四种马譬喻世人悟道的层次。第一良马比喻听闻有人生老病死，能依此正思维的众生；第二良马比喻眼见有人生老病死，能依此正思维的众生；第三良马比喻眼见亲近之人生老病死，能依此正思维的众生；第四良马比喻亲历自己的生老病死，能依此正思维的众生。

阿提斯、阿多尼斯和猪

再来谈谈阿提斯和阿多尼斯的情况。从阿提斯的信徒不吃猪肉，以及阿提斯被野猪咬死的传说来看，这个植物神和同类型的其他很多神一样，也体现为动物。山羊狄俄尼索斯和猪德墨忒耳的事例告诉我们，只要说某个神被某种动物伤害，这动物原来就是这神本身。

关于阿多尼斯的传说很多。一个故事中说野猪咬死了他；另一个故事说是野猪咬破了孕育阿多尼斯的大树的树皮，他才出生的；还有一个故事说，他在黎巴嫩山上狩猎野猪时死在了希菲斯图斯手中。这些传说表明，阿多尼斯与猪的确有密切关系，但产生这种关系的原因不甚明了，于是就试图用几种故事来说明。叙利亚人把猪看作神兽，在幼发拉底河畔的希波拉里斯城，人们既不吃猪肉，也不用猪祭祀。如果有谁摸了猪，就一整天不干净，有人说是因为猪不干净，还有人说是因为猪是神兽。这种分歧表明，当时的人们还不能明确区分神圣与不洁这两种观念，他们的宗教思想尚处于一种朦胧状态。阿提斯的信徒不吃猪肉，不以猪献祭，阿多尼斯的信徒可能也是如此，但这并不意味着在某些隆重的仪式上也不能杀猪，那时猪是作为神的代表被杀死的，信徒们可以以圣餐的形式吃掉它。圣餐的形式就表明了动物的神圣性。

奥西里斯、猪和公牛

在古埃及有历史记载以来，猪的地位同它在叙利亚和巴勒斯坦的几乎一样，只不过乍一看，它的不洁比它的神圣更明显。据希腊作家的记载，埃及人非常讨厌猪，他们认为猪又脏又可恶。谁若是碰了一下猪，衣服也不脱就直接跳到河里冲洗污秽。喝了猪奶的人据信会得麻风病。放牧猪的人被禁止进入神庙，他们的

□《美少年阿多尼斯之死》
塞巴斯蒂亚诺·德·皮翁博 1512年

关于阿多尼斯的死有很多种版本，其中一个版本认为他是被野猪咬死的。传说阿多尼斯酷爱打猎，在一次狩猎过程中被阿瑞斯变身的野猪杀死。他的情人爱神阿弗洛狄忒闻讯痛不欲生，冥后深受感动，特许阿多尼斯的灵魂每年回阳世6个月，与爱神团聚。对阿多尼斯的传说描写得最生动和最详细的是古罗马诗人奥维德的《变形记》。

通婚对象也只能是牧猪者。但埃及人每年都会用猪来祭祀一次月亮和奥西里斯，当天他们不仅杀猪还吃猪肉。对于这种情况，我们似乎只能做出一种解释，那就是：猪被看作神兽，供奉者每年杀掉一只，作为圣餐吃一次。

认为埃及人把猪当作圣物的观点，可以通过一些事实来证明。比如，埃及人认为喝猪奶会得麻风病，而野蛮民族对他们眼中的神圣动植物也有类似看法。如在新几内亚和西里伯斯之间的威塔岛，那里的人们认为他们是野猪、蛇、鳄鱼、乌龟、狗、鳝鱼等动物的后代。谁也不能吃自己的动物祖先，如果吃了这人就会得麻风病，就会发疯。在北美洲的奥马哈印第安人中，以鹿为图腾的部族相信，如果他们吃了公鹿肉，他们就会全身长脓疮和白斑。奥里萨的恰沙人认为，他们如果伤害了自己的图腾动物，就会被麻风病侵袭，整个种族就可能灭绝。可以看出，人们常认为吃神兽会患麻风病或其他皮肤病，这也就证明了我们的看法：既然埃及人认为喝猪奶会得麻风病，那么，猪在埃及一定也曾被视为神圣的动物。

有人如果碰了一下猪就得洗身子洗衣服，这种做法也证明了猪是圣灵的观点。因为人们都普遍接受一种观念，即：一个人自由地和同伴交往之前，必须先通过洗涤等方法去掉身上沾染自神物的东西。所以犹太人读完圣经后都要洗手。大祭司在神殿悔罪献礼结束，要洗一洗再出来，而且还要将在圣殿穿的衣服保存起来。希腊仪式上有一条规定，敬献牺牲的人不能接触牺牲，献上后，他必须在河水或泉水中洗了身子和衣服才能进城或回家。总之，原始人相信一切神物都具有危险性，一旦接触，就会像触电一样受惊甚至死亡。因此野蛮人不愿接触甚或看到他们所认为的圣物。比如，鳄鱼族的贝专纳人认为，碰到或看见鳄鱼都是"不幸的"事，眼睛会因此红肿。可鳄鱼却被他们视为

□ 酒神狄俄尼索斯与坐骑黑豹

狄俄尼索斯，古希腊神话中的酒神，与古罗马人信奉的巴克斯相对应。不仅握有葡萄酒醉人的力量，还以布施欢乐与慈爱在当时成为极有感召力的神，他推动了古代社会的文明并确立了法则，维护着世界的和平。此外，他还护佑着希腊的农业与戏剧文化。图中高大者为酒神狄俄尼索斯。

□ 《海边的收获》　保罗·高更

农耕和畜牧出现后，食物的范围明显扩大，并且通过人们能动性地种植和豢养，食物不再只是人们采集、捕杀的对象，而与人有了亲近感。在前宗教时期，人们为制服对方而同食物结成的法术关系，在原始宗教中演变为同对方交往的宗教关系。不少原始部族都有对谷物、牲畜神的祭祀习俗，祷祝农牧安泰已成为原始宗教的重要内容之一。

最神圣的东西，他们把它称作父亲，凭鳄鱼起誓，还在节日时纪念它。由此来看，原始人似乎认为神圣是一种危险的病毒，人人都要小心躲避，一旦有谁染上了，就要通过某种清洗仪式给自己消毒。

从上述类似事例来看，埃及人关于碰触猪的观念和风俗的形成，并非只因为他们把猪看作肮脏可恶的动物，其实猪在他们眼中也是具有超凡力量的神物，可以说埃及人对猪既厌恶又尊敬。对一个生物的感情如此复杂而矛盾，可见这个生物是处在一种不稳定的平衡状态的。一段时间后，几种矛盾感情中的一种可能要占据上风，如果是尊敬之情，那生物就升而为神，可若是厌恶之情，它便降而为魔鬼。总体来看，猪在埃及的命运是后一种。人们甚至把它看作埃及的魔鬼和奥西里斯的敌人塞特或泰丰的化身。据说，泰丰是在狩猎野猪时发现并砍碎了奥西里斯的躯体，这也是每年杀猪祭祀一次的原因。这故事显然脱胎于一个更古老的故事，那故事原是说奥西里斯同阿多尼斯和阿提斯一样，是被野猪咬死或撕裂的，或是由泰丰化作野猪咬死或撕裂的。因此每年用猪祭祀奥西里斯可以说是一种报复，是为惩罚这个咬死或撕裂神的动物。但首先，某种动物只有作为庄严的祭品每年才会被杀一次，这通常意味着该动物是神灵，人们在其他时间里不杀它，即使杀了它，也是以神的身份被杀。其次，狄俄尼索斯和德墨忒耳的例子告诉我们，某种动物如果是某个神的敌人，因而杀死它以祭神，那么这个动物原先可能就是神本身。年年杀猪祭祀奥西里斯的习俗，以及猪与神为敌的传说都表明：猪原先是一个神，而这神就是奥西里斯。

杀猪祭祀奥西里斯的日子正是传说中奥西里斯被杀的那天，这有力地印证了猪即奥西里斯的观点。由此来看，每年杀猪就是表演奥西里斯被杀，就像塞斯莫福里亚节时把猪扔进洞里是表演珀耳塞福涅到阴间去一样。这两种风俗都类似于欧洲收获时节杀鸡和杀羊等以代表谷精的做法。

维尔比厄斯和马

现在我们可以对维尔比厄斯的传说的意义大胆推测一番。据说，维尔比厄斯是阿里奇亚的第一个森林之王，是以希波吕托斯的身份被马杀死的。我们已经知道，谷物精灵常由马的形体代表，而且在后来的传说中，如果说某动物伤害了某神，这动物原先就是某神本身。所以，我们由此推测，伤害维尔比厄斯或希波吕托斯的马，其实就是维尔比厄斯或希波吕托斯作为植物神的代表。他命丧马蹄下的神话很可能是用来说明他的供奉中的某些特点，比如禁止马进入他的圣林。神话是经常变化的，而风俗相对稳定持久，因此很难说不许马进入圣林，就是因为维尔比厄斯是被马杀死的。有人可能会简单地认为，既然不许马进入圣林，那马就不可能是林中之神的神兽或化身。这种想法过于武断了。山羊曾经是雅典娜的神兽或化身，可人们却既不按例用山羊祭祀她，也不许山羊进入她在雅典的阿克罗波利斯神殿。不过，据法罗说，人们每年都要将山羊赶到阿克罗波利斯神殿一次，因为必须用山羊祭祀。这正像我们前面说过的，用某种动物每年献祭一次，而且只有一次。那样的话，动物就不可能是作为献给神的祭品被杀，而是被当作神本身的代表。所以，我们由此推断，每年在阿克罗波利斯献祭的那只山羊，是以雅典娜的身份献祭的。我们如果更详细地了解阿里奇亚圣林，可能就会发现，不许马进入圣林的规矩，就像不许山羊进入雅典的阿克罗波利斯一样，每年也有一种例外情况，即年年把马牵到圣林里（每年一次），作为维尔比厄斯的化身杀掉。可后来，这样杀掉的马被误认为是神的敌人，杀而祭神，正如杀猪祭祀德墨忒耳，杀山羊祭祀

□ **《雅典娜与半人马仙托》**
桑德罗·波提切利　1482年

雅典娜，也称帕拉斯·雅典娜，是希腊神话中的奥林波斯十二神之一；是乌云和雷电的主宰者；是智慧女神，农业与园艺的保护神，她传授纺织、绘画、雕刻、陶艺、畜牧等技艺给人类；是司职法律与秩序的女神，她创立雅典第一法庭，即神山法庭；是女战神，也和阿耳忒弥斯、赫斯提亚同为处女神。在古希腊，各城邦都崇拜她，尤其是在雅典；依据神话，雅典城是以她命名的。

狄俄尼索斯。

罗马每年也宰杀一匹马，这点多少能为我们的上述推测提供佐证。每年10月15日，罗马人在玛尔斯广场赛车，获胜的车队用长矛刺死一匹马向玛尔斯献祭，目的是确保庄稼丰收。马被刺杀后，人们割下马头，用一串串饼装饰起来。接着，圣路区和苏布拉区的居民开始争抢马头，如果圣路区的人抢到了，就把它挂在皇室的一堵墙上；如果苏布拉区的人抢到了，就把它挂在马米里亚塔上。然后马尾被割下来飞快地送到国王的住处，让血滴到他住处的灶台上。此外，马血似乎还要收集起来，一直保存到来年的4月21日。那天圣火贞女把这血和六天前杀了献祭的尚未出生的牛犊的血混在一起，分给牧羊人，用来熏他们的羊群。

在这个仪式里，马头上挂一串饼，献祭的目的又是祈求庄稼丰收，这些似乎都表明马是作为谷精的动物代表被杀死的。我们在前面已经提到过许多这种代表的实例。割马尾巴的做法很像非洲割牛尾巴献祭以求谷物丰产的习俗。在罗马和非洲的习俗中，动物明显是代表谷精的，它们的尾巴富有增殖力，很多欧洲民间习俗里也含有这种观念。

如此看来，祭马是秋天收割完庄稼后，在王室的田里举行的一种古老的收获仪式。马尾和马血是谷精的主要代表，它被送到国王的住处保存起来，就像德国的收获公鸡一样，钉在农场房屋的门上。这样，谷精的福佑被带到国王的家中和炉灶上，通过王室和炉灶传给整个国家的人民。但早期各村可能只是在自己的田里举行这类仪式，后来才以全镇和邻近村庄的名义在国王田里举行。阿里奇亚的圣林，同罗马的玛尔斯广场一样，可能也是一个共同庆祝收获的场所，附近各村的村民都聚在这里，举行同样粗犷的仪式，杀马献祭。

第七卷 ｜ 圣餐与替罪者

　　神体圣餐——吃神肉是一种顺势巫术——杀死神性动物——猎人抚慰野兽——以动物为圣餐——转嫁灾祸——公众驱邪——公众的替罪者——古罗马和古希腊的替罪人——墨西哥的杀神风俗——天地之间

第一章　神体圣餐

以新谷做圣餐

从前面的许多风俗中我们已经了解到，谷精一般都是通过其代表被杀而作为圣餐被吃掉的。谷精代表既有动物形态，也有人形。而在欧洲农民的收获习俗中，新谷也是当圣餐吃的，也就是当作谷精的躯体来吃的。在瑞典的韦姆兰省，农场的主妇们用最后一捆谷子的谷粒烤制一个女孩形的面包，分给全家人吃。这块面包就代表被当作闺女的谷精。人们普遍认为谷精就在最后一捆谷子里，所以吃用最后一捆谷子做的面包就是吃谷精本身。法国拉帕利斯也有类似习俗，人们用面做一个小人偶挂在枞树上，由最后一辆拉谷物的车将树和面人都运到镇长家中，一直保存到葡萄采摘完毕。在庆祝收获的宴会上，镇长把面人切成小块分给众人吃。在这几个实例中，谷精是以人形代表被吃掉的。而有些地方尽管不是将新谷烤成人形面包，但其吃新谷时的隆重仪式也足以表明，新谷是作为圣餐吃的，也就是当作谷精的躯体来吃的。

据说，日本的阿伊诺或阿伊努人把各种谷子都分为男性和女性，所有谷子统称为"神圣的夫妻五谷"。大家在吃谷子做成的饼之前，先由一位老人虔诚地向饼祷告，以求谷神庇佑。在印度的布鲁岛，稻子收割完后，各部族的人都聚在一起吃圣餐，而且人人都要捐赠一点新米。这顿饭被称为"吃米魂"，显然具有圣餐的性质。纳塔尔和祖鲁兰的卡菲尔人，不到节日都不能吃新谷。节日那天，人们都聚在国王的小屋里跳舞玩乐，宴会结束前，国王将谷子、玉米、南瓜等植物和献祭过的肉煮制的食物，亲自喂给每个人一点。据信，人们吃了神食后全年都会神化，马上就可以收庄稼。贝专纳人都遵守一种规矩，即洁身后才能吃新谷物。而巴西的博罗罗印第安人则相信，谁要是在术士举行祝福仪式前吃新玉米就会丧命。

在北美洲，布斯克节（即尝新节）是克里克印第安人一年中的主要节日，多在每年谷物成熟的七八月举行。节日前,所有印第安人都不能吃或是处理新庄稼。有时每个村镇各自举行布斯克节,有时则是几个村镇共同举行。举行布斯克节之前,人们要准备好新衣物、新用具和新家具,把旧衣物和陈粮全都烧掉。焚烧完后,村里的火都要熄灭,灰也要清除干净,尤其要把庙里的炉灶(祭坛)挖开,除去里面的灰烬。主祭司将一些球花蛇根草的根、绿烟叶和一点新谷放在炉底,然后让人用白泥盖上,洒上洁净的水,再在祭坛上用小树的绿树枝扎一个藤架。同时,各家的主妇们清扫庭院,刷洗炉灶和厨房用具,准备迎接新火、新谷。

准备就绪后,所有当年未违反新谷祭礼和未违反婚姻规矩的人都被召集到神圣的广场上,开始庄严的斋戒。但妇女(有六位年老的妇女除外)、小孩和尚未达到武士等级的人都不许进入广场。广场四角还有专人把守,以防不洁净的人或动物进入。斋戒持续两夜一天,期间信徒们喝蛇树根熬的苦水,以引起呕吐,

□《沉思中的女子》 保罗·高更 1891年

古希腊毕达哥拉斯学派的教义中有要求学派成员每天傍晚沉思默想、反省自身言行的内容,同时毕达拉斯学派还特别关注灵魂净化。另外,对于沉思默想和静思修行有系统深入探讨的莫过于佛教。禅宗作为完全中国化的佛教宗派,提出了禅修思想,其实践方法是以"八正道"的修学为主,辅以四梵住的慈悲喜舍,七觉支的念、择法、精进、定等。

洗涤自己罪恶的身躯。戒食结束的当天早上,妇女们把一些陈年食物放在广场外面,给饥饿的人吃,但中午之前这些食物都要清除干净。午后太阳西斜,报信人喊话告知所有人都留在屋子里,不能做坏事,还要彻底熄灭旧火。然后,最高祭司用两块木头摩擦取得新火,放在绿藤架下的祭坛上。接着有人奉上一些新谷,最高祭司把各种谷物都取出一点,涂上熊油,和肉一起敬献给火神圣灵。这时场外的人都围拢过来,但并不进入圣场,主祭司便开始发表讲话。他宣布新的神火已洗掉去年的罪过,鼓励人们遵守古老的仪礼,并告诫妇女,如果有谁未熄灭旧火,或沾染了任何不洁的东西,就必须离开,否则会受到神火的惩罚。然后,一些新火被拿到广场外面,妇女们欢欢喜喜地带回家去,放在她们洁净的炉灶上。接着用新火煮新谷,和熊油掺在一起拿给家人吃。节日期间的某个时候,人们把

新谷拿在手里，或放在脸上胸前揉搓。此后，武士穿上他们粗野的戎装，头盖白绒毛，手执白羽毛，围着新火圣亭跳舞。仪式共持续八天，期间人们要严格禁欲。节日快要结束时，武士们假装打斗，然后男人和妇女一起站成三圈，围着圣火跳舞。最后，所有人都将全身涂上白泥，跳进溪流中洗澡。他们认为从水里出来时，不管自己以前犯下何种罪过，现在都不会遭受惩罚了。

那些不种植谷物的部落，在采摘第一批野果，或挖当季头批草木根时，也会举行类似的仪式。比如在美洲西北部的萨利和廷尼印第安人中，年轻人吃第一个浆果或当季的树根时，总要先向果树或植物祷告一番。某些部落在摘野果或挖果树根时，每年都循例举行头批收获仪式。在吃鲑鱼的部落，当"虹鳟"鲑鱼开始成群出现时，他们也举行仪式。

从上述仪式和风俗来看，野蛮人似乎普遍相信，草木或树是靠一个精灵或神而生长的，吃新谷物前必须求得它的允许或照拂。因此，我们可以说，尝新谷就是吃圣餐，就是与一个具有超凡力量的精灵或神交往。

阿兹台克人的圣餐习俗

在西班牙人发现和征服墨西哥之前，阿兹台克人有一个把面包当作神的躯体，作为圣餐来吃的习俗。做法是，用面做一个墨西哥的大神徽兹罗波契特利或维兹里朴茨特里的神像，然后掰碎拿给信徒们吃掉，这种仪式在每年的五月和十二月各举行一次。历史学家阿柯斯塔曾描述过五月份的仪式：五月里，墨西哥人为他们的神维兹里朴茨特里举行宴会，宴会的前两天，童女们将甜菜子和烤玉米混在一起，掺上蜂蜜，揉成面团，做一个偶像。偶像的眼睛是绿色、蓝色和白色的玻璃球，牙齿是玉米粒，身上还佩戴着各种饰物。宴会那天，离天亮还有

□《你为何生气呢》 保罗·高更 1896年

生气，即是佛教之中的嗔，指的是内心中所产生的恼怒等情绪与心理，它与贪、痴称为"三毒"。佛教认为嗔不仅影响修行，还会危害他人和社会。而世人生发出嗔的情绪本质是逃避痛苦，寻求快乐。所以佛陀说："勤修戒定慧，息灭贪嗔痴。"

一小时，所有女孩都穿上白衣服，戴上新首饰，这天她们被称为维兹里朴茨特里神的姐妹。她们头上戴着烤玉米做的花冠，脖子上挂着一大串像肩带一样垂至左胳膊的玉米。她们的脸颊都涂成红色，从手腕到手肘都包裹着红鹦鹉的毛。贵人们给偶像穿上一件华丽的衣服，放在一张蓝椅子上，年轻男子身穿红袍，头戴玉米冠，用滑竿把偶像抬到大金字塔形的庙宇的墙角下，然后伴着笛子、喇叭、小号和鼓的节拍，顺着又窄又陡的阶梯把偶像抬上去，放在事先准备好的一间小玫瑰屋子里面。然后，所有童女都从庵里走出来，带着一些甜菜和烤玉米揉成的面团，就是做偶像的那种面团，这些面团的形状都像一块块大骨头。她们把面团交给年轻男子，男子将其放到偶像脚边。这些面团被当作维兹里朴茨特里的肉和骨头。骨头一放完，庙里的祭司、祭司助理和所有其他神职人员按照等级次序列队走出来，他们戴着不同颜色、不同质地的面纱，头顶花冠，颈挂花链。然后他们围着那些面团唱歌跳舞，举行一定的仪式。这天，整个地区的人都必须禁食肉类，只能吃用以做偶像的这种面团，而且只能在某个时间段吃。中午以前，人们也不能喝水或其他饮料，不然就是亵渎神灵。仪式、歌舞和献祭结束后，庙里的祭司和高级僧侣拿出面偶，去掉它身上的所有装饰品，捣成碎块。对那些面团骨头也是这样处理。然后他们把这些碎块分给人们作为圣餐，人们敬畏地接过来，认为他们是要吃神的肉和骨头，因此悲伤地流下眼泪。

从这段描述来看，早在基督教传教士到来之前，古代墨西哥人就已谙熟圣餐转化的道理，并在其宗教仪式中付诸实施。吃过献祭面团的人都相信自己体内有了一份神的实体，即与神有了一次神秘的交往。我们由此也可以推知，墨西哥人在与神庄严交往的那天之所以不吃其他东西，只吃他们奉为神的肉和骨头的面团，是因为怕吃了普通东西后污染了胃里的

□ 阿兹台克人

阿兹台克人，北美洲南部的一支印第安人。其中心在墨西哥的特诺奇，故又称墨西哥人或特诺奇人，主要分布在中部的韦拉克鲁斯、莫雷洛斯、格雷罗等州。属蒙古人种美洲支。使用纳华特语，属印第安语系犹他—阿兹台克语族。阿兹台克人活跃于14至16世纪的墨西哥，其传承的阿兹台克文明与印加文明、玛雅文明并称为中南美三大文明。阿兹台克文明是世界历史上一个独树一帜的古文明，于15世纪在墨西哥中部建立了帝国。

□ 《永远不再》 保罗·高更 1897年

高更曾说："我想一个简单的肉体可以唤醒长久遗失的蛮荒旷野中的奢华。"远古时期，将肉体作为祭品的现象并不鲜见。文明初始，人们以祭神为名，在祭祀仪式中杀死活人来献祭。在部分地区，当地人专以女人来祭神，甚至必须是处女，如巴干达人将少女献给湖神；马尔代夫群岛土著居民则将处女献给海上精灵，等等。对于有神论者来说，人可以奉献给神的最宝贵的东西就是生命。

神的骨肉。希腊人和塞米诺尔印第安人出于同样的敬畏之心，甚至服下烈性泻药洗净自己的身体后，才敢吃圣餐。

在十二月的冬至节前夕，阿兹台克人用小孩的血将各种种子调匀，揉成面团做一个神的人偶，放在庙里的主祭坛上。节日那天，由国王向它献香。第二天一早偶像被拿下来，摆在一个大厅里。然后，一个祭司扮作神魁扎尔柯特尔，用带火石头的标枪反复刺透偶像的胸部。另一个祭司把偶像的心挖出来给国王吃，其余部分弄成碎块拿给所有男人吃，甚至包括摇篮中的男婴，而妇女们则一点也不能吃。

阿里奇亚的"曼尼"

罗马人把烤制的一些人形面包称为"曼尼"，这种面包应该是专门在阿里奇亚做的。"曼尼"也是鬼妈妈或鬼奶奶的名字，户神节时人们向她敬献男人和女人形状的羊毛偶像。罗马家家门口都挂上这些偶像，是因为人们相信这天死者的鬼魂都要出来，所以希望它们只拿走门上的偶像，不伤害屋里的活人。据说，这些羊毛偶像是代替从前以活人献祭的风俗，但我们并未找到可靠的材料来证实这种说法。但值得注意的是，在阿里奇亚烤的人形面包是圣餐面包，古时年年都杀掉森林之王，按他的形象做一些面包，分给他的信徒们作为圣餐吃掉。根据传统说法，阿里奇亚圣林是由一个叫曼尼的人创建的，后来的各种曼尼都是从他那传下来的。这个传说是一则语源的神话，它解释了把圣餐面包称为曼尼的原因。故事中说，户神节敬献偶像是代替人身祭品，这点也许多少体现出了面包与人身牺牲的本来联系。

西藏人害怕孔麻老母管辖的众多阴间妖魔。这位女神相当于罗马人的曼尼

（鬼妈妈或鬼奶奶），她身披黄袍，手持金钩，骑着公羊。为防止她属下的恶鬼进入自家宅院，西藏人都在大门上钉一个吊灯似的精致木盒，里面装有一个公羊颅骨、金叶、银云母、绿松石等珍贵物品，以及米、面、豆类，还有男、女和住宅的小雕像或图像。这些图像是为蒙骗恶鬼的，万一他们不满意献上的东西，硬要闯进住宅，可能会将图像上的人当成宅子的主人来发泄愤怒，不致伤到真人。一切准备就绪后，由一位僧侣向孔麻老母祝祷，请求她收下这份薄礼，紧闭阴间大门，使恶鬼们无法跑出来侵扰或伤害众人。

偶像还常被用来预防或治疗疾病，病魔如果将偶像误认为活人，或是被引诱、被强迫进入偶像，真正的活人则健康无虞。在西里伯斯的米纳哈萨地区，阿尔福尔人有时把病人移到别人家，只在病人床上留一个枕头和衣服扎的偶像。他们认为，病魔会把这个偶像误认为病人，而真正的病人就会痊愈。卡托固郭河畔的达雅克人遭受瘟疫时，就在门上挂一个木制偶像，希望病魔受到蒙骗，带走偶像，留下活人。巴塔克的巫师为人治病的方法是，用香蕉叶子扎一个人偶，并裹上灵草，然后施法让病魔从病人体内出来进到偶像中。施完巫法后，人偶要立即被拿走扔掉或埋在村外。

我们由此可以推测，古时罗马家家门口在户神节挂羊毛偶像并非是为代替人牺，而是作为一种替代祭品，献给鬼妈妈或鬼奶奶，希望她在城里游荡时会误将偶像当成家里的人，因而把活人又留在世上一年。老卡拉巴的土著用同种方式定期清除城里的魔鬼，他们把粗心的魔鬼引诱到一些草人里，然后把草人扔进河里。我们对这种罗马风俗的解释，也多少能从普鲁塔克那得到佐证，他说这种仪式是"最大的一次祓除"。

第二章　吃神肉是一种顺势巫术

我们已经知道，很多地方都存在一种把神当圣餐吃的习俗，只不过有的是吃代表神的人或动物，有的是吃人或动物形状的面包。野蛮人吃神的躯体的理由非常简单，因为他们普遍相信吃一个动物或人的肉，就既能获得该动物或人的体质特性，又能获得其道德和智力的特性。因此，如果他们认为某种生物是有灵性的，自然就想吸收它的特性和部分灵性。这种观念显然源于古人的交感或顺势巫术，而且在世界各地都颇为盛行。

例如，克里克人、切罗基人以及与他们同宗的北美印第安人部落都认为，以鹿肉为食的人要比以笨重的熊的肉为食的人动作灵活、迅捷。巴西的一些印第安人不吃跑得慢、飞得慢或游得慢的野兽、禽鸟或鱼类，生怕吃了它们的肉，自己会变得笨拙迟钝，遭遇敌人后不能及时逃脱。加勒比人不吃猪肉，怕吃后会长出猪那样的小眼睛；也不吃乌龟，怕吃了会变得像乌龟一样笨重迟缓。而南非洲的布须曼人却专吃动作缓慢的动物的肉，他们认为在追逐猎物时，猎物会受到他们体内食物的感应。如果吃了跑得快的动物，猎物也会跑得快，猎人就很难猎捕到它。如果吃的是跑得慢的动物，猎物也会跑得慢，猎人就能追上并杀死它。出于这种考虑，猎捕大羚羊的人绝不吃羚羊的肉，甚至连碰都不碰，因为他们认为羚羊是一个又快又灵活的动物，要想抓住它非常困难。

纳马夸人不吃野兔的肉，怕吃了后会变得像野兔一样胆小。而为了获得勇气和力量，他们便会吃狮子肉、喝豹子或狮子血。当祖鲁人受到疾病侵袭时，村里的术士就会让人们吃非常老的豹子的骨头，或老母牛、老公牛，或其他非常老的动物的骨头，以求他们能活得像该动物那样老。在婆罗洲西北部的达雅克人中，青年男子和武士都不吃鹿肉，因为鹿肉会使他们像鹿一样怯懦。这一地区的卡亚人对鹿肉也持有同样看法，但鹿肉如果是在露天下做熟的，他们觉得就能吃，因为他们认为这时鹿胆怯的精灵已经逃到深林里了。印度北部的人们相信，如果吃了猫头鹰的眼珠，就能和猫头鹰一样，在黑夜也看得见东西。澳大利亚北部的一些土著人认为，吃了袋鼠或鸸鹋的肉，就会比过去跳得高，跑得快。在北欧神话中，国王奥楠德的儿子殷吉奥德年轻时很懦弱，但吃了狼心后，变得特别勇敢。

除了各种动物，还有吃死人血肉的，目的是吸取那些死人所具有的勇敢、聪明或其他素质。在东南非洲的山居部落，一些行会或帮会为新入会者举行仪式时，其中一项就是把勇敢、智慧等素质注入到新人身上。作战勇敢的敌人被杀时，身上许多部位都被认为具有特殊素质，比如肝脏处是勇敢，睾丸里是力量，耳朵中是智慧，前额的皮肤上是忍耐等等。这些部位都被割下来烧成灰烬，用牛角保存起来，举行割礼时，和其他东西掺在一起调成糊，由族里的祭司拿给青年吃。通过这种方式，被杀者的力量、勇气、智慧和其他素质就传给了吃的人。

这样来看，野蛮人吃他看作神灵的动物或人的肉的行为就很容易理解了。吃了神的肉，他就能获得神的部分特性和权力。如果神是谷神，谷物就是他的躯体，如果神是葡萄神，葡萄汁就是他的鲜血，因此信徒们吃了面包、喝了葡萄酒，就是吃了那神真正的血肉。所以，在葡萄神狄俄尼索斯的仪式上，喝葡萄酒并不是取乐，而是一顿庄严的圣餐。

第三章 杀死神性动物

杀死神雕

□ 《基督复活》 提香·韦切利奥
　　1542至1544年

　　复活,是指生命在死亡后再复生的意思。据圣经记载,耶稣基督就是被钉在十字架上,三天后从死里复活。基督教还认为,人在死亡之后,灵魂会复活到天堂或地狱。因此,复活是基督信仰的根基。而加利福尼亚的印第安人阿卡契曼人认为把生命从一个渠道岔开,生命就会自然而然地流入一个新渠道,也就是说,被杀的动物会复活,迎来一个崭新的生命周期。

　　我们在前面几章中谈了大量杀死谷神的风俗,这些风俗主要盛行于以农耕为主的社会。值得注意的是,很多狩猎或游牧部落,同农业民族一样,也有杀死他们的崇拜物的习俗。但他们所杀的这些崇拜物许多都是单纯的,并不是体现其他超凡神物的动物。

　　加利福尼亚的印第安人,生活在一块肥沃的土地上,那里气候晴朗温和,但他们几乎仍处在最野蛮的状态。阿卡契曼人崇拜大雕,他们每年都为大雕举行一种宗教仪式,称之为配恩斯,即鸟会。节日的前一天,人们就用木栅栏围起一块圆形或椭圆形的场地,作为庙地,然后将山狗或草原狼的皮填充起来,立在一根栏杆上,充当秦尼格秦尼克神。准备就绪后,人们列队将鸟带进庙地,摆在祭坛上。然后所有的年轻妇女,不论已婚还是未婚,都在祭坛前跑来跑去,老人们在旁边安静地看着。头领们脸上涂着各种颜色,身上插满羽毛,围着祭坛上的鸟跳舞。这些仪式结束后,他们又列队将鸟带往主要的庙地,头领们载歌载舞地走在前面。到达庙地后,他们将鸟杀死,把皮完整地剥下来，和羽毛一起作为圣物保存起来，或用来做节日服装。鸟的尸体被掩埋在庙地的一个洞里，年老的妇女们围着坟墓哀哭，并把各种植物种子和食物扔到坟上。她们哭道："为什么要跑呢？你要是不跑，也不会成立配恩斯啊……"这个仪式结束后，人们继续跳舞，要持续三天三夜。据说配恩斯是一个妇女，跑进深山后被秦尼格秦尼克神变成了一只鸟。他们相信这鸟每年被杀死后仍会复活，而且杀死她多少次，她就繁殖多少倍。因此他们认为，每年杀死献祭的鸟都是那同一只母鸟。

加利福尼亚的野蛮人似乎将物种的生命和个体的生命混淆起来了，他们认为威胁并将最终毁灭个体生命的危险和灾难，也同样威胁着物种的生命，因此他们必须采取措施，防止其视为神灵的某一物种走向灭绝。而他们能想出的唯一办法就是，杀死种族中的一个成员，他们认为把生命从一个渠道岔开，它就会自由地流入一个新渠道，也就是说，被杀的动物会复活，迎来一个新的生命周期。可在我们看来，这种推理甚至风俗显然都很荒谬。

杀死神羊

古埃及有一个非常类似于上述加利福尼亚仪式的宗教习俗。底比斯人以及所有其他供奉底比斯的神阿蒙的埃及人，都将公羊视为神兽，不杀公羊。但每年的阿蒙节是个例外，那天他们要杀一只公羊，并剥掉它的皮，将其披在神阿蒙的像上。然后他们把羊埋在圣墓里，悲悼它的死亡。关于这个风俗还有一个传说，说是宙斯曾在赫拉克勒斯面前显圣，当时披着羊毛，顶着羊头。古埃及仪式中的公羊就是底比斯的兽神，也就是说，公羊就是阿蒙自己。的确，石碑上的阿蒙形象就是羊头人身。但这里的他还没有成为完全的人化神祇，因此杀公羊并不是为了向他献祭，将羊皮披在阿蒙的偶像身上，显然表明神同兽是一回事。

底比斯人的仪式中，将羊皮披在神像上这点尤其值得注意。如果神最初就是活羊，那么用偶像代表他则是后来出现的。可这又是如何产生的呢？我们也许能在保存杀死的兽神皮的做法中找到答案。收割谷物时，在田里杀一只代表谷精的山羊，它的皮也出于种种迷信思想被保存起来。其实，皮是作为神的表征或纪念物而保存起来的，并不是说皮本身包含神灵的部分生命，只不过是把皮填充起来，作为一个正规的神像。最初，人们每年都要用杀掉的动物皮做一个新像，以更换上一年的陈像。但这种年年换新神像的做法，很容易转变成立一个永久神像。我们在前面已经谈到，每年砍新五朔树的习俗，就逐渐被保持永久的五朔柱所代替，只是每年在五朔柱上饰以绿叶鲜花。同样，将皮填充起来代表神的做法，已被木、石或金属的永久神像所代替，每年给永久神像披上杀死的动物的皮即可。

杀死神蛇

非洲西部也有一个每年杀死神兽，保存兽皮的习俗。费尔南多·波岛上的伊萨普黑人将一种眼镜蛇奉为守护神，相信它能赐福或降祸。在每年的仪式上，他们把这种蛇的皮尾巴朝下，悬挂在广场上最高的一棵树的树枝上。仪式一结束，人们马上把当年出生的所有孩子都抱出来，拿着他们的手去摸蛇皮的尾巴。摸蛇皮的做法显然是为把孩子置于部落神的保护之下。与此类似，在塞内冈比亚，蛇族的每个孩子出生八天后，会有一条蚺蛇来看他。古代非洲蚺蛇族普西利人常把婴儿暴露在蛇的面前，认为蛇不会伤害该族真正的孩子。

杀死神龟

在加利福尼亚、埃及和费尔南多·波的风俗中，动物崇拜似乎与农业毫无关系，因此我们断定，这种崇拜应该是在社会发展的狩猎和畜牧阶段。下面描述的这个风俗也与之类似，只不过遵守这风俗的新墨西哥祖尼印第安人现在已定居于有围墙环绕的村镇上，他们仍以农耕为主。他们的风俗很有特色，与上述实例又不属于同类，因此有必要详细描述一番。以下是引自目击者的一段话：

仲夏时节，天气酷热。我和哥哥（我父母收养的孩子，印第安人）天天坐在家中下层屋子里乘凉。某天，一个五十人的队伍从山上急匆匆地下来，越过平地，直往西去。一个脸涂彩色，颈带贝壳的祭司庄严地走在前面，队伍的后面跟着手执火炬的舒禄威肆（即火神）。我问哥哥这是怎么回事。他说："他们是到卡城去的，去我们其他人家里。"

四天后，太阳快落山时，那些人穿戴着漂亮的舞蹈服饰，排成单列，从原路回来了。

□ 埃及凯尔奈克神庙

凯尔奈克神庙（又称卡纳克神庙）是埃及中王国时期及新王国时期首都底比斯的一部分，是太阳神阿蒙神的崇拜中心，古埃及最大的神庙所在地。由于中王国和新王国各朝都是从底比斯起家而统治全国的，底比斯的地方神阿蒙神被当做王权的保护神，成为埃及众神中最重要的一位。

他们每人都挎着一个篮子，里面是爬来爬去的乌龟。有的乌龟还用软毯子包着，头脚露在外面，趴在头戴羽毛的朝拜者的背上，就像孩子骑在大人背上。那天傍晚，我们正在吃晚饭，村长的姐夫来了。家里人连忙起身迎接他，仿佛他是上天派来的使者。他手里拿着一个乌龟，手脚涂的颜色还未褪掉，我便猜想他是圣使中的一个。

"你是到卡—瑟鲁—厄尔—伦去了吗？"我问道。

"嗯。"他沙哑着嗓子回答，并坐到给他放好的一块皮上，显得筋疲力尽。他把乌龟轻轻放在地上，乌龟立马乱跑起来。全家人都放下餐具，从碗里抓一大把吃的，跟在乌龟后面满屋跑，还边祈祷边向它背上撒食物。最后，乌龟居然又跑回把它带来的人身边去了。

他激动地喊道："哈，快瞧，它又跑到我这儿了。啊，众生之父，今天让我无上荣光。"他用手温柔地摸摸乌龟的背，接着又深深嗅闻自己的手心，并求神庇佑。然后，他手托下巴，瞪大眼睛盯着乌龟在地上爬。那丑陋的小家伙眨着被食物模糊了的眼睛，满地乱爬，像是在回忆自己的老家。这时，我大胆地问道：

"你为什么不放了它，或是给它点水喝？"

这人慢慢抬眼看着我，脸上露出一种交织着苦恼、愤怒与可怜的复杂神情，虔诚敬神的家人也都用敬畏的眼神瞪着我。

"可怜的小弟弟，"他终于开口道，"你不知道它有多么珍贵啊！你担心他会死？不会的。我告诉你，它绝不会死掉。"

"可如果你不喂它，不给它水喝，它就会死掉。"

"我跟你说它不会死。它只是明天换个家，回到它兄弟的家里去。唉，算了，你不懂的。"他沉思了片刻，又转过脸对乌龟说："啊，我逝去的、可怜的、亲爱的孩子或父母，我的姐妹或兄弟！谁知道是什么？也许是我的曾祖父或曾祖母！"说完他便伤心得痛哭起来，妇女和孩子也跟着哭。我对他的惊惧充满了同情，于是拿起乌龟，吻了吻它冰冷的壳，接着放在地上，连忙离开了这群悲痛的人。第二天，在一番祈祷、献祭后，可怜的乌龟就被杀死了。它的肉和骨头被剔开，扔进了河里，壳被剔净晾干，做成响鼓包在了一块鹿皮里，至今还挂在我哥哥家的梁柱上。一个纳瓦霍人曾想用一个勺子换它，却被痛骂一顿，赶了出去。如果有谁敢说乌龟已经死了，就会马上引起一片哭声，别人就会提醒他，乌龟只是"搬家了，永远住在我们失去的亲人的家里。"

这个风俗明显表现了一种信念，即人死之后灵魂转生为乌龟。与祖尼人同属一族的莫基印第安人就相信转生理论，莫基人包括很多图腾氏族，如熊族、鹿族、狼族、兔族等。他们认为自己氏族的祖先是熊、鹿、狼、兔等等，每个氏族成员死后，都会依所属氏族而转生为熊、鹿、狼、兔等。祖尼人也分为不同的图腾氏族，他们的图腾与莫基人的几乎完全相同，而其中就有乌龟。因此，死后转

□ 北美印第安祖尼人

北美印第安祖尼人（即安普韦布洛人），居住在新墨西哥州中西部与亚利桑那州交界处，操一种与佩纽蒂语有关的语言。祖尼人是和平民族，虔诚信教，礼仪繁缛。在卡奇纳崇拜仪式上，男人常戴面具，穿古装，扮演神明或精灵。

生为乌龟的观念反映的也许就是他们的图腾信念。

那么，把一只有人类灵魂栖居的乌龟杀死又是什么意思呢？在祖尼人的仪式中，死者是在乌龟的形体下被接回家的，杀乌龟就是为把灵魂送回它居住的世界。因此，我们对其他杀神风俗的一般解释并不适用于祖尼风俗，该风俗的真正意义已很难考证。我们只在晚近时期的一些记载中发现，这个仪式是印第安人在夏至时举行的一系列仪式中的一部分，而那些仪式的目的是为庄稼祈求雨水。使者被派往圣湖柯斯鲁拉瓦迎回"他们逝去的亲人——乌龟"，人们笃信那些死者都转生为乌龟了。将乌龟迎回祖尼后，接着放入水盆中，扮作男神女神的人便围着乌龟跳舞。仪式结束后，捉来乌龟的人就把它们带回家去，吊着脖子悬挂在房梁上，第二天清早再把它们扔进开水锅里。乌龟蛋被视为上等佳肴，而它的肉除做药用，一般都不吃。一部分乌龟肉和柯哈克瓦（一种白色贝珠）以及绿松石的珠子被扔到河里，作为献给神的祭品。这些记载至少证实了一个推论，即乌龟是死者的化身，因为它被称作祖尼人"逝去的亲人"。除了是死者灵魂的栖居所外，乌龟还有什么其他意义吗？既然在这些仲夏仪式上跳舞的目的是为庄稼祈雨，那么围着水盆中的乌龟跳舞，很可能就是祈求祖先的神灵让上天降下雨水。

杀死神熊

阿伊诺或阿伊努人用熊献祭，其用意刚开始也很难明白。他们是一个原始民族，生活在日本的虾夷岛、库页岛和千岛群岛的南部。阿伊努人对熊的态度也不好确定。他们把熊称为卡穆伊，即神，但同时他们也这样称呼陌生人，因此卡穆伊这个词的意思可能是一种具有超凡力量的神物。而且，据说熊是他们的主神。然而，他们却又一有机会就杀熊，过去阿伊努人曾把猎熊看作最有男子气概、最有益的行为。在春季以及秋冬时节,男人们都猎捕鹿和熊。他们以干鹿肉、干熊肉为食,还用熊皮做衣服穿。事实上,他们对熊的崇拜似乎主要是指对死熊的崇拜。虽然他们经常杀熊,但在肢解熊的尸体时,总要努力求神宽恕,因为他们杀了神的代表。杀死熊后,阿伊努人就坐下来向它礼拜请罪,敬献礼物。被杀的熊的头盖骨不是供奉在小屋里的显要位置,就是挂在屋外的圣柱上,人们向它献祭小米啤酒和一种名叫萨基的米酒,称它们是"神灵保持者"或"尊贵的神灵"。但也有一种明确的说法,即"活狐狸和熊一样得不到什么尊重,人们认为它是一种狡猾的动物,都尽可能避开它"。所以,很难判断阿伊努人对熊的态度,我们既不能说熊是他们的神兽,也不能说是其图腾。因为他们不说自己是熊,而且还随意杀熊吃。

但我们这里想谈的是阿伊努的熊节。当冬季快要过去时,人们捉一头小熊,带回村子。如果熊特别小,就交给一位妇女用人奶喂养,若找不到喂奶的妇女,就用咀嚼过的食物来喂养它。但当小熊长大了,会缠人抓人,可能伤到人时,就把它关在一个结实的木笼子里,用鱼或小米粥喂养,一直养到要杀死吃掉。不过,养小熊不只是为了吃它的肉,人们几乎把它当作神物来崇拜。虾夷岛的熊节通常在九月或十月举行,摆熊肉宴的人遍邀亲朋和村民前来参加宴会,有时外村人也会受到邀请。宴会开始前,阿伊努人先向神谢罪,说他们对熊很好,已经供养它很久,现在不能再喂养它了,只能杀死它。然后用绳子把熊捆好,牵出笼子,用钝箭射它,以激起它的怒火。等它怒吼挣扎得精疲力竭时,再把它捆到木桩上,用两根棍子夹住它的脖子,然后众人上来一起用力把它夹死。同时,箭手还要朝它的心脏射一箭,但不能让血流出来,因为他们认

□《葡萄收获》 保罗·高更 1888年

在《圣经》中,葡萄被多次提起且有多种含义。《圣经·约翰福音》记载:"我是真葡萄树,我父是栽培的人。"耶稣将自己看作"真葡萄树",而受难的世人则是"葡萄树"的"枝子";《旧约·申命记》记载:"那地有小麦、大麦、葡萄树、无花果树、石榴树、橄榄树和蜜。"这里的"葡萄树"象征着神赐福;《旧约·以赛亚书》:"万军之耶和华的葡萄园,就是以色列家;他所喜爱的树,就是犹太人。"这里的"葡萄树"象征犹太人。

为血滴在地上不吉利。不过，人们有时也喝刚流出来的熊血，希望熊的勇敢和其他性质会传到他们身上。有时他们还把熊血涂在自己身上或衣服上，以确保打猎成功。把熊夹死后，人们还剥掉它的皮，将脑袋砍下来放在屋里东边的窗台上，并在它嘴边放一块从它身上割下的生肉，和一碗煮熟的它的肉，以及一些玉米饼和干鱼，然后就向它祷告。当人们觉得熊已经吃完自己的肉时，宴会主持人就将碗里的肉分给在场的每个人都尝一点。熊身上的其他肉也煮熟分给所有在场的人，每个人至少都要吃一块，如果不吃就会被开除教籍。宴会结束后，熊头被挂在屋外神杖旁的一根长杆上，天长日久，熊头最后就成了骷髅。阿伊努人会一直敬拜这个骷髅，因为他们笃信所崇拜的动物的精灵就住在骷髅里。

比·舒贝博士曾描述过虾夷岛库内村的一次杀神仪式，非常有趣：

屋里有三十多个阿伊努人，他们都穿着最好的衣服。主人先祭奠家中的火神和家神，客人们也随着他祭奠。同时，喂熊的主妇独自忧伤地坐着，并不时落泪，而且随着仪式的进行，她愈发悲伤。然后，主人和一些客人走到熊的笼子前祭酒，祭完后妇女和小女孩们便围着笼子拍手唱歌、跳舞。熊被这喧闹声激怒，在笼子里挥舞爪子吼叫起来。主人还要在神杖前祭酒，神杖就立在屋外，约两英尺高，顶端被削成螺旋形，上面还绑着竹叶，意指熊死后还会复活。然后人们在熊的脖子上拴根绳子，牵出笼外，把它带到小屋附近的地方，男人们接着向熊投射木箭。熊被射伤后又被牵到神杖前，有人在它嘴里放一根棍子，九个男人跪在它身上，把它的脖子压在一根柱子上。几分钟后熊就死了。先前跳舞的妇女和女孩们已在杀熊的男人们后面站好，哀号着打他们。然后人们把熊的尸体放在神杖前的席子上，取下神杖上的箭和箭袋挂在死熊的脖子上。接着就向它献祭小米粥、小米面饼和米酒，祭奠完后男人们就大口喝起酒来，妇女和女孩们则一扫愁云，又欢快地跳起舞。就在大家酣饮热舞时，先前将熊牵出笼子的两个人爬上屋顶，将小米饼扔向人群，于是在场的人便纷纷去抢那些面饼。之后，人们剥去熊皮，割下熊头，切开熊的内脏，男人们争相用杯子接着温热的熊血喝。熊肝被切成小块拌上盐，拿给大家品尝。肉和其他的内脏则先保存起来，三天后再分给所有参加宴会的人。熊头部的脑髓还被挖出来，拌盐生吃。剥去皮的头骨被挂在神杖旁的一根柱子上，放在熊嘴里的那根棍子，

□ 阿伊努人的熊祭

阿伊努人是日本北海道原住民，其熊祭礼仪很发达完整。其熊节爪以杀死的熊肉为圣餐宴会，熊头与熊骨则被奉为圣物保存。

以及挂在死熊脖子上的箭和箭袋也都挂在柱子上。大约一个小时后，人们拿走箭袋，将其他东西留在上面，所有人都在柱子前欢快地舞蹈。最后，节日活动在一次酒会中结束。

西伯利亚东部通古斯族的吉利亚克人每年也举行与此相同的熊节，一般在一月份。他们把母熊杀死，将小熊带回村中喂养，当小熊长到足够大时，就把它牵出笼子绕村游行。但之前要先将它引到河边，据信这样会确保家家打鱼时满载而归。牵着它在村里游行时，各家都准备好了鱼、白兰地等食物献给它，有的人甚至匍匐在它面前，因为人们认为它进入家门就是带来祝福，嗅闻献给它的食物也是祝福。但人们同时还不断逗弄它，让它发怒。牵着它去过每户人家后，就把它绑在一个树桩上，用箭射死。然后就割掉它的头，装饰上刨花，放在桌子上。他们先在桌前祈求死熊的宽恕，然后将它的肉烤熟，盛在精致的木碗里吃。饰有刨花的头盖骨被放在屋角的一棵树上后，人们围着它列队唱歌跳舞，并模仿熊的姿态。

这些部落对待熊的方式表现出鲜明的崇拜色彩，最直接的就是对活熊或死熊祷告，向它敬献食物。吉利亚克人把活熊牵到河边，以确保多捕获鱼虾，牵着它挨家走送去祝福。这些做法就像欧洲的五朔节时，一棵五朔树或树精的代表被送到各家，为人们带去新的生机和活力。再如，宴会上的人们虔敬地吃熊肉，喝熊血，特别是阿伊努人将放在死兽面前的杯子里的肉分给大家吃，这很像是吃圣餐。吉利亚克人用圣物点火煮肉，将专门盛熊肉的器皿保存起来的做法也证明了这一点。有人曾明确提出，库页岛的阿伊努人把熊看作派去神那里的使者，吉利亚克人更是将熊视为带着礼物到山神那去的使者，人们的幸福是山神赐给的。他们同时还把熊看成一个小神，认为只要在村子里喂养着它，它就能庇佑大家。而且吉利亚克人和阿伊努人都认为吃了熊肉、喝了熊血，熊的一部分力量就会传给他们。所以他们自然会怀着深深的敬畏来对待这个恩人。

从阿伊努人对待其他动物的类似态度中，我们也能推知熊对他们的意义。比如，他们将猫头鹰看作一个善神，因为它用叫声提醒人们躲避或防御恶魔，他们爱它、信任它，将它尊为人与造物主之间的中介神灵。只要能抓住一只这样的神鸟，他们就把它养在笼子里，并亲切地叫它"可爱的神""亲爱的小神灵"。但一到某个特定时期，他们就把这可爱的小神灵杀死，让它给造物主送去信息。阿伊努人还崇拜隼，他们把隼养在笼子里，向它敬献祭品。杀它前先向它祷告："神隼啊，你是出色的猎手，请把你的聪慧赐给我吧！"如果隼被喂养得很好，杀它时又这样祷告，他们相信它一定会帮助大家狩猎。

　　阿伊努人把这些动物看作神灵来宰杀，以期获得种种好处。他们希望这些动物把自己的口信带给逝去的亲人或上界的神，希望通过吃它们的血肉，或其他办法得到它们的特性。而且他们还希望这些动物都能重生，以再次宰杀它们，再次获得以前的各种好处。这一点在他们击碎熊和鹰的脑袋前所作的祷告中表现得尤为明显。世界上许多其他野蛮民族的狩猎者也有这类信念，并由此产生了很多怪诞的习俗。此外，我们还应注意，阿伊努人、吉利亚克人和其他部落宰杀笼中驯养的熊后所举行的庆典活动，同他们在森林中杀死野熊后举行的仪式是类似的，只不过前者更为盛大、隆重。

第四章　猎人抚慰野兽

野蛮人有一条关于生命的理论，即：灵魂寄居于生命体内，永远不会死亡。他们不仅拿这一理论来解释人类的生命，而且还将其用于解释普通生物。文明人大都认为自身可以不朽，动物则没有这种权利。野蛮人可不会这样自以为是，他们通常认为动物也富有和人一样的感情和智慧，也拥有灵魂，躯体虽死亡，灵魂仍然活着，或是成为游魂，或是重新投胎为动物。

在野蛮人看来，所有其他生物和人都是平等的，他们对杀死和吃一个动物的行为的看法，同我们的有很大不同。我们通常认为动物的智力比我们低下，也不承认它们有不朽的灵魂。而野蛮人在杀死一头野兽后，则认为自己会受到其灵魂或同类野兽的报复。他们认为动物跟人一样，也是由亲缘关系和报仇雪恨的责任联系在一起的，因此伤害了它们中的任何一个，都会招来报复。所以，他们轻易不伤害那些并不急于要杀死的动物，尤其是那些凶猛危险、很可能招致同类报复的动物。鳄鱼、老虎、蛇等就是这样的动物。比如婆罗洲的达雅克人就不杀鳄鱼，除非受到鳄鱼的伤害。苏门答腊人只有出于自卫，或给受到老虎伤害的亲朋报仇时才会捕捉或伤害老虎。卡罗利纳的印第安人遇到蛇，从不惊动它，而是绕过它去。

□《白马》　保罗·高更　1898年

圣经《启示录》描述了世界终结之时，将有羔羊解开书卷的七个封印，唤来分别骑着白、红、黑、绿四匹马的骑士。他们被称为"天启四骑士"，将战争、饥荒、瘟疫和死亡带给接受最终审判的人类。"我就观看，见有一匹白马；骑在马上的，拿著弓，并有冠冕赐给他。他便出来，胜了又要胜。"届时天地万象失调，日月为之变色，随后便是世界的毁灭。

但野蛮人显然不可能任何动物都不杀，不然他们就得挨饿。面临饥饿的威胁，他们必须放下各种迷信思想，杀死野兽。同时他们又尽量给予那些牺牲者及其同族以抚慰，甚至在杀死动物时也对它们极为尊重，极力解释或隐瞒杀死它们的行为，并承诺妥善安置它们的遗骸。希望以此打消牺牲者对死亡的恐惧，让它们接受这种命运，并诱使其同类也踏上死亡之路。堪察加人在杀死任何一个动物前，都要先向它请求宽恕，求它不要因此发怒。他们还会向它敬献杉果等物，让它觉得自己并不是一个牺牲品，而是宴会上的一位客人。他们认为这样一来，它的同类们就不会惧怕逃跑。比如，他们杀掉一只熊，举行宴会分享了它的肉后，主人就把熊头用草包起来，和其他东西一起送给客人。然后，他就把杀死熊的罪责推到俄罗斯人身上，叫熊找他们报仇。他还让熊告诉它的同类，他待它是多么好，它们都可以来，不必担心。堪察加人对海豹、海狮和其他动物也持恭敬的态度。

狩猎其他危险动物的猎人对所猎获的野兽也非常尊敬。卡福部族的狩猎者用长矛刺杀一头象时，会大喊："强大的头领，不要踩我们、杀我们。"大象死后，他们用各种理由来为自己的行为辩护，称它的死完全是偶然的。出于尊敬，他们用庄严的仪式埋掉大象的鼻子，他们认为象是一个大神，它的鼻子就是它的手。在西非某些地区，哪个黑人杀了豹子就会被捆绑起来送到首领面前，因为他杀了同酋长一样尊贵的动物。这人就为自己辩解，说豹子是森林的主人，因此是陌生人。于是他就被释放，并给与报偿。然后人们给死豹子戴上酋长帽子，立在村中，晚上举行舞会纪念它。巴干达人惧怕野牛的鬼魂，因此他们杀死野牛后总要安抚这可怕的魂魄。他们从不把死野牛头带进村子或香蕉园，只在野外吃野牛头的肉，吃完后

□《被黑暗灵魂所困扰的寓言》
　弗朗西斯科·德·戈雅　1812至1820年

万物有灵，是人类先民的普遍信仰。先民认为，不仅人有灵魂，日月山河、树木花鸟等无不具有灵魂。灵魂有独立性，人死后会离人而去，寄存于海洋、山谷、动物、植物或他人身上。而且，人的灵魂与宇宙万物的灵魂是相通的，可以相互转化。现今一些原始部落认为一切动物皆有灵魂，动物死后，其灵魂就四处游荡，因此他们杀死一个野兽后通过献祭来请求宽恕，生怕动物的灵魂会来伤害他们。

就把头盖骨放在一个专门的小屋里，并在里面以啤酒献祭，求鬼魂待在那里，不要伤害他们。

不过，野蛮人之所以尊敬危险的动物，并不仅是为了同它们处好关系。他们对野兽的尊敬程度有时是跟野兽的力气大小和凶猛程度成正比的。柬埔寨的未开化民族斯汀人相信，一切动物都有灵魂，动物死后，其灵魂就四处游荡，因此他们杀死一个野兽后就请求它宽恕，生怕它的灵魂会来伤害他们。他们还敬献给它祭品，祭品的多少以野兽的身材力气而定。

有些野蛮人对猎物的骨头也特别尊重，尤其是他们所吃的动物的骨头。他们认为，如果将骨头保存好，骨头以后会长上肉，动物又会复活。明纳塔里的许多印第安人就相信，那些被剔去肉的野牛骨头会长出新肉，野牛会复活，待来年六月就能宰杀。因此，美国西部草原上常年摆着一圈圈或一堆堆的野牛头盖骨，等待它们复活。达柯塔人在宴会上分享完狗肉后，总要细心地把骨头、碎块等收集起来埋掉。据说，这既是为了向狗的同类表明，吃了一只狗并非是对狗的种族本身不敬，同时也是出于一种信念，即动物骨头会复活，生成新狗。

但是，死兽复活对人也有不利之处，因此有些猎人为防止死兽复活就割断动物的腿筋，不让它或它的灵魂爬起来逃走。阿拉斯加的爱斯基摩人杀死狐狸后，细心地将狐狸的所有腿筋都割断，以防鬼魂使狐狸复活四处走动。但谨慎的野蛮人为防止所捕猎物的鬼魂逃跑，不只是割断其腿筋。古时的阿伊努人外出打猎，杀死第一只狐狸时总要把它的嘴巴绑紧，以防其魂魄从嘴里逃走，前去警告它的同伴远离猎人。阿穆尔河的吉利亚人杀死海豹后总会挖去其双眼，生怕它的鬼魂认出杀它的人后进行报复。

除了那些凶猛强大和对自己有好处的动物，还有一类生物受到原始人的尊敬，那就是侵害庄稼和牲畜的昆虫和鸟兽。农人不只是一味吓唬或杀死这些危险的敌人，有时也会用温和的方式劝它们不要损害农作物和牲畜。奥塞尔岛上的象鼻虫对谷物破坏力极强，那里的爱沙尼亚农民对这种虫子非常害怕。他们为它起了一个美丽的名字，而且如果有小孩要弄死一条象鼻虫，他们就说："别弄死了，我们越害它，它就越害我们。"他们如果看到一条象鼻虫，不会把它弄死，而是埋在土里。在特兰西瓦尼亚，撒克逊人为防止麻雀侵害庄稼，播种时会将第一把种子从头顶往后撒去，并说道："麻雀，这是给你的！"为了保护庄稼免遭叶蝇侵害，他们闭上眼睛，将三把燕麦撒向四周。主动献给叶蝇谷物后，他们觉得叶蝇就不会再损害庄稼了。

有时为达到目的，原始人还区别对待有危害性的动物。在东印度的巴厘岛上，农人大肆捕捉侵害农田的老鼠，并把它们焚烧掉。但他们同时会留下两只活老鼠，还献给它们一个白麻布小包。然后人们在它们面前虔诚地鞠躬，并把它们放走。沙捞越的达雅克人的农场遭受鸟雀昆虫侵害时，他们就把这些为害的生物各抓一只，放在树皮做的装满粮食的小船里，然后让这只船载着它们一起顺流漂走。如果这也无法将害虫害鸟赶走，达雅克人就用泥巴做一条活鳄鱼大小的鳄鱼，立在田里，奉上食物、米酒和布，并宰杀家禽和猪献祭。他们认为，这个凶猛的动物得到了慰劳品，就会吞食掉所有侵害庄稼的虫鸟。在阿尔巴尼亚，当葡萄园和农田遭到蝗虫和甲虫的侵害时，有些妇女就一起披散着头发，各抓一些害虫列队走到泉水边或小河边，把它们扔进水里淹死。

第五章　以动物为圣餐

埃及人和阿伊努人的圣餐

现在想来，阿伊努人和吉利亚克人对待熊的行为并不是那样难以理解。很多实例表明，我们在人和低等动物之间所划的分界线，对原始的野蛮人来说根本不存在。在他们眼中，很多动物跟他们同等，甚至在力气和智力方面还优于他们。因此当不得不杀死它们时，他们出于安全考虑，尽量不引起活着的野兽及其死后的鬼魂，或它的同类们的憎恶，以免引来它们的报复。为求得死于自己手中的野兽的宽恕，原始人通常使用的方式就是向其同类中的个别野兽表示敬意，他们认为这样一来就不会因杀死野兽而受到惩罚。这也许就能说明阿伊努人对待熊的那种似乎前后矛盾的态度。熊的皮和肉给阿伊努人提供了衣食之需，因此他们必须向其同类做出补偿，以防它们因失去许多同类的生命而寻衅报复。补偿的方式就是细心、恭敬地驯养小熊，到了宰杀之日，对其更为虔敬并深深哀悼。这样一来，其同类的怨怒之情便会缓和，不致前来复仇或离开他们这片地区，从而断了阿伊努人的衣食之源。

由此可见，原始人对动物有两种近乎矛盾的尊崇，一种是崇敬动物，既不伤害，也不以为食；另一种是由于惯常杀而食之，因此对其崇敬。这两种崇敬都是由于原始人希望从动物身上得到积极或消极的好处。前者的好处在于，所崇敬的动物能积极地保护、劝告或帮助人们，或消极地不伤害人；后者的好处则是可以获取皮肉。而一个氏族往往同时遵行这两种有些矛盾的崇敬方式。例如，北美印第安人崇敬他们的图腾动物，因而不食用；对于日常食用的动物、鱼类等，又因赖以为生而崇敬有加。

与上述两种动物崇敬相对应，杀死动物神祇也有两种类型：一种是，不杀食所崇敬的动物，除非某些特殊场合。我们前面已经举例说明过这种习俗。另一种是，经常杀死所崇敬的动物，每杀死一头这样的动物就意味着杀死神祇一次，必须当场献祭，对那些凶猛的野兽更要致祭赔罪。除了这种一般赎偿外，每年还要专门做一次大的赎偿，即杀死一头同类动物，对其表示极大的崇敬。为便于区别，我们将这两种圣餐性的宰杀分别称为埃及人的类型和阿伊努人的类型。在区分哪些事例属于哪一类型前，我们需要先弄清楚受到圣餐性宰杀的动物是属于免杀的一类，还是惯常为该氏族所杀的一类。若属前者，就是埃及人的圣餐类型；若属后者，则是阿伊努人的类型。

这两种类型在畜牧部落表现得尤为明显。据阿道夫·巴斯蒂安描述："畜牧部落常将所养牲畜卖给外乡人，而外乡人处理牲畜骨头又很不恭敬，因此他们就想出了一种防止这类亵渎招致灾难的办法，即选一头这类牲畜，作为崇敬对象杀掉，全家人闭门以圣餐形式吃它的肉，然后将其骸骨按一切应有之礼郑重处置。很多民族都有这种家宴圣餐，其中尤以高加索人为胜。高加索的阿布切斯族的牧人春天聚在一起共进圣餐时，都束紧腰部，手执牧杖。这可能是一种圣餐仪式，也代表帮助彼此的盟誓。一切盟誓中最有力的就是共同食用一种神圣的物质，因为这样一来，参与盟誓者若背弃盟约，就定会受到吃进腹中、长在身上的神的惩罚。"这类圣餐就属于阿伊努人赎罪式的圣餐类型，因为其目的是为求得被人们杀食的动物的宽恕。卡尔梅克人以羊肉为主食，他们向羊所做的偿赎同阿伊努克人的原则上相同，但具体做法稍异。他们通常崇奉一头白羊，将其尊为"天羊"或"神羊"，从不剪它身上的毛，也不会卖掉它。当它老了，需要另选一只羊作为神羊时，羊主人才把它杀掉，邀请邻居等一同享用它的肉。在秋天羊膘肥厚的季节，人们选一个吉日，由巫师宰杀神羊。吃掉羊肉后，他们将羊骸骨和部分肥膘在土砌的祭坛上焚化，把羊皮和头足都挂起来。

托达人的做法是埃及人圣餐类型的典型代表。托达人是印度南部的畜牧民族，主要以牛奶为食。他们将水牛尊为

□ 《快乐每一天》 保罗·高更 1896年

《巴利经藏》的第四部中，佛陀曾列举过人生的数种快乐，如天伦之乐、五欲之乐、身体之乐、心灵之乐、厌离之乐、染着之乐、无着之乐等。佛陀并不否认世间的欢乐，肯定追求快乐是人类心识的本性。佛经上还常常赞叹佛教内外修习禅定的人，可以得到比世间的五欲之乐深细绵永得多的"禅乐""三昧（定）乐"，尤其是第三禅由深心源源不断涌现的乐，被称为三界中诸乐的顶巅。

神祇，对其极为崇敬。他们从来不吃母水牛的肉，而且还按规定戒食公水牛肉，但也有一种例外情况，即全村成年男子都可以参加每年一次宰食刚出生一月的小雄牛犊的活动。他们把小牛犊牵到树林深处，用托达人的神树做的木棍将它打死，摩擦木柴生起圣火，将牛肉烤熟，由所有男人吃掉。非洲中部的马迪或莫鲁部族人，以牲畜为主要财富，也从事一定的农业活动。在某些隆重场合，他们也宰杀羔羊作为圣餐吃掉。

带着神兽游行

人们带着神圣的动物挨家挨户走访，将神的福佑带给每一个人。吉利亚克人杀死一头熊前带着熊满村游行的习俗，正充分体现了与神灵交流的这一形式。旁遮普的蛇族部落与蛇神交流的形式与此极为相似。每年九月，这里各阶层、各种宗教信仰的人士都敬拜蛇神，一直持续九天。一到八月底，米拉逊人，尤其是蛇族部落的人就用生面做一个蛇形的东西，涂上黑色和红色两种颜色，放在一个簸箕里。他们拿着簸箕满村走，每到一户人家就说："神和你们在一起！愿灾害远离你们。愿我们守护神的话灵验！"然后，他们递上装蛇的簸箕说道："给一个小面饼和一点黄油。你如果服从蛇，你们全家都会兴旺！"但这两样东西很少有人能给出，通常是给一把面或一些谷物。走访过所有人家后，他们把面蛇埋掉，并堆一个小坟。在九月份的这九天里，妇女们都到坟前礼拜。她们带一盆豆腐来到坟前，将一点豆腐放在坟堆上，跪下来磕头。礼拜完后，她们将其他豆腐带回家分给孩子吃。这种面蛇所代表的显然就是真蛇。在蛇多的地方，人们就不会去面蛇坟头，而是到蛇出没的深林中礼拜。蛇族的人不杀蛇，他们说即使自己被蛇咬了也不会有事。如果看到一条死蛇，他们就用衣服盖住蛇身，为它举行正规的葬礼。

欧洲也有类似印度礼拜蛇的仪式，而且一直流传到晚近时期。关于它的起源，显然可以追溯到相当原始的异教时代。最有代表性的仪式就是"鹪鹩猎礼"。很多欧洲民族，如古代的希腊人、罗马人，现代的意大利人、西班牙人、法国人、德国人、荷兰人、丹麦人、瑞典人、英国人、威尔斯人等，都把鹪鹩称作王、小王、鸟王、篱笆王等等，他们认为杀死这种鸟很不吉利。英格兰人相信，谁要是杀死一只鹪鹩，或是破坏了它的巢，他在一年之内定会折断骨头，或遭受某种灾祸，甚至连家中的母牛也会流出血奶。在布列塔尼的圣多南地区，人们认为孩子如果摸了巢里的小鹪鹩，脸上、腿上等处就会长小疙瘩。

尽管有这些看法，英国和德国仍流传着每年杀鹪鹩的习俗。在马恩岛，直到18世纪，人们在圣诞节的早晨还遵循这个惯例。12月24日傍晚，仆人们便都放假，他们彻夜不眠，四处游荡，直到午夜时分各个教堂的钟声响起。祈祷完毕，他们就去捉鹪鹩，捉到一只就将其杀死拴在长杆顶上，并让它的翅膀张开。然后他们带着它到各家拜访，并高声唱着：

我们为博滨的罗宾捉鹪鹩，
我们为康恩的捷克捉鹪鹩，
我们捉鹪鹩是为了博滨的罗宾，
我们捉鹪鹩是为了每一个人。

当他们挨家拜访完，收到一些钱后就把鹪鹩放在尸体架上，列队抬到教区的墓地里，挖一个墓穴庄严地埋葬起来。接着他们就用曼克语为它唱挽歌，他们将这挽歌称为鸟的丧钟。唱过挽歌，安葬好后，墓地外的人就围成一圈，伴着音乐跳舞。

19世纪上半叶，法国南部许多地区仍盛行类似的习俗。在卡尔卡松，每年12月的第一个星期日，圣让街上的年轻人就带着棍棒出城捉鹪鹩。谁先捉到一只鹪鹩谁就成为大王。然后他们就列队回城，大王把鹪鹩挂在杆子上，走在最前面。在当月最后一天晚上，大王和所有捉鹪鹩的人举着火炬在城里穿行，走在前面的人打着鼓，吹着笛子。每到一家门口，他们就停下来，其中一人在门上写下"国王万岁！"，并附上即将来临的年份。到第十二天的早晨，这位大王戴着王冠，穿着蓝袍，手执王杖，又率领队伍浩浩荡荡地出巡。一个人背着鹪鹩走在他前面，鹪鹩拴在一根饰有橄榄树枝和橡树枝编成的花环上。大王先

□《骑马的男女》 保罗·高更 1901年

欧洲贵族女性长久以来（一直到20世纪初）采取的骑马方式均是"侧骑"。当时如果女人像男人一样两腿分开跨在马上，就被认为是粗俗的行为，在中世纪甚至会被以"淫秽放荡"的理由治罪，比如男扮女装的圣女贞德，被宗教法庭指责的罪状之一就有"跨骑"。历史上留下跨骑姿态画像的贵族女性寥寥无几，而且无一例外都是以男装姿态出现，比如叶卡捷琳娜大帝。

到圣文森特教区教堂听弥撒，他的官员和卫士陪侍在四周。听完崇高的弥撒后，他去拜访主教、市长、有地位的市民，收钱以支付晚上举行的宴会的费用。

这种"鹪鹩猎礼"与我们提到过的某些风俗，特别是与吉尔亚克人带着熊，以及印度人带着蛇的游行极为相似，以致我们不得不断定，它们都是同一思想范围内的行为表现。每年一次，通过特定仪式将崇敬的动物杀死，在其死前或刚死不久就拿着它挨家拜访，将它的灵性带给每个人。根据它们在民间风俗中的无数遗迹来判断，史前时期，这种宗教性的巡游在欧洲民族的仪式中肯定占有相当重要的地位。例如在苏格兰高地，每年的最后一天，一个男子披上牛皮挨家挨户拜访，一些青年各带一根拴有生牛皮的棍子跟着他。披牛皮的人常要按太阳运行的方向，围着每家的房子跑三圈，其他人追赶他，并用棍子敲牛皮，声音敲得跟打鼓一样响。期间他们还敲打房屋的墙。他们中的一个被接进屋里，他站在门槛里边向这家人祝福道："愿神保佑这房子和里面的一切！愿这所房子里永远肉多、床多、衣服多，人人安康！"然后，每人都将棍子上拴的牛皮在火里烧一下，让家中每个人和每个牲畜闻一闻。他们认为这会使人们全年免于疾病和其他灾害，尤其免遭巫法谋害。

第六章 转嫁灾祸

将灾祸转嫁给无生命物体

对于一些处于狩猎、畜牧和农业社会发展阶段的民族的杀神风俗，我们已经做了探索，也试着说明了这一怪异风俗产生的动机。但关于这种风俗，我们还有一个方面需要注意。有时人们会将整个民族的不幸和罪过全都堆在将死的神身上，因为他们相信，神会将所有不幸和罪过永远带走，使每个人都清清白白，幸福快乐。把自己的罪过和痛苦转嫁给他人，让他人代己受过，是野蛮人普遍持有的观念。之所以产生这种观念，是因为他们将生理和心理的、物质和非物质的现象混淆了。人们可以把一捆木柴、一块石头，或其他东西从自己背上转移到别人背上，因此野蛮人便觉得也能将自己的痛苦转移给别人，让别人替自己受苦。在这种观念的诱导下，他们于是就想方设法地把自己不愿承担的麻烦推给别人。

狡黠的野蛮人转嫁自身麻烦的办法可谓不一而足，这里我们只能举几个典型的例子来看。但我们还应知道，某人要摆脱灾祸并非定要转嫁给一个人，也完全可以转嫁给一种动物或一样东西，不过这样东西通常只是一个工具，灾祸由它传给最先接触他的人。东印度某些岛上的人有一种治疗癫痫病的方法，即用某种树的叶子打病人的脸，然后把树叶扔掉。据信这样就把病转给了树叶，而且随叶子一起被扔掉。有些澳大利亚黑人为了治牙痛，将一个烤热的投矛器放在脸上，然后扔掉投矛器，牙痛也随之而去，变成一块黑石头。在很多旧土堆、旧沙丘里都有这种石头。人们大量收集这种石头，扔到敌人的阵地上，让他们都患上牙病。乌干达的巴希马人如果得了致命的脓疮，就向巫师要一点灵草，用草擦拭脓肿处，然后把草埋在人们常常经过的地方。谁先踏上埋下去的草，谁就会得这种病，而埋草的病人就会康复。

有时遇到病痛，人们会先将病转给偶像。比如巴干达人病了，就会让巫医用泥做一个病人的偶像，然后由病人亲属拿偶像摩擦，或是将偶像埋在路中间，或藏在路旁的草丛里。第一个踩上偶像或第一个从偶像旁经过的人就会染上这病。不过，这种用偶像加害他人的做法是一项大罪，任何人在大路上埋偶像，只要被抓住，就定会被处以死刑。

在帝汶岛的西部地区，当人们因长途跋涉而筋疲力尽时，他们就用一根带叶的树枝打自己，然后把树枝扔到他们先辈扔的地方。他们的疲倦就算是传给了树叶，被扔掉了。有些地方的人则用石头代替树叶，在巴伯尔群岛上，疲乏的人用石头敲打自己，最后把石头扔在某个特定的地方，他们认为这样就把身上的疲倦转给了石头。世界很多偏远地区都有类似的做法，因此出现许多石堆或枝叶堆，本地土人路过这种地方都要扔上一块石头或一根树枝。这些做法并不是宗教仪式，因为扔掉的东西不是献给神灵的祭品，抛扔时说的话也不是祷告。这只不过是解除疲乏的一种巫术仪式，未开化的野蛮人认为将疲乏转给树枝或石头，自己也就不疲倦了。

将灾祸转嫁给动物

动物也常被当作带走或转移灾祸的工具。摩尔人头疼时，常把一只小羊或山羊打倒在地，他们认为这样就把头痛转给羊。南非的卡福人有谁患病，多种方法治疗无效后，也采取类似方式，即将一只山羊牵到病人面前，向山羊忏悔村里的所有罪过。有时还把病人的几滴血滴到羊头上，把羊赶到草原上无人居住的地方。人们认为这样就把病转到羊身上，丢在荒野里了。在阿拉伯，每当遭受瘟疫侵袭时，人们牵一只骆驼走遍全城，让骆驼将瘟疫驮在身上。然后，他们将骆驼牵到一个圣地勒死，认为杀死骆驼也就驱走了瘟疫。

马尔加人将带走灾祸的工具称为法迪特拉，这是神灵选定的用以消除一切有害于人们的灾祸或疾病的东西。法迪特拉可

□《深渊上》　保罗·高更　1888年

根据但丁的《神曲》，深渊是连接第六层和第七层地狱的结构。深渊属于地狱的一部分，并和很多其他的结构一样，即共为通道又各自有单独的特色。第六层关押异端邪说者和以伊壁鸠鲁为代表的反上帝者，第七层是伤人、伤己、伤神者的地狱，两者中间即是一道深不见底的鸿沟即深渊，一旦跨越即不可回头。

以是灰烬、剪刻的钱币、绵羊、南瓜，或神灵会选定的其他任何东西。给受害者选好物体后，祭司就将那人的所有不幸都推到物体身上，然后让这个法迪特拉带走所有灾祸，且永远不能再回来。如果这个法迪特拉是灰烬，就让风把它吹走；如果是剪刻的钱币，就把它扔进深水里，或藏在一个隐秘之处；如果是绵羊，就让人背到远处丢掉；如果是南瓜，就放在肩上扛到不远的地方，在地上摔烂，并表现出愤怒和憎恨的样子。

苏门答腊的巴塔克人有一种称作"驱邪祭"的仪式。妇女如果久不生子，就向三个蚱蜢神敬献祭品，这三个神分别代表羊、牛和马。然后，她放走一只燕子，祈祷邪气落在燕子身上，随它飞走。不与人同居的动物如果进到了家里，马来人就认为是个恶兆。如果是一只野鸟飞进屋内，他们就小心地捉住它，把它身上涂满膏油，然后放出去，同时还念几句咒语，让野鸟把全家人的噩运灾祸都带走。喀尔巴阡山区的胡祖尔人有一种转走自身雀斑的方法，就是当他们在春天看到第一只燕子时，便在流水中洗脸，并念叨："燕子，燕子，请把我的雀斑带走，让我脸色红润起来。"据信这样雀斑就转到燕子身上了。

在印度南部的尼格里山区的巴达加人中，当有人去世时，人们就把死者的罪过全部推到一头小水牛身上。人们把死者尸体抬到村外，族里的一个长老站在尸体头前，吟诵或唱出巴达加人的一条条罪状。他每念一条，人们就跟着重复该条最后一个字。当他们喊时，执行人就把手放在小牛身上，这条罪过就传给了小牛。一切罪过都宣读完毕后，人们庄严肃穆地放掉小牛。据说小牛很快就会消失，死者的罪孽也随之消失。

将灾祸转嫁给人

有时人也会充当替罪羊，把威胁他人的灾祸转到自己身上。在斯里兰卡，当一个僧伽罗人病入膏肓，医生也束手无策时，其家属就请一个跳鬼的人来。他向鬼献上祭品，戴上类似鬼的面具跳舞，以此将病人身上的病魔招引到自己身上。把病魔全都招来后，跳鬼人就在尸架上装死，被人抬到村外的空地上放着。等周围的人全都离开后，他接着复活过来，跑回村里索要报酬。1590年，一个名叫阿格妮斯·桑普森的巫婆因医治病人时误伤他人被定罪。一个叫罗伯特·克斯的人被某位术士施加了一种疾病，女巫想先把他身上的病转到自己身上，然后再转到一只猫或狗身上，可不幸的是，病没有转给猫狗，却落到了达尔凯斯的亚历山大·道格拉斯身上，他一命呜呼，而罗伯特·克斯倒痊愈了。

在印度北部的曼尼普尔邦，邦主若突遇危急情况，就把他的罪过转给别人，通常是转给一个犯人，这个犯人可以通过代酋长受过而得到赦免。为了转罪，邦主和他的妻子穿上最华丽的长袍，在市场的一个架子上洗澡，犯人则蹲在架子下面。水从上面滴到犯人身上，他们的罪也随水落在这个替罪羊身上。他们把自己漂亮的袍子脱下送给他们的替身，就算完成了转罪，然后穿上新衣服混在人群中，直到天黑。在特拉凡哥尔，一位邦主临死时，人们就找来一个神圣的婆罗门，让他把将死者的罪过都转到自己身上，并赠送他一万个卢比作为酬报。这位婆罗门考虑好后来到将死的邦主房中，紧紧抱住他说："王啊，我来承担你的一切罪过和病痛。愿您健康长寿，快乐地统治下去。"将病人的罪过都转到自己身上后，他就被送出国境，再也不许回来。

在乌干达，当军队出征回来时，如果有神谕警告国王士兵身上潜伏着某种灾祸，就按惯例从俘虏中选出一个充当奴隶，再从战利品中选一头牛、一只羊、一只家禽、一只狗，派一个强壮的士兵折断它们的肢体，使其毙命，无法到达乌干达。为确保将灾祸转给替身，他们用整把的草擦拭人和牲畜的身体，然后将草捆在牺牲品身上。做完这一切后，就宣布军队已经彻底洁净，可以回到都城了。乌干达的新王即位时，也要选一个人做替罪羊，送到布尼奥罗，让他带走国王和王后身上可能有的任何污秽。

欧洲转嫁灾祸的习俗

我们以上所举的主要是原始野蛮民族转嫁灾祸的习俗。同样，欧洲古代和现代的民族中也流行类似习俗，将疾病、灾祸和罪过从某人身上转给别人、动物或其他物体。古罗马人治疗发烧的办法是，剪下病人的指甲，于第二天日出前贴在邻居的门上，这样病就转移

□《神圣的春日》 保罗·高更 1894年

印度节庆主要来自印度教神祇的生日或国家庆典，洒红节就是其中最古老的节日之一，据说源于印度史诗《摩柯婆罗多》。通常在二三月初，维持五日庆祝，象征季节转移，告别寒冬，迎接春天来临。事实上，春天从第二天开始，所以洒红节又被称为印度的新年。还有一种传说，印度古代把春天比作爱欲之神的伴侣，年轻男女趁春季爱神降临邀约踏青，异性之间萌生爱意。

到邻居身上了。公元四世纪，法国波尔多地区的马尔塞鲁斯开了一个治疣子的偏方，欧洲很多地方有迷信思想的人至今还用这种方法。具体做法是，长了多少疣子，就用多少小石头摩擦，然后用常春藤叶子把小石头包起来，扔到大路上，谁捡起这些石头，谁就会长疣子，原来患者的疣子就没有了。在苏格兰北部的奥克尼群岛上，人们有时会用水冲洗病人，然后把水泼在大门口。他们认为这样病就会脱离病人，并传给第一个从大门口走过的人。巴伐利亚人有一个退烧的偏方，就是在一张纸上写下："寒热啊，你别来，我不在家！"然后把这张纸塞在别人的口袋里，这人就会发烧，原来的病人就会康复。波西米亚也有一个治发烧的药方，做法是，病人把一个空罐子放在十字路口，接着跑开。第一个踢上罐子的人就会发烧，病人的烧就退了。

同野蛮人一样，欧洲人也常设法将痛苦或疾病从人身上转给动物。古代作家介绍过一种转移蝎毒的方法，如果有人被蝎子螫了，就骑上驴子，脸对着驴尾巴，或是在驴子耳边轻声说："蝎子螫了我！"这样一来蝎毒就会从人身上转移到驴子身上。英格兰西部的柴郡有一种鹅口疮，婴儿的嘴唇或喉咙最容易生此疮。治疗这疮时，人们常拿一只小青蛙，把它的头在患者嘴里放一会，青蛙就会把疮吸到自己身上，病人就会痊愈。有一个治咳嗽的方法在北安普顿郡、德文郡和威尔斯等地非常流行，就是在两块涂了奶油的面包中夹一根病人的头发，然后拿给狗吃。狗吃后就开始咳嗽，病人就好了。

波西米亚人发烧后在日出前赶到树林，捉回一只小鹬鸟，放在身边养三天。三天后把小鸟放回林中，他就会立即退烧，因为鹬鸟把烧带走了。威尔斯的南德格拉村曾有一种治羊癫疯的偏方，就是把病转给一只家禽。病人先到圣泉附近清洗四肢，并扔四个

□《神像前的女子》　保罗·高更　1899年

东方神像的产生主要分为三大类，第一类：从佛教中引申出来；第二类：从道教文化中演变出来；第三类：从志怪小说等演变出来。供奉神像最忌讳的就是没有开光，因为神像的力量已经流传千古，而没有开过光的神像摆放在家中，每月初一、十五香火"三牲"的供奉，往往会招来各种路过的低迷气团；二忌神像与家居风水产生对冲。神像不宜安放在横梁下方和对着卧室门口。

便士在里面作为献祭。然后根据病人的性别选一只公鸡或母鸡，放在篮子里绕泉水和村中的教堂各走一圈。病人走完后接着进入教堂，躺在圣餐桌下，直到天亮。病人把鸡留在教堂，献出六个便士即离去。如果鸡死了，就说明病痛转移到了鸡身上了，人得以痊愈。

　　患病的人还常设法将病痛转给无生命的物体。在勃兰登堡的马克村，如果有人头晕，就脱光衣服，日落后绕亚麻地跑三圈，这样他的病就会传给亚麻。不过在欧洲，最常用于接受疾病或灾祸的物体要属灌木或树。保加利亚有个治发烧的方法，就是日出前围着一棵柳树跑三圈，并高喊："寒热将令你发抖，太阳将使我温暖。"在希腊的卡尔帕索斯岛上，有人若患病，祭司就在他脖子上缠一根红线。第二天早上，病人的朋友把红线解下来，拿到小山上缠在一棵树上，他们认为这样就把病痛传给树了。佛兰德人为治疗疟疾，一大早就出门找一棵老柳树，在一根柳枝上打三个结，并说道："早上好，老家伙，我把寒热交给你了！"说完他们转身就跑，绝不回头看。还有一种将痛风病传给树的做法，具体就是剪下病人的手指甲和腿上的一些汗毛，在一棵橡树上钻一个洞，将其塞进去，再把洞填起来，抹上牛粪封住。此后三个月内，病人如果解除了病痛，就说明痛风转嫁给橡树了。

第七章　公众驱邪

无所不在的邪魔

我们在前一章介绍了很多将灾祸转给别人、动物或无生命物体的做法，类似的方法其实也可以用来解除整个社会所遭受的各种灾害。把整个民族的苦痛积累起来一次清除掉，并不是什么罕见或例外的做法，恰恰相反，很多地方都这样做，最初是不定时进行，后来则定期地，一年一度地举行。

为了解人们这样做的思想基础，我们还需做一番探索。现在，我们眼中的自然早已剥去了他的人格性，变成一种客观性的存在，我们的感官所获得的就是一连串有秩序的印象。我们看到的很多自然现象，在原始人看来是神灵装扮的，或是他们引起的。若干世代以来，曾有大批神灵伴随我们左右，但渐渐地，许多神灵从我们身边退去，越退越远。它们被科学的魔杖从一个个家庭中赶走，从小屋的废墟和常春藤掩覆的城堡中赶走，从神灵寄居的密林和幽僻的池塘赶走，从闪电击碎的乌云中赶走。只有在孩子们的眼中，苍穹才是一片帐幔，掩盖着华丽的上天世界；只有在诗人的梦幻中，只有在演说家激情洋溢的话语中，才能瞥见渐渐远去的神灵的旗帜在飘动，才能听到他们消逝在远方的笑声和歌声。

然而，这一切在原始人看来却并非如此。在他们的想象中，这个世界仍充满了被清醒的哲学抛弃的神物，他们相信，自己周围总有仙子和精灵、妖魔和鬼怪舞动。对于自己遭受的灾祸、所受的损失、经历的苦痛，他们笃信是敌人在施行魔法，或精灵在泄恨、发怒或作祟。这些精灵鬼怪昼夜不停地搅扰、折磨，让他疲倦、愤怒，他极力想要摆脱它们。有时被逼无奈，他只好对它们怒容相向，绞尽脑汁要把它们从自己的土地上赶走，彻底清除掉。因此，原始人为清除一切烦恼，就大规模地驱赶妖魔鬼怪。他们认为，只要能摆脱这些可恶的鬼怪，就能重新自由快乐地生活。

随时驱邪

我们现在应该就能理解原始人为何经常通过强力驱邪的形式来清除邪恶了。根据邪恶是非物质的、不可见的，还是附身物质形体或有替罪物的，原始人又将其驱邪做法分为两类：前者可称为直接的或非代用物的驱邪；后者可称为间接的或代用物驱邪，或替罪羊驱邪。我们分别举例来看看。

在新几内亚和新不列颠之间的鲁克岛上，一遭受灾祸，岛民便认为是魔鬼制造的，于是人们集合起来，拿着棍子，喊叫着朝空中挥打，驱赶魔鬼。他们把魔鬼从灾祸发生的地方一直赶到海边，在那里更卖力地挥打，更大声地喊骂，以确保把魔鬼赶出该岛。新不列颠的土人将疾病、旱灾、歉收等种种灾难都归咎于妖魔作祟。特别是当雨季来临，很多人生病、死亡时，所有村民都拿起树枝木棍，借着月光来到田里，抽打、踩踏田地，同时狂喊，一直持续到第二天清晨，他们认为这样一来妖魔就被赶走了。为了驱邪，他们还举着火炬在村里穿行。澳大利亚中部的迪埃里族人患上严重疾病时，巫师就用填充起来的死袋鼠的尾巴敲打帐篷内外的地面，驱除妖精，直到把它赶到离帐篷很远的地方。

在西里伯斯的米纳哈萨，如果某个村子出现一连串灾害或严重瘟疫，人们就认为是魔鬼侵犯了村子，必须把它驱逐出去。于是在某个早晨，所有村民都随身带着家中的东西，住到临时建在村外的小屋里去。他们在这里敬献祭品，准备举行最后的仪式。一切就绪后，所有男人戴上假面具或涂黑脸，带上剑、枪、矛或扫帚，悄悄摸回已空无一人的村子。等祭司的信号一起，他们就怒火冲天地跑向各家的房子，边喊边敲打墙壁、门窗，驱赶魔鬼。随后祭司和其他人带着圣火，围着每家屋子走几圈，再围着进屋的楼梯走三圈。然后，他们把圣火拿到厨房里，让火在那里连烧三天，这样魔鬼才最终被赶走。

□《钟馗啖鬼图》 任伯年 1891年

钟馗，是中国民间传说中驱鬼逐邪之神。民间传说他系唐初终南山人，生得豹头环眼，铁面虬鬓，相貌奇丑；但很有才华，满腹的经纶，且为人刚直，不惧邪祟，擅长驱妖捉鬼。

哈尔马赫拉的阿尔福人认为瘟疫是其他村的鬼带来的。因此，为使自己的村子免受瘟疫侵袭，他们就请巫师来驱邪。巫师让村民们做一件非常昂贵的衣服，盖在四个小箱子上，拿到树林里，放在所设想的鬼住的地方，然后用嘲讽的语言命令鬼离开这里。在尼亚斯岛，有人病重，医治无效时，家人就请巫师来驱除致病的魔鬼。先在房前立一根杆子，在杆顶拴一根棕树叶编的绳子，再把绳子拉到屋顶固定好。然后，巫师带一头猪爬上屋顶，把猪杀掉，让它从屋顶滚到地上。这时，魔鬼因急于得到猪立马沿棕榈绳从屋顶滑下去，巫师召来的一个好鬼阻止魔鬼爬回去。如果这种方法也没有效果，说明屋里一定还藏着别的魔鬼。于是人们关上屋里的所有门窗，只留屋顶的天窗开着，敲锣打鼓，持剑挥砍，驱赶魔鬼。魔鬼大受惊吓，慌乱地从天窗钻出去，沿着棕榈绳子逃走。

有时野蛮人并不将病魔从家中赶走，而是他们自己逃走，让它占据自己的家。巴塔哥尼亚人遭受天花侵袭时，便认为是妖魔作祟，扔下病人就逃走。他们边逃边用武器在空中挥打，并向四周泼水，以阻挡病魔的追赶。直至来到他们认为魔鬼追不上的地方，才最终停下来。以防万一，他们把所有用来砍杀的武器都插在地上，刃面朝着他们逃来的那个方向，就像在抵挡敌人的侵袭。格兰·查科的卢尔或托诺科特印第安人受到瘟疫袭击时，也是设法逃避。但他们逃走时从不直行，而是弯弯曲曲地走路，他们认为这样病魔追赶时就会很累，无法追上他们。新墨西哥的印第安人感染天花或其他传染病时，则选择每天换一个住处，退到山里最偏僻、刺丛最厚的地方，希望天花怕被刺伤而不来追他们。

定期驱邪

随时驱邪慢慢演变为定期驱邪。人们为了重新开始生活，摆脱周围长期积累起来的邪恶影响，觉得有必要定期彻底地清除邪恶，通常是一年一次。

一年中的某些季节最适合彻底驱

□《雅各和天使搏斗》　保罗·高更　1888年

《旧约·创世纪》记载：雅各与一个人摔跤，那人不敌，摸了雅各的大腿窝，雅各因此受伤。那人想要离去，雅各要求那人赐福，那人给雅各赐名以色列，以证雅各在面对神时依然能保全自己。而那人即是天使。雅各摔跤受伤本质上是伤害了血性，却通过神的赐福增加了灵性，神的照拂带给雅各彻悟，使他更加懂得谦卑与奉献。

邪。在北极地区，冬季即将结束的时候就非常适合，这时消失了好长时间的太阳又从地平线上升起来了。巴罗角位于阿拉斯加的最北部，也几乎是美洲的最北部，这里的爱斯基摩人都在太阳重新出现的时刻驱除妖精图纳。美国的一个北极探险队曾见到过他们举行驱邪仪式。人们在公共会堂前点起一堆火，每家大门口都站一个年老的妇女。男人们围在会堂四周，年轻妇女和女孩拿着刀从每家往外赶妖精。当她们认为已经把妖精从每个角落里赶出来后，就把它塞进地下的一个窟窿里，再将其赶到屋外，并高声呼喊，做出各种疯狂的姿势。同时，站在大门口的老年妇女挥舞

□《生命之景》 保罗·高更 1986年

在基督教中，生命来自于上帝。最初，神以自己的形象创造了亚当，于是大地上有了生命的存在。基督教认为上帝既然创造了生命，那么，生命并不是由生命本身决定的，而是由上帝主宰。现世的人要实现自己的价值就要遵照上帝的指示：热爱生命、学会爱与怜悯。而从远祖带来的原罪，亦要通过生命进行救赎。

着手里的刀，阻止它回来。周围的人都把它往火里赶，然后所有人都围着火堆站成一个半圆形，几个领头的人开始控诉妖精，每说完一条人们就用力掸衣服，使妖精离开自己到火里去。控诉完后，两个男子走出来，一个将一桶尿倒在火上，另一个用装满黑火药的枪朝火开枪，当水汽上升时再放一枪，他们认为这样就暂时消灭图纳了。

易洛魁人新年时常举行一个"梦节"，他们的新年在一月、二月或三月，时间不定。"梦节"的仪式要持续几天，甚至几个星期。人们都穿上奇装异服，挨家挨户地串门，看到什么就扔摔什么。这个节日里人们都算是疯子，可以肆意妄为。因此，很多人趁此机会报私仇，他们痛打仇人，用冰水浇他，把垃圾和热灰撒在他身上。有些人还将燃烧的火把或炭，扔到遇见的第一个人身上。期间，人们还举行把妖精赶出屋去的仪式。男人们都披上野兽皮，戴着相貌凶恶的假面具，手里拿着乌龟壳，挨家挨户驱邪。秘鲁的印加人每年九月举行一个叫西图亚的节日，目的是驱除首都及郊区的所有疾病和灾害。把这个节日定在九月，主要是因为雨季在这时来临，下过几场雨后，常会发生各种疾病。几内亚的黑人每年专门挑出一个时间，举行隆重仪式驱除魔鬼。

□ 《生与死》 保罗·高更 1889年

基督教认为，死亡是不死的灵魂与必死的肉体相分离，因此灵魂可以超越肉体。《创世纪》中说，死是罪的结果，即人类违命的结果。每个人死后，都将接受上帝的审判：好人去往天堂，坏人被打入地狱。佛教则认为，人死后，得道之人将去往西天极乐世界，即如来佛祖的世界；未得道之人则继续遭受六道轮回之苦。

有时，一年一度的驱邪日期是参照农事季节来定的。在新几内亚东南部的基里威纳，人们收完新山药后就举行宴会跳舞，还把手镯、货币等财物都摆在专门搭建的一个台子上展示、炫耀。接连几天的宴会结束后，人们集合起来把妖魔从村里赶走。他们认为已经宴请并招待过妖魔，并且给它们准备了财物，现在它们应该离开了。印度东北部的荷族人将收谷入仓看作一年里的重大节日。这个节日在一月份，因为这时谷物堆满了粮仓，他们奇怪地认为男女身上也满是邪气。出于安全考虑，他们觉得需要任情纵欲一段时间，以排出身上的邪气。节日开始时，人们用一只公鸡和两只母鸡祭祀村神，其中还必须有一只黑鸡。用时还献祭紫柳树的花、米面糕和芝麻。村里的祭司负责敬献这些祭品，他祈祷村民们在新一年里没灾没病，大地雨水充沛，庄稼丰收。然后男人、妇女、孩子都拿起木棍，列队在村里游走，同时还高声叫嚷，并唱一种粗野的歌，直到他们觉得妖精已被赶走。接着，他们举行宴会，畅饮米酒，直至纵情放荡。这个节日变成了狂欢节，所有人都放下平日的谦逊、温和与静默，互相打闹嘲骂。

兴都库什的某些氏族同荷族一样，也是在收获后驱邪。将所有农作物都收入谷仓后，人们认为必须清除谷仓里的妖魔。全家人先吃一种粥，接着家里的主人拿起火绳枪朝地上放一枪。然后，他走出家门，到外面装药放枪，直到将火药筒里的火药都放完。爪哇东边巴厘岛上的人们也定期大规模驱邪，日期一般定在九月"黑月"的那天。全村或整个地区的人们都聚在一座神庙里，庙前的十字路口上摆着献给魔鬼的祭品。祭司们祷告完后就吹号，召集魔鬼来吃给他们准备好的食物。同时，一部分人走出神庙，在大祭司面前的神灯上点燃火炬，然后举着火炬在大街小巷里穿行，边走边喊："走！滚开！"他们经过之处，留在家里的人都连忙出来，敲打门窗、柱子、米袋等，帮助驱邪。妖魔被从屋里赶到了为它们摆的宴席上，接着祭司就大骂它们，把它们赶出这片地区。等最后一个魔鬼离开后，人们全都停止喊闹，立马沉寂下来。他们觉得魔鬼会急于返回，因此为使它们误认为这只是一个荒岛，不是原来待的地方，人们必须在接下来的二十四小时内守在家中动也不许动。

在东京，普遍驱邪通常也是一年举行一次，仪式一般在每年的2月25日举行。那里的人们认为各种灾祸的发生是由于某些人的邪气作祟，比如因叛国，企图谋杀国王、将军、公侯而被处死刑的人，为了报复，他们蓄意摧毁一切东西。节日那天，大批步兵和炮兵全副武装，列队打着飘扬的旗帜。将军先把祭品献给罪鬼、妖精们享用，然后就用一种古怪的语言控诉它们犯下的种种罪行，诸如扰乱地方秩序、杀死牲畜等，它们必须为此受到惩罚，被逐出国境。作为最后信号的三门大炮齐声响起后，所有枪炮齐发，用震耳欲聋的枪炮声将魔鬼赶走。柬埔寨是在三月驱邪。偶像和碎石块被看作魔鬼的住处，因此人们将其全部收集起来带至首都。在首都，人们尽可能地集中起所有大象，月圆那天的傍晚，火枪齐发，驱使象群愤怒地追逐魔鬼。这个仪式持续举行三天。

在基督教的欧洲，每年定期驱除妖邪的古老异教风俗一直流传到现代。在卡拉布里亚的某些村庄，人们每年三月开始驱除女妖，他们认为这个月里女妖会四处游荡。这个月里每个星期五的晚上，都要举行驱妖仪式。教堂的钟声一响，人们就满街跑，并高喊："三月来了！"同我们猜想的一样，古代异教的仪式常附在基督教的节日中。在阿尔巴尼亚，复活节的第一天，青年人就举着点燃的火把，在村里列队穿行。最后他们把火把扔进河里，并喊道："哈，柯尔！我们

□《两个塔希提妇女》 保罗·高更 1899年

此画中，其中一个女孩手拿捧花，而捧花来源于一种古老的习俗观念：古代西方人认为，气味浓烈的香料及香草可以卫护婚礼上的人们免遭厄运及驱使恶灵。早期，凯尔特人用粗壮的植物和香料创造了手捧花，直至维多利亚时期，女王开创了一个新传统：在与Albert王子结婚时，她在手捧花上添加了新鲜的花材，还有草本植物和香料。手捧花中的莳萝也被称为欲望草，在宴会时会被新郎新娘及宾客吃掉，它被认为可以增强性欲。

像扔火炬一样把你扔进河里了，你再也回不来了！"西里西亚的农民认为，女妖多在耶稣受难日那天出来作恶。因此，奥尔斯一带的人在那天拿上旧扫帚，叫喊、敲打着把女妖从家里、农场里或牲口圈中赶走。

从圣诞节到主显节之间的十二天内，也是一个驱妖的时间。西里西亚某些地方的人在此期间彻夜焚烧松香，希望辛辣的烟味能把女妖和邪灵赶走。在圣诞节的前一天和新年的前一天，他们朝田野、灌木丛和大树放枪，并用草包住果树，以防妖魔毁坏果树。在新年的第一天，即圣西尔维斯特节，波西米亚的男孩子围成一圈，举枪朝空中连开三枪，称为"射妖"，人们认为这会将女妖吓跑。欧洲许多地方还把主显节这天定为驱妖的恰当时机。比如在卢塞恩湖上的鲁伦村，男孩子们那晚打着火把列队游行，同时还吹着号角、敲着铃铛、甩着鞭子等，制造出刺耳的响声，以吓跑树林里的两个女妖斯特鲁黛里和斯特拉特里。

第八章　公众的替罪者

驱除有形的邪魔

　　介绍完直接的或无中介物的普遍驱邪，我们再来看看另一种类型的驱邪。在这种驱邪中，邪气表现为可见的形体，至少被认为是附在媒介物上，而媒介物就是把妖魔从人群、村镇带走的工具。

　　加利福尼亚的波莫人每七年驱一次邪，在这类驱邪中，妖魔是由人装扮的。二三十个人穿着五颜六色的衣服，身上涂着粗野的颜色，扮作妖魔，头上顶着一小桶松脂，偷偷接近附近的山岭。一个报信人爬到公众会堂顶上，向人群喊一番话。黄昏时预先约定好的信号一起，戴假面具的那些人点燃头顶桶里的松脂，从山里向城镇走来，同时还做出各种恐怖的响声和动作。妇女和孩子吓得四处逃命，男人们则挤在一个圆圈里，点燃手中的火把，举到空中挥舞。他们高声喊叫、嘶吼着，猛冲向妖魔，那场面十分可怕，令在场的妇女们颤栗、眩晕。妖魔最终冲进了公众会堂，勇敢的男人们进去和它们谈判，最后所有男人都鼓足勇气把妖魔赶出了会堂。一阵争吵和假装的打斗后，妖魔被赶回了山里。春天，河岸上的柳叶刚一长齐，曼丹的印第安人就举行他们一年中最大的节日，其中一项内容就是驱邪。一个男人将脸涂得漆黑代表妖魔，从草原进入村庄，追逐并吓唬妇女。最后，全村人将他赶走，妇女追在后面唏嘘、嘲笑他，用棍子打他，用脏东西砸他。

　　在昆士兰中部的一些土著部落，人们相信有一种叫魔郎佳的邪魔，它来去全无踪迹，谁也看不到，如果不对它进行某种祭拜，它就会害人性命。这种祭拜仪式也是一种舞会，只允许男人参加，而且他们都要穿上怪异的服装。这种祭礼要持续五个夜晚，到了第五夜，一个男子用红赭石和羽毛装饰一番，扮作魔郎佳，手执一根尖端扎着羽毛的长矛，从黑暗中猛冲向观众，就像要把他们刺穿。人们假装惊恐地大喊大叫，妖魔装作再发起一次进攻，之后就消失在了黑暗中。每年

□《现代恶魔的形象》 艾伯特·塔克 1945年

恶魔是人们所虚构的拥有超自然力量的邪恶存在，通常是特别强大的魔鬼。当人类遭遇到自然力量的威胁、自己或者他人的恶意时，自然而然会去寻找其源头。而这些造成恶意的原因，被具象成了邪灵、恶神，甚至到最后形成了所谓的恶魔。驱邪，指用符咒等驱逐所谓妖魔鬼怪等邪恶作祟的东西，其主要是巫师巫婆的一种驱邪纳吉的原始巫术仪式。

除夕，柬埔寨王宫里都要进行驱魔。一些涂得像鬼的人，被一群大象追得在宫中各处乱跑。他们被赶出宫后，就用一根献祭时用过的线绳围住宫墙，防止他们再进来。在印度南部米索尔的曼非拉巴德地区，如果有霍乱或天花在某个教区流行，整个教区的居民就集合起来，用符咒将病魔赶入一个木偶体内，然后在深夜把木偶拿到邻近教区里去。那个教区接着又把木偶传给他们的邻居，妖魔就这样从一个个教区里被赶出去，最后被赶到河边，人们就把它扔进河里。

不过，更多的驱邪方式中并不体现妖魔本身，人们认为它就附在那个送它走的工具中。这种情况也可以简单地分为不定期驱邪和定期驱邪两类，我们先来看看前者。

随时以轻舟、人、畜送走邪魔

送走妖魔的工具各式各样，最常见的是一种小船。如在塞兰岛的南部地区，当一个村里很多人患病时，人们就做一个小船，装上米、烟草、鸡蛋等，这些都是村民自愿奉献的。再给小船装上一个小帆后，一个男人就高声喊道："所有的病啊，天花、疟疾、麻疹等等，你们已经折磨了我们这么久，害得我们好苦啊！你们不要再伤害我们了，我们已经为你备好了这只船，船上装着食物、药叶、槟榔和烟草等等。走吧，快点开船离开我们吧！去一个遥远的地方，再也不要到我们跟前了！"然后，十几个人把船带到海边，让它随风飘走。人们相信，这样一来谁也不会再生病，至少下次送船之前的这段时期不会生病。如果他们再得病，他们就认为绝不是原来的病，而是另一种病，需要再做只船把这病送走。当送走妖魔的船消失在远方，再也看不见时，送船的人才回到村里，其中一个人喊道："病魔已经走了，消逝了。"于是，所有人都从屋里跑出来，互相传送这话，人们都高兴地敲击起各种乐器。

用来带走整个部落的妖魔或疾病的工具，通常是一只动物或替罪羊。在印度中部各省，如果某个村子发生霍乱，一到日落时分，人们就都回到自己家中。祭司们走上街头，在各家屋顶上抽一根草，拿到村东的一个神龛前烧掉，并献祭大米、酥油等。同时他们还把羽毛被染红的鸡朝着烟飘的方向驱赶，认为这些鸡会把疾病带走。印度的巴尔人、马兰人和克米人流行霍乱时，他们就选出一只母山羊或一头母水牛，且尽可能选黑色的，然后把用黄布包着的一些谷子、丁香、铅丹放在它背上，把它赶出村去。这牛或羊被赶出村外后，就再也不许回来。

白尼罗河的丁卡族人家中都有一头神牛。当这个地方遭受战争、饥荒或任何其他灾害时，村里的首领就让某一家交出他们的神牛，充当替罪羊。这牛由妇女赶到河边，渡河到对岸去，让它在那里游荡，被野兽吃掉。然后妇女悄无声息地回来，且不能回头看，如果回头看了，魔法就会失效。少数情况下，也有以人做替罪羊的。比如乌干达的国王收到神谕，说他的敌人巴尼奥罗人在对他的人民施行致命魔法时，为阻止这场灾难，他就派一个替罪羊到巴尼奥罗人的边境去。这种替罪羊多是一个男人和男孩，或一个妇女和她的孩子，主要根据某种记号或身体缺陷来选择。人们相信这是神做的记号，是神选出来的人牺。然后，一个强壮的士兵把这两个人牺，以及一头牛、一只羊、一只鸡和一只狗，全都送到神所指定的地方。在那里，他把它们的肢体全部折断，让它们在敌国境内垂死挣扎。人们相信疾病或瘟疫传到了人牺身上，人牺又将其送回了敌国。中国有些土著部落，为防止疫病，常挑选身强体健的男子做替罪羊。这人脸上涂满油彩，做出各种令人捧腹的动作，诱使一切疫病都附到他身

□ 丁卡族人

丁卡族人是非洲南苏丹白尼罗河流域的以牧牛为主要生活方式的游牧民族，自称坚格人，属尼格罗人种苏丹类型；语言属尼罗—撒哈拉语系沙里—尼罗语族；大多数信仰万物有灵。丁卡族是世界上身高最高的民族之一，平均身高达到了1.80米。在非洲的所有人种中，丁卡族人的肤色是最黑的。

上。最后，人们敲锣打鼓追逐他，把他赶出村镇。

定期以轻舟、人、畜送走邪魔

同直接驱除不可见的邪魔一样，用替罪羊或其他媒介物驱邪的做法也多是定期举行。印度群岛的莱蒂、莫阿、拉科尔诸岛上，岛民通常在每年三月份把他们所有的疾病都送进大海。他们做一条近两米长的快帆船，配上帆、桨、舵等设备，再在船上放一些米、一些水果、一只家禽、两个鸡蛋等等，然后让船漂流入海，把疾病带往远方。英属北婆罗洲的图阿兰地区的杜松人每年都举行类似的仪式，以驱散过去一年来全村积累起的所有邪气，这个仪式是全年最重要的一个仪式。驱邪的工作主要由妇女们承担。她们穿上最漂亮的衣服，列队走过全村。其中一个妇女背着一头放在篮子里的小奶猪，其他人都手拿棍子，不时抽打小猪，因为猪的叫声会引来游荡的妖魔。妇女们来到家家户户门前唱歌、跳舞，敲响板或摇动铜铃，表演完后，她们排成单队走向河边，这时所有妖魔都被她们从各家赶了出来，跟着来到水边。提前备好的一只木筏已停在岸边，木筏上放着很多祭品，有食物、布匹、利剑，还有西米椰子叶做的人和动物的偶像。等所有妖魔都登上船后，就把船推开，让它顺流漂去。引出妖魔的小猪最后被宰杀，尸体被扔掉。

每年旱季来临，尼科巴群岛上的居民便拿着一只船的模型走遍所有村庄，把妖魔从屋里赶出来，赶上这只小船，然后把船放入水中，让它随风飘走。中国许多土著部落每年三月间举行一次隆重节会，以彻底清除过去一年来的所有邪气。具体做法是：将一只装满火药、石子、小碎铁块的陶制大缸埋在地下，同时还要在缸里接上一根导线，然后用火柴点燃导线，缸内的火药随即爆炸。缸里的石子、铁片代表过去一整年的疾病和灾祸，它们爆炸飞裂就表示疾病和灾祸被彻底驱除。

欧洲也有这种定期驱除托形于物体的妖魔的做法。在复活节那天的晚上，南欧的吉卜赛人将一个衣帽盒似的器皿放在两根互相交叉的木棍上，再在盒子里放一些药草、一条干了的死蛇或死蜥蜴，在场的每个人都必须用手指头摸它一下，然后把盒子用红白羊毛包起来，由最年长的人从一个帐篷带到另一个帐篷。最后，所有人都向里面吐一口唾沫，巫师对它念诵一段咒文后，就把它扔进流水里。他们认为这样一来所有疾病就都被清除了，不过，如果有谁捡到盒子，并把它打开了，那么这人及其家人就会染上某种疾病。

有时人们会用一只动物充当替罪羊，来彻底驱除一整年积累起的邪恶。阿萨姆的加罗人每年举行的最主要仪式就是阿松塔塔节，目的是为保护人们在未来的一年中不生病，不遭灾。这个仪式的做法是：在每个村庄外不远处的地面上插很多石头，称作阿松，节日期间把祭品摆放在上面。要先祭一只山羊，一个月后再祭一只猴子或老鼠。生活在喜马拉雅山西部朱哈地区的菩提亚人，每年中的某一天都要抓一只狗，用酒或大麻精将它灌醉，喂它吃些甜肉，牵着它在村里走一圈，然后再把它放掉。接着，人们就拿起棍子和石头边追边打它，直到把它打死。他们认为这样就能确保村里一整年都不会遭受疾病或灾害。

□ 《睡梦中的吉卜赛人》
亨利·朱利安·费利克斯·卢梭　1897年

吉卜赛人原住印度西北部，10世纪前后开始外移，遍布世界各洲。吉卜赛作为一个天生流浪的民族，内心有着很强的民族性格，他们拒绝其他文化与变化，保守着内心关于流浪的一些浪漫的向往和天生的特质。算命占卜是吉卜赛人，尤其是吉卜赛妇女的一项传统行业。吉卜赛人在不同的地域有不同的叫法，英国人称之为吉卜赛人，法国人称之为波希米亚人，西班牙人称之为弗拉明戈人，俄罗斯人称之为茨冈人，阿尔巴尼亚人称之为埃弗吉特人，希腊人称之为阿金加诺人，伊朗人称之为罗里人，斯里兰卡人称之为艾昆塔卡人……而吉卜赛人则自称为罗姆，在吉卜赛人的语言中，"罗姆"的原意是"人"。

定期驱邪习俗中充当替罪羊的也可以是一个人。尼日尔河附近奥尼沙城的居民们，过去每年都献出两个活人祭祀，以消除当地的罪过。这两个活人牲是大家共同出钱买的，而且凡过去一年中犯过纵火、盗窃、奸淫、巫蛊等大罪的人都要捐献出两英镑多的钱。这些钱被收集起来后由人带着去内地买两个病人回来献祭，这两个人牲承担起所有过往的罪行。泰国从前有个风俗，就是每年挑出一个非常淫乱的妇女，在鼓声和管乐声中，用滑竿抬着她在街道上穿行。人们拿脏东西砸她，辱骂她，抬着她走遍全城后把她扔到一个粪堆上或城外的荆棘丛里，不许她再进城堡。他们认为这样一来所有妖邪之气就全吸在她身上了。据说，苏门答腊的巴塔克人从前也以活人为祭礼，他们把一个活人绑在拴牛的木桩上，宰杀完牛后就将其赶走，谁也不能同他说话，或给他食物，或接纳他。显然，那里的人们认为他把一切罪过和不幸都带走了。

替罪羊有时还能是一只神兽。马拉巴尔人和印度人都非常崇敬母牛，他们将杀母牛或吃母牛看作滔天大罪。但婆罗门人却把人的罪过传给一头或几头母牛，然后把牛和牛所背负的罪过一起牵到某个指定的地方。古埃及人宰杀公牛献祭后，念诵咒文将一切罪恶都传到牛头上，然后把它卖给希腊人，或扔到河里。中非的马狄人每年杀一只羔羊，据推测也是作为替罪神兽杀死的。

替罪羔羊还能是一个有神性的人。印度的贡德人每年11月祭祀谷物的保护神甘西阿姆狄欧，据说，在仪式上神会附身到一个崇拜者身上，这人就会突然发作起来，一阵癫狂后就跑进深林中，人们认为如果没人管他，他可能就会这样发疯而死。于是，他们就把他找回来，但他的精神要一两天后才能恢复正常。东高加索的阿尔巴尼亚人在月神庙里蓄养着一批圣奴，这些人中有很多都是神灵附体，代神预言的。如果其中哪一个表现出异乎寻常的癫狂迹象，独自在树林里乱跑，大祭司就用圣绳把他捆绑起来，极为细心地照料他一年。一年后，便给他涂上膏药，带去献祭。祭仪上有专人负责杀人牺，这人将一根神矛刺入人牺体内，并划破他的心脏。人们根据他倒地的姿势来判断国家未来一年的吉凶祸福。然后，尸体被抬到某个地方，所有人都往上面站，以将自身的罪过传给人牺。

□《圣诞夜》 保罗·高更 1894至1903年

《圣经》记载耶稣诞生在夜晚，故称12月24日夜为"圣诞夜"或"平安夜"。《新约·马太福音》中说："当希律王的时候，耶稣生在犹太的伯利恒。"耶稣降生之后有天使报信、博士朝拜。上帝将独子耶稣赐给世人，替世人承受刑罚，以此来救赎世人，而庆祝圣诞夜就是对自我的救赎。

替罪总论

我们已经对公众驱除部落、村镇，或国家积累起来的邪恶的习俗进行了一番考察，现在来谈几点总体认识：

一、我所说的直接驱邪（无媒介物）和有媒介物的驱邪，显然出于同种意图。也就是说，不管人们认为邪恶是可见的，还是不可见的，都要从属于仪式的主要目的，这个目的就是彻底驱除搅扰整个民族的一切邪恶。

二、在定期普遍驱邪这种方式中，两次仪式之间的间隔通常是一年，而且举行仪式的时间又多和季节的某种转变相一致。如北极和温带地区多在冬季来临或结束时,热带地区则在雨季开始或结束时。这种气候的转变容易带来各种疾病和灾害,导致人类死亡率的升高,尤其是对生活条件极差的野蛮人而言,所以原始人总认为这是妖魔作祟,必须驱除。新不列颠和秘鲁的热带地区在雨季开始驱邪;居住在巴芬岛海滨地区的人们,则在北极寒冷的冬季即将到来时驱魔。印度和兴都库什的一些农耕地区,有的在播种时节驱鬼,有的在收获时节驱鬼。不过,无论在一年中的哪个季节举行,普遍驱邪都标志着新的一年的开始。因为人们都想在进入新年前,彻底清除过去折磨他们的祸患,所以很多地区都选择在新年来临之际举行庄严的、群众性的驱邪仪式。

三、我们还发现,在定期驱邪前后总有一段普遍的解禁时期,在此期间,一般的社会约束都被抛开,所有小罪责、小过错都不予惩罚。几内亚和东京的这种解禁期在公众驱邪之前,印度荷人的解禁期在驱邪之后,而易洛魁人的解禁期则很难判断是在驱邪前还是驱邪后。不管哪种情况,解禁期内的一切行为规则都很宽松。这主要是因为,一方面,马上就要普遍驱邪、普遍赦罪了,人们相信即使放纵情欲,即将举行的仪式也会把他们突增的罪过一笔勾销。另一方面,仪式刚刚举行完毕,人们原来深受妖魔搅扰的心灵终于解脱,因此就尽情放纵享受几日。

四、还有一点特别值得注意,就是用神人或神兽做替罪羊。我们已经看到,很多地方将妖魔转移到神身上,然后再把神杀掉,以驱除邪恶。由此推断,用神人或神兽充当公众替罪羊的风俗肯定极为广泛。杀神风俗源于人类历史极早的时期,到了后世,也曾继续存在过,但常被人们误解。动物或人的神灵身份被淡忘,只被看作一个普通的牺牲品。当神人被杀时这种误解更易产生,因为某些民族开化以后,如果尚未完全放弃以活人献祭的做法,至少会选择那些总归该死的人充当祭品。因此,杀神有时会和处决罪犯相混淆。

如果有人问,为何让一个将死的神背负起人们的罪过,并把它们带走呢?我们也许可以这样回答:用神做替罪羊的做法,是两种彼此独立的不同风俗的结合。一种风俗是,杀掉人神或动物神,以防神灵因衰老而精力不足;另一种是,每年清除一次邪恶和罪过。人们如果恰巧把这两种风俗合并起来,结果就是用将死的神做替罪羊。最初杀它只是为防止神灵的生命衰老,可既然总要把它杀掉,人们就想为何不趁此机会把所有罪过也转给它,让它带到坟墓后的另一个世界里去呢?

我们在介绍欧洲"送走死亡"的民间习俗时曾推断，仪式中死亡的就是植物精，人们每年春天把它杀掉，以使它重新释放充满青春的活力。但这个仪式中的一些特点，只用这个推论仍然无法说明。比如，把死神偶像拿去埋葬或焚烧时，人们表现得都很高兴，而带着或背着偶像的人则面露惧色和憎恶之情。如果假定偶像不只是将死的植物神，而且还是公众的替罪羊，过去一年中的所有罪过都转到了它身上，那么，这些特点就明白易现了。在这种仪式上，人们高兴是自然的，令人感到恐惧和憎恶的其实不是将死的神，而是它所背负的邪恶和不幸。

第九章　古罗马和古希腊的替罪人

古罗马的替罪人

现在，我们来考察一下古罗马时期用人来替罪的做法。

每年三月十四日，一个披着兽皮的人被领着在罗马街上游行，人们在后面用白色长棍打他，最后把他赶到城外。他被称作马缪里乌斯·维图里乌斯，意即"老玛尔斯"。由于这个仪式是在旧罗马年（3月1日开始）第一个月圆的前一天开始的，披兽皮的人很可能就是代表旧年的玛尔斯，在新年伊始被赶走。但玛尔斯最初是植物的名称，并非战神。古罗马农民就是向玛尔斯祈求谷物、果树和森林丰收繁茂的。据了解，为求得丰收，阿尔沃兄弟神学院的人员每年十月都向玛尔斯献祭一匹良马。而且，把春天里的三月献给玛尔斯，似乎也说明他是植物神。如果我们对斯拉夫民族"送走死亡"的风俗没有理解错的话，那么，罗马在新年伊始驱赶旧玛尔斯的做法同它就是一回事。有些学者也提到过罗马与斯拉夫风俗的相似之处，但他们似乎是把马缪里乌斯·维图里乌斯，同斯拉夫仪式中与之对应的偶像都看作旧年的代表，而不是旧植物神的代表。后世奉行这种仪式的民族大概也是这样理解的。罗马仪式和斯拉夫仪式一样，既把神的代表当作植物神，又把它当作替

□ **《维纳斯与战神（局部）》**
　桑德罗·波提切利　1480年

　　玛尔斯，罗马神话中的战神，朱庇特与朱诺之子，贝娄娜之丈夫，维纳斯的情人。他是罗马共和国及罗马帝国时期的正规军队——罗马军团崇拜的战神中最重要的一位，重要程度仅次于朱庇特。玛尔斯的节日是在每年三月和十月。起初玛尔斯是罗马神话中的繁殖与植物之神，同时亦是牲畜、农田与农夫的守护神。后来，随着罗马帝国的扩张，玛尔斯成为了战争的象征。

罪羊。驱除神的代表就说明了这点，因为除此之外找不出将植物神赶出城区的理由。

古希腊的替罪人

古希腊人也常采取替罪人的方法。在普卢塔克的故乡凯罗涅亚城，人们每年都要举行这种仪式，行政长官在市政厅内主持，各家的家长则在自己家里主持，仪式被称为"驱除饥荒"。具体做法是，用西洋牡荆的枝条抽打一个奴隶，把他赶出门，同时说道："饥荒滚出去，财富请进来。"

然而，希腊进入文明开化时代以后，替罪的风俗反倒比温和的普卢塔克所主持的替罪仪式显得更可怖了。在希腊最繁华的殖民都市之一的马赛，每当瘟疫流行，就有一个出身卑微的人自愿充当替罪羊。人们用公费精心侍养他一年，期满后就让他穿上圣衣，用神树枝装饰一番，带着他走遍全城，同时高声祈祷让人们的所有罪过都落在他一人身上。最后把他扔到城外，或在城墙外用石头把他砸死。雅典人常用公费蓄养一批堕落无用的人，当城市遭受瘟疫、旱灾或饥荒侵袭时，就从这些替罪羊中挑出两个来献祭。一个在脖颈上戴一串黑无花果，为男人献祭；另一个戴一串白无花果，为妇女献祭。这两个人牺先被领着走遍全城，然后在城外用石头砸死。但这种仪式并非只在遭遇大祸患时才举行，在每年五月的萨格里亚节上，似乎都要把一男一女两个人牺带至雅典城外，用石头砸死。

卢卡迪人每年祭祀阿波罗时，都从他们岛上南端一道白色悬崖"情人崖"上把一个囚犯扔到海里，充当替罪羊。但为了减缓他降落的速度，人们在他身上拴几只活鸟和一些羽毛，崖下停着一队船，等着接他，把他送出边界。在其他地方，通常是每年把一个年轻人扔进海里。据说这种仪式是为解除妖魔对人们的搅扰，或是偿还人们欠海神的债。纪元前6世纪，小亚细亚的希腊人中曾流行这样一种替罪羊风俗：当城里遭受瘟疫、饥荒或其他灾害侵袭时，就选一个面容丑陋或畸形的人，让他担负整个社会的一切罪过。这人被选出后，人们把他带到一个适当的地方，让他吃下干无花果、大麦面包和乳饼，然后用绵枣、野生无花果的和其他野树的树枝抽打他的生殖器，最后用林中的木柴把他烧掉，将他的骨灰撒入大海。

在这个仪式中，之所以要用绵枣、野生无花果树枝等抽打人牺，据曼哈德考证，主要是因为古人认为绵枣有抵挡邪气的魔力。这样来看，用树枝抽打马缪里乌斯·维图里乌斯，在卡罗尼亚仪式上用西洋牡荆抽打奴隶，以及欧洲某些地方用棍子或石头打死亡偶像等，都是出于同样的目的，即驱除邪气。同时，根据佩腾先生的看法，用野生无花果树枝和绵枣抽打人牺的做法又是一种巫术，是为促进男人和妇女的生殖力。因为萨格里亚节上的人牺通常是代表植物精灵，特别是无花果树的精灵的。他曾指出，把一串串野无花果挂在栽培的无花果树枝上，进行人工授粉的时间就在六月，大约是萨格里亚后的一个月。选出代表男人和妇女的两个人牺，在他们脖子上分别挂一串黑的和白的无花果，很可能是根据巫术的模拟原则，通过仿效人工授粉来帮助无花果树受粉。

对于用某种植物抽打人身替罪羊风俗的这种解释，我们可以通过一些实例来证明。比如在德属新几内亚的卡伊族人中，谁要是希望自家的香蕉树苗快些长出香蕉，就从已结果的香蕉树上砍一根树枝，抽打这些香蕉树苗。显然，这人相信已结果的树上的枝子充满了丰产力，可以通过接触传给幼小的香蕉树苗。亚马逊河口的巴西印第安人中，有人如果想要自己的生殖器长大，就用河边旺盛的白色水生植物"阿灵佳"敲打自己的生殖器，因为这种果实的形状硕大肥美。在匈牙利的贝凯什州，如果哪个妇女一直不孕，人们就用打散正在交配中的公母狗的棍子敲打她，据信这样一来狗的生殖力就能通过棍子传给不孕的妇女。

如果这些推断和证明都正确的话，我们完全可以得出一个明确的结论：在古代罗马希腊的后期，萨格里亚节上献祭的人牺最主要的身份就是公众替罪羊，他们把全体人民的罪过、不幸和忧愁都带走。而在更早的时候，他们可能被看作植物精灵的化身，也许是谷物，特别是无花果树的化身。人们通过鞭打或杀死他们，来更新在希腊酷暑下已经开始衰竭的植物的生长力。

我们对希腊替罪羊所持的这种看法如果没错的话，就可以预先用来驳斥对本书主旨所可能提出的反对意见。对于阿里奇亚的祭司是以树林精灵的身份被杀的理论，有人也许不赞同，理由大概就是这种风俗在古代希腊罗马并无旁证。但我们现在已经知道，亚洲希腊人定期或随时杀掉献祭的人，通常都被看作植物神的替身。雅典人蓄养的一批用于献祭的人牺，可能也同样被视为神灵。如果已步入文明时代的亚洲希腊人和雅典人都常杀死他们视作神的化身的人，那么，处于历史启蒙时期的阿里奇亚丛林中的半开化的野蛮人，也很可能遵行类似的风俗。

要想使这个论点得以确定，我们还需要证明，在古代意大利，除了阿里奇亚的圣林以外，其他地方也有杀死神的人身代表的习俗。

古罗马的农神节

我们已经说过，以前很多民族每年都有一段任情放纵的时期，那时一切法律和道德的约束都被抛开，人们被压制的各种情欲突然爆发，在狂欢纵饮中得到发泄。这种爆发一般都在年末，而且大都与农业季节相关，尤其是在播种和收获时节。这类放纵时期中最著名的就是萨图纳里亚节——农神节，这个节日在每年的12月，即罗马历一年的最后一个月。根据民间看法，这个节日是为纪念萨图恩创造的太平盛世。萨图恩是播种和收获之神，曾是意大利远古时期的一位国君，他一生为人正直，造福国民。传说中的黄金时代就出现在他统治期间，那时大地丰饶，国家太平，人人都辛勤劳作，没有任何贪欲。一切东西都归大家公有，奴隶制和私有财产都不存在。可后来这位仁君却突然不见了，人们为纪念他，就立了很多祭坛，意大利的许多大山和高地也都用他的名字命名。据说，人们曾用人牺的鲜血来祭奠他，直到后来才用偶像代替了人牺。但古代作家关于农神节的描述中，却没有关于这方面的任何记载。这个节日从12月17日持续到12月24日，在古罗马的街道上、公共场所和住宅中举行，期间人们举行宴会，饮酒作乐。

□《圣山》 保罗·高更 1892年

《圣经》中提到多座圣山。《旧约·创世纪》中的摩利亚山，亚伯拉罕在此山献祭替罪羊，摩利亚山带有忠诚、奉献之意。《旧约·出埃及记》中的何烈山，耶和华的使者在摩西面前显现，帮助以色列人逃出埃及，何烈山带有差遣之意。《新约·马太福音》中的各各他山，耶稣在此处受刑，各各他山带有救赎之意。

但节日中最引人注目的特点是，允许奴隶放任自由，这点连古人都觉得惊诧。奴隶可以骂他的主人，可以和他们坐在一起吃饭，也可以像他们那样喝得酩酊大醉。奴隶的某些行为若放在平常，肯定会招致鞭打、囚禁或死刑，但这时主人对他没有任何指责。不仅如此，主人甚至还和他们的奴隶互换角色，主人侍候奴隶先吃饭，等他们吃饱喝足后自己才吃。节日期间，自由民也可以通过抓阄暂时充任国王，享受一点微弱的权利。他能半开玩笑地命令某人喝酒、某人唱歌、某人跳舞，或让某人背着一个吹笛子的姑娘绕屋走一圈。

人们认为，这个节日允许奴隶放任

自由是对萨图恩统治时代的社会状态的再现，由此来看，主持吃喝玩闹的假国王可能最初就是代表萨图恩本人的。在马克西米和迪奥克里西统治时期，有些罗马士兵驻扎在多瑙河上。库蒙特教授在一批希腊手稿中，发现了记述这些士兵怎样过农神节的零星片段：节日前三十天，他们抽签选出一个英俊的青年，让他像萨图恩一样穿上皇袍，由一群士兵陪着上街游逛。他享有充分的自由，可以放纵情欲，体验各种乐趣，不管那有多可耻。他虽然能

□《青年酒神》 威廉·阿道夫·布格罗 1884年

农神节是古罗马为祭祀农神而举行的大型节日，一般在年底（12月17日至12月24日）举行。古罗马广场农神庙内有由罗马皇帝主持的隆重的祭祀活动，祭祀罗马农神萨图尔努斯。一些历史学家认为罗马帝国被基督化后，农神节的许多习俗被转用于圣诞节。例如圣诞树来自于农神节的丰收树。庆祝农神节的活动包括农神庙的兽祭，广场上的大型公共宴会和馈赠礼物等。

恣情享乐一段时间，但三十天一过，农神节来到，他就得在自己扮演的神的祭坛上刎颈自尽。公元303年，一个基督教徒士兵达修斯抽中了签，但他拒绝扮演异教的神，让淫乐玷污了他最后的一段生命。他的长官对他又是劝说又是威胁，但都无法动摇他坚定的意志，最后只得将他斩首。

库蒙特教授的这篇记述一经发表，就激起很多人的怀疑或否定，但一个有趣的发现却给了它极大的肯定。在安科纳海岸上有一座教堂，教堂的地下室里藏有很多古老的物品，其中有具白色大理石棺材，上面刻有查士丁尼时代的希腊文铭文，大意是：神圣的殉教者达修斯安葬于此，自杜罗斯托拉姆迁来。石棺是1848年从圣珀勒格里诺教堂迁到这处地下室的，我们从镌刻在圣珀勒格里诺教堂祭坛上的拉丁文铭文中得知，殉教者的尸骨曾和另两个圣徒的尸骨一起安放在高高的祭坛下面。据记载，1650年左右石棺就已摆在圣珀勒格里诺教堂了，但在那放了多久，我们就无从知晓了。圣徒殉教后的若干世纪里，一直战乱不断，我想可能是出于安全考虑，才将圣徒的尸骨迁到安科纳来的。不管怎样，圣徒殉难记和教堂里的铭文都证实，达修斯不是神话中的人物，而是确有其人，在杜罗斯托拉姆为自己的信仰献出了生命。这样来看，对圣徒殉难事件的记录是真实的，也从而说明，有关罗马士兵农神节的叙述是可信的。

我们现在完全可以假定，在更早、更野蛮的时代，古意大利普遍流行一种做法，即：凡是崇奉萨图恩的地方，每年都选出一个人扮演一段时间萨图恩，享有萨图恩的一切传统权利，期满后就自杀，或是死于他人之手，他是以善神的身份而死的，这个神为人世献出了自己的生命。在罗马本地以及其他一些大城市里，随着文明的发展，这种风俗的残酷做法逐渐被某些温和的形式取代，但在偏僻地区，更古老、更残酷的做法还长期存在着。意大利统一后，罗马政府把这种野蛮的做法压制了下去，然而，它仍在农民们的记忆中代代流传。

古代的农神节和现代意大利的狂欢节之间有很多相似之处。我们知道，在意大利、西班牙和法国，也就是说在一切深受罗马影响的国家里，狂欢节的一个突出特点就是：一个滑稽人物扮作节日神，恣情放纵短短一段时间后，就被处死，大家假装哀悼他，或表现出真实的高兴之情。如果没猜错的话，这个滑稽人物就是老萨图纳里亚王的直接继承者，那个狂欢宴会的主持人，也就是那个扮作萨图恩的人，宴饮欢闹后，他就以所扮演的身份死去。不管是否如此，我们基本上能做出这样的推论：如果阿里奇亚的林中之王就是树林神的化身，并以这个身份死去，那么，古代罗马就有一个类似的人物，他每年以萨图恩王，即播种后发芽的种子之神的身份被杀。

第十章　墨西哥的杀神风俗

没有哪个民族像古代墨西哥的阿兹台克人那样普遍而隆重地遵行以人代神献祭的风俗。16世纪征服墨西哥的西班牙人详细描写过这些仪式。据耶稣会的会员阿柯斯塔说，他们通常会选一个自认为不错的俘虏来献祭，在将他献祭给他们的偶像之前，便用偶像的名字称呼他。在他充当神的代表期间，他们像对待偶像本身一样供奉他，礼拜他，他还可以随便吃喝，自由享乐。他从街上走过时，人人都出来朝拜他，向他奉献礼物。为防止他逃跑，每次上街都要由十几个人陪同。有时他在街上走动时还吹着笛子，以使人们听到笛声，来向他礼拜。节日来临，他也被养胖了，人们便把他杀掉，剖开吃掉，把他当作一个庄严的祭品。

以神的身份享受短暂的快乐生活，也因此而暴死，这几乎被视为一种荣誉，而这份荣誉在墨西哥并非只给予男人，妇女也允许或被迫享受这份殊荣。比如每年九月有个大节，节前严格斋戒七天，节日时，他们选出一个二十或十二三岁的漂亮女孩，让她扮作玉米女神契柯米柯胡阿特。她穿上女神的衣服，头戴法冠，脖子和手上都绕着玉米穗轴，头顶还立着一根玉米似的绿羽毛。据说这是为表明节日时玉米即将成熟，但因为还

□《高举双手的大溪地男人》
　保罗·高更　1897年

塔希提人有多神崇拜，并有复杂的祭祀仪式。高举双手作为祭天仪式的一种，表达了人们对天体的敬畏——天体无边无际，神秘莫测，而且与人类的生产生活有莫大的关系。在西方，祭祀作为一种宗教文化而存在，而这种文化源于罪感，即《圣经》中创世纪的故事。因此，人们所举行的各种祭祀活动，如祈谷、祈雨等，皆依托对天帝的原始崇拜而具有赎罪意义。

很嫩，所以就选一个年幼的女孩来充当玉米女神。把她打扮好后，人们便牵着这个可怜的孩子挨家挨户地拜访，要整整走一天。黄昏时，所有人都聚到庙里，庭院中点起无数灯笼和蜡烛。到了午夜，在庄严的喇叭、笛子和号角声中，一个缀有玉米穗轴花球、装满各类种子，可以移动的架子或轿子，被抬出来放在有女神木偶的屋子门口。同时，人们也将屋里屋外挂上用玉米穗轴、花椒、南瓜、玫瑰和各类种子做的花环。等音乐停止后，祭司和贵族们在耀眼的灯火和缭绕的香烟中，庄严地列队走出来，扮作女神的女孩夹在他们中间。他们让她走进摆满了玉米、花椒和南瓜的架子里，她双手扶着栏杆，笔直地立在上面以防摔倒。祭司手拿剃刀，突然走到她面前，迅捷地削掉她头上戴的羽毛，连插过羽毛的头发也齐根削下来。然后，在非常繁琐而庄严的礼仪下，把羽毛和头发献给女神的木偶，以酬谢女神在那一年里赐给人们丰硕的收获物。这个仪式结束后，女孩从架子上走下来，由人送到一个地方度过剩下的夜晚。其他所有人都要待在庭院里，守夜到天明。

□《吹笛》 保罗·高更 1892年

在印度教中，黑天是毗湿奴的第八个化身。为了拯救世界，毗湿奴大神曾化身为黑天下凡，黑天降生后因受到迫害被牧民收养，长大后成为一个英俊风流的青年牧人。他常用迷人的笛声勾引牧女纷纷弃家到森林中同他如痴如狂地跳舞。青年黑天的形象是身着金黄色服饰，头戴孔雀羽冠，手中不离勾引牧女魂魄的神笛。印度教义认为，青年黑天与牧女们的调情嬉戏象征着神与人的灵魂沟通。

天亮后，人们仍挤在庙里的庭院中，认为离开是对神的不敬。祭司又让扮作女神的女孩走上架子，然后庙里的长老抬着架子，在香烟和乐声中穿过庭院，来到慧兹罗波契特里神的殿中，接着又回到放玉米女神偶像的屋里。他们让女孩从轿子里出来，站在神堂地面铺设的谷物和蔬菜堆上，所有长老和贵族手拿装满干涸血块的盘子，排成单列一个个走来。他们依次在她面前蹲下来，从盘里割下血块，作为祭品放在她面前，以报答这位玉米女神的化身给予他们的恩惠。妇女们也要这样一一献上血块，因此这个仪式要进行很长时间。这之后，人们才高高兴兴地回家，尽情享用各种食物。他们吃饱喝足，休息好后又回到庙里看仪式结束：祭司庄严地给扮作女神的女孩熏香，然后把她仰天推倒在谷物和种子堆上，割下她的头，用桶接住喷出的血，把血洒在女神偶像上，洒在屋里的墙上，以及地上的谷物等祭品上。

之后，他们剥下她身上的皮，让一个祭司暂时披上，又让他穿上女孩穿过的衣服，头戴法冠，颈围玉米棒子做的项链，手拿插有羽毛的玉米棒和黄金。然后，祭司们把他引到人群中，让他按着节拍领着大家跳舞，并且边跳边做各种轻快活泼的姿势。披上女神皮跳舞的这一幕，很可能是为确保神死后会立即复活。如果真是这样的话，我们就能基本确定：人们通常把杀死神的人身代表的做法，看作保持神灵精力永远年轻旺盛的手段。

墨西哥人的这种仪式足以证明我所假定的，曾流行于阿里奇亚的那种以活人献祭的风俗，事实上很多其他民族也遵行这种习俗。

第十一章　天地之间

不得触地

在本书开头处，我们就提出了两个要回答的问题，即：阿里奇亚的祭司为何要杀掉他的前任？杀之前，他为何又必须折一根金枝？现在，前一个问题已经有了答案。如果我的推测正确的话，阿里奇亚祭司就是那些神王或人神之一，人们的一切福利都被认为同他息息相关。庄稼是否丰收，牲畜是否健康，乃至人们是否平安，都依赖于他的生存状态。而他的正常死亡便成为他们最大的灾难，因为在他们看来，这种死亡不但会使人畜全亡，土地枯竭，甚至自然本身也将毁灭。为防止这些灾难发生，就必须趁神王还身强体健时就将其处死，以确保他的神力未衰时就传给他的继承者。这样一来，神灵生命就可以永葆青春，人畜就能永远兴旺。

回答完这个问题，我们还要继续追问，金枝究竟是什么？阿里奇亚祭司职位的继承者为何要折下一根金枝才能杀死前任祭司呢？下面我们就来试着寻找这些问题的答案。

我们谈到过，神王或祭司的生活受很多规定或禁忌的约束，其中有两条需要特别注意，第一条规定就是神人的脚不可着地。墨西哥的皇帝蒙特祖马从来脚不沾地，要去什么地方都由贵族背着，如果要下来，必须先用华丽的毯子铺地，让他走在上面。16世纪时，日本的天皇如果脚踩了地很可能会被废黜。在宫外，有人背着他走，在宫内他则走在精致的垫子上。塔希提的国王和王后，只能在自己世袭的领地内着地走路，因为据信他们脚踏过的地方都会变得神圣。他们到领地外不同的地方旅行时，都要由专门人背着，因此总有几对这种神圣侍从陪着他们。波斯王在宫中只在地毯上走路，而且其他任何人都不得踩这些地毯，在宫外，他从不走路，不是乘车，就是骑马。古时的暹罗王从来脚不着地，去哪都是用黄金宝座抬着。

有些人是终生神圣的，或受禁忌约束的，因此终生不能脚着地；但也有一些人，只在某些场合具有神圣或禁忌的性质，所以这条禁忌只适用于某一固定时刻。比如在婆罗洲中部的卡亚或巴霍人中，女祭司举行某种仪式时脚不能着地，要先在地上铺块木板，踩在木板上。又如北美印第安人出征时周围被禁忌的气氛包围着，他们不能直接坐在地上。在老挝，猎象时有许多禁忌，其中一条就是主要的狩猎者不能用脚踩地。所以，当他从象上下来时，其他猎人就用一个树叶编的垫子垫着他的脚。

那些被奉为神或守禁忌的人身上，显然充满了某种神性、魔力，或什么其他神秘素质。这些东西就像可以通过导体释放出来的电流一样，也能通过接触土地而放出来，并且可以彻底放尽。因此，为了防止神力的流失，被奉为神或守禁忌之人绝不能接触地面。

不得见到太阳

第二条规定是，太阳不能照在神人身上。日本天皇和扎伯特克的大祭司都遵守这条规定。人们认为大祭司就是神，大地不配负载他，太阳也不配照耀他。日本人不许天皇暴露在太阳下面，也是出于同样的原因。南美洲格拉纳达印第安人未来的统治者或指挥者，不论男女，小时都要被禁闭好多年，连太阳也不能看，如果他们不小心看到了太阳，就会被剥夺王位。他们只能吃某些特定的食物，看守他们的人有时还要痛打他们。比如，波哥大的王位继承人必须从小接受严格训练，他被禁闭在一个庙里，不得见太阳，不得吃盐，也不得同妇女说话；他的周围都是卫士，监视着他的一举一动。他如果违反了哪条规定，就声名扫地，甚至被剥夺王位继承权。索加摩沙的王位继承人也是这样，继位之前他必须在庙里斋戒七年，被关在黑暗中，不许见太阳或任何光亮。秘鲁国王的太子继承王位之前，必须先斋戒一

□ 日本神武天皇

神武天皇，是日本神话中第一代天皇，天照大神的后裔，最早在《古事记》中名为神倭伊波礼毘古命。较晚成书的《日本书纪》中的汉字译为神日本磐余彦尊，传说他建立最早的大和王权，为日本开国之祖与天皇之滥觞。

个月，不得见太阳。

少女月经初潮时必须隔离

值得注意的是，世界许多地区的女孩在月经初潮时必须遵守前面所说的两条禁忌，即不得触地，不得看到太阳，或是其中的一条。例如，卢安戈黑人女孩月经来潮后，就立即被单独关在一个小屋里，身体所有部位都不得赤裸着接触地面。南非祖鲁人及其同族各部落中的女孩，不论是走路、拾柴，或在地里干活时，一旦月经来潮，就马上跑到河边藏到芦苇里，不让男人看到，还用身上披的大氅把头部严严实实地盖住，以防太阳照到头。同时，她还将身体蜷缩成一团，就像被太阳晒萎缩了一样，直到天黑后才回家去，然后躲进一间小屋里独自住些时日。

在托里斯海峡的马布雅格岛上，女孩首次月经来潮时，家人就在黑暗的角落里堆一圈柴禾，让她戴上肩带、臂环、脚镯、项圈，并在两耳、前胸和后背上挂满贝壳饰品，蹲在柴禾里，只露出头部。她白天不能被太阳晒到，夜间可以出来活动，同时让家人收拾整理下柴堆，她就这样一直被隔离三个月。期间她不能自己用手进食，必须由一位或两位老年妇女——如她的乳母——来喂，而且她吃的食物还要在树林中某处烹煮。若此时正值海龟产卵期间，她还不得食用龟肉或龟卵。这段时间，任何男人，包括她的父亲，都不得进入她住的屋子。期满后，由两个妇女充当伴娘抬着她，其他本族妇女跟随左右，来到海湾边。她们在沙滩上脱去女孩的衣服和饰品，让两位伴娘架着她走进水里，把她浸泡在里面，接着所有妇女都向她和两个伴娘身上溅水。上岸后，一个伴娘堆起一堆草让女孩蹲在上面，另一个伴娘跑到礁石边抓一只螃蟹，扯下蟹爪，在已点起

□《塔希提的牧歌》 保罗·高更 1893年

蒙古族长调牧歌歌腔舒展，字少腔长，唱起来一泻千里，这种特点与萨满教的祭祀活动有关。萨满教产生于旧石器时代中晚期的母系氏族社会，是在自然崇拜、巫术活动的基础上形成的宗教。蒙古族长调牧歌是在普遍信仰萨满教基础上演化的一种艺术形式，是蒙古人民情感、观念的抒情性表达。他们认为这些自然现象表现出的情感灵性能对人的命运产生影响，有许多歌曲是表达蒙古族人们对山水、树木等自然的崇拜之情。

的火堆上烤熟后喂给女孩吃。吃完后，她们重新把女孩打扮起来，列队走回村里，女孩走在队伍中间，由两个乳母搀着。乳母的丈夫出来接她，把她领到其中一个乳母家里，在那请所有人用餐，这时女孩才能像往常一样自己吃饭。饭后举行舞会，主要是女孩同隔离期间照顾她的两位乳母的丈夫一起跳。

在昆士兰北部约克角半岛上的康纳部落中，据说女孩到了青春期时要独居一个月或六个星期，期间只有妇女可以见她，任何男人都不能见。她住在专门搭建的一间小屋或棚子里，天天仰卧在地板上，不得见太阳，日落时分她要闭上眼睛，太阳下山后才能睁开。据说若不

□《何为新》 保罗·高更 1892年

对女性月经的原始恐惧始于犹太教与基督教。《旧约》中指出，经期妇女是污秽的，其污秽会"传染"，她所接触过的任何人与物都将污秽一天，从而提出了明确的月经禁忌。在中国民间，经期妇女若到庙里烧香，便认为是对神明的大不敬。值得一提的是，在中国古代，经血尤其是少女初潮，却因其神秘性而被用于巫术、炼丹和辟邪等。

如此，女孩的鼻子就会染病。隔离期间，她不得吃海水中长的任何食物，否则将会被蛇咬死。有一位老妇人专门照顾她，给她吃菜根、山药，给她水喝。巴西南部，巴拉圭边境的瓜拉尼人，常把月经初潮的小女孩放在吊床上缝起来，只留一道小口呼吸。女孩身体被包裹得严严实实，就像一具尸体。在月经的那几天里，她就一直这样躺着，并且不得进食。月经结束后，女孩被交给一个中年妇女，由这妇女剪短她的头发，并负责看管这个女孩在她的头发长到耳际前，不得吃任何肉类。

英属圭亚那的马库西人发现小女孩已到青春期，月经来潮征兆刚一出现，就把她放在吊床上挂在屋里的最高处。最初几天，她白天躺在床上，晚上下来，点上一盏灯，坐在旁边一直守到天亮。若不如此，她的脖子、喉头，或身上其他部位就会溃烂。月经结束后，她才能下地，住在屋里最暗的一个小房间里，早上她可以自己做饭吃，但必须另外生火，使用其他炊具和餐具。大约十天后，家人请来巫师念咒为她解禁。她使用过的所有餐具都要砸碎，埋在地下。月经后洗过第一次澡，女孩的妈妈必须用细棍抽打她，不管多疼女孩都不得叫出声。在第二阶段结束时，女孩还得挨一顿打，但以后就不再打了。这时女孩才算彻底洁净，可

□ 《往何处去》 保罗·高更 1892年

基督教认为死亡是人类必然要经历的过程，而死亡并不代表终结，相反，死亡可以实现灵魂的超脱。例如一个人如果虔心悔过并依靠基督耶稣，那么他的灵魂将与基督耶稣同在，即"因为我父的意思，是叫一切看见子而信入祂的人，得着永远的生命，并且在末日我要叫他复活"。

以像往常一样跟人交往了。

这种流传如此广泛的迷信观念和习俗，很可能起源于古代神话和民间故事。在古希腊丹娜的故事中，丹娜被她的父亲囚禁在一间地下室或一座铜塔里，宙斯化作金雨前来和她幽会，使她怀孕。西伯利亚的吉尔吉斯人关于他们祖先的传说故事同丹娜的故事有些类似。某位可汗把自己的女儿关在一间黑暗的铁屋里，不许任何男人见她。有一个老妇专门照顾她，女孩长到青春期后，一天突然问老妇："您总是出去，是到哪去了？"老妇说："孩子，外面有一个光明的世界，你的父母就住在那儿，行行色色的很多人也都住在那儿。我就是常常去那儿的。"女孩说："好妈妈，求您带我去看看那光明世界吧，我不会告诉任何人的！"于是老妇把女孩带出了铁屋。可女孩一见到光明世界就晕倒了，这时神的目光落在她身上，她就怀孕了。女孩的父亲非常生气，便把她装在一只金子做的箱子里放入大海，让它随风浪漂走。希腊丹娜故事中的金雨和吉尔吉斯人传说中神的目光，可能都是表示太阳和阳光。妇女因太阳而怀孕的观念在很多传说故事中都有体现，甚至某些婚姻习俗里也有它的影子。

月经初潮必须隔离的原因

少女月经初潮时普遍受到各种限制和禁闭，这主要是因为原始人对月经出血现象充满了恐惧，尤其是对首次月经。因此，少女月经初潮时比平时月经出血时要遵守的禁忌更为严格。为充分了解这种现象给原始人的生活和习俗产生的深刻影响，我们再来看一些具体实例。

澳大利亚南部恩康特贝部落曾流行一种迷信做法，即女人每月月经期间必须搬出帐篷独自住到一个地方，如果有年轻人或男孩经过她的住处，她就得大声叫喊，以提醒他们不要走近，年轻人就立即绕行。若是她忽略了这点，就要受责备，有时甚至会受到丈夫或其他家人的鞭笞。男孩子从小就被告诫，不能看到女人的这种血渍，否则就会早生白发，身体虚弱。澳大利亚中部的迪埃里人相信，妇女月经期间如果吃鱼或下河洗澡，河里的鱼就会死光，河水也将枯竭。其他某些部落对月经期妇女的隔离更为严苛。比如，魏克尔布拉族人规定，妇女月经期间不得住在同男人的帐篷在同一条路上的帐篷里，如有违反，就在帐篷内将其处死。这一时期妇女必须搬到离帐篷至少半里远的地方，阴部要缠上一圈本族图腾的树枝，而且要时刻注意不让男人看到自己。因为他们相信，任何男人若看到这样的妇女，就会死亡。而这样的妇女若是让男人看见自己，就该被处死。月经结束后，妇女把脸画成红白相间的颜色，头上覆盖着羽毛，回到原来的帐篷中去。

南非的布须曼人认为，月经期的女孩如果看了男人一眼，这个男人不论之前在做什么，就会立即定住不能动弹，如果跟女孩说话，就会变成树木。在巴干达人中，妇女月经期间不能喝牛奶，也不能接触奶桶，甚至不得碰她丈夫的任何东西，不能坐在他的席子上，也不能为他做饭。如果她摸了他的任何东西，他肯定就会生病甚至死亡。英属东非的阿基库尤人新建房屋并搬进去后，主妇第一次生火那天，如果恰逢月经来潮，那么，新屋就一定会倒塌，所以第二天就必须拆毁。犹太人相信，妇女月经期间如果从两个男人中间走过，其中一个男人肯定会死亡。黎巴嫩农民将月经期妇女看作很多灾祸的根源，她们的身影能使鲜花凋谢、树木枯萎，她们如果骑马，马就会死亡，或至少长时间内不能使用。

妇女生理上的这一神秘现象催生的许多迷信观念，在欧洲文明民族中也极为盛行。现存最古

□ 普林尼《自然史》的封面

盖乌斯·普林尼·塞孔都斯（23年或24—79年），世称老普林尼（与其养子小普林尼相区别），古代罗马的百科全书式的作家，以其所著《自然史》一书著称。全书记述了近两万种物和事，其内容上自天文，下至地理，包括农业、手工业、医药卫生、交通运输、语言文字、物理化学、绘画雕刻等方面。《自然史》一书，在17世纪以前的欧洲，是自然科学方面的最权威的著作，流传下来近200份该书的古代抄本就说明了他的传播和受重视的程度。图为美国企鹅出版社1991年出版的普林尼《自然史》的封面。

老的百科全书——普林尼的《自然史》——中列出的由妇女月经而引起的各种忧虑，比任何未开化民族提出的都要多。比如，月经期的妇女如果触摸了酒，酒就会变成酸醋，她还会使庄稼枯萎、秧苗夭亡、蔬菜烂尽、果实早落、钢铁生锈、蜜蜂死亡等等。欧洲很多地方至今仍认为，月经期的妇女如果进入啤酒厂，酿出的啤酒就是酸的；如果摸了啤酒、葡萄酒、醋或牛奶，这些东西就全会坏掉；她如果骑母马，母马就会流产；如果摸了花蕾，花蕾就会凋落。

可见，月经期妇女需要隔离的目的主要是为化解其可能招致的危险。对月经初潮的少女要更严格隔离的原因，在于人们认为其危险性更大。总之，女孩被认为拥有某种强大的力量，若不将这力量保持在一定范围内，对女孩自身以及她所接触的每个人都将造成危害。

有神性的王和祭司之所以要遵守与之相同的禁忌，也出于同样顾虑。在原始人看来，女孩月经不洁同神人的圣洁并无实质区别，不过是同一神秘力量的不同表现而已。这种神秘力量，跟普通的力量一样，其本身并无所谓好坏，关键在于如何应用从而趋利避害。所以，像月经来潮时的女孩们一样，神人既不能触地也不能见天，一方面是怕接触天地后神性的毁灭力量将发泄于天地，另一方面又怕神人的神性全部释放，日后不能再担负关系人民甚至世界安危的神职。因此，上述所有禁忌都是为保存神人的生命，也从而保存住他的臣民和崇奉者的生命。原始人认为，神人宝贵而又危险的生命，不论放在天上或地下，都不如悬在两者之间更安全。

第八卷 | 篝火节及相关神话

巴尔德尔的神话——欧洲的篝火节——篝火节的含义——在篝火中焚烧活人——巴尔德尔和槲寄生——民间故事中灵魂寄存于体外的观念——民间习俗中灵魂寄存于体外的观念——金枝——告别内米

第一章　巴尔德尔的神话

北欧的一个神巴尔德尔，是伟大的神奥丁的儿子，是诸神中最聪明、最温和、最受爱戴的神。从某种意义上来说，他既不生活在天上，也不生活在地上，而是在两者之间。《艾达》一文中记载了他死亡的故事：某天，巴尔德尔做了一个噩梦，好像是他要死的征兆。于是诸神紧急召开了一个会，决定要保护他免遭任何伤害。弗丽嘉女神让水和火、土和石、铁和其他一切金属，树木、疾病、毒药，所有四只脚的走兽、鸟雀和爬行生物都发誓，不得杀害巴尔德尔。之后，大家便认为巴尔德尔再也不可侵犯。于是，诸神就把他放在他们当中，用刀砍他，用箭射他，用石头砸他，见任何东西真的都无法伤害到他，他们无比高兴。只有洛基这个捣蛋鬼不高兴，他扮作一个老妇去见弗丽嘉，问女神："是不是所有东西都发誓不伤害巴尔德尔？"女神回答道："瓦哈拉东边长有一棵槲寄生树，我看它太小，就没有让它发誓。"于是洛基去拔来那棵槲寄生树，带到了诸神的大会上。他发现失明的神霍德尔站在圈子外面，便上前问道："你为什么不向巴尔德尔投射呢？"霍尔德回答说："我看不见他站在哪儿，也没有任何武器啊。"洛基顺势说："你也得跟别人一样，对巴尔德尔表示敬意才行。我告诉你他站在哪，你就用这根枝子向他投射吧。"霍德尔接过那棵槲寄生树，按洛基指的方向朝巴尔德尔投去。槲寄生树穿透了巴尔德尔的胸膛，他随

□ 巴尔德尔

巴尔德尔是古斯堪的纳维亚神话中的人物，为主神奥丁和妻子弗丽嘉的儿子。他为人正直，英俊潇洒，天真快乐，深得众神宠爱。他的金发和白皙的脸庞永远光芒四射。万物皆热爱他，而他也热爱万物。

即倒地而亡。诸神刹那间被惊得目瞪口呆，接着都放声痛哭起来。他们把巴尔德尔的尸体抬到海边，他的船就停在那里，是所有船中最大的一只。诸神想把他的尸体抬到船上烧掉，可船却一动也不动。他们只好派人去请名叫希罗金的女巨人，她骑着一匹狼赶来后，把船用力一推，巨浪都溅起火花，大地也为之震颤。诸神将巴尔德尔的尸体抬上船，放在火葬柴堆上，他的妻子南娜见状也心痛而亡，诸神便把她也放上火葬堆，同她的丈夫一起火化了。

□ 北欧神话的邪神洛基

洛基，北欧神话的恶作剧之神、火神。巨人法布提（象征闪电）和女巨人劳菲（象征树）的儿子，主神奥丁的义兄弟，北欧神话中最重要的神祇之一。

不管巴尔德尔是真有其人，还是只存在于神话中，他在欧洲一直深受崇敬。在松内湾众多美丽的海湾中，有一个海湾静静地伸向挪威险峻的群山深处，山上苍松密布，飞瀑高悬，水流倾泻而下，注入海湾幽深的黑水中，一大片巴尔德尔圣地就铺展在这个海湾上。圣地四周围着栅栏，里面有一座宽大的庙宇，庙内敬奉着许多神像，但没有一个像巴尔德尔那样受到衷心的崇拜。异教徒对这里也充满了深深的敬畏。任何人都不得在这里伤害别人、不得偷别人的牲口，也不得和妇女在这行污秽之事。庙里的神像由妇女看管，她们用火烘暖神像，给神像涂油，用布把它们擦拭干净。

不论巴尔德尔的传说中包含有何种历史内涵，故事的细节告诉我们他属于在仪式中戏剧化了的那类神话。如果我们能证明挪威人和欧洲其他民族，也曾表演过与挪威巴尔德尔故事的情节相类似的仪式，那么挪威的巴尔德尔故事可能就属于这类神话。这个故事中有两个主要事件，一是拔槲寄生树，二是神的死亡和焚化。在欧洲各地每年举行的仪式中，我们也许可以找到同这两个或其中一个事件相对应的部分。接下来我们将描述并讨论这些仪式，先从每年的篝火节开始，关于拔槲寄生树稍后再谈。

第二章　欧洲的篝火节

一般的篝火节

自远古时起，整个欧洲民间都流行一种风俗，即在一年中的某几天点起篝火，围着火跳舞，或从火上跳过去。根据历史资料，这种风俗可以追溯至中世纪，而且古代也有举行类似仪式的实例。公元8世纪时基督教的宗教议会曾企图把这种风俗当作异教仪式而予以取缔。这一事实便是北欧遵行这种仪式的最早证据。在篝火中烧毁偶像或假装焚烧一个活人都极为常见，我们由此便可以断定古时这种仪式上确实焚烧活人。简单考察一下这个风俗，就能找出人牺的遗迹，同时也有助于说明它的意义。

篝火节通常都在春天和夏天举行，有些地方也在秋末或冬天举行，尤其是在万圣节前夕、圣诞节那天和主显节前夕。限于篇幅，我无法详细描述这些篝火节，只能举几个例子来证明它们的一般性质。我们从春天的篝火节说起，这时的篝火节通常在四旬斋的第一个星期天、复活节第一天和五朔节当天举行。

四旬斋篝火

比利时、法国北部和德国许多地区通常都在四旬斋的第一个星期天举行篝火节。如在比利时的阿登山区，在所谓"大火日"的前一周或两周，孩子们就开始从一个个农庄收取柴禾。在格兰·哈鲁克斯，谁若拒绝孩子们的要求，第二天孩子们就追赶他，用已熄灭的灰烬涂黑他的脸。到了节会那天，他们砍倒杜松、金雀等小树，等黄昏降临后点起篝火。据说要点燃七堆篝火，村庄才能免于火灾。如果默兹河那时还结着厚厚的冰，人们也要在冰上点一堆火。格兰·哈鲁克斯地区的人在火堆正中立一根柱子，称作"巫婆"，由村子里最近才结婚的男子点燃火堆。在莫郎书附近，人们把一个草人放在火堆上烧掉，年轻人和孩子们围着火堆唱歌跳舞，并从火上跳过去，以求来年大地丰收，或是借此预防腹痛。在布拉邦特，妇女和男人都在这天穿上女人的服装，举着火炬来到田里，他们在那跳舞，唱滑稽歌曲，自称是要赶走"恶毒的播种者"，这个风俗一直延续到19世纪初。

在法国境内的阿登山区，篝火在四旬斋的前一个星期就点起来，也是由新近结婚的男子或女子用火柴点着，全村人都围着篝火唱歌跳舞。这一风俗至今还在那一带盛行。村民常把猫扔到火里烧死，或在火上烤死。当他们烧的时候，牧人赶着他们的牲口从烟和火焰中穿过，以此为它们预防疾病。有些村庄的人们认为，围着篝火越欢快地跳舞，当年的庄稼就长得越好。汝拉山脉以西的法兰斯孔德省内，四旬斋的第一个星期天被称作火炬星期天，这是因为每逢那天都要点燃火炬。在那个星期六或星期天，村里的男孩们就拖着一辆车满村走，在每个有女孩的人家门前停下来，讨一把柴禾。等柴禾足够多时，他们就把车拉到离村庄不远的地方，把柴禾堆成一堆点燃，让教区的所有人来观看。年轻人和小孩们围着火堆跳舞，火熄灭后大家争抢着从余火上跳过去。跳过火堆而没有烤着衣服的姑娘或小伙子，当年就会结婚。

在奥弗涅山区，四旬斋的第一个星期天晚上，到处都点着篝火，人们围着火堆跳舞，从火焰上跃过。然后，他们再去参加格兰纳—米亚仪式，格兰纳—米亚是用谷草扎的火炬，绑在一根竿子顶上。当篝火快要熄灭时，人们就把火炬凑在火上点着，拿到附近的果园、田地，以及任何种有果树的地方。他们把燃着的火炬拿到每棵树的树枝下晃晃，同时唱道："火炬燃烧吧，让每根树枝结出一篮果子！"有些村子的人还拿着火炬从播过种的田里跑过，把火炬的灰烬摇到地上，他们还把一些灰放在鸡窝里，以求母鸡多多下蛋。所有仪式都结束后，人们都回到各自家中，拿

□《薇玛蒂》 保罗·高更 1897年

图为高更在《诺亚诺亚》一书中记述的马里奥的祖先——薇玛蒂，这位女性的肉体呈现黄金光泽。金黄色在藏传佛教中也有众多含义。佛祖释迦牟尼的肉身及各种宗教用品、佛像衣装，特别是专用于高僧、大活佛的居室和袈裟都是特有的金黄色。佛教文化中黄颜色代表着兴旺；在五色经幡中黄颜色则象征着土地；藏传佛教五大教派中"格鲁派"的特定颜色也是黄颜色，因为此派僧众所着袈裟和僧帽均尚黄色；在藏戏中带黄颜色面具的角色就代表着高僧大德。

出馅饼和烤饼尽情享用。在这个风俗中，将火炬带到果园里、播过种的地里，以及鸡窝等处，明显是一种确保丰产的巫术。据波默罗二博士说，人们用来称呼火炬的那个名字——格兰纳，可能就是古代凯尔特人的格兰纳斯神，罗马人把它当作阿波罗来崇拜。

在上述季节里，德国、奥地利和瑞士等地也盛行类似风俗。如在莱茵河流域普鲁士境内的艾弗尔山区，四旬斋的第一个星期天，年轻人挨家收集谷草和木柴。然后将其带到一个高地上，围着一棵又高又细的山毛榉树堆起来，再把一块木柴绑在树上构成一个十字形，称作"茅屋"或"城堡"。他们从上面点着柴堆，光着头，手持点燃的火把围绕熊熊燃烧的"城堡"列队行走，并高声祈祷。他们有时还在"茅屋"里烧掉一个草人，根据烟飘的方向判断庄稼能否丰收。在施瓦本，人们在四旬斋的第一天做一个布偶，拴在杆子上面，称作"巫婆"或"老太婆"，或"冬天的奶奶"。然后把杆子插在一堆木柴的正中，再点上火。当"巫婆"燃烧时，年轻人向空中扔火饼。这火饼就是薄薄的圆木块，半径有几厘米长，边缘为锯齿形，是仿效太阳和星星的光线。火饼是穿在一根棍子头上，通过摇动棍子产生的动力往外弹射的，扔之前要先点着火饼，所以火饼落地前会在空中划出一道长长的弧形火光。人们把烧过的"巫婆"和火饼拿回家去，连夜埋在亚麻地里，以驱走田里的害虫。

在赫斯和巴伐利亚边境上的罗斯山区，人们经常在四旬斋的第一个星期天到山顶或高地上去。孩子们拿着火把、抹了焦油的扫帚和包着谷草的杆子，将一个轮子包上容易燃烧的东西，点燃后滚下山去。人们认为火轮滚到哪里，哪里的田地就能免受风雨冰雹的侵袭。年轻人拿着点燃的火把和扫帚冲到田里乱跑，以"赶走恶毒的播种者"，或祈求圣母保护大地的果实。最后，他们把火把和扫帚扔到一起，围在周围唱赞美歌和民间的歌曲。瑞士也有在四旬斋第一个星期天的晚上在高地点起篝火的习俗，人们把这天称为火花星期日。男孩挨家讨取木柴谷草，堆在一个醒目的山丘上，中间立一根柱子，柱子上拴一个草人，称作"巫婆"。夜幕降临后，点燃柴草堆，年轻人围着它跳舞，还要挥响长鞭，摇动银铃，当火势变小后他们就从火上跳过去，叫做"烧巫婆"。有些地方的人们还用谷草和荆棘包着旧轮子，点燃后让它滚下山去。篝火烧得越旺，当年的庄稼就长得越好；从火上跳过去的人，跳得越高，亚麻也长得越高。

复活节篝火

举行这种篝火节的另一个时间是复活节的前夕，即复活节前一天的星期六。这天，所有天主教国家的教堂里都要熄灭烛火，用火石和钢，或用火镜点起新火，用这新火点燃逾越节或复活节的大蜡烛，再用这大蜡烛点起教堂里所有熄灭的火。德国很多地区还用这种新火在教堂附近的空地上点起一堆篝火，人们将橡树、核桃树、山毛榉的树枝放在这火上烧成炭，带回家去。带回的炭枝有许多用途，有些在家中新点起的火中烧掉，以求上帝赐福，使全家人免遭火灾、雷电和冰雹侵害。有些则保存到来年，遭遇雷电天气时，放在炉灶里或塞在屋顶下，以免房子被雷电击毁。还有些炭枝被放到田里、果园里、草地上，祈求上帝保护它们免受霜雹虫害。

农民举行复活节篝火会的方式，以及与其有关的一些迷信都表明，它的性质是非基督教的。在整个德国北部和中部地区，复活节时的篝火至今还在山顶燃起。复活节到来之前，年轻人就忙着收集木柴，家家户户都争相捐献。相邻的村庄都互相比赛，看谁的篝火烧得最旺盛。由于年年都在同一座小山上烧，那座山便被称为复活节山。农民们相信，篝火烧得愈旺，庄稼就长得越好，火光映照的房子就能免除火灾和疾病。在黑森的沃尔克马森和其他一些地区，人们常要观察风将火苗吹往哪个方向，然后他们就在那个方向种植亚麻，相信它会长得很好。从篝火堆里取出的火棍可以确保房屋免遭雷击，灰可以增加土地的肥力，并保护田地免受老鼠侵害；如果把灰掺进水里，让牲口喝下，它就会免受瘟疫侵袭。

在蒙斯特兰，人们也是在一个固定的小山上燃起复活节的篝火。所有人都围在篝火旁，年轻男子与少女们绕着篝火，边走边唱复活节颂歌，直到火焰熄灭。然后女孩子们排成一队，一个接一个从火堆上跳过去，等在旁边的青年们两个一组，挽着跳过来的一个个女孩跑开。男孩们举着点燃的谷草火把，从田里跑过，使田地增产。在奥尔登堡的德尔曼霍特地区，人们通常砍两棵树，并排插在地上，再在每棵树旁堆十二桶柏油和大量木柴，复活节的傍晚点上火。仪式结束时，小孩子们追逐着抹黑彼此的脸，还把大人的衣服也抹黑。阿尔特马克的人相信，凡是复活节的火光映照之处，那里的庄稼全年都会长得很好。

在上弗兰肯的福希海姆附近，每年复活节星期六那天，人们都要在教堂墓地里烧一个叫犹大的草人。全村人争相贡献烧草人用的木柴，并把烧过的炭棍子保

□ 《逾越节，圣家庭集药草》
但丁·加百利·罗塞蒂　1855至1856年

逾越节（又称无酵节），犹太人最重要的上帝的节期，也是初代基督教最重要的上帝的节期。耶稣应许遵守新约逾越节，使罪得赦。但随着基督教在公元313年米兰敕令颁布后急剧变质，使徒们相继离世后罗马教会的主张开始发挥影响力，罗马教会拒绝逾越节，将逾越节和复活节看作一个节期，造出了星期日举行圣餐的风俗。节日起源于摩西带领以色列百姓出埃及。

存起来，等到沃尔蒲吉斯节那天埋在田里，以防小麦枯萎。大约一百或一百多年前，上巴伐利亚的阿尔森尼伯格地区有这样一个风俗：复活节星期六的下午，男孩收集很多木柴，堆在一块谷田里，在柴堆正中立一个用谷草包起来的木十字架。晚祷后，他们用教堂里祭过神的蜡烛点上灯笼，争先恐后地跑向柴堆，谁先跑到谁就点燃柴堆。妇女和女孩不能到火堆前来，只能在远处看着。火焰蹿起时，男人和小男孩们都高兴地喊着："我们在烧犹大！"为奖励第一个跑到火堆点火的男孩，星期天早上由妇女在教堂门口送给他染了色的鸡蛋。整个仪式的目的是为防止冰雹。

上巴伐利亚的其他村庄，在复活节星期六晚上的九十点间举行这个仪式，称作"焚烧复活节人"。年轻人在离村庄不远的一处高地上立一个高高的十字架，包上草，使它看起来像个伸着两只手的人，这就是"复活节人"。未满十八岁的男孩不得参加这个仪式。一个青年站在"复活节人"旁边，手拿一支在教堂祭过神，点着的蜡烛。其他人围着十字架画一个大圆圈，第一声信号响起后，就围着圆圈跑三圈；第二声信号一起，就争相朝十字架和手拿蜡烛的男孩跑去，谁先到达谁就有权点着"复活节人"。点燃后，大家都异常兴奋和快乐。当"复活节人"烧完后，就从其他男孩中选出三人，让他们每人围着灰烬用棍子在地上各画三圈。然后，所有人都离开那里。到复活节星期一那天，村民把灰烬收集起来撒在田里，还在田里插上祭神用过的棕榈树枝。这些做法都是为了防止田地遭受霜雹侵害。

荷兰好像也有复活节点篝火的风俗。在这里，篝火一般在最高的地方点燃，人们围着篝火跳舞，从火焰或燃着的炭上跳过。在瑞典很多地方，复活节前一天的晚上，人们朝四面八方放火枪，在山上和高地上点起篝火。

贝尔坦篝火

在苏格兰中部高地的篝火节中，"贝尔坦篝火"最为闻名，过去是在五月一日以隆重的仪式点起来。点燃篝火的习俗在很多地方一直延续到十八世纪，当时的作家们对这个仪式都有描写，其中写得最详细的是约翰·拉姆齐。他写道："督伊德教最大的节日是贝尔坦节，即五朔节……像督伊德教徒的其他公开宗教活动一样，贝尔坦节似乎也是在小山上或高地举行。他们认为神以宇宙为庙宇，不住在任何人建的屋里，因此他们在露天献祭，通常是在小山顶上，祭祀的地方景色壮丽，安静祥和。"根据传统说法，在过去的一百年里，高地纪念这节日的方式的确如此。但随着思想的日益开化，村民们就在某个小山上，或在他们放牧牲口的高地上举行仪式。早上年轻人在那里挖出一个深坑，把坑沿上的土堆成土墩当作座位，再在坑的正中放一堆木柴或其他燃料。古时人们多用净火来点燃这堆篝火，但有时也用普通火。我们还是具体看看这种取火的过程：

"头天晚上，人们把所有火都熄灭，第二天早上开始点燃圣火。斯凯、马尔、蒂里岛上的人们找一块被风吹日晒很久的橡树板，在上面的正中间钻一个洞，把一根橡木棍子的一端插入洞内，像螺旋一样钻木取火。这大概是最原始的取火方式。苏格兰本地有些地方是找一块青绿色的方形木头框子，在框子当中放一根木轴，由九个或二十七个人轮流推转木轴，摩擦生火。人们认为经过剧烈摩擦生成的火，就是天火，具有各种神性，能驱妖祛病。用净火点燃篝火后，大家就开始准备各种食物。吃完饭，便围着篝火唱歌跳舞。娱乐活动快要结束时，主持人拿出一个鸡蛋大饼，沿饼边切成扇形，称作'贝尔坦饼'。然后再把饼切成许多小块分给大家，其中有一块，谁分到了谁就被称为'贝尔坦老妖婆'。等有人拿到这块饼后，一伙人就抓住他，作势要把他扔到火里去，其他人都上前阻止，他由此得救。有些地方则是把这人放倒在地，先假装要肢解他，后来又拿蛋壳砸他。在那一整年里，人们都用这个可恶的绰号来称呼他。"

1769年，汤姆斯·彭楠特在珀斯郡旅行时记录了当地的一个风俗。"5月1日，各村的牧人举行他们的贝尔坦，一种农村祭礼。他们挖一个方形的沟，沟的正中留一片草地，在上面放一堆木柴，还在火上架起一口大锅，煮一锅鸡蛋、黄油、麦片、牛奶粥。仪式开始时，他们在地上倒点粥作为祭奠，然后每人拿出一个上面有九个凸起的小方块的麦片饼，把每个方块献给一个神，即他们牲口的所谓保护者，或是献给某个动物，即牲口的真正敌人。仪式结束后，他们就开始吃粥，吃完后，由两个专门指定的人把剩下的粥藏起来。一周后，他们又聚在一起，把上次仪式上剩的东西吃完。"

在苏格兰东北部，贝尔坦篝火直到18世纪下半叶还常常燃起。但根据后来的权威说法，这个地区不是在旧历五月一日点燃贝尔坦篝火，而是在旧历五月二日，叫做骨火。人们认为，那天傍晚或夜里，巫婆会全体出动，偷牛奶、对牲口施魔法。为抵挡她们的法术，家家都在牛棚门上放置花楸树和忍冬树的木块，尤其是花楸树的木块。农场主和佃农们把旧茅草、金雀花枝堆在一起，日落后点燃。几个人守在篝火边，不断拨动熊熊燃烧的柴草，其他人用叉子叉起一些燃着的柴草，高举着到处跑动。年轻人围着篝火跳舞，从烟火中跑过，并高喊："火啊！烧吧！烧死巫婆，烧死巫婆！"

威尔士也有点燃贝尔坦篝火的风俗，只不过点火的日子从五朔节前夕到五月三日不等。关于其点火方式有这样一段描写：几个人都把自己的口袋翻出来，身上不得留任何钱或金属。然后他们到最近的树林里，收集九种不同的树枝，拿回点火的地方，在草地上挖一个圆坑，把树枝呈十字形架在坑内。所有人都围在圆坑四周看点火。一个人拿两块橡木一起摩擦，直到擦出火星，接着用这火点燃树枝。然后，人们把燕麦面或黄面做的圆饼切成小块，放在一个小面粉袋里，在场的每个人都从袋子里拿一小块面饼，最后一块归拿袋子的人。凡是拿到黄面饼的人必须从火上跳三次，据信这样做就能带来好收成。爱尔兰也一样，以前在五朔节或五朔节前夕赶着牛群从火焰中走过的风俗一直流传至今。

在瑞典中部和南部地区，五朔节是民间的一个大节。节日前夕，熊熊篝火把座座小山和丘陵映照出奇异的光彩，这些篝火都是用两块火石摩擦点燃起来的。每个大点的村庄都会燃起自己的篝火，年轻人围着篝火跳舞，老年人则细心观察着火苗的方向，如果向北，春天来得就晚，如果向南，春天就温暖宜人。在波西米亚，五朔节前夕，年轻人在小山和高地上，在十字路口，在牧场上点起篝火，围着跳舞，还从火焰上跳过去，称作"烧巫婆"。有些地方用一个偶像代表巫婆，在火上烧掉。不要忘了，五朔节的头一天是著名的沃尔蒲吉斯之夜，这时所有巫婆都出来企图做坏事。在这个妖婆为害的夜晚，沃依格兰地区的孩子们也在高地点起篝火，并从火上跳过去，还在空中挥动燃烧的扫帚，用火光驱赶巫婆。五朔节前夕，点火烧巫婆的风俗在蒂罗尔、摩拉维亚、萨克森和西里西亚一直（或曾经）很盛行。

仲夏节篝火

但在整个欧洲,这种篝火节举行的最普遍时间是"夏至",即仲夏节前夕(6月23日)或仲夏节当天(6月24日)。用施洗者圣约翰的名字称呼仲夏节,多少给这个节日蒙上了一层基督教的色彩,但我们要知道,这个节日早在公元纪元之前就已经有了。据中世纪的一位作家说,仲夏节时各地都有燃篝火、田间火炬游行和滚轮子的风俗。男孩子们焚烧各种骨头和垃圾,制造出一种非常难闻的味道,来驱赶某些可恶的毒蛇,因为它们在空中交配时滴下的精液污染了地上的水。而滚轮子的做法主要是表示太阳已经转到黄道的最高点,从此就要开始下落了。仲夏节篝火的特点同我们前面所讲的春天篝火节的特点非常相似,这种相似之处在一些实例中表现得尤为明显。

□《往来,马提尼克岛》 保罗·高更 1887年

佛教的教义中强调轮回,而轮回即是一种循环与重复。佛教认为世界万物皆有生命,万物皆因因果而起,继而循环往复,使万物的灵魂携带前世、今生的印记,从而驶向来世。佛教借此规劝世人,善因得善果,恶因得恶果,万物通过六道轮回去往应该去的地方。

据16世纪上半叶一位作家的记载,德国的每个村镇在圣约翰节前夕,都要点燃篝火,男女老幼全围着篝火唱歌跳舞。人们都戴着用艾草和马鞭草编的花冠,手拿一束束燕草,并隔着燕草注视篝火,认为这样一来他们的眼睛整年都会健康。离开前,每个人都把艾草和马鞭草扔到火里,并祈祷:"愿我的一切厄运都同这火一起烧掉。"下康兹的某个村子坐落在半山腰,俯视着莫泽尔河,仲夏节来临时,家家户户都要攀上险峻的斯特罗姆伯格山顶收集柴草。到了晚上,村里的所有男子,包括小男孩,都到山顶集合,而妇女和小女孩们则集中在半山腰处的泉水旁。男人们在山顶用村民收集的柴草把一个大轮子包起来,剩下的草都扎成火把。信号一起,就用燃着的火炬把草轮点燃,当轮子冒出火焰时,两个身强体壮、动作敏捷的青年抓住轮把,把它滚下山去。接着所有男人和孩子都挥舞火炬,并注意当轮子正往山下滚时,不要让火炬熄灭了。两个滚轮子的青年,最主要的任务就是把熊熊燃烧的轮子滚进莫西尔河,但这很难做到,因为漫山遍野的葡萄园拖慢了他们的脚步,轮子还没滚到河里就已经烧完了。当轮子从等在泉水

□ 《施洗者圣约翰》 达·芬奇
1513至1516年

仲夏节是北欧国家的传统宗教节日。每年6月24日前后举行。最初可能为纪念夏至日而设定，北欧改信天主教后，附会为纪念基督教施洗者约翰的生日（6月24日）而设，后来其宗教色彩逐渐消失，成为民间节日。瑞典、芬兰等北欧国家靠近北极，冬季漫长，大部分地区几乎有半年时间不能见到太阳。仲夏节前后，这一地区处于一年中阳光最为充足的时节，仲夏节又是白天最长的一天，几乎没有黑夜。因此人们在这一天庆祝光明驱除黑暗以及万物争荣日子的到来。篝火晚会是节日的重要内容。人们身穿民族服装进行各种传统民间手工艺表演，并点燃熊熊篝火，载歌载舞欢度仲夏之夜。

旁的妇女和女孩身边滚过时，她们高兴地大喊起来，男人们就在山顶上答应，在河对岸的山上观看的邻村村民也大声回应他们。如果火轮滚到河边才熄灭，就预示着当年的葡萄有好收成。此外，他们认为如果不举行这个仪式，牛群就会狂躁不安。

到了19世纪中叶，上巴伐利亚地区似乎仍普遍流行仲夏节篝火的习俗。不管是山顶，还是低地上，一堆堆篝火熊熊燃烧，人们赶着牛群穿过火堆，以保证牛免受瘟疫和其他灾害的侵袭。许多人家那天还把家里的火全都熄灭，用在仲夏节篝火上点燃的火把点起新火。人们根据火焰的高低判断亚麻当年长势的好坏，还有人把一个熄灭了的火把放在屋顶，保护房子免遭火灾。在施瓦本也是这样，男孩和女孩手牵手从仲夏节篝火上跳过去，祈求亚麻长得很高，他们还点燃草轮子，让它滚下山去。罗顿堡的人们将一个粗糙的人形偶像用各种花包裹起来，由男孩子们在仲夏篝火上烧掉，之后，男孩们依次从篝火上跳过。

在丹麦和挪威，圣约翰节前夕，路上、空地上和山上都燃起仲夏篝火。挪威人认为火能驱除牛群的疾病，还能赶走巫婆，据说那天晚上所有巫婆都会出来为害。在瑞典，圣约翰节前夕是一年中最快乐的一个夜晚，人们经常放枪，点燃大堆篝火来庆祝这个节日。奥地利的仲夏风俗和德国的极为相似。如帝罗尔某些地方的人们那天也点篝火，向空中扔火饼。在莱茵河下游，每逢仲夏节，人们把一个衣衫褴褛的偶像装在车子里，推着走遍整个村庄，然后把它烧掉。在格拉兹，圣约翰节的第一天（6月23日），人们常常做一个偶像，称作塔特曼，把它拖到空地上，用燃着的长扫帚拍打它，直到它也着起火。下奥地利的人们在高地上点起篝火,男孩子围着火堆,边跳边挥动浸过油漆、燃烧着的火把。谁从火上跳过三次,那一整年就不会发烧。他们还把油漆涂在车轮上,点燃后让它滚下山去。

斯拉夫民族的国家里,也有用相同仪式举行仲夏篝火会的。我们说过,在俄罗斯,青年男女抱着草扎的库帕洛偶像,成双成对地从火堆上跳过。有些地方还烧掉库帕洛偶像,或在圣约翰节晚上把它扔到河里。在小俄罗斯,圣约翰节晚上,人们在地上立一根木棒,包上谷草并点燃。火焰蹿起后,妇女们就把桦树枝扔到火里,并祈祷:"愿我的亚麻跟这树枝一样高!"仲夏节前夕,普鲁士和立陶宛许多地方都燃起大堆篝火,以防御巫法、雷电、冰雹和牲口疫病的侵袭。东普鲁士的马苏仁地区,住着一支波兰族人,他们在仲夏节的晚上有熄火的风俗。全村人都熄灭家里的火以后,集合到一块空地上,在那立一根橡木桩,木桩上装一个轮子,摇动轮子摩擦生火。所有人都用这新火点一个火把带回家去,点燃炉灶的火。塞尔维亚放牧者在仲夏节的头天晚上点起桦树皮做的火把,围着牲口棚走几圈,然后带着火把爬上山去,让火把在山上熄灭。

从东欧到西欧,我们并未发现人们庆祝仲夏节的仪式有太大区别。直到19世纪中叶前后,仲夏节点燃篝火的风俗在法国各地仍很盛行。

在奥恩河谷,仲夏节那天的太阳刚刚落下地平线,人们就点起篝火,农人赶着牛群从火里走过,以求它们免受巫法侵害,特别是防御巫婆和巫师施行法术盗取牛奶和黄油。诺曼底的于米吉村庆祝仲夏节的方式有些与众不同。每年6月23日,圣约翰节的第一天,"绿狼兄弟会"都要推选一位新首领,而且总是从科尼豪村推选。选出来的新首领就称为"绿狼",他穿上一件绿色长袍,戴上一顶没有帽边的锥形绿高帽子,唱着赞美歌,庄严地领着众兄弟前往一个叫考奎的地方。那里的神父和唱诗班人员全出来热情迎接他们,并把他们领进教堂。听完弥撒后,大家都来到绿狼家里,简单地吃一顿饭。到了晚上,一位年轻男子和一位年轻妇女戴上鲜花,摇起手铃。铃声一响,人们就点燃篝火。然后,绿狼和他的兄弟们把头巾披到肩上,拉起手,跟在当选来年绿狼的人后面围着篝火跑。他们边跑边试图抓住他,未来的绿狼则用一根长棍子防御他们。最后,他们把他抓住抬到火堆上,假装要把他扔进火里。这个仪式结束后,他们再去绿狼家里吃顿便饭。十二点的钟声一响起,人们便一改先前的拘束,嬉笑打闹,纵情玩乐。第二天,6月24日或仲夏节,这群人又同样热烈地庆祝一天。

仲夏篝火在普罗旺斯也很盛行。每到那时，孩子们就挨家挨户收集木柴。以前，神父、镇长和参议员常列队走到点燃篝火的地方，并带领人们绕火走三圈。在阿克斯镇，人们选出一善射鹦鹉的青年做名义上的"国王"，主持仲夏节。他挑选出自己的官员，在他们的陪同下来到篝火堆，点上火，带头围着火堆跳舞。

英国很多地方也遵行仲夏篝火的风俗，人们也是围着篝火跳舞，从火上跳过去。在格拉摩根山谷，人们常用谷草把车轮包起来，点燃后滚下山去。如果车轮往下滚时火一直没有熄灭，而且继续燃烧了很长一段时间，就预示着庄稼丰收在望。仲夏节前夕，马恩岛上的居民总是在田里的上风处燃起篝火，让烟吹过庄稼，他们还拿着燃烧的金雀花围着牛群走几圈。在爱尔兰，人们赶着牛群，特别是不产崽的牛群从仲夏篝火中走过，把灰烬撒在田里增加土地的肥力，或是把木炭放在田里防虫害。

在整个西班牙、意大利的某些地区和西西里岛，仲夏节篝火的风俗都很普遍。在马耳他岛，到了圣约翰节前夕（仲夏节前夕），处处都燃起大堆篝火。过去，在圣慈善收养院前摆着一堆油漆桶，由圣约翰修道会的教长负责点燃。据说希腊人也常在这时点起篝火，并从火上跳过去。在莱斯博斯岛上，圣约翰节前夕，人们总是三堆三堆地点燃篝火，并从火上跳过去三次，跳时每人头上都顶一块石头，说道："头顶石块跳过冤火！"在卡利姆诺斯，人们相信仲夏篝火能确保来年丰收，并驱除跳蚤。他们围着篝火唱歌跳舞，把石头放在头顶，从火上跳过去。火势渐小时，他们往火里扔石头，火快熄灭时，他们在腿上画十字，然后直接跑到海里洗澡。

这种习俗在北非的伊斯兰国家也广泛流行，尤其是在摩洛哥和阿尔及利亚。在这些国家里，仲夏节（旧历五月二十四日）被称为兰萨拉。人们通常在院子里、十字路口、田里，或打谷场上燃起篝火。篝火用的材料都是燃烧时能冒出浓烟和香气的植物，如大茴香、麝香草、芸香、山萝卜籽、柑橘、天竺葵和薄荷等。人们用这样的浓烟熏自己，特别是小孩子，并把烟扇向果园和庄稼地。人们还从火上跳过去，有些地方，每人要从火上跳过七次。而且，他们还将火把在篝火上点燃，拿着熏屋子。他们引导病人接触火苗，以求病人恢复健康。有些地方的人还用篝火的灰烬擦拭头发或身体，相信这能带来福佑。摩洛哥北部里弗地区的柏柏人对仲夏篝火的作用深信不疑，为了保持自己的健康，他们从火上跳过去；为了防止果实凋落，他们在果树下点起篝火；为防止头发脱落，他们还把灰和成泥抹在头上。

我们需要特别注意一点，即信奉伊斯兰教的民族是遵循回历的，而回历是按月亮推算的，且没有闰年闰月的校正，因此他们对太阳年中的某些节日并不知晓。穆斯林节日都以月亮为准，在地球环绕太阳运行的整个时期中，都随月亮的转动而推移。因此这些民族中的仲夏节同他们公开承认的宗教没有任何关系，而是更为古老的异教习俗的遗迹，这对欧洲的基督教民族来说也是如此。

万圣节前夕的篝火

根据前面的大量实例，我们可以推断，在欧洲民族的异教祖先中，一年里举行范围最广泛的篝火会就是仲夏节前夕或仲夏节的盛会。节日的时间正好是夏至，这并非完全出于偶然。我们的异教祖先很可能观测到了夏至，或是观测到了太阳在天空运行道路的明显变化，并有意将地上篝火会仪式的时间定在这天。也就是说，他们在某种程度上会根据天文现象来调整他们节日的时间。

不过，这一点对欧洲大部分土著（我们也许可以这样称呼）来说虽然是相当肯定的事实，但对住在欧洲大陆最西北方的岛屿和海岬上的凯尔特民族来说却并非如此。凯尔特人主要的篝火节一直保存到现代，但流行的地域有限，而且节日的规模也变小了。他们举行篝火会的时间似乎同太阳在天空的位置毫无关系。篝火会一年中有两次，之间相隔六个月，一次是在五朔节的前夕，一次是万灵节前夕，即现在的万圣节的前夕（10月31日），在万圣或万灵节的前一天。这两个日子与太阳运转的四大关键期，即冬至、夏至、春分和秋分，都没有关系；而且与春天播种和秋天收获的时节也不一致，因为五朔节来临时，种子已播下地，11月开始时，庄稼早已收割入仓，果树光秃秃的，树叶也纷纷飘落。但5月1日和11月1日在欧洲倒是一年中气候的转折点，前者带来春日的温暖和夏天植物的繁茂，后者则带来秋日的肃杀和冬天大地的荒凉。一位博学多才的作者已经很好地指出：这两个特殊时刻对欧洲农民固然意义不大，但对欧洲牧民却至关重要，因为他们在夏天到来时才把牲口赶出去吃新草，在冬日降临前才把牲口赶回安全的畜棚。凯尔特人便据此将一年分为两半，前半年从5月开始，后半年从11月开始，这很可能是他们最初以畜牧为生时的做法。甚至在距离凯尔特人聚居区很远的欧洲中部，我们也发现了把一年划成这样两段的做法，其标志就是各地盛行的五朔节及其前夕（沃尔蒲吉斯之夜）和11月初的万灵节，这是一个蒙上了一层基督教面纱的古老的异教的亡人节。因此，我们可以这样推测：整个欧洲根据天文特征把一年划分为春夏秋冬四季之前，是根据陆地自然环境的变化把一年分为夏至、冬至两大季节的（如果我们能这样定名的话）。

不管怎样，凯尔特人在5月1日和11月1日的两大节，或者更确切地说，这两天的前一天，在纪念的方式以及与它们有关的迷信方面，彼此都非常相似。从两个节日所带有的古老性质来看，它们的起源都很古老，而且纯粹是异教的。五朔节，也就是凯尔特人所谓的贝尔坦节，是夏天的开端，我们在前面已经描述过了。接下来需要描述一下与其近似的万圣节前夕，这个节日标志着冬天的到来。

两个节日中，古时万圣节前夕这个节日也许更重要，因为凯尔特人似乎是以万圣节前夕作为一年的开始，而不是以贝尔坦节。马恩岛是保持凯尔特语言和风俗最久、抵御撒克逊入侵者围攻时间最长的一个堡垒，这个岛直到近代仍将11月1日看作新年的开始。如在万圣节前夕，马恩岛上的居民常化装四处游行，并用马恩岛语唱一种除夕歌。在古代的爱尔兰，每年万圣节或萨温节前夕都要点新火，爱尔兰所有的火都要用这圣火重新点燃。这种风俗强烈地表明，萨温节或万圣节（11月1日）是新年的开始，因为每年点新火就是在一年的开头，目的是使新火的福气持续整整十二个月之久。关于这一点，还有一个事实可以作为佐证，即凯尔特人常在万圣节前夕用各种方法占卜自己的命运，尤其是来年的运势。除了在新的一年即将到来之际，还有更合适的时间去预卜未来吗？此外，亡人与万圣节前夕的关系也是一个很重要的证据。万圣节前夕这个由秋入冬的晚上，不仅在凯尔特人中，而且在整个欧洲似乎都是亡人魂魄一年一度重游老家的时刻。亡魂被亲人迎进温暖的屋里，享用已为他们备好的美味佳肴。冬天来了，牛群都被从荒凉凄冷的户外赶回了牛棚，精心饲养和照料，人们自然也想把在外游荡、饥寒交迫的已死亲人的魂魄迎回来，予以安慰。

人们认为，在这一天，除了四处游荡的亡人的鬼魂，还有一些不为人见的神秘力量。比如巫婆也全体出动，有的骑着扫帚，有的骑着花猫，到处为虐。仙人也出来了，各种小妖精也到处游逛。

尽管万圣节前夕在凯尔特农民心中带有一种神秘、恐怖的色彩，但他们的节日庆祝活动却非常热闹，充满了欢乐。苏格兰高地上举行的活动赋予这个节日浪漫唯美的气息：在秋季的最后一天，孩子们收集羊齿草、柏油桶以及其他适于点燃篝火的东西，堆在房子附近的高地上。这种篝火叫做桑姆纳干，每家都要点上一堆，而且一家比一家的火堆大，就像比赛一样，很有意思。整个地区在无数篝火的照耀下一片通明，星星点点的火光映在狭长的海湾上，绘出一幅美丽奇妙的画面。同5月1日的贝尔坦篝火一样，万圣节前夕的篝火似乎也是在珀思郡高地最为流行。在卡兰德教区，直到18世纪末，点燃篝火的习俗还为人们遵循。篝火熄灭后，人们把灰收集起来，堆成一个个灰圈，并在旁边放一块石头。第二天早上，如果发现哪块石头位置有变动或有所损坏，人们就断定那块石头所代表的人"fey"（意即命运已经注定）了。自那天起，他余下的生命已不到十二个月了。在鲍尔奎德镇，直到19世纪后半叶，家家都在万圣节前夕点燃篝火，但主要是孩子们遵行这个风俗。苏格兰东北部的某些地区，如巴肯也在万圣节前夕点燃篝火。各村的孩子挨家讨取泥炭，通常都说一句："给我们一块泥炭烧巫婆吧！"泥炭收够了，他们就分成若干堆，再加上谷草、金雀花和其他易燃的东西，全都点燃起来。然后，所有青年都一个挨一个地，靠近火躺在地上，让浓烟从身上滚过。其他人则从烟里跑过，从躺在地上的青年人身上跳过。篝火熄灭后，他们把灰散开，比赛看谁撒的灰最多。

在威尔士北部，万圣节前夕家家燃起篝火，称作"柯尔柯斯"。点燃篝火的地方就在房子附近，火快熄灭时，每人都向灰里扔一块事先做好记号的石头，围着火祷告完后就回家睡觉。第二天早上一起来就去寻找扔的那块石头，如果发现某人的石头不见了，他们就认为扔石头的人活不过下一个万圣节前夕。现在我们就能理解下布列塔尼的人为何都往仲夏节篝火里扔一个鹅卵石了，他们显然同威尔士和苏格兰高地的人们一样，也是在某个时候根据鹅卵石的位置和状况来判定人的生死祸福。我们在凯尔特族的三个不同分支中都发现了这个风俗，这个风俗也许在他们分裂前的某个时期就已经有了。

凯尔特人的另一个故乡马恩岛上也一样，直到近代人们仍在万圣节前夕点燃

□《火之舞》 保罗·高更 1891年

在众多部落的原始生活及宗教中，火占据着及其重要的位置。如《旧约·以赛亚书》中说，撒拉弗用火剪从台上取下红炭，以帮助以赛亚清洁嘴唇的不洁。此处的火带有清除污秽、保持圣洁之意。"耶和华必在火中降临，他的车辇像旋风，以烈怒施行报应，一火焰施行责罚"，此处的火则是耶和华的审判与毁灭。

篝火，举行所有例行仪式，以防精灵或巫婆作祟。

仲冬节篝火

既然古代欧洲异教徒会举行盛大的篝火会庆祝仲夏节，我们就有理由相信他们也会举行类似的仪式，纪念相应的仲冬节，因为仲夏和仲冬（即夏至和冬至）是太阳在天空中运行的两大转折点，在这两个时刻，天上大火球的火力和热力开始消长，对原始人来说，这正是在地上燃起篝火的恰当时机。

现代的很多基督教国家似乎仍保存着古老的冬至篝火会习俗，这在英格兰被称为圣诞木、圣诞柴或圣诞木块。这一风俗在整个欧洲都很流行，但在英格兰、法国和南斯拉夫似乎更为兴盛，关于这种风俗的详细记载也来自这些地方。虽然这两个节令都举行篝火会，但冬天的庆祝地点却选在室内，这就使它具有私人的或家庭的节日的性质，与夏天在某处开阔地上、群众性的庆祝形成鲜明的对比。

直到19世纪中叶前后，德国中部某些地区仍保存着圣诞火的古老仪式。在西格和拉恩两个村子里，农民们把一块粗重的橡木作为圣诞柴塞在灶底点燃，最后把烧剩下的柴炭碾成粉末，在"十二夜"期间撒到田里，以促进庄稼生长。威斯特伐利亚某些村庄的做法则是：当圣诞柴略微烧成炭，就立即从灶内抽出，细心保存起来，每逢雷电交加就再放回火里，因为人们相信烧着圣诞柴的屋子不会遭雷击。这里的另外一些村庄还有种老风俗，就是把圣诞柴捆在收获时割下的最后一捆谷子里。

法国有些省，特别是普罗旺斯省，长期遵行圣诞木柴的风俗。17世纪的一位法国作家曾将其作为迷信来批判，他写道："把一根木头称作圣诞木柴，在圣诞节前一天就开始放在火上，然后每天都放在火上烧一会，直到第十二夜，最后把它保存在床底下，认为这样就能保护房子免遭雷击火灾，家里人冬天不冻脚后跟，牲口不生疾病；如果把一块烧过的木片浸在母牛喝的水里，就能促进母牛孕育小牛；如果把木头灰撒在田里，就能防止小麦霉烂。"在佩里戈德，人们把圣诞木柴的炭和灰都保存起来，用以治疗腺肿；农人常拿在火中未曾烧掉的木头做犁楔子，认为这有利于种子生长；妇女们为了饲养的鸡也拿几块圣诞木保存到"第十二夜"，有些人认为她们摇动圣诞木柴时有多少火花迸出，就会有多少小鸡孵育出来。

英格兰的圣诞木柴风俗也基本是这样。据考古学家约翰·布兰德说，在圣诞节前一天的晚上，人们常常点起特别大的蜡烛，称作圣诞烛，在烛火上放一根木头，称作圣诞木柴或圣诞木，用以照亮房子。还有一个老风俗是，把一块旧圣诞柴和新圣诞柴一起点上，因此每年的圣诞柴要保存到下一次用。只要是存放圣诞柴的地方，妖精就不会作祟。剩下的圣诞木还能保护房子免遭雷击火灾。

南方的斯拉夫人，尤其是塞尔维亚人，至今仍举行盛大的砍圣诞柴的仪式。他们通常砍橡树木做圣诞柴，有时也用橄榄树或山毛榉树。那里的人们似乎也认为，从燃烧的圣诞木里敲击出多少火星，他们就会得到多少小牛、小羊、小猪等。有的人把一块圣诞木放到田里，以防冰雹。在阿尔巴尼亚，烧圣诞柴并将柴灰撒在田里的风俗，直到近年还普遍流行。喀尔巴阡山的一支斯拉夫人胡祖尔人，在圣诞节头一天（旧历一月五日）摩擦木头取火，一直烧到"第十二夜"。

需要特别注意的一点是，人们普遍相信，把圣诞木柴的余炭保存起来，能保护房子免遭火灾雷击。由于圣诞木柴通常都是橡树木，因此这种信念很可能源于雅利安人把雷神与橡树联系起来的古老做法。至于圣诞木柴的灰烬具有治疗和增殖功效的想法，是否也出于同一源头，还需要探讨和考证。

□《绿色基督》 保罗·高更 1889年
　　基督教认为绿色代表植物，它象征着勃勃的生机。同时绿色又是生生不息的流水，希望的源泉不断带给世人生的可能，而洗礼即从此而来。绿色的生命带有生命最有活力的律动，绿色基督便是不朽的象征。

净　火

前面所描述的这些篝火节都是在一年的某个时间定期举行的，但除此以外，欧洲许多地方的农民自古以来还在遇到某些特殊情况时，不定期地举行一种篝火仪式。这种仪式更值得我们注意，因为它在很古老的时候就有了，很可能是一切篝火节的起源。条顿民族一般把这种篝火称为净火，有时也叫做"野火"。斯拉夫民族称之为"活火"。

这个风俗可以追溯到中世纪早期，那时教会将其斥为异教迷信，自此直到19世纪前半叶，德国、英格兰、苏格兰和爱尔兰某些地区偶有这种习俗。斯拉夫民族对这一风俗保存的时间似乎更长些。这种仪式多在瘟疫或牛瘟爆发时举行，人们认为净火能有效治疗母牛、猪、马等牲畜感染的疫病。点净火之前，必须先熄灭附近的一切灯火，一点火星也不能留。有时可以只灭掉本村所有的火，但有时还需要熄灭附近村庄，甚至整个教区的火。净火通常是在露天点燃，但塞尔维亚某些地方则在一间屋子里点燃，有时还在十字路口或路上的一个坑洼中点。

净火按例要用两块木头摩擦点燃，不能用石头或铁取火。据记载，南斯拉夫人中有一种特别的取火方法，就是把铁块放在铁砧上敲打。只用木头生火的地方，据说一般都是用橡树，而莱茵河下游则是用橡树或桃树。在斯拉夫国家，好像用杨树、梨树和山茱萸都可以。点燃净火的方式因地而异，最常见的是：在地上埋两根杆子，之间相隔大约五十厘米，两根杆子相对的一面各有一个孔，在孔里塞上麻布，将一根光滑的横木或棍子的两端紧紧插进洞里，为了使棍子更容易点着，上面还常涂上柏油。然后在棍子上缠一根绳子，由两个或几个人分别抓住绳子的两头，使劲来回拉动绳子，使棍子快速转动，通过这样摩擦使孔里的麻布冒出火星，接着用麻絮引火点燃谷草，再用谷草点燃篝火。

关于点火的人选也有很多规矩。据说，拉木棍上绳子的两个人必须是兄弟俩，至少两人的名字要一样，有时又认为只要是两个贞洁的青年就行。不伦瑞克某些村庄的人们认为，如果点燃净火的人不同名，他们就会徒劳无功。在西里西亚，用来点净火的树常由双胞胎兄弟一起砍伐。在苏格兰西部各岛上，由八十一个已婚男子分成九组轮流用两块大木板摩擦生火。在塞尔维亚人中，有时由年龄在十一至十四岁之间的一个男孩和一个女孩点燃净火，他们要光着身子在一间黑屋子里点火；有时由一个老头子和一个老太婆来点火，也是在黑暗中点。

□《怎么，你妒忌吗？》　保罗·高更　1892年

基督教认为世人皆有罪，并将罪分为原罪与本罪。从亚当、夏娃偷吃禁果开始，人就带有原罪，即始祖所遗留的罪行；本罪是各人今生所犯之罪。《新约·罗马书》中记载："装满了各样不义、邪恶、贪婪、恶毒，满心是嫉妒、凶杀、争竞、诡诈、毒恨。"在上帝看来人心生邪恶就是犯罪，所以世人应该进行自我审查，以此进行救赎。

净火点燃后,接着用它点起篝火,当篝火火势渐小,人们就把染病的牲口从炭火上赶过,有时还要分先后,先是猪,接着是母牛,最后是马。所有牲口都走完后,年轻人就在灰烬上乱跑,朝彼此撒抹灰,涂得最黑的人呼喊着胜利的口号,随牲口走回村子,身上的灰要保持很长时间才洗掉。人们从火里取些燃着的火炭带回去点燃家里的火,用完后就把它放在水里浸灭,有时还把这浸灭的炭在牲口槽里放一段时间。人们还把净火的灰撒到田里保护庄稼免受虫害,或是拿回家当作治病的药物,用水调好,让病人喝下。在苏格兰西部各岛以及与各岛邻接的大陆上,人们用净火点燃家中炉灶里的火后,接着就在这火上烧一壶水,然后把热水浇在病人身上,或是染上瘟疫的牲口身上。净火的烟具有特殊用途,在瑞士,人们用这种烟熏果树和渔网,以求树多结果、网多捕鱼。据说在马尔岛,点燃治牛瘟的火时,还要杀一头病牛献祭。在德国一些地区,不等牛瘟爆发,人们每年好像都要点一次净火来预防。

第三章 篝火节的含义

篝火节的一般含义

通过对欧洲民间篝火节的上述探讨，我们可以得出几个一般性结论。首先，这些仪式不论是在一年中的什么时间，也不论是在欧洲的什么地方举行，都有着惊人的相似之处。点燃篝火从火上跳，赶着牲口从火中走过，或手持火把围着田地、果园、畜棚游行，这些做法实际上遍及整个欧洲。向空中扔火饼或往山下推火轮的风俗就没有那么普遍。圣诞木柴的仪式和其他篝火仪式的不同之处在于，前者具有私人和家庭的性质，之所以如此，是因为仲冬天气恶劣，不适于露天集会点火。除了仪式上的类似，人们希望篝火带来的好处也很相似。不论是用固定的杆子点火，还是拿着火把到处走，或是把篝火的炭灰带回家，人们都认为火能促进庄稼生长、牲畜繁育，能消除雷电和虫灾，驱除疾病和巫法。

我们不禁要问，人们凭什么认为这么多好处通过烟、火、灰、炭就能得到呢？现代学者对此作出了两种不同的解释：威廉·曼哈德认为，篝火节是太阳魔法或巫术仪式，是想根据模拟巫术原则，通过点火模仿天空中光和热的源泉，以求得人、畜和植物所需要的阳光。他的这一观点可以称为太阳说；爱德华·威斯特马克博士和尤金·莫克教授则坚持，篝火节仪式不一定与太阳有关，只是希望通过烧毁一切有害的影响，实现净化。这种看法可以称作净化说。在这两种说法里，仪式中占主要地位的火具有截然不同的性质，前者认为火就像我们在地球上得到的阳光，是一个温和的生产力量，促进植物生长和一切能给人类带来幸福的事物的发展；后者则认为火是一种凶猛的破坏力量，它毁坏和消灭一切威胁人、动物、植物生命的成分。根据前一种看法，火是一种刺激物，有积极的功效；根据后一种看法，火是一种消毒剂，有消极的功效。

这两种观点中关于火的性质的说法虽然不同，但两者并非完全不可调和。如果我们假定这些篝火最初是模仿太阳的光和热的，那么也可以说关于火具有净化和消毒作用的认识来自关于阳光具有净化和消毒作用的认识。这样，我们就可以得出一个结论：这些仪式最初就是模仿阳光的，它的净化作用是后来引申得出的。我在本书的前几版中都采用了这个结论。但是，威斯特马克博士曾对净化说作出有力的辩护，必须承认他的论点很有分量，更细致地考察一下事实，我觉得证据似乎的确有利于他的观点。不过，问题还不是很清楚，我们不能断然否定太阳说。因此，我想先引证支持太阳说的那些理由，然后再谈反对它的理由。

篝火节的含义——太阳说

我们在前面谈到过，野蛮人利用魔法制造阳光，因此欧洲的原始人也很可能这样做过。而且，在一年中的大部分时间里，欧洲的气候都是阴冷多云的，人们对阳光的渴求肯定比住在赤道附近的野蛮人更强烈。支持篝火节太阳说的论点主要来自三个方面：一是篝火节的日期；二是篝火节仪式的性质；三是人们所谓篝火节对天气和植物的影响。

首先，在节日的日期方面，两个最重要、最盛行的篝火节的日期基本同夏至和冬至一致，也就是说，正碰上太阳在天空运行的两大转折点，即太阳运行中分别达到它的最高点和最低点。这种时间上的一致不可能纯粹出于偶然。对于仲冬的圣诞节庆祝，我们不需做任何推测，因为古人流传下来的明确证据告诉我们，圣诞节就是基督教会制定出来代替古老的异教的太阳诞生节的。显然，人们认为太阳在这一年的最短的一天复生，此后它的光和热渐渐增长，在仲夏时达到最炽热的程度。所以说，圣诞木柴最初是为帮助在仲冬出生的太阳点燃它似乎逐渐熄下去的火光，这种推测并非完全没有道理。

除了日期方面，有些篝火节在仪式上也表现出有意模仿太阳。比如滚火轮下

□《美国圣诞节宣传画》
阿尔丰斯·穆夏　1919年

圣诞节又称耶诞节，译名为"基督弥撒"，西方传统节日，在每年12月25日。弥撒是教会的一种礼拜仪式。圣诞节是一个宗教节，因为把它当作耶稣的诞辰来庆祝，故名"耶诞节"。弗雷泽认为，圣诞节是基督教会制定并来代替古老的异教的太阳诞生节的。

山、使燃烧的油桶围着柱子转的风俗，很明显都是模仿太阳在天空的运行。再如扔火饼的做法，有时火饼就是做成太阳形状的，节日时把它扔向空中就是一种模仿巫术。通过模仿太阳在天空的运行，就能真正帮助太阳准确迅速地绕巡天际。仲夏节篝火有时还被称为"天火"，这说明人们那时已经把地上的火光和天上的火光有意识地联系起来了。

节日时点燃篝火的方式也为太阳说提供了佐证。正如某些学者已经观察到的，在这种定期的节日里，最初可能普遍是用摩擦两片木头取火的。在有些地方的复活节和仲夏节上，人们至今仍用这种办法取火。还有人明确指出，过去苏格兰和威尔士的贝尔坦篝火节都是这样取火的。而净火则几乎一直是用木头摩擦取火，有时也用轮子旋转取火，轮子代表的就是太阳。如果从前定期燃烧的篝火也是用同种方式点燃的，那么，我们就能肯定，点燃篝火的做法原本就是太阳魔法。其实，有些证据已经表明仲夏篝火原来就是这样点燃的。匈牙利的许多牧猪人把一根木轴缠上亚麻，再安上轮子，在木轴上旋转轮子摩擦生火，点起仲夏节前夕的篝火，并赶着猪从火上走过。在施瓦本的奥伯尔默德根村，每逢圣维图斯节（6月15日），人们就燃起所谓的"天火"，具体做法是：将一个车轮涂上油，缠上草，拴在一根接近四米高的杆子上，杆顶就插在轮子的中心，然后把轮子点燃。等火焰蹿起时，人们高举双臂，仰望天空，念诵一套固定的祷词。这里，在杆顶装上轮子并点燃的做法表明，最初此火也跟净火一样，是旋转车轮产生的，而且举行这种仪式的时间也接近仲夏。

此外，有人认为定期或不定期点燃篝火的目的是影响天气和植物，这种推想可以作为论证点燃篝火是太阳魔法的证据，因为那些人们把火的功效说得跟太阳的功效一样。法国人相信，在降雨频频的六月，点燃仲夏篝火，雨就会停止。他们似乎是假定火能驱散乌云，使太阳露出明亮的光辉。在瑞士，每逢浓雾弥漫，孩子们就点燃净火进行清除，这显然是模仿太阳的法力。孚日山区的人们相信，仲夏篝火能促进庄稼生长，确保大地丰收。在瑞典，人们通过五朔节篝火火苗飘动的方向来预测天气的冷暖，如果火苗向南飘，天气就温暖，如果向北飘，天气就寒冷。很明显，这里只是把火苗的方向看作天气的预兆，而不是影响天气的因素。但我们可以确定，这种占卜方式就是从巫术转变来的。因为根据更古老的看法，烟和火不只是预兆，它们的确有助于丰收，火的热力对谷物的影响就相当于太阳的光照作用。马恩岛人在田里的上风处点火，使烟飘过田地，也许就是出于这种看法。欧洲农民认为凡是篝火映照之处，庄稼就会长得很好，这应该就是源于篝火促进庄稼增殖的信念。这种信念的表现有很多，如：人们相信，把篝火的余炭埋在地里有助于庄稼生长；在火苗飘动的方向播撒大麻种子，或把圣诞木柴塞在犁里，把灰撒在地里，能使种子旺盛生长。又如在莫塞尔河上的康兹，如果火轮从山上滚到河边而未熄灭，人们就认为这是葡萄丰收的预兆。这里的火轮可能代表没有乌云遮挡的太阳，预告了葡萄的丰收。我们可以断定，这里的农民把轮子的火和庄稼赖以生长的太阳的火直接联系了起来。

在民间信念中，篝火除了促进植物生长，还有助于动物的增殖。如爱尔兰人把不孕的牛从仲夏火中赶过；法国人认为把圣诞木柴浸在水里能帮助母牛产子；法国和塞尔维亚人都认为，圣诞木柴迸出多少火星，他们就有多少小鸡、小牛和小羊；德国农民把篝火灰拌在牲口喝的水里，促进其繁殖。还有一些事例表明篝火也能促进人类繁衍子嗣：摩洛哥人认为不孕的夫妻从仲夏篝火上跳过就能生育；爱尔兰人认为，从仲夏篝火上跳过三次的女孩会马上结婚，并将生育很多孩子；在弗兰德，妇女从仲夏篝火上跳过能保证分娩顺利；在瑞士和法国某些地方，人们点燃圣诞木柴时还祈祷妇女多多生育子女。

在我们考察的这些节日里，点燃篝火的习俗总伴随着手持火把到田地、果园、羊群和牛群中走动的习俗。我们自然会认为，这两种习俗不过是为达到同一目的而采取的不同方式而已，这个目的就是从火中受益。因此，如果我们接受篝火太阳说，显然也要把太阳说应用于火炬说，我们就得假定拿着燃烧的火炬到处走动或跑动，完全是以火炬的火光模仿温暖的阳光向各处散布光和热。拿着火炬在田里走动，就是为了使田地增产。波西米亚人把燃烧的扫帚扔向空中，认为扔得有多高他们的玉米就能长多高。这种信念并不仅限于欧洲人。在新年到来的前几天，高丽宫廷的太监就一边摇动火炬，一边念诵咒文，以求来年大地丰收。法国普瓦图的农民常推着燃烧的轮子在田里走过，目的是要使田地增产。可以说，这种习俗以更形象的形式体现了同样的信念。这里不仅以轮子的光和热表示太阳的光和热，而且还模仿太阳从田里走过，从而使田地受到它光热的促进。此外，拿着燃烧的火把绕牲畜走的习俗，同赶着牲畜走过篝火的习俗显然是等同的。那么，如果篝火是一种太阳巫术，火炬也一定是一种太阳巫术。

□《午休》 保罗·高更 1891至1892年

古代中国民间认为，一天中最恐怖的时间不是午夜而是正午，因为盛极必衰，此时太阳离赤道最近。但凡有人去世，只要是头七以内，并且是正午，在他生平时常去的地方，就有机会看到他的生魂。所以古人通常选择午休，养精蓄锐调养生息。

篝火节的含义——净化说

考察完有关太阳说的各种论证，我们再来看看支持净化说的论证。净化说的论点是：在那些篝火节仪式中，点燃篝火不是创生性的手段，而是清除性手段，它通过烧掉或消除可能导致疾病和死亡，威胁人们物质或精神生活的一切有害因素，来净化人、牲畜和农作物。

首先，那些遵行篝火节习俗的人们常以净化说来解释这种风俗，从未提出什么太阳说。这一事实就能为净化说提供一个有力的证据。因为除非有更重要的理由，民间对某种习俗的解释一般是不能否定。把火看作一种毁灭性的力量，并能用以清除一切有害事物，这种概念非常简单，即使粗野的农民也能提出，而且这些篝火节正是他们创造出来的。另一方面，把火看作太阳放射出来的物质，或是认为火与太阳之间有某些物理感应的联系，这种概念的产生就绝没有那么简单、明了。在对民间习俗进行考证时，我们断不能只追求深奥的思想，而不顾眼前人们自己对其作出的简单解释。人们已经反复阐明，点燃篝火是为烧掉或驱除妖邪，而且有时在火中焚烧妖魔的偶像，也形象地表明了这种意图。因此，只要我们记得若干世纪以来欧洲民间对妖邪是多么恐惧，我们就能想到那些篝火节的首要意图就是要铲除或至少摆脱妖邪，因为妖邪被认为是民间一切灾祸的根源。

民间最大的灾祸，可能要算牲畜的疫病，而妖巫最令人憎恶的行径就是不断侵扰牛群，特别是偷盗牛奶。因此，毋庸置疑，点燃净火首先就是为治疗牲口的疫病，其仪式则表明这一习俗的历史相当久远，当它兴起时欧洲人的祖先主要以畜牧为生，农业生产尚处于从属地位。那时牧人们最害怕的两大敌人就是妖巫和豺狼，所以他们把火作为预防和对付敌人的有力武器，就很容易理解了。斯拉夫民族点燃净火的主要目的，已不是真正想消灭那些妖巫、吸血鬼及其他邪灵，而只是想吓唬吓唬并驱除这些为害之物。当然，这种具体的分别并不重要，重要的是斯拉夫民族的净火并非什么太阳巫术，只是保护人畜免受妖巫侵袭的一种手段。

此外，篝火常用来保护田地免受雹灾，房屋免遭雷击，而人们认为冰雹、雷电都是妖巫施加的，因此驱除妖巫的篝火同时也成了防止雹灾雷击的护身符。很多地方还把篝火中燃烧过的木头或树枝取出来，藏在屋内以防火灾。这样做可能是根据顺势巫术的原理，用一种火防止另一种火，但也可能是为了迫使巫害无法得逞。人们还从篝火堆上跳过以预防腹痛，因为很多地方的人都认为腹痛是妖巫作祟。

如果说篝火节的篝火和火炬主要是用来对付妖巫的，那么，篝火节期间扔向天空的燃烧着的火盘和滚下山的燃烧着的火轮，很可能也是这种用途。我们可以假定火盘和火轮都是为了烧死那些在空中飞来飞去，在田地、果园和山间游荡，而不为人见的妖巫。南方的斯拉夫农民认为妖巫驾着下冰雹的乌云在天上穿行，于是就朝乌云射击，想打下那些妖婆。他们还把燃着炭火的罐子拿出来，洒上圣油，挂上树叶和苦艾，制造出大量浓烟，让浓烟熏落天上的妖婆。为了使妖婆摔断腰腿或彻底丧命，他们同时把椅子倒放在地上，或是把镰刀等武器刀刃向上摆好。

这样来看，利用篝火、火炬、火轮等形式的火来使田地或动物增殖，并非是由于这些圣火增加了太阳热能的传递，而只是破除了妖巫所施的魔法，解放了动植物的繁殖力。

总体看来，篝火的净火说似乎比太阳说更具可能性，同现有的证据更相符。

第四章　在篝火中焚烧活人

在篝火中焚烧偶像

人们有时还在节日的篝火中焚烧偶像,这是什么意思呢?从前面的考察和论证来看,由于点燃篝火的目的普遍被认为是烧死妖巫,而且在篝火中焚化的偶像有时就叫做"巫婆",我们自然就会断定,这些在节日的篝火中被焚烧的偶像都是代表女巫或男巫的,焚烧这些偶像就是焚烧妖巫们的替身。

但这种解释并非适用于所有情况,因为这样烧毁的偶像很难跟春季烧毁或摧毁的死神偶像区分开来。我们在前面已经说过,死神偶像是被当作树精或植物精灵的真正代表的,那么,在春天和仲夏篝火中烧掉的其他偶像是否也扮演着同样的角色呢?很有可能。因为就像把死神的残体插在地里促进庄稼生长一样,春天篝火中烧掉的偶像的余炭有时也放在地里,以防止虫害。新婚的妇女必须从忏悔日烧毁稻草人的火焰上跳过,目的是帮助她孕育子女。我们已经知道,人们认为树精有保佑妇女生育的能力,所以说,新婚妇女必须从上面跳过的燃烧着的偶像很可能就是那个促进繁殖力的树精。需要注意的是,有时在春天和仲夏篝火中焚烧的不是偶像,而是活的或砍倒的树木。由于树精经常以人形来表现,所以我们可以说在篝火中燃烧的树和偶像都是表示树精的。这种假定也可以通过两个事例来证明:一是,那种要焚烧的偶像常和五朔节花柱一起被孩子们抬着游街,偶像由男孩抬着,花柱由女孩抬着;二是,那种偶像有时被绑在一棵树上,跟树一起焚烧。可见,树精是以树木和偶像两种形式来表现的,只是后来偶像这种形式渐渐被人们遗忘,甚至变得很难理解。因此,那些继续遵行焚烧偶像习俗的人们,出于种种原因,就把它说成是犹大、路德和巫婆等的偶像了。

我们在前面已经探讨过杀死某个神祇或其代表的一般原因。如果杀死的神祇恰好是植物神,而且还是用火烧死的,那其中必然还有某种特殊原因。由于植物生长必须依靠光和热,根据交感巫术原理,让植物神的人身代表受到光和热的感应，便能确保树木和庄稼获得必需的光和热。换句话说，在代表太阳的火中烧死植物精灵，便可保证植物至少在一段时间内能得到充足的阳光。也许有人会对此提出疑问，即：如果只是为了使植物获得充足的阳光，根据交感巫术原理，将植物神的代表从篝火中穿过不是更好吗？事实上也确实有这种做法。在俄罗斯，人们并不是把库帕洛的稻草偶像放在仲夏节的篝火中烧掉，而只是拿着它在火上来回晃动几次。但该神最后还是得死去，所以第二天人们剥去库帕洛身上的所有衣服，把她扔进河里。把稻草偶像放在火上来回晃动的做法，如果不单纯只是加以净化，就可能也是一种太阳巫法。杀死该神又是另一回事，从杀死它的方式——淹死——来看，很可能是求雨巫法。不过人们实际上很少这样细分，他们觉得只要让植物神受到一定热度就能带来足够的好处，而把它杀死也有好处，于是把两种利益一综合，就采取了烧死它这种虽很粗野却极适合的方式。

□《犹大和塔玛》　艾尔特·德·戈德尔　1681年

犹大，又称加略人犹大，是《圣经》人物，耶稣十二门徒之一。据《圣经·新约》记载，其生于加略，皈依耶稣后为其掌管钱财。后因为30块银元将耶稣出卖。耶稣被钉死十字架后，犹大因悔恨而自杀。后世犹大成为叛变者的代名词。

在篝火中烧死人和动物

欧洲篝火节习俗中的一些特征表明，过去确实有过以人为牺牲的做法。比如，在亚琛，用豌豆秸裹起来的人装得十分逼真，以致孩子们都相信他是真的被焚烧了。在诺曼底的朱米吉地区，一个人全身覆满绿色枝叶，被称为绿狼，人们争相追逐他，捉住他后假装要把他扔到仲夏节篝火里去。在苏格兰的贝尔坦篝火节上也是这样，人们捉住扮作牺牲的人，作势把他扔进篝火里，事后还称他已被烧死。在奥地利的沃尔菲克，仲夏节那天孩子们簇拥着一个全身裹满无花果树枝的孩子，挨家挨户讨取木柴，以点燃篝火。符腾堡莫榭地区的圣约翰篝火节通常要持续两个星期，到最后一天，成年人全都退入树林，由孩子们照管篝火。他们把一个小伙伴浑身上下挂满树叶和细枝，让他走到篝火前把火播散、踏灭。在场的所有人一见到他就立马跑开。

　　大约一百年前，苏格兰高地流行的贝尔坦篝火节仍然残留着奉献人牺的痕迹，换言之，地处欧洲最远端、与外界几乎完全隔绝的凯尔特人，距今一百年保留的古老异教习俗比西欧其他任何民族都多。根据儒略·恺撒的记载，凯尔特人一直遵行篝火节奉献人牺的习俗，作为高卢凯尔特人曾经的征服者，恺撒对凯尔特人的民族宗教和仪式肯定非常熟悉。当时高卢本地的宗教和仪式还很富有生机，没有被罗马文明的熔炉所熔化。在恺撒率领罗马大军到来之前五十年左右，一位名叫波西多尼厄斯的希腊探险家就已到高卢旅行过，恺撒的有关描述也吸取了波西多尼厄斯的见闻。希腊地理学家斯特拉波、历史学家狄奥多罗斯有关凯尔特人奉献人牺习俗的著述，也都取材于波西多尼厄斯的作品。但他们三人的记述各不相同，很多细节在彼此的书中都找不到。如果把三人的记述综合起来，我们可能就会窥到那时高卢凯尔特人献祭人牺的真实场景：凯尔特人将死刑犯留作五年一度的祭神大典上献祭的人牺。据说这样的人牺越多，土地获得的增产力就越大。如果没有足够的死刑犯充当人牺，就以战争中的俘虏来补充。这些人牺都由德鲁伊德巫师或祭司亲自杀死献祭，有时用箭射死，有时在木桩上钉死，有时还把人牺装在用柳条编的或木制、草扎的巨大偶像中，点燃偶像一起焚烧。

□《刺杀恺撒》　文森佐·卡姆希尼　1798年

　　儒略·恺撒即盖乌斯·尤利乌斯·恺撒，即恺撒大帝，罗马共和国末期杰出的军事统帅、政治家，并且以其卓越的才能成为了罗马帝国的奠基者。公元前60年与庞培、克拉苏秘密结成前三头同盟，随后出任高卢总督，在八年的时间里征服了高卢全境，还袭击了日耳曼和不列颠。公元前44年，恺撒遭以布鲁图所领导的元老院成员暗杀身亡，享年58岁。恺撒死后，其养子屋大维击败安东尼开创罗马帝国并成为第一位帝国皇帝。

　　除了每五年一次杀祭众多人牺的盛大节日外，我们有理由假定还有规模较小、一年一次的同类节日，所有这些节日及其献祭人牺的残迹，迄今仍在欧洲很多地区流传。古代德鲁伊德祭司们把人牺装进用柳条编制或用草扎的巨大偶像中的做法，使我们想到，现在很多地方还常把扮作树精的活人装进覆盖着枝叶的框架中。既然土地的增产力取决于献祭人牺的情况，所以曼哈德便把凯尔特人装入柳条或草框中的人牺视为树精或植物精灵的代表。

德鲁伊德祭司们用的那些巨大偶像，直到晚近在欧洲春天与仲夏节日中仍能找到代表。在法国敦刻尔克，6月24日仲夏节那天，一个巨大的柳木偶像身披镶有金边的蓝色长袍，由藏在它里面的众多人牵着它的脑袋向在场的观众点头致意。在英格兰，仲夏节的一大特色就是人造巨人大游行。这个巨人又高又丑，体内填满了废纸和麻屑，它全副武装，像活人一样在街上游行。所说的这些巨人只是参与了游行，有时它们还被放入仲夏节篝火里烧掉。在巴黎，人们每年都要做一个柳木巨人，打扮成士兵的样子，带着它在一条名叫熊街的街道上来来回回地游行几天，然后在7月3日那天隆重地烧掉，烧时所有在场的人齐唱赞美诗。

德鲁伊德教派把动物放入柳木框活活烧死的习俗，在春天和仲夏节日里也可见到其遗存。如在比利牛斯的卢乡，每年仲夏节前夕人们都立起一根用柳木做的空心圆柱，在上面挂满绿叶、鲜花和香草，并将柱内填满各种易燃物。时间一到，人们就用火炬点燃圆柱底部，等火焰蹿起后便把抓来的活蛇全都投进柱内。这一庆祝活动最受卢乡及附近居民们的欢迎，据说这起源于异教习俗。过去人们在巴黎的罢工广场上举行篝火节时，总是将很多活猫装在篮子、木桶或口袋里，吊在篝火上方活活烧死，有时也烧死活狐狸。烧完后人们将篝火的炭灰带回家去，希望会有好运。法国的国王们经常观看这种仪式，甚至有时还亲自点燃篝火。1648年，路易十四头戴玫瑰花冠，手持一束玫瑰花点起篝火，并在火前跳舞。有时人们也在春季篝火中烧死动物。在孚日山区，忏悔节那天，居民们把猫投入火中烧死。阿登高地上的牧人则将猫扔进四旬斋第一个星期天点燃的篝火中，或是把猫吊在竿子上放入火中烤死。

由此可见，近代欧洲民间节庆活动中仍有古代高卢凯尔特人祭祀仪式的遗

□ 路易十四

路易十四（1638—1715），法国波旁王朝国王，号称"太阳王"，法国历史上最伟大的君主之一。他是欧洲君主专制的典型，认为君权神授，"朕即国家"。其执政初期，励精图治，扩大了法国的疆域，使其成为当时欧洲最强大的国家和文化中心，并使法语成为17和18世纪里欧洲外交和上流社会的通用语言，并修建了著名的凡尔赛宫，资助艺术和科学的发展。

迹。这些盛大活动都是在仲夏节或仲夏节前后进行，据此推断，古代凯尔特人的那些祭祀仪式应该也是在仲夏节时隆重举行的。我们不禁要问：这些祭祀有何意义？为什么要在这些节日把人或动物烧死呢？如果说近代欧洲篝火节的目的是通过焚烧或驱赶妖巫以破除其妖术，那么，我们也可以假定，古代凯尔特人把柳木人偶看作妖巫，以焚烧致死的方式来铲除邪恶。凯尔特人把动物和人一起烧死，应该也是出于同样考虑。近代民间常在篝火中烧死活猫、狐狸或蛇的习俗，便提供了一个佐证。因为猫、蛇和狐狸，在大多数情况下都被认为是妖巫所变。除了各种动物，妖巫还常变幻为人形，那些在火柱或绞刑架上被处死的罪犯，就被认为是妖巫所变，杀死他们就是为人们除去祸患。这样推想的话，杀人行为与土地生产力之间存在联系的信念就容易理解了。

曼哈德对凯尔特人祭祀习俗的解释同我们的讨论存在分歧。他认为古代凯尔特人焚烧的柳木人偶是植物精灵的代表，因而焚烧它们是一种巫术仪式，目的是为庄稼求得生长必需的阳光。而且他还将经常在篝火中烧死的动物看作谷精的代表，我们在本书前面也说过，谷精常被想象为以动物的形态现身。曼哈德的理论是有根据的，加之他本人的权威性，我们对其理论也不应小视。本书前几版都采用了他的理论。但我反复考虑，还是觉得相比认为在篝火中烧死的人和动物是被当作妖巫处死的理论，他的理论符合真实情况的可能性要小一些。前一种观点在民间能找到有力证据，如人们把点燃篝火的习俗称为"烧巫婆"，有时把巫婆的偶像放在篝火中焚烧，并相信篝火的炭灰能防御妖法。而能支撑他论点的证据却很少。因此，我们假定动物是作为巫婆的化身而非植物精灵被烧死在篝火中，可能更稳妥些。

第五章　巴尔德尔和槲寄生

读者应该还记得，我们对于欧洲民间篝火节的探讨是由北欧的巴尔德尔神话引起的。传说巴尔德尔是由槲寄生细枝射杀，并在烈火中被烧尽。现在我们就来尝试用前面所述习俗解读这个神话。方便起见，我们先从杀死巴尔德尔的武器槲寄生说起。

自远古以来，槲寄生在欧洲就一直为人迷信和崇奉。根据普林尼的记载，古凯尔特人德鲁伊德教的祭司们都崇拜它，他写道："那些德鲁伊德巫师们把槲寄生及其所寄生的树（必须是橡树）看得极端神圣。他们还把橡树林奉为神林，举行任何神圣仪礼都必须用橡树叶。他们相信，只要是橡树上长出的东西就是上天所赐，说明那棵橡树已为天神选中。槲寄生极为罕见，一旦长出，他们就举行隆重仪式祭拜，然后采摘。他们通常是在每月的第六天举行仪式，因为他们是从这天开始计算年、月的。在他们看来，新月第六天，月亮尚未走完行程的一半，正是精力充沛之际。他们将两头白公牛牵到树下，以待献祭。一位身穿白袍的祭司爬到树上用金制的镰刀割下槲寄生，树下的人们用白布接着。然后就献祭牺牲，祈求天神赐福。他们相信，不孕的牲畜喝下用槲寄生调制的药水就能生育，而且认为槲寄生能解百毒。"

普林尼在另一篇文章中写道："长在橡树上的槲寄生被认为是最灵验的药物。有些迷信的人还把新月第一天采摘的槲寄生当作治疗癫痫病的特效药，而且还认为妇女拿着它就会受孕。有人如果得了溃疡，就在嘴里含一小片槲寄生，并在患处贴一片，相信这样就能痊愈。人们还把槲寄生当作跟醋和鸡蛋一样有效的清火药物。"

如果普林尼所述的这些信念在与他同时代的意大利人中广为流行的话，我们就可推定，古凯尔特人和意大利人对寄生于橡树上的槲寄生的价值的看法大体是一致的。他们都认为它能有效治疗某些疾病，还能促进生育，如古凯尔特人相信不孕的牲口喝下一剂槲寄生药就会生育，意大利人认为妇女随身携带一点槲寄生有助于受孕。此外，他们都认为要想使槲寄生发挥药效，必须在特定时间按特定方法采集。他们规定：不得用铁器砍它，也不得使其落在地面上，因此凯尔特人的巫师就用金制镰刀割它，并用白布兜住。他们的采摘时间都按太阴历而定，稍有不同的是意大利人定于每月初一，古凯尔特人定于每月初六。

同古凯尔特人一样，日本的阿伊努人也认为槲寄生能医治百病，有助于妇女生子。就连塞内冈比亚的瓦洛人也把槲寄生视为灵丹妙药，一位德国作者记述道："瓦洛人很敬重一种槲寄生，称其为韬拨。战士们出征时身上带着槲寄生的叶子，充作护身符。这些非洲人对槲寄生的看法居然同高卢人一样，真是不可思议。他们这种共同的偏见可能产生于同一根源，即无论那些黑人，还是这些白人，都亲眼看到了这种不在土内生根就能枝繁叶茂的神奇植物。他们很可能都以为那是天上降下的神树，是上帝的恩赐。"古凯尔特人的德鲁伊德巫师们的信念有力地证实了他的这一想法。据普林尼说，德鲁伊德的巫师们认为凡橡树上生长的东西，都是上天所赐，标志着上帝已选定了这棵树。他们用金制镰刀割下槲寄生，并不让它落到地上，可能就是怕这神树接触地面受到亵渎而丧失神效。

对于槲寄生的医疗功效，现代农民，甚至学者也有类似古人的看法。至今讲凯尔特语的布列塔尼、威尔士、爱尔兰和苏格兰等地的人仍把槲寄生称为"万灵药"。德国荷尔斯泰因的人们至今还把槲寄生，尤其是橡树的槲寄生作为医治新伤口的特效药，以及狩猎时的护身符。在瑞典，癫痫病患者相信只要随身带一把用橡树槲寄生做刀柄的小刀就不会发病。法国波旁奈地区有一种治疗癫痫病的偏方，就是在施洗约翰节那天从橡树上采下槲寄生，和黑麦粉一起煎汤服下。

古凯尔特人的巫师认为槲寄生能治百病，现代的医生们则认为它没有任何药效。假如他们没有说错，我

□ 《巴尔德尔之死》
克里斯托弗·威廉·埃克斯贝尔　1817年

巴尔德尔无所畏惧，只有槲寄生能伤害到他。人们为了寻他开心，经常向他丢东西，因为知道无论怎样都不会使他受伤。而黑暗之神霍尔德尔受到邪恶的洛基的欺骗，把槲寄生投向巴尔德尔，将他杀死。

们应该做出这样一个结论：古代广为流传的对于槲寄生具有神奇医疗价值的信念完全属于迷信，那时的人们以为这种植物寄生在大树高高的树干上，远离地面，可以免受生活在地面上的那些动植物遭受的危险，因而就产生了它能治百病的信念。

古代意大利人认为槲寄生能够灭火，瑞典的农民也持相同看法。他们把一捆捆橡树槲寄生挂在屋内天花板上，以防火灾。瑞士阿高州的人给槲寄生起了个绰号"雷火扫帚"，它是树枝上长出的表面粗糙状如灌木的赘疣，民间都以为是雷击闪照之后产生的，因此根据巫术顺势原则，它自然可以保护房屋免受雷击起火。

此外，槲寄生还被视为万能钥匙，据说能打开各式各样的锁。不过，它最宝贵的功能还要属防止妖邪与巫法的功能。所以奥地利家家户户的门上都会插一枝槲寄生以防梦魇。英格兰北部的人们认为，要想使牛奶场兴旺，就得给新年后第一个生下小牛的母牛送一捆槲寄生，因为妖巫对牛奶和黄油是最大的危害。威尔士乡间盛产槲寄生，农场的屋子里总是堆得满满的，因为如果槲寄生少了，农民们就认为好运也会少。在瑞典，约翰节前夕施洗时人们纷纷采摘槲寄生，他们认为它具有神奇的功能，只要在室内的天花板、马厩和牛棚里插一小枝槲寄生，就能防止"特罗尔"伤害人畜。

至于采集槲寄生的时间，很多地方都不一致。古凯尔特人通常在新月的第六天，古意大利人则在新月的第一天；到了近代，有人选择在三月月望，还有人却定于冬至后月亏时。但最受欢迎的时间恐怕还是仲夏节前夕或仲夏节当天。法国和瑞典的人们都认为，仲夏节采集的槲寄生具有特殊功效。威尔士人相信，将仲夏节前夕或浆果出现之前任何时刻采集的槲寄生放一枝在枕下，就不会有任何梦魇。可见，槲寄生种种功效的累积，同太阳运行中高度的变化相一致。因此，我们便可以推论：古凯尔特德鲁伊德巫师相信，神圣的槲寄生到六月夏至时便具有双倍的神效，所以他们便相应地在仲夏节前夕举行隆重仪式采集它。

尽管如此，我们能够确定的一点是，在巴尔德尔的故乡斯堪的纳维亚，人们都在仲夏节前夕采集致巴尔德尔毙命的槲寄生，是因为它具有神奇功效的缘故。槲寄生通常都是生长在瑞典温暖地区、茂密潮湿森林里的梨树、橡树或其他树上的。所以斯堪的纳维亚人在盛大的仲夏节上总会演出巴尔德尔神话中两个主要事件之一。而另一个重大事件，即在熊熊烈火中烧死巴尔德尔的故事，至今仍在丹麦、挪威和瑞典民间每年仲夏节前夕燃起的大堆篝火中得以表现。但这并不表示在那些篝火堆里烧了什么相应的偶像，焚烧偶像只是一种外在形式，如果它的内涵都被人遗忘了，这种形式也极易消亡。从前瑞典仲夏节间烧的篝火都被称为巴尔德尔篝火，这个名字清楚地表明了篝火与巴尔德尔的关系，因此古时每年在篝火中烧的很可能就是代表巴尔德尔的活人或偶像。

这就表明，巴尔德尔神话中的主要事件在欧洲农民的篝火节上有相应的情节，显然在基督教传到欧洲之前这种篝火节就早已盛行了。贝尔坦篝火节上拈阄选出一个人牺，并假装要把他扔进篝火中烧死；诺曼底仲夏节篝火间的绿狼人也被这样对待。这很可能都是在相同的节日真正烧死活人的更古老习俗的遗迹。而身着绿装的绿狼人，以及莫榭姆那些全身披挂树叶踏灭仲夏节篝火的年轻人，似乎都表明在这些节日中死去的人代表的就是树精或植物神。根据所有这些情况推断，巴尔德尔神话、篝火节及采集槲寄生的习俗原本就是一个整体。如果我猜得没错，正是巴尔德尔故事的悲剧性结局构成了一年一度上演的神圣戏剧的内容。这种神剧其实就是一种巫术仪式，其目的是为使阳光普照，植物旺盛生长，保护人畜免受妖巫侵扰。

如果在春季或仲夏篝火中烧死的人牺，代表的就是树精或植物神祇，那么巴尔德尔本身很可能就是树精或植物神祇。因此，我们就需要断定（假如能做到的话）他代表的是哪一种树的树精，因为原始人不太可能具有一般植物这种抽象概念。人牺最初代表的大概就是一种特殊的神树。而欧洲所有的树木里唯有橡树被雅利安人各大支系普遍视为树神，因此，我们可以肯定，雅利安人在迁居至欧洲各地之前就崇奉橡树，他们的老家也一定就在橡树林密布的地方。

从欧洲雅利安人的各支系都遵行篝火节仪式这点来推断，这些节日就是他们迁离老家时带来的共同宗教仪式的一部分，而那些篝火节的一个基本特征就是烧死一个代表树精的活人，鉴于橡树在雅利安人宗教中的特殊地位，可以断定其代表的树精最初就是橡树，至少对凯尔特人和立陶宛人而言确凿无疑。我们已经知道，欧洲人点燃圣火，如净火，至今仍沿用一种原始方法，即用两片木块相互摩擦直至迸出火星，古代一切篝火大概都是用这种方式点燃的。像净火或其他圣火，有时还必须要用一种特殊的木头摩擦取火，而那种木头，不论是在凯尔特人，还是日耳曼人或斯拉夫人眼中，似乎都是橡树。如果圣火都是用橡树木头摩擦点燃的，那么，原来那些圣火很可能就是烧的这种树木。这样我们就可以得出一个总的结论：在那些定期和不定期的仪式上古代雅利安人都是用神圣橡树的木头点燃篝火，并用它做篝火燃料的。

我们已经知道，斯堪的纳维亚人惯常在仲夏节时采集槲寄生，从表面来看，这个习俗似乎跟仲夏节篝火烧死人牲或他们的偶像没有什么关系。而巴尔德尔的神话将这两者紧密联系在了一起，这个神话表明槲寄生与仲夏节篝火中烧死的橡树的人身代表之间确实存在极为重要的关系。根据神话，天地间除了槲寄生之外，没有任何东西可以杀死巴尔德尔，只要槲寄生一直生长在橡树上，巴尔德尔就会永生不死，而且永远也不会受到伤害。如果我们假定巴尔德尔原来就是橡树，那么，槲寄生就成了橡树的生命中心，只要它安然无恙，就什么东西也不能杀死甚至伤害橡树。原始人发现橡树年年都会枝叶凋落，而长在它上面的槲寄生却四季常青，他们便认为橡树的神圣生命依然存活在槲寄生中。因此，到必须杀死该神，即必须焚烧那神树时，就要先砍下槲寄生。因为只要槲寄生继续长在原处，橡树就像铜墙铁壁一样，任何工具都不能对它造成伤害，而它的生命中心一旦被摧毁，橡树就不堪一击了。到了后世，人们以活人代表树精，这人自然就和他代表的橡树一样，只要槲寄生不去，他便不会受到一丝一毫的伤害。

□《亚当与夏娃》 保罗·高更 1902年

基督教认为亚当和夏娃是人类的始祖。《圣经·创世纪》中说：神立伊甸园，并造人亚当。神认为亚当独居不好，便取下亚当的一条肋骨，造出了一个女人，即夏娃。夫妻二人赤身裸体地生活在伊甸园中。神曾严明告诉亚当与夏娃，园中有一棵树上的果子不能吃。蛇引诱夏娃，夏娃偷吃禁果，而后夏娃又让亚当吃了。他们吃了禁果，知道了羞耻，神便将两人逐出伊甸园。亚当和夏娃代表了世人的原罪，他们易受诱惑，追逐欲望。这幅图是亚当与夏娃在伊甸园中，他们自由自在且不受束缚。而对于伊甸园理想化的描述，给世人带来向往，从而跟随救赎主进行自我的救赎。

据此来看，任何东西都无法伤害的巴尔德尔正是槲寄生的橡树的化身。古意大利人认为槲寄生水火不侵，这一信念也为我们的解释提供了佐证。因为，如果槲寄生的确不可伤害，那么，只要它保留在所寄生的橡树上，就能把自身不可伤害的特性传给它的橡树。或者，把这个信念放入神话形式中，我们就可以做出这样的解读：那位仁慈的橡树之神，把自己的生命安放于生长在枝干间不会枯朽的槲寄生中，只要槲寄生一直生长在原处，神自身就不可伤害。后来，一个狡猾的敌人发现了神的这一秘密，便从橡树上割下槲寄生，从而杀死橡树神并投入火中烧尽。

然而，对很多读者来说，这种生命在某种意义上寄托于存在者之外的概念一定很奇怪，而且这种概念对原始迷信的重大影响确实也还未被充分认识。因此，我们有必要通过一些故事和习俗来进一步阐述。

第六章　民间故事中灵魂寄存于体外的观念

我们已经知道，在原始人看来，灵魂可以暂时离体而不会造成死亡。但这种离体也非常危险，因为游荡的灵魂极易落入敌人手中或遭遇其他灾祸。而如果灵魂离体期间能确保安全的话，就没有理由阻止灵魂长期离体。原始人对生命的理解是很具体的，他们认为生命也是物质性的东西，看得见摸得着，能藏在某处，同时也极易受到伤害。这样的生命就不一定非要留在人的体内，它可以远离身体，通过感应或其他方式继续使人保有生机。只要他视为自身生命或灵魂的物体不受伤害，这人就安然无恙；如果这个物体被毁，他本人就会死去。换言之，如果他患病或死亡，就说明那个称之为他生命或灵魂的物体，定是受伤了或被毁坏了。原始人也可能有这种想法：生命或灵魂居留体内，受伤害的机会较多，还不如藏在某个安全隐秘的地方。因此，他们便把自己的灵魂从体内取出，存放在一个安全舒适的地方，等危险过去后再收回体内。或者如果他找到一个绝对安全的地方，就把自己的灵魂永远存放在那里。这样一来，只要灵魂在那不受损害，他就将获得永生，因为他的生命没有放在体内，什么东西也无法使他死亡。

原始人的这种信念可以在众多民间故事中找到例证，这类故事数量繁多，而且在世界各地广为流传。

根据一个很普遍的说法，巫师、巨人和仙子都是不可伤害和永生不死的，因为它们都把自己的灵魂藏在了一个遥远而隐秘的地方。例如印度民间流传的一个故事：一个名叫彭契金的巫师掳走一位皇后，要强行跟她结婚，皇后誓死不从。后来皇后的儿子来搭救她，两人便设计杀死彭契金。皇后假装愿意嫁给巫师，她问："您真能长生不死吗？"巫师说道："确实如此。在几万里之外的一片密林中央，长有一圈棕榈树，这圈树的中间矗立着六把落满雨水的伞，一个叠着一个，最底层那把伞下面放着一只鸟笼，笼子里有一只很小的绿鹦鹉，我的生命就寄托在那只鹦鹉身上，如果鹦鹉被杀死，我也将死去。不过，那鹦鹉绝不会受到任何伤害，因为那里不仅路途遥远，无人能到达，而且还有我派去的成千上万个神怪的守护，只要有人一接近就会被杀死。"皇后的儿子历尽艰险，最终抓住并杀死了鹦鹉，那个巫师也当即死去。

在古代和近代的希腊民间故事里，灵魂存在于体外的观念也很常见。墨勒阿革洛斯出生七天后，命运女神降临对他母亲说，当炉灶中那根木柴烧完时，墨勒阿革洛斯就将死去。他母亲便立即把那根正燃烧的木柴从炉中抽出，藏在一个箱子里。多年后由于他杀了母亲的兄弟，她便愤怒地把那根木柴放在火里烧，等木柴烧尽，墨勒阿革洛斯也痛苦地死去。近代希腊一个民间故事说，有个男子把自己的所有力量都蓄积在头顶的三根金色头发里，后来因为他母亲拔掉了那三根头发，他就变得体弱胆怯，最终被敌人杀死。

□《野人的故事》 保罗·高更 1902年

在这幅画中，其中一个女孩展现出佛教的传统坐姿，即结跏趺坐。结跏趺坐又分为吉祥坐与降魔坐，吉祥坐以左足押右股，次以右足押左股，降魔坐反之。佛陀的坐像中有结跏趺坐，它代表了佛陀的自觉，即要有相当的修持，思维观照，深入禅定，才能认识自己。

上述这类故事在斯拉夫民族中也流行甚广。俄国的一则民间故事记述：一个不死的巫师掳走了一位公主，禁闭在他的城堡里。一天公主独自在城堡花园中散步时，碰到了一位王子，王子很同情她，答应设法救她出去。公主便来到巫师跟前假意奉承，诱他说出存放灵魂的地方。巫师一开始说假话欺骗公主，可最终还是经不住哄诱道出了实情："我的灵魂藏在一个遥远的海岛上，那里长着一棵橡树，树下有一个铁箱子，箱子里放着一个小篮子，篮子里有只兔子，兔子肚内有只鸭子，鸭子肚里有个蛋。如果有人找到那蛋并打破，我就会死去。"王子想方设法找到了那蛋，并当即砸碎，巫师随后毙命。

挪威人关于山妖的一则民间故事里讲，一个山妖把一位公主掳到了山洞里，并对公主说她永远也出不了山洞，除非她能在某条龙的第九个龙头的第九条舌头下找到藏有它灵魂的某颗沙粒。如果她能把那颗沙粒放到山妖居住的岩洞上面，洞里的山妖就全会变成粉尘。公主最终找到了那颗沙粒，并把它放到了洞顶，洞里所有的山妖果然都碎为尘土。苏格兰西部流传的一个布列塔尼人故事讲，一个巨人把自己的生命藏在他城堡花园里的一棵黄杨树内，要想杀死巨人，必须一斧砍断这树的主根而不伤及任何小根。有位英雄成功做到了这点，巨人便轰然倒地而亡。

上述反映体外灵魂观念的民间故事都是雅利安人各民族的，在雅利安人以外的其他民族的民间故事中，这一观念也不罕见。

古代埃及人中流传着一个《两兄弟》的故事，故事中讲：有两个兄弟，其中一个用魔法把自己的心脏放在一棵刺槐树的花中，他妻子哄诱别人摘下了那花，这人随即倒地身亡。后来他兄弟在刺槐的种子里找到了他失去的心，并把它放在一杯清水里，他便复活了。在蒙古人的一个故事里，英雄约诺击败了他的对手卓利敦喇嘛，而这个喇嘛善用魔法，便把自己的灵魂化为一只马蜂，飞去螫约诺的眼睛。约诺捉住马蜂，在手里一松一紧地捏，那喇嘛也随着一会晕厥，一会苏醒。

马来人的一首叙事诗也描述了同样的故事。从前印德拉普拉城内有一位富商，家财万贯，只可惜没有儿女。一天，他和妻子在河边散步，发现路旁有一个漂亮可爱的女婴，他们便收养了，并取名毕达莎丽。商人专门用金子做了一条金鱼，把养女的灵魂放入金鱼肚中，然后把金鱼放进盛满水的金盒子里，把盒子藏在家中花园里的池塘内。女孩长大后出落得更加美丽动人。印德拉普拉国王的王后一直担心国王娶第二位妻子，听说毕达莎丽如此貌美后，便想把她除掉。她把女孩骗进王宫，对女孩残忍地拷打折磨，但女孩的灵魂不在身上，女孩是死不了的。后来女孩实在难以忍受，就对王后说："如果您想要我死，就必须把我家花园中池塘里的盒子取来，我的灵魂就在里面的金鱼体内。您要在早上把鱼从水中

□《海边的布列塔尼》
保罗·高更　1889年

布列塔尼人，法国西北部布列塔尼半岛上的居民，属欧罗巴人种，使用布列塔尼语，与古代高卢语相近，同属印欧语系凯尔特语族不列颠语支，其祖先为不列颠人。

取出来，晚上再放回去，还不能让鱼躺着，要系在您的脖子上。这样的话，我很快就会死去。"王后便一切照做，女孩果然像她说的那样，把鱼挂在脖子上她就晕厥，把鱼放回水中她就苏醒。王后见自己已完全控制住女孩，便把她送回家去。她的父母为防止女儿再受迫害，就把她送到偏僻的乡下居住。一天，国王外出打猎，经过毕达莎丽住的小屋。毕达莎丽正昏迷，躺在床上，国王被她的美貌吸引，便设法唤醒她，可用了很多方法都不行。第二天傍晚他又来到此处，发现女孩仍昏迷不醒。等到天黑，女孩苏醒过来，并把事情原委告诉了国王。国王回到王宫，向王后要来金鱼放入水中，毕达莎丽随即苏醒，国王便娶她做了妻子。

第七章　民间习俗中灵魂寄存于体外的观念

灵魂寄存于无生命的物体

从前述众多民族的民间故事来看，灵魂寄存于体外某一安全地方的观念非常普遍，这种观念并不是为渲染故事情节而虚构的，而是原始人的真实想法，并且还由此产生了一系列相应习俗。

在那些民间故事里，英雄战斗前都要先把自己的灵魂从体内移出，以确保自己的身体在战斗中不受到伤害，甚至死亡。同样，未开化的人们面临各种真实或想象的危险时，也总是先把自己的灵魂移出体外。西里伯斯的米纳哈萨人迁入新居前，都要请一位祭司把全家人的灵魂都收集在一个袋子里，等搬完家收拾妥当后再还复本人。之所以这样做，是因为搬迁之际充满各种危险。在婆罗洲东南的皮努达雅克人中，孕妇临产时要请一位巫医来作法，把新生婴儿的灵魂收进半个椰子里，盖上一块布，放在一个方形浅盘上，用绳子吊在屋内的天花板下。这样做是因为婴儿的身体还太脆弱，灵魂容易受到伤害，必须存放在一个更安全的地方。

在一些民间故事里，有人还把自己的灵魂或力量寄放在自己的头发里，当他的头发被剪掉时他就会死亡或变虚弱。安汶岛的土著人相信自己的力量就在自己的头发中，若剪掉头发，力量也

□ 《在亡灵的注视下》　保罗·高更　1892年

远古人们以为灵魂与肉体可以看作是两个部分，肉体是真实可感的，而灵魂是"随时可以飞走的小鸟"。在人失去意识或者生病虚弱的状态下，就会被认为灵魂离体，而巫医则是找回灵魂的使者，同时，人们也会用一些特殊的方式阻止灵魂离体，如钩子等。各大宗教都有自己对于灵魂的解释，如《圣经》提到人的灵魂归属，一个是天堂，一个是地狱。

就消失了。荷兰人审问岛上的一名罪犯时,该罪犯拒不认罪,可一剃去他的头发,他就立马承认了。后来荷兰殖民者一遇到罪犯拒不招供的情况,就剪掉这人的头发。

在欧洲,人们也普遍认为巫觋的邪恶力量就在他们的头发里,如果不剪除他们的头发,就无法将其制服。因此,法国人通常先把被控使用巫术之人的全身毛发都剃光,然后再进行审问。印度巴斯塔地区也有同样做法,如果有人被判犯有施行巫术罪,人们就剃去他的头发,敲掉他的门牙。妇女若犯此罪,也会遭受同样的惩罚。印度比尔人惩治犯有巫术罪的妇女的做法是:把她脚朝上头朝下吊在树上,往她眼里放胡椒粉,最后从她头上剪一缕头发埋在土里,以斩断她和巫法的联系。

□ 《有三只幼犬的静物》 保罗·高更 1888年

云南许多少数民族至今仍遗留着敬犬的习俗。傈僳族在吃年饭时,要先舀一碗让狗吃。阿昌族在祭谷神后分享祭品时,要先将狗喂饱,然后人才开始吃。云南拉祜族尝新节吃新米饭时,要先给狗几个饭团。在一些云南民族神话里,狗曾给濒临灭绝的人类带来了谷物种子;在农业生产和狩猎活动中,猎犬又是人们的得力助手;在保护庄稼、防止兽害方面,狗也起到了重要作用。由于这些原因,人们就形成了敬犬的习俗,云南许多少数民族都有不吃狗肉的禁忌。

灵魂寄附于草木

在各地的民间故事里我们还看到,人的生命有时同草木的生命联系在一起,草木的荣枯关系着人们生命力的强弱。西非加蓬的姆班加人若生下一对双胞胎,便种下两棵同类的树,并围着这两棵树跳舞。他们认为两个孩子的生命分别与其中的某棵树联系在一起。如果这树倒折或死亡,孩子很快也将死去。喀麦隆人也相信,一个人的生命同某棵树的生命紧密相连。卡拉巴尔的一位酋长曾把自己的灵魂藏在某片圣林中,有些欧洲人由于不知道实情或是有意砍倒了那里的一些树木,这个酋长的灵魂便用各种严厉的方式威胁冒犯了他的那些欧洲人。

有些巴布亚人把刚出生的婴儿的生命同一棵树的生命联系在一起,他们将一颗小石子嵌入树皮内,认为这样就把婴儿的生命置于树的生命保护之中了。毛利人常把婴儿的脐带埋在一个神圣的地方，并在上面种一棵小树。树若茁壮生长，这孩子也就健康无虞；树若凋萎，其命途则乖舛难测。

据说，在俄国、德国、英国、法国和意大利等国，有些人仍惯常在婴儿降生时种下一棵树，并细心养护，希望这树同孩子一起成长。这种习俗在瑞士阿尔高州就极为盛行，生下男孩，家人便种一棵苹果树，生下女孩则种一棵梨树，他们认为孩子的终身祸福都与这树息息相关。

在英格兰，人们有时让孩子从一棵树干裂开的梣树中间走过，以治疗疝病或佝偻病，而且还认为从此以后孩子和该树便有了生命交感联系。欧洲其他地方，如德国、法国、丹麦和瑞典，也用这种方法治疗某些疾病，尤其是疝病和佝偻病。不过这些地方选用的并非梣树，而是橡树，有时也用杨树代替，甚至规定只能用杨树。

□《愉悦之水》 保罗·高更 1898年

人类童年时期认为水兼有养育与毁灭能力，因其不可捉摸的性情对其产生了崇拜与恐惧。古希腊哲学家提出的四元素说中就有水，佛教中的四大也有水，中国古代的五行学说中水代表了所有的液体，以及具有流动、润湿、阴柔性质的事物。《老子·道德经》以水比喻最高的道德标准："上善若水。水善利万物而不争，处众人之所恶，故几于道。"水泽被万物而不争名利，人生之道莫过于此。

灵魂寄附于动物

人们除了把自己的生命同无生命的物体以及植物联系在一起，有时还将生命寄附于动物。例如，西伯利亚的雅库特人相信，每个萨满教巫师或术士都把自己的灵魂附在一个动物身上，并把这个动物小心谨慎地隐藏起来。每年冰雪消融之际，这些巫师寄放于体外的灵魂才化作动物的形象四处穿梭，但除了巫师谁也看不见它们。它们有时还互相打斗，如果哪个巫师体外的灵魂被打败，巫师本人就将患病或死亡。

把灵魂存放于动物身上的观念在西非似乎极为流行，尤其是在尼日利亚的喀麦隆人和加蓬人中。加蓬族的范人相信，巫师在决定从事这一职业的仪式上，都要把他的生命和某种特殊动物的生命联系在一起，具体做法是：从自己手臂上和动物耳朵上各抽出一点血,把自己的血注入动物体内,把动物的血注入自己体内,以建立一种人兽之间的血的联盟。据说这种联盟关系能极大增长巫师的法力,但一方的死亡也会导致同盟方的死亡。喀麦隆境内十字河流域的土人也有类似信念。他们把各种动物作为歃血为盟的对象,如河马、大象、豹子、鳄鱼、猩猩、蟒蛇等,这些动物不是非常强大,就是极易潜藏水底或丛林。据说所选动物必须具备的一个条件就是善于隐藏自己,因为选择这类动物为盟友,是希望自己能像它一样悄悄接近并伤害敌人。

尼日尔河口卡拉巴地区的黑人相信每个人都有四个灵魂,其中一个灵魂就脱离自己的身体以动物形态寄居在森林里。北卡拉巴的埃克特附近有一个圣湖,湖里的鱼都被特别养护,因为据信人们的灵魂都寄附在那些鱼的体内,如果一条鱼被杀死,就会有一个人随之死去。

澳大利亚的男人将自己父亲、兄弟、儿子等的生命同蝙蝠联系在一起,妇女则将自己母亲、姐妹、女儿等的生命同夜莺联在一起,因此他们对蝙蝠和夜莺非常爱护,认为爱护它们就是爱护自己和所有亲人。既然人们的生命被假定包含在某些动物身上,那人同这些动物就很难加以区别。假如兄弟约翰的生命在一只蝙蝠身上,那么,蝙蝠跟约翰一样,也是我的兄弟,而约翰在某种意义上也是一只蝙蝠。

当一个未开化的野蛮人用某种动物的名字称呼自己,并把该动物视为兄弟,且决不伤害它,据信这个动物就是这个野蛮人的图腾。但把某种动物定为男性或女性图腾的做法并不常见,通常都是为某一氏族确定图腾并按父系或母系血统传袭下去。个人同其氏族图腾的关系,跟他(她)同其同性图腾的关系其实并无区别。假如真是如此,那么,某一氏族以动物或植物为图腾的原因,肯定

□《有孔雀的风景》 保罗·高更 1892年

孔雀在印度被称为"印度民族之鸟",它的美丽、聪慧等使它成为了吉祥的象征。佛经中记载,佛陀在讲经时常将孔雀作譬喻。传说国王的射师抓住了孔雀王,孔雀王治愈了国民,便对国王说:"国民将我当作天神一样供奉,我决心留下,请解开我。"于是国王解开了孔雀王,孔雀王就飞走了。这个故事以世人的贪欲与孔雀的聪慧警示世人。

也是以为本氏族成员的生命都同该动物或植物的生命紧密相联。而且对野蛮人来说，如果有比自己身体更安全的地方存放自己的灵魂，何乐而不为呢？

如果把图腾解释为人类存放自己灵魂或自己许多灵魂中的一个灵魂的器具，我们就要找出相关例证，证明确实有氏族这样看待图腾。苏门答腊的巴塔克人大概就是如此。他们中的每个氏族都禁食一种动物的血肉，如有的氏族不吃虎肉，有的氏族不吃猴肉，或不吃鳄鱼、狗肉、猫肉、鸽肉等等。各氏族都表示，他们之所以不吃某种动物，是因为他们是该种动物的后裔，或是因为他们死后灵魂会转生为该种动物，再就是他们自己或祖辈受过该种动物的恩惠，不能以怨报德。巴塔克人还相信人人都有七个灵魂，或至少有三个灵魂，而且其中一个永远寄存体外，如果体外的这个灵魂死亡，他本人也将死去。但巴塔克人并未明确说他们的灵魂就寄存在他们的图腾中，这也很容易理解，因为原始人若真相信他们的生命同体外的某一物体紧密相连的话，他们肯定不会轻易向外人道出这个物体。

死亡与复活的礼仪

在许多尚未开化，尤其是奉行图腾制的氏族中，孩子们到了青春期都要进行成年礼，最常见的一种做法就是假装杀死已到青春期的孩子，再使他复活。这一宗教礼仪该如何解释呢？我想，可能唯有图腾崇拜的观点能作出最好的说明。为了将孩子的灵魂转入其图腾，未开化的人们自然就想到把孩子杀死，或至少使孩子看起来昏迷不醒，如同死亡。孩子昏迷后苏醒过来，是身体机能在逐渐恢复，而原始人则认为这是孩子的图腾为其注入了新的生命。由此来看，这些成年礼的本质可以说是人同其图腾交换生命的礼仪。原始人这种交换灵魂的信念显然源自巴斯克猎人的故事。故事说，一个巴斯克猎人自称被熊杀死，熊的灵魂进入其体内，熊的肉体死亡了，猎人则变成了那熊。成年礼上的孩子被杀死，又作为动物复活，该动物的灵魂进入孩子体内，孩子的灵魂则转到动物身上。

在新南威尔士州的温吉部落，男孩到成年时都要经受一种秘密的仪式，其中一个做法是敲掉男孩的一颗牙齿，取一个新名字，表示男孩已成年了。据说，每个经历这种仪式的男孩都要被名叫杜仁霖（通常称为达拉莫伦）的怪物带到远处杀死，然后又使其复活并敲掉他的一颗牙齿。澳大利亚中部的安玛特杰部落为青年男子行成年礼时，会割去男子的包皮，割裂龟头下侧。割礼一结束，他的父亲便交给他一根神杖，并告诉他，他的灵魂已和祖先相连。新几内亚北部的一些部落，像雅宾族、布考亚族、卡伊族以及塔米族，也都要求青年男子割去包皮才能进入成人行列，而且他们也认为有怪物杀死青年后又使之复活。

在斐济群岛的最大岛屿维蒂岛上，青年人经受成年礼前都要观看死亡与复活的戏剧。在一个神圣的围场里躺着一排死人或垂死的人，他们的肚腹被剖开，内脏流出，浸在血泊里。大祭司一声令下，那些假死的人便迅速起身跑向河边，洗净身上的鲜血和用作道具的猪内脏，然后精神抖擞地走回围场，就像重获新生似的。他们戴上花环，随着音乐的节拍晃动着身体，走到受礼者面前。英属哥伦比亚的尼斯卡印第安人共有四个主要氏族，分别以大乌鸦、狼、鹰、熊作为自己氏族的图腾，各氏族的青年受完成年礼后都由扮作其氏族图腾的人背回去。例如，某人在经受加入一个秘密社团必需的成年礼时，他的朋友假装把他杀死，他的家人举办葬仪，隆重地火化一个假尸。被社团接纳后，他一年之内不得公开露面，且不得会见该社团外的任何人。一年期满，他便复生，由扮作他图腾动物的人送回。

这些仪式的本质似乎就是杀死受礼者的人身，再将动物的生命注入其体内使其复生。这样看来，他们的生命是同他们所装扮的动物的生命紧密结合在一起的。哥伦比亚印第安人这样做可能就是为了同一个动物或其他神物建立感应关系，以便把自己的灵魂或灵魂的某些部分安全地寄存在对方身上，且能从对方身上获得某种神力。

鉴于这种理论我们推测，那些实行图腾制，以及假装杀死接受成年礼的青年又使之复活的地方，可能都存在或曾经存在着将灵魂寄存于体外某物的信念，并都付诸实施。

第八章 金 枝

从前述内容来看，认为巴尔德尔的生命寄托在槲寄生中的观点同原始人的思想完全一致。但似乎有些矛盾的是，如果说他的生命寄托在槲寄生中，那么，他又怎么会被槲寄生一击而亡呢？当一个人的生命被认为寄托于某物，并与其紧密相连时，该物体如果毁灭，则这人的生命也随之毁灭，也就是说某人的生命或死亡都系于这个特殊物体。因此，认为用该物击某人，某人就必然死亡，也就很容易理解了。

我前面曾说过，原始人之所以认为橡树的生命寄托在槲寄生上，可能是因为发现冬天橡树绿叶落尽而寄生其上的槲寄生则仍枝叶葱翠。而且槲寄生长在树干上，不接天也不触地，在原始人看来，这是一个远离一切灾害的安全之所，橡树的生命存放于此最合适不过。我们已经知道，原始人总是将自己的生命或灵魂悬于上不着天、下不着地之处，以免遭各种危险事物的侵袭。

关于金枝就是槲寄生的观点，早已不再新鲜。诚然，维吉尔并未明确说金枝就是槲寄生，只是用金枝比拟槲寄生，但这可能是诗歌的表现手法，是给这个卑微的植物盖上一层神秘的面纱。或者也可能是他的描述取材于民间迷信和传说，因为古时槲寄生确曾被视为神

□《努斯和埃涅阿斯》　费迪南德·波尔
　1661至1663年

埃涅阿斯，特洛伊英雄，安基塞斯王子与爱神阿佛洛狄忒的儿子。古罗马帝国时期最伟大的诗人维吉尔在史诗《埃涅阿斯纪》中描述了埃涅阿斯从特洛伊逃出，然后创建了罗马城的故事。他在古希腊与古罗马的神话及历史中扮演着很重要的角色，他被尊为古罗马人的祖先。

物。诗人在《埃涅阿斯纪》第四卷中写道:"两只小野鸽引导着埃涅阿斯进入幽谷,谷底深处长着那金枝,鸽子栖息在树枝上,树枝发出闪烁的金辉,好像严冬森林里的槲寄生——寄生在大树上的植物,枝叶苍翠,果实金黄——仿佛蓊郁圣橡上的茂叶金枝,在微风中飒飒作响。"维吉尔描写的金枝显然是长在一棵神圣的橡树上,而且就像槲寄生。由此推论,金枝就是隐身于诗歌和民间迷信的槲寄生。

我们现在完全有理由相信,阿里奇亚丛林中的祭司——森林之王——就是金枝所生长的那棵树的化身,而如果那棵树就是橡树,林中之王则定是橡树精灵的化身。因此,就不难理解为什么只有折下金枝才能把它杀死了。作为橡树的精灵,他的生死都系于生长在橡树上的槲寄生中,只要槲寄生安然无恙,他就不会死亡。所以,要想杀死他,就必须折断槲寄生,而且很可能要像杀死巴尔德尔那样,用折下的槲寄生才能把他杀死。我们进而也可以假定,过去林中之王就是在阿里奇亚丛林里的仲夏节篝火上被焚化的。阿里奇亚丛林中燃烧的永恒之火,可能就是以神圣橡树的木柴为燃料的,因此,森林之王肯定也是在橡树木柴的烈焰中结束生命的。

□ 《布列塔尼的农场》　保罗·高更　1894年

布列塔尼人来源颇为复杂。有一部分人是原始高卢人的后裔,另一部分人是英国南部的威尔士人的后裔。由于英格兰人越过英吉利海峡到达布列塔尼定居,使得他们往南迁徙。由英国移居过去的布列塔尼民族,他们本身的语言和当地民族的语言很相近,经过了漫长的岁月的融合,成为现代的布列塔尼人。

最后一个疑问是:为何将槲寄生称作金枝呢?根据维吉尔的描写,这金枝的枝叶通体都是金黄色的。想来大概是由于槲寄生的树枝折下来存放几个月后,会整个变成鲜艳的金黄色,看上去就像一根金枝。法国布列塔尼的农民常在茅屋前挂上一捆捆槲寄生树枝,每年六月间它们呈现的金黄色泽非常耀目。还有农民把槲寄生树枝挂在畜棚的门上,以防妖邪祸害牲畜。槲寄生有时被认为具有显示地下宝藏的性能,可能也是出于它枝叶的金黄色,因为根据巫术顺势原则,黄色树枝和黄色金子之间必须存在某种联系。

槲寄生要在仲夏节或圣诞节采集，也就是说，在夏至日或冬至日采集，这自然让人把它同太阳联系起来。我们已经知道，古雅利安人在冬至、夏至或其他节日仪式上点燃篝火，在某种程度上是太阳巫术，即为了给太阳增加火力。由于那些篝火通常是用橡树木柴摩擦点燃的，所以古雅利安人可能认为太阳是从橡树中吸取火源的，或者说橡树是太阳热力的储存库。如果橡树的生命真寄存于槲寄生中，那么，就可以说太阳的火力是由槲寄生发出来的，因此把射出金色光辉的槲寄生称为金枝就很自然了。

　　原始人经常看到雷电轰击树木起火的现象，思维简单的他们对此无法理解，便把雷电说成是天神降临，是天神点燃了森林里的树木。加之因雷电起火的树木多是橡树，他们便笃信橡树和天神之间存在紧密联系。天神经常乘着闪电之光降临到橡树上，并在被劈开烧焦的枝叶上留下亲临过的标志。古希腊人和古罗马人也都把他们的伟大天神和橡树之神同闪电看成是一致的，而且还常把雷电击过的地方围起来奉为圣地。中欧森林中的凯尔特人和日耳曼人的祖先也持同样信念。

　　这点也许还能更好地阐明原始人赋予长在橡树上的槲寄生的特殊神性。既然天神经常乘着雷电降临橡树，那么槲寄生是否也是在那一刻降生在橡树上的呢？许多事例为之提供了肯定的答案，如瑞士的阿尔高州把槲寄生称作"雷电笤帚"，这个名字清楚地表明了它同雷电的密切关系；在德国，树上长得枝叶茂盛的树瘤都叫做"雷电笤帚"，因为人们相信这些寄生植物就是雷电的产物。果真如此的话，这似乎跟我们之前所论证的槲寄生是仲夏节时太阳火力迸发出来留在树上的观点存在分歧。至于这两种不同的解释能否在神话的基础上得以协调，我暂且不妄下定论。不过，即使这两者存在差异，我想原始的祖先们可能也会全都欣然受之。

　　关于巴尔德尔在斯堪的纳维亚橡树林中的一切，以及相关问题上的模糊不定和疑点，也都适用于意大利阿里奇亚橡树林中的森林之王、狄安娜的祭司。他也许就是意大利天神朱庇特鲜活的化身。仁慈的朱庇特曾乘着闪电从天而降，栖身于内米小谷神圣橡树上长着的槲寄生——雷电笤帚——金枝之中。

第九章 告别内米

我们的考察探究到此就要结束了。但就像探求真理过程中常出现的情况那样,我们回答了一个问题,却又引出更多问题。我们是沿着一条路径走来的,但途中确实也经过了许多别的路径,这些路径离我们出发的路径并不远,而且通向或似乎通向比内米神林更遥远的地方。到目前为止,我们一起走过的路程已经够远了,现在该要分手了。但临别之前,我们还该自问一下:有没有更全面的结论?能否从本书着意研究的人类谬误和愚昧所带来的不幸中,汲取一些充满希望和激励的教益呢?

人类的基本生活需求都是相似的,但不同时代的人满足生活需求的手段却差异极大。人类较高级的思想运动,目前而言,大体是由巫术发展到宗教,进而发展到科学的。在巫术思想阶段,人们相信自然界存在既定秩序,认为能够信赖它,并能依靠自己的才智利用它为自身服务。当他们发现根本无法随心所欲地驾驭它时,便失去了自信,而把一切力量都归诸于自然幕后某个伟大而不可见的神。于是,某些思想敏锐的人便把自然现象的变化解释为是由本质像人而具有超人能力的神的意志所支配的,巫术

□《尤利西斯嘲笑波吕斐摩斯——荷马的奥德赛》
约瑟夫·玛罗德·威廉·透纳 1829年

尤利西斯就是希腊神话传说中的人物奥德修斯,罗马神话传说中称之为尤利西斯或尤利克塞斯。其是希腊西部伊塔卡岛之王,曾参加特洛伊战争,他献木马计里应外合攻破特洛伊。在率领同伴从特洛伊回国途中,因刺瞎独目巨人波吕斐摩斯,得罪了海神波塞冬,从而屡遭波塞冬的阻挠,历尽各种艰辛、危难。他战胜魔女基尔克,克服海妖塞壬美妙歌声的诱惑,穿过海怪斯库拉和卡吕布狄斯的居地,摆脱神女卡吕普索的七年挽留,最后于第十年侥幸一人回到故土伊塔卡,同儿子特勒马科斯一起,杀死纠缠他妻子的、挥霍他的家财的求婚者,合家团圆。其事迹在荷马史诗中有详细描述。

思想由此逐渐被这种宗教思想取代。随着时间的推移，这种解释也显出了不足，因为它假定自然界的活动在某种程度上是变化无常的，而思想敏锐的人在对宇宙奥秘的不断探索中则发现，自然现象的更迭是有其固定不变的严密规律的。因此他们提出，自然宗教的理论是不适当的，人类在永恒不变的自然规律的指引下，采取合理的行动，才能满足自身生活需要。就这样，解释自然现象的宗教被科学取代了。

巫术、宗教和科学，归根结底都是思想的论说，科学取代了在它之前的巫术与宗教，日后它本身也可能被更完美的假说所取代。知识总是朝着一个明确的目标永不停息地前进的。所以，对于这种永无止境的追求我们无须怨诽：

人生来不是为了像野兽似的活着，

而是为追求知识和美德。

许多伟大事物将从这种追求中产生，许多更明亮的星星将在未来的航行者、思想领域里的尤利西斯头上升起，而不是像现在这样远远地照耀着我们。

文化伟人代表作图释书系全系列

第一辑

《自然史》
〔法〕乔治·布封 / 著

《草原帝国》
〔法〕勒内·格鲁塞 / 著

《几何原本》
〔古希腊〕欧几里得 / 著

《物种起源》
〔英〕查尔斯·达尔文 / 著

《相对论》
〔美〕阿尔伯特·爱因斯坦 / 著

《资本论》
〔德〕卡尔·马克思 / 著

第二辑

《源氏物语》
〔日〕紫式部 / 著

《国富论》
〔英〕亚当·斯密 / 著

《自然哲学的数学原理》
〔英〕艾萨克·牛顿 / 著

《九章算术》
〔汉〕张苍 等 / 辑撰

《美学》
〔德〕弗里德里希·黑格尔 / 著

《西方哲学史》
〔英〕伯特兰·罗素 / 著

第五辑

《菊与刀》
〔美〕鲁思·本尼迪克特 / 著

《沙乡年鉴》
〔美〕奥尔多·利奥波德 / 著

《东方的文明》
〔法〕勒内·格鲁塞 / 著

《悲剧的诞生》
〔德〕弗里德里希·尼采 / 著

《政府论》
〔英〕约翰·洛克 / 著

《货币论》
〔英〕凯恩斯 / 著

第六辑

《数书九章》
〔宋〕秦九韶 / 著

《利维坦》
〔英〕霍布斯 / 著

《动物志》
〔古希腊〕亚里士多德 / 著

《柳如是别传》
陈寅恪 / 著

《基因论》
〔美〕托马斯·亨特·摩尔根 / 著

《笛卡尔几何》
〔法〕勒内·笛卡尔 / 著

第七辑

《蜜蜂的寓言》
〔荷〕伯纳德·曼德维尔 / 著

《宇宙体系》
〔英〕艾萨克·牛顿 / 著

《周髀算经》
〔汉〕佚名 / 著 赵爽 / 注

《化学基础论》
〔法〕安托万-洛朗·拉瓦锡 / 著

《控制论》
〔美〕诺伯特·维纳 / 著

《福利经济学》
〔英〕阿瑟·赛西尔·庇古 / 著

中国古代物质文化丛书

《长物志》
〔明〕文震亨 / 撰

《园冶》
〔明〕计成 / 撰

《香典》
〔明〕周嘉胄 / 撰
〔宋〕洪刍 陈敬 / 撰

《雪宧绣谱》
〔清〕沈寿 / 口述
〔清〕张謇 / 整理

《营造法式》
〔宋〕李诫 / 撰

《海错图》
〔清〕聂璜 / 著

《天工开物》
〔明〕宋应星 / 著

《工程做法则例》
〔清〕工部 / 颁布

《髹饰录》
〔明〕黄成 / 著 扬明 / 注

《清式营造则例》
梁思成 / 著

《中国建筑史》
梁思成 / 著

《鲁班经》
〔明〕午荣 / 编

"锦瑟"书系

《浮生六记》
刘太亨 / 译注

《老残游记》
李海洲 / 注

《影梅庵忆语》
龚静染 / 译注

《生命是什么？》
何滟 / 译

《对称》
曾怡 / 译

《智慧树》
乌蒙 / 译

《蒙田随笔》
霍文智 / 译

《叔本华随笔》
衣巫虞 / 译

《尼采随笔》
梵君 / 译

《乌合之众》
范雅 / 译

《自卑与超越》
刘思慧 / 译